汽车底盘控制系统维修必会技能200问

曹宇航 主编

机 械 工 业 出 版 社

本书结合一线汽车底盘控制系统维修工作实践，以汽车维修应知应会的技能为核心，以解决实际问题为主线，以问答的形式详细解答了汽车底盘控制系统实际维修工作中经常遇到的典型故障诊断与检测维修方面的常见问题；重点介绍了目前市面上主流车型最新的底盘控制系统维修中相关的检测、维修及故障诊断技能。全书内容包括自动变速器维修、防抱死制动系统维修、安全气囊系统维修、电控悬架系统维修、电控动力转向系统维修、轮胎气压监测系统维修和底盘控制系统电路维修 7 个方面、200 项技能。书中内容涉及面广，基本涵盖了汽车底盘控制系统维修工作的各个方面。

本书简明实用、通俗易懂、易学实用，内容均为汽车底盘控制系统维修所必须掌握的维修技能和故障检测、诊断的基本技能。

本书主要供汽车机电维修人员、汽车维修电工以及汽车维修一线管理人员使用，也可供职业院校、技工学校中汽车运用与维修、汽车检测与维修技术、汽车电子技术以及汽车维修等专业的师生学习和参考。

图书在版编目（CIP）数据

汽车底盘控制系统维修必会技能 200 问/曹宇航主编. —北京：机械工业出版社，2014. 6

ISBN 978-7-111-46825-7

Ⅰ. ①汽…　Ⅱ. ①曹…　Ⅲ. ①汽车－底盘－电气控制系统－车辆修理－问题解答　Ⅳ. ①U472. 41-44

中国版本图书馆 CIP 数据核字（2014）第 108130 号

机械工业出版社（北京市百万庄大街 22 号　邮政编码 100037）

策划编辑：连景岩　责任编辑：连景岩　母云红

版式设计：常天培　责任校对：张　薇

封面设计：张　静　责任印制：李　洋

北京市四季青双青印刷厂印刷

2014 年 8 月第 1 版第 1 次印刷

184mm×260mm · 17.75 印张 · 424 千字

0 001—3 000 册

标准书号：ISBN 978-7-111-46825-7

定价：45.00 元

凡购本书，如有缺页、倒页、脱页，由本社发行部调换

电话服务	网络服务
社服务中心：(010)88361066	教材网：http://www.cmpedu.com
销售一部：(010)68326294	机工官网：http://www.cmpbook.com
销售二部：(010)88379649	机工官博：http://weibo.com/cmp1952
读者购书热线：(010)88379203	**封面无防伪标均为盗版**

前言

随着电子技术的快速发展，汽车电子技术在汽车底盘上的应用越来越广泛，同时汽车底盘控制系统的结构变得越来越复杂，新的技术不断被应用到汽车底盘控制系统中，因而其故障变得更加隐蔽、更加难以排除。

本书作者结合多年的一线汽车底盘控制系统维修工作经验和多年的教学经验，以问答的形式将汽车底盘控制系统维修的常用技能展现出来，密切结合一线底盘控制系统的维修实际，以使一线汽车维修人员能够快速入门为切入点，精选了200个汽车底盘控制系统维修入门操作技能经典内容。本书的内容全部来自一线汽车底盘控制系统维修及检测实践，具有很强的指导意义，是汽车维修人员，特别是汽车机电维修人员入门学习难得的资料。

本书采用题头标注符号的方法，区分不同的难度，即：○、◎、◎、◎表示难度逐渐增加，分别为中级工、高级工、技师和高级技师应掌握的内容；没有标注符号的表示该内容为汽车维修人员必须掌握的基础内容。

本书以汽车底盘控制系统维修应知应会知识为重点，结合实际操作过程中经常遇到的一些重点、难点问题，以强化汽车维修人员的实践操作及检测维修技能；本书还兼顾了目前新型车所采用的新技术、新设备、新工艺、新方法和新维修理念，力求做到理论与实践相结合。本书从汽车使用与维修的角度出发，以问答的形式介绍了汽车底盘控制系统的结构、使用和维修方面的知识和技能，重在强化维修人员的维修操作技能。全书内容包括自动变速器维修、防抱死制动系统维修、安全气囊系统维修、电控悬架系统维修、电控动力转向系统维修、轮胎气压监测系统维修和底盘控制系统电路维修7个方面、200项技能。

本书由德州市政务服务中心曹宇航主编，参加编写工作的还有刘春晖、赵传生、苏朝辉、李蜜娟、尹文荣、王倩、王学军、张文、张冰、张书华、艾峰、魏金铭、张昊、崔才才、李凤芹、黑会昌、张长秀、王海平、柳学军、王淑芳、魏代礼、张斌、刘振江、徐长钊。

本书在编写过程中参考了大量的汽车维修资料，在此向这些维修资料的作者表示感谢！由于编者水平有限，书中难免有错误和不当之处，恳请广大读者批评指正。

本书采用题头标注符号的方法，区分不同难度的内容，即：○、◎、◎、◎表示难度逐渐增加，分别为中级工、高级工、技师和高级技师应掌握的内容，没有标注符号的表示该内容为汽车维修人员必须掌握的基础内容。

目录

第一章

自动变速器维修技能

◎1-1　宝马 730Li 变速器为什么油温高，电子风扇为什么运行噪声很大？

一辆宝马 730Li 轿车，装备 M54 发动机，行驶里程 16 万 km。该车电子风扇运行噪声很大。

根据驾驶人反映，故障通常出现在车辆行驶 20 ~ 30km 时。试车进行验证，电子风扇的噪声的确很大，不过持续不到 1min 就消失了。首先用宝马故障检测仪 ISID 对车辆进行测试，在 DME（控制单元）、IHKA（空调电脑）中没有故障码储存；接着进入 DME 中的诊断应答中读取数据流，检测到冷却液温度为 98℃，冷却液温度不高，那么故障最可能的原因是电子风扇自身有问题。从经验上来讲，电子风扇噪声大无非有三种原因：电子风扇运转不平稳；电子风扇性能老化；电子风扇经常全速运转，或间隙性高速运转。M54 发动机电子风扇如图 1-1 所示。

图 1-1　M54 发动机电子风扇结构

1—散热器上的冷却接头　2—电子风扇电动机
3—带有恒温器的变速器油冷却器安装板
4—变速器油冷却器　5—空调冷凝器
6—转向助力装置冷却器　7—主动转向系统（AFS）和动态驾驶系统（ARS）的冷却器

根据上述检测判断，决定换电子风扇，看看故障是否能排除。换上新的电子风扇后试车，故障重现，在车辆行驶大约 22km 时，电子风扇就开始发出“嗡嗡”的噪声，且声音很大。说明此故障不是电子风扇本身造成的，而是风扇达到了全速运行造成的。作为常识大家知道，车辆在高速行驶中风扇是低速运转的，因为车辆高速行驶时，前面有强劲的自然风，已经能充分冷却，所以就不必让风扇高速运转。这就证明，有异常的信号传递到 DME 或者 IHKA，致使电子风扇高速运转。电子风扇主要是受发动机冷却液温度、负荷和空调压力控制的。携带 GT1 出去试车，在试车过程中调取数据流。当电子风扇开始高速运转时，赶紧调取数据流，进入 DME 中读取冷却液温度，发现冷却液温度只有 106℃，这个温度不至于让风扇进入高速运转状态。此时空调已经关闭，既然冷却液温度正常，那么是不是 DME 发出的命令有误？但是这种现象很少见。如果换 DME 比较麻烦，还牵扯到 CAS（车辆防盗系统）和 EGS（电子变速箱系统）等控制单元的适配。回厂后查阅相关资料，发现在“空调系统基础”里有一段提示：**变速器油温过高也能造成电子风扇高速运转。**于是再次接上 GT1 试车，在风扇出现高速运转时读取变速器的油温为 109℃。找了一辆配备 N52K 发动机的 730Li 轿车出去试车，行驶了 50km 发现变速器的油温始终在 102℃以下，这证明可能是变速器油温高造成的。排除这个故障可借鉴排除冷却液温度过高的思路，**一般来说温度过高主要从两个方面来考虑：产热过多和散热不良。**从产热过多方面去考虑的话比较复杂，从散热不良着手考虑相对简单。造成冷却不够就只有散热器和风扇两个原因，而变速器油温是通过冷却液直接冷却，风扇只起间接的作用，所以问题可能出现在变速器散热器上。变速器油热交换器结构如图 1-2 所示。因为这辆车的散热器和装 N52K 发动机的变速器散热器是通用的，所以就在其他车上找了一个散热器装在这个车上试车，结果行驶了 60km 电子风扇也没有出现高速运转的现象。更换变速器散热器，故障排除。

图 1-2　变速器油热交换器结构

为了弄明白到底是散热器什么部位坏了，将好的散热器与坏的散热器做对比，分别吹冷却液进出口，发现坏的有阻力，而好的根本不用费力就吹通了。同时发现在冷却液的出口处有一个节温器，将节温器取掉再去试车，发现故障现象也不再发生，变速器油温也保持在 102℃以下。也就是说，故障的真正原因是节温器有问题。这一判断在后来的维修中也得到了印证。

在排除这个故障过程中还有一个疑问，将节温器取掉就好了，这在某些车型的发动机散热系统中是不允许这么做的。这个现象可以理解为，在变速器散热器里面有一个**节温器，其作用是当发动机处于冷态时，节温器接通发动机小循环，这样可以尽快加热变速器油；当发动机达到一定温度时（如 N62 发动机在 82℃时起）节温器就会接通冷却液散热器的低温循环回路，从而使变速器油充分冷却。**从节温器的结构看，我们可以知道，如果节温器里面的填充物质泄漏，或者节温器卡滞，低温循环回路就不能打开，变速器油的热量就不能通过散热器散掉，导致变速器一定程度上寿命降低。

但如果取消了节温器，也会有副作用，会造成变速器不能很快达到正常的工作温度。变速器油在低温时黏度较大，流动性慢，不能完全进入运动机件的间隙，加快零件的磨损，增大了功率消耗。还有一种情况，如果取消了节温器同样也可能造成变速器油温过高，原因在于，如果不设置节温器，冷却液可以很快地流过散热器而不能在散热器里面滞留，就不能充分吸收热量。这个节温器我们可以看作是一个截流元件，这样就可以使冷却液停留在散热器里面的时间较长一些，从而能充分吸收变速器油的热量而使温度下降。

◎1-2 宝马730Li自动变速器为何温度过高？

一辆2006款宝马730Li（E66），行驶里程8万km。该车在高速行驶时仪表和中央信息显示屏中出现“自动变速器温度过高”的报警警告，车速降下来重新起动后报警自动消失，车速达到120km/h后又出现报警现象。

车辆来店后检查并没有出现报警的故障现象，连接检测仪进行全车诊断，读取相关的故障内容为“4EFB EGS变速器温度过高”，读取故障细节显示故障频率为5次，当前故障不存在。根据故障内容进行检测计划逐步分析，结果检测计划提示“更换机械电子系统”。这里的机械电子系统是指自动变速器热交换器中的机械式节温器。**在宝马很多车型的散热器上配置了自动变速器独立的热交换器（散热器），热交换器内还有一个独立的节温器，这个节温器是机械控制的，不同于发动机的特性曲线式电子节温器，它是直接由发动机的冷却液温度感应调节变化的。发动机处于冷态时，该节温器接通发动机小循环内的变速器油和冷却液，这样可以尽快加热变速器油。冷却液温度达到82℃以后，节温器回流管路就会接通冷却液散热器的低温循环回路，从而使变速器油充分冷却。**自动变速器热交换器和节温器如图1-2所示。

根据检测仪对故障内容5次频率的记录，一般是可以以此作为判断依据直接更换节温器的，但由于维修人员没有见到驾驶人反映的故障现象，为了更加准确地找出问题所在，需要通过数据流观察具体的温度数据。调用车辆EGS控制模块功能，路试中读出相关的数据流进行观察。车辆以90～120km/h行驶不到20min便发现了异常，变速器的油温急剧上升，达到124℃，而此时发动机的机油温度并不是很高，只有98℃。正常情况下两者的温差不应该这么大，况且自动变速器的油温已经快要接近规定的报警极限了（规定正常温度为－30～130℃），虽然暂时没有报警，但如果继续高速行驶的话是肯定会报警的，这已经证明了确实存在故障，自动变速器温度的确过高。

对变速器到热交换器的油管及散热水管进行检查，没有发现管路有变形弯曲的情况。最终结合诊断仪读取的故障内容判断为自动变速热交换器的节温器故障。更换节温器后进行路试，行驶了2h左右，无论车速多高，发动机的机油温度和自动变速器的油温相差一直不是很大，最高时，发动机的机油温度103℃，自动变速器的油温100℃左右。至此故障排除。

◎1-3 奔驰S600变速器为何有打滑现象？

一辆2005款奔驰W220 S600轿车，搭载722.6系列的5速电控自动变速器。该车行驶中发动机的转速与车速不匹配（发动机转速偏高），好像变速器有打滑现象。

询问驾驶人后得知，最初的故障是3挡升4挡偶尔打滑；因为此变速器采用了全电子控制技术，因此出故障时变速器控制单元有时会起动紧急运行模式，变速器挡位就会锁定在2挡，将故障码清除后又可以继续使用一段时间；但最近几天，行驶中变速器一旦进入高速挡就出现严重打滑现象，此时变速器系统内会存储故障码并启动紧急运行模式，清除故障码后变速器高速挡仍然严重打滑，车辆无法继续行驶。

722.6系列变速器也称为W5A580变速器，奔驰C级、E级以及S级车辆上均配置了此系列变速器。**变速器控制单元安装在发动机舱内右后侧的控制单元盒内，变速器的变矩器内带有锁止离合器，各挡位的传动比由3组行星齿轮机构决定。变速器内部换挡执行元件有3组多片式离合器、3组多片式制动器以及2组单向离合器，不同的离合器和制动器组合工作可以获得5个前进挡和2个倒挡（高速倒挡和低速倒挡，通过驾驶人对加速踏板的控制来自动切换），5挡是超速挡。**

首先进行路试。故障现象确实如驾驶人所述，变速器打滑现象很严重，而且行驶中还出现锁挡现象，使用奔驰原厂故障诊断仪STAR清除故障码后继续行驶又会锁挡。采用手动换挡方式，从1挡到3挡过程中基本正常，有轻微打滑现象，如果进入4挡就有严重打滑现象出现。

进行基本检查，变速器油位正常（变速器没有油尺，可以用专用的工具油尺来检查油位），目视变速器外观没有漏油现象，变速杆调整也正常。读取变速器系统故障码存储，有故障码：P0700——变速器内部故障，诊断仪解释为齿轮传动比不正确或变速器打滑。查阅维修资料，资料给出的可能的故障原因有以下几种：变速器油位过低；变速器油滤网堵塞或油泵不良；变速器控制单元不良或编码错误；油压控制电磁阀或换挡电磁阀卡滞；阀体中的机械阀发卡；变速器内部执行元件工作不良等。

从表1-1的各挡离合器和制动器工作表中可以看出，在3挡时，离合器K1和K2工作，4挡时离合器K3也参加了工作，这点从变速器的4挡传动图（图1-3）中也可以看出。**4挡时，离合器K1工作，前行星轮架V3和前太阳轮V1被锁定在一起，前行星轮组被锁止为整体转动。离合器K2工作并传递输入转速到后行星轮架H3，H3与前内齿圈V4同速转动，被锁定的后行星轮组同时和后行星架H3、中内齿圈M4连接，后行星轮组被锁止为整体转动。离合器K2传输输入转速到中内齿圈M4，离合器K3工作，将中太阳轮M3和后太阳轮H3连接在一起，中行星轮组被锁止为整体转动并实现传动比为1的输出。**

表1-1 各挡离合器和制动器工作表

档位	传动比	内部元件							
		B1	B2	B3	K1	K2	K3	F1	F2
1	3.59	√	√				√	√	√
2	2.19		√				√		√
3	1.41		√		√	√			
4	1.00				√	√	√		
5	0.83	√			√	√	√	√	
N	—	√					√		

（续）

档位	传动比	内部元件							
		B1	B2	B3	K1	K2	K3	F1	F2
R1	3.16	√		√			√	√	
R2	1.93			√	√		√		

注：B1—前部制动器 B2—中部制动器 B3—后部制动器 K1—前部离合器 K2—中部离合器 K3—后部离合器 F1、F2—单向离合器

由于该车的故障主要在4挡等高速挡出现，因此在解体变速器后应该重点检查后离合器K3。拆开变速器后，发现后离合器K3的摩擦片有烧蚀现象，检查离合器的密封圈正常；顺着油道检查没发现疑点，那么应该是阀体比较可疑，但驾驶人反映在其他修理厂更换了阀体故障依旧，所以暂时就没有对阀体进行解体检查。检查过程中，无意中发现后离合器的单向阀用手摇动时没有响声，会不会是单向阀卡住了？装好后离合器的活塞和密封圈，用压缩空气测试单向阀，发现有严重的漏气现象，看来故障点就在于此。**离合器单向阀的作用是当离合器工作时单向阀应该起到密封的作用，而当离合器停止工作时单向阀不再起到密封的作用，而是将离合器因转动而形成的动态残余压力释放掉，以协助离合器活塞迅速回到原始位置。**更换后离合器活塞和密封圈修理包，将变速器装复后进行路试，车辆行驶基本正常，但感觉加速还是不太理想，变速器有时还会出现轻微的打滑现象，看来变速器应该还存在其他故障。但是分解变速器时已经彻底检查了各用油机械部件，而且组装变速器时不会出现错误装配，那么只剩下阀体和变矩器没有检查了。

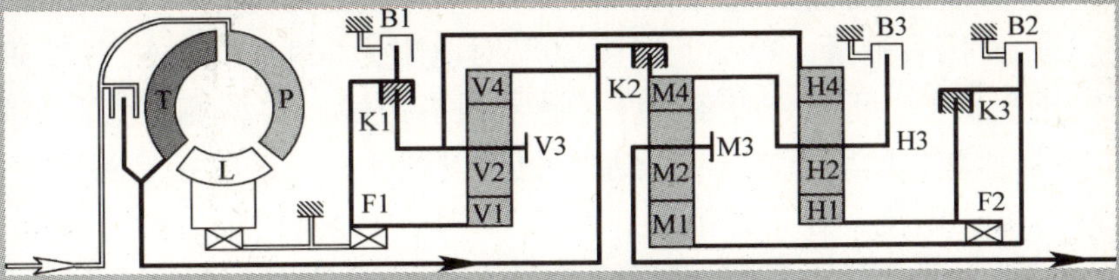

图1-3 变速器内部传动路线

接下来进行失速实验，各挡失速转速都在2700r/min以上，此数值偏高。根据维修经验，失速转速过高的常见原因是变速器油压偏低，但是手里的资料并没有说明如何检查油压和标准的油压数值，故障诊断陷入僵局。仔细回顾了解体变速器的全过程，认为变速器内部应该没有问题，而且对自己重新组装的正确性很有信心，于是决定检查比较容易检查的阀体。

图1-4 分解后的滑阀和弹簧

拆下阀体，分解所有滑阀和弹簧，仔细检查后终于发现问题！阀体中有一个机械阀的弹簧已经断裂（图1-4），从维修资料中

可以查到，该机械阀是油压控制调节阀。因为手里没有维修配件，于是按照原车的弹簧购买了一个弹力和长短相同的弹簧，将弹簧两端磨平后装入阀体。装复变速器，使用故障诊断仪清除故障码并匹配后进行路试，车辆行驶一切正常。

○1-4 奔驰S350为何升挡迟缓？

一辆2005款奔驰S350，装配112.972发动机和722.644变速器，行驶里程18万km。该车冷车1挡升2挡迟缓，车速达到25km/h以上才能升入2挡，之后汽车行驶操纵一切正常。

变速器升挡延迟的设计目的是在发动机起动后催化转换器更迅速地预热至其工作温度，发动机控制单元通过传动系统控制器区域网络数据总线（CAN C）向变速器电子控制单元N15/3发出改变换挡曲线的请求，在更高的车速或发动机转速下执行部分负荷换挡（1－2挡、2－3挡），在冷却液温度低于50℃，车速低于53km/h的情况下加速时，变速器升挡延迟启用最多160s。

接车后试车确认故障现象存在，连接专用诊断电脑STAR－DIAGNOSIS对车辆作快速测试，结果所有系统均未存储相关故障码。**变速器升挡过迟的可能原因有：冷却液温度传感器测量不准、节气门位置传感器异常、变速器主油路油压太高、调压阀油压太低、阀体故障、液力变矩器打滑、速控阀油路上的各处密封圈或密封环密封不严等。**

首先将发动机控制单元和变速器控制单元升级，之后将车放置一段时间待冷却后起动，读取发动机系统冷却液温度传感器数据流，观察到冷却液温度传感器实际值随冷却液温度的上升不断变化。用万用表测量，冷却液温度20℃时电阻为3090Ω，电压为3.39V；80℃时电阻为320Ω、电压0.89V，证明冷却液温度传感器没有故障。再检测节气门位置传感器，发现节气门开度随加速踏板的踩下在不断增加，也未发现什么问题。接着路试读取变速器系统1、2挡电磁阀y3/6y3电流，在正常范围；系统工作压力、换挡压力调节阀压力正常；1、2挡电磁阀电阻6.2Ω、供电电压12V，都属正常。由于是低速升挡迟缓，加之发动机变速器中也没有什么影响因素，故拆下变速器更换了液力变矩器，重新装车后，试车故障依旧存在。连接DAS电脑进行系统快速测试，仍未发现相关故障码，难道是阀体有问题或是2挡的B2制动器及K1、K3离合器打滑所致？万般无奈，只能再次拆解变速器，检查里面的离合器、制动器片及活塞，也未发现问题。拆开阀体总成并清洗各电磁阀及阀体油道，重新装复后试车，故障依旧。难道要更换整个变速器？

这时冷静下来重新对故障现象进行详细分析，推断应该不是变速器的问题，难道是发动机电脑有故障？发动机电脑确定暖机不仅依据冷却液温度还要参考机油温度，之后才会把发动机已经暖机、变速器升挡条件已经满足的信号传至变速器电脑，此时若是车速达到升挡车速，变速器便升入2挡。考虑到此，接上诊断电脑试车，重点检查发动机冷却液传感器和机油液位传感器（机油温度由此传感器测量），由于此前已经确定冷却液温度传感器是完好的，接下来重点观察机油液位传感器，观察发现机油液位传感器在冷车时一直像“卡”在某个位置，但是随着发动机的温度上升此传感器又正常了，读数和测量都没有问题，至此一切迷团都已解开。由于机油液位传感器在冷车时测量不灵敏，导致发动机电脑认为发动机温度过低，于是变速器就启用延迟换挡功能。

更换机油液位传感器后试车，变速器升挡正常，一个月后回访驾驶人反映问题没有再出现，至此故障彻底排除。

◎1-5 奥迪 A6L 为何挡位指示灯全红？

一辆奥迪 A6L 轿车，采用 BDW 发动机和 01J 变速器，行驶里程 15.6 万 km。该车仪表中挡位指示灯全红并且闪烁。

先对故障现象进行验证。查看发现仪表中挡位指示灯全红并且闪烁，如图 1-5 所示。用诊断仪检测有如下故障码信息，发动机控制单元：混合气怠速气缸列 1 和气缸列 2 过浓，静态；变速器控制单元：①离合器监控打滑，静态；②离合器控制压力调节超出极限，偶发。

图 1-5 仪表显示情况

将故障码记录清除后试车，刚开始时加速升挡及降速减挡都很流畅没有异常，车加速到 190km/h 也没有发现异常情况，可是在回程的途中出现一次冲击（车速在 70 ~ 80km/h 之间），感觉故障点在变速器动力传递方面，80km/h 以上就没任何问题。路上连续测试，发现车速在 50 ~ 60km/h 之间有好几次冲击，像换挡冲击，缓踩加速踏板时没有此现象，急加速时每次都有冲击。于是每次都从 20km/h 急踩加速踏板提速测试，经过了几次加减速测试后，发现车速在 40km/h 就开始冲击了，而变速器挡位却一直正常，且变速器控制单元内无故障记录，但是发动机控制单元内的故障码又出现了。于是在发动机怠速时检查混合气数据，前氧传感器调节比例都在 -20% ~ 10% 之间跳动，确实过浓；接着检查了进气系统，未发现漏气，汽油滤芯正常，拔掉炭罐电磁阀后混合气会变稀一些，由此判断燃油蒸汽再利用方面有问题。于是当混合气过浓时打开燃油箱加油口盖，发现有吸气声，且打开后混合气很快就调节正常了，证明炭罐确实有问题。继续试车，这次试车发现该冲击现象和油温有关系，温度低时变速器换挡就正常，油温升高后就有换挡冲击，且冲击出现时换入 S 位在 2、3、4、5 挡切换时冲击很大，且出现挡位指示灯全红，并且在观察数据流 02 - 08 - 006 时，发现冲击时数据流 N88 电流会从 0.005A 变到 0.565A。查询 N88 功用：过热及保护。说明正常时该电流应无变化，保持在 0.005A。至此确定故障在变速器。

变速器控制单元如果有故障时一般都会有故障码，即使清除故障码记录后很快就会又出现，此车故障码清除后经过很长一段路程的试车才出现，可以排除由控制单元故障引起。故障点可能出现在：液压控制单元、前进挡离合器或链条及锥盘。于是告知驾驶人要求解体变速器后再进一步确定故障原因。拆检结果，前进挡离合器压力测试运动正常，摩擦片无磨损，链条和锥盘磨损正常。看来主要问题在液压控制单元，于是更换液压控制单元，匹配变速器控制单元。试车，最高车速到200km/h换挡提速正常，查看N88数据流也一直保持在0.005A无变化，至此故障排除。

◎1-6　迈腾2.0T为何不能行驶？

一辆2010款迈腾2.0T轿车，采用2.0TSI发动机，6速02E自动变速器，行驶里程2.76万km。该车行驶过程中发动机突然熄火。

赶到现场后发现，该车发动机可以起动着机，但是仪表盘上不显示挡位，踩制动踏板时仪表盘上的提示灯不亮，变速杆旁的P指示灯闪烁，变速杆无法从P位移出。连接车辆故障检测诊断仪VAS5052A进入车身自诊断系统，发现02－自动变速器控制单元无法达到（图1-6），进入19数据总线诊断接口，系统存储有故障码：01315——变速器控制单元无信号/通信，静态（图1-7），该故障码不能清除。检查相关熔丝，无烧蚀；将蓄电池断电后试验，故障依旧。

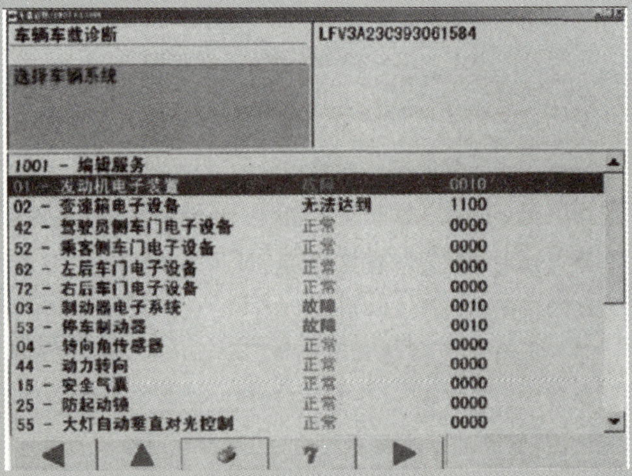

图1-6　用VAS 5052A检测时的显示界面

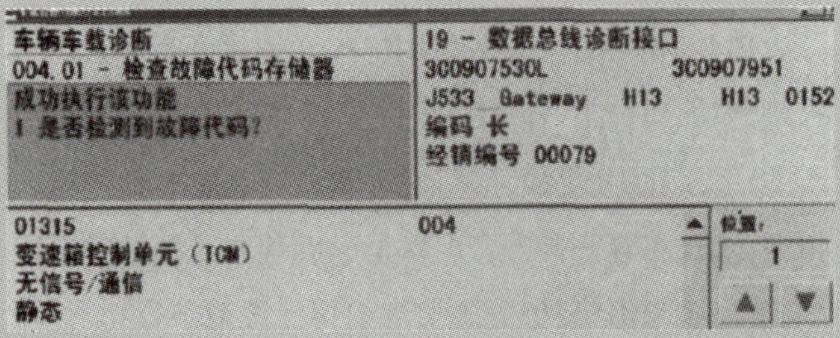

图1-7　进入数据总线诊断接口后系统存储的故障码

经检查，该车辆底盘外观无明显碰擦痕迹，自动变速器油液正常，电路连接良好。发动机起动着机以后，检查网关编码，自动变速器控制单元在网关的编码正确，125 组数据流显示变速器控制单元通信为 0（图 1-8），其他控制单元均显示与自动变速器控制单元无信号/通信，静态；但是使用 VAS5052A 可以进入 02 - 自动变速器控制单元，读取存储的故障码：18274——数据总线传动系丢失信息，静态（图 1-9），并伴有多个动力总线控制单元与自动变速器控制单元无通信故障码，数据流显示多个控制单元通信为 0（图 1-10）。根据维修手册检查，多路通信系统 CAN 总线、自动变速器控制单元与网关连接、CAN 总线线路均未见异常，无断路和短路的现象；检查相关线束插接器，良好；但是 CAN 线无法通信。因手边没有示波器，不能测量 CAN 总线波形，但是根据以上检查，在网关系统及其他动力系统正常的情况下，可以证明动力系统 CAN 总线没有故障，但自动变速器控制单元无法通信，因此可以判断该车故障为自动变速器控制单元内的 CAN 线处理模块损坏。更换变速器控制单元并进行设置后试车，故障彻底排除。

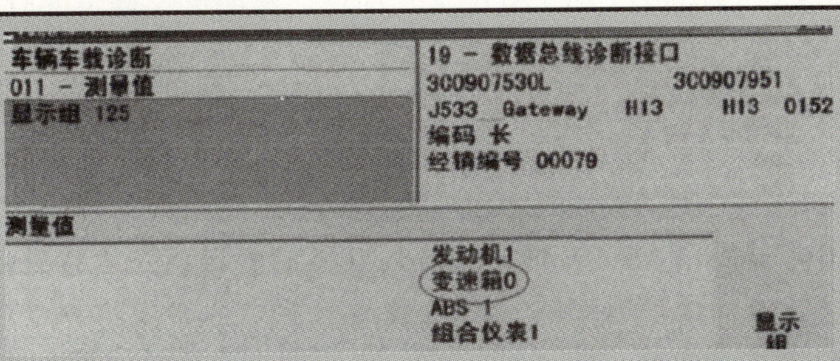

图 1-8 进入数据总线诊断接口读取的 125 组数据

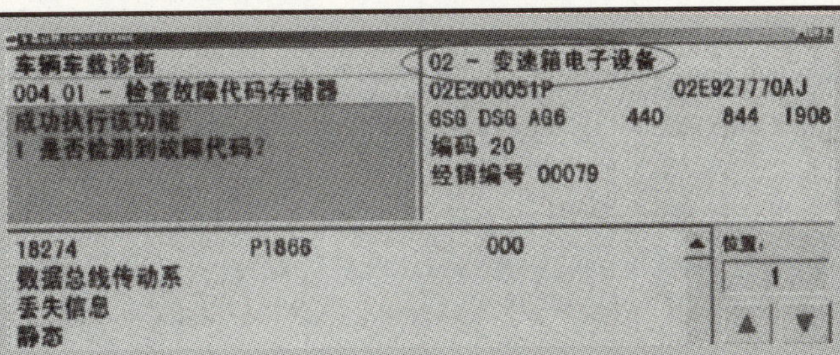

图 1-9 自动变速器控制单元内存储的故障码

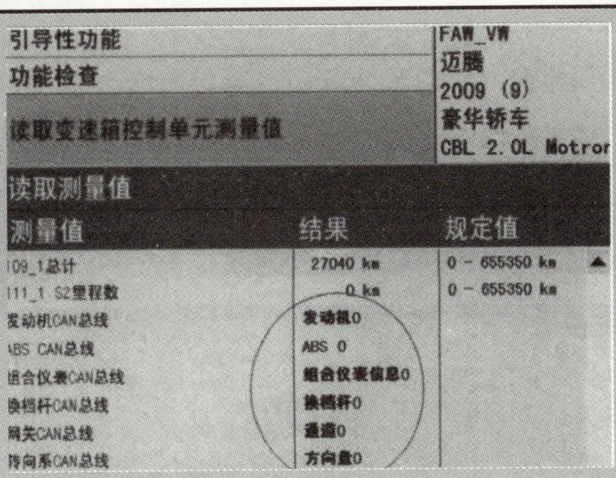

图 1-10 自动变速器的测量值

◎1-7 迈腾为何挡位指示灯闪烁？

一辆2010 款迈腾 FV7145TATG 轿车，装备7 速 0AM 型 DSG 自动变速器。该车行驶中仪表板上的挡位指示灯闪烁（偶发）。故障发生没有任何规律，有时一周出现 2 ~ 3 次，有时半月出现一次。故障出现时，仪表盘上的挡位指示灯不停地闪烁，自动变速器只有 1 挡或 3 挡。

用车辆故障检测诊断仪 VAS5052 查询网关列表，发动机控制单元和自动变速器控制单元中有偶发性故障码存储，其中发动机控制单元内存储的故障码为 05668（图 1-11），自动变速器控制单元内存储的故障码为 01866（图 1-12）。根据故障码的发生特点，自动变速器 2 挡不接合故障（故障码 01866）为首发故障，并导致发动机控制单元存储相关故障码。从图 1-12 中显示的故障码 01866 发生的环境状态可知，故障码 01866 的发生频率已达到 14 次，这说明自动变速器故障偶发的频率已较高。当故障发生时，K2 离合器接合失效，使发动机动力不能传递至输入轴 2（图 1-13），只能实现输入轴 1 的动力传递；而且，根据应急关闭模式，系统只能适时在奇数挡低挡位、1 挡或 3 挡工作。因该故障为偶发故障，不能实时进行故障源的监测，但根据故障码的含义分析，2 挡的传输动力监控到输出有异常（因为如果 K2 离合器整体动力传递异常的话，系统会识别到“动力传动 2”的故障），系统从安全的角度关闭了 K2 离合器控制的输入轴 2 的动力传递，考虑到 K2 离合器相关传动机械装置因质量问题导致故障发生的几率较小，于是进一步分析认为，该车故障应是滑阀箱内部存在电控元件偶发性控制故障所导致。更换滑阀箱，故障排除。

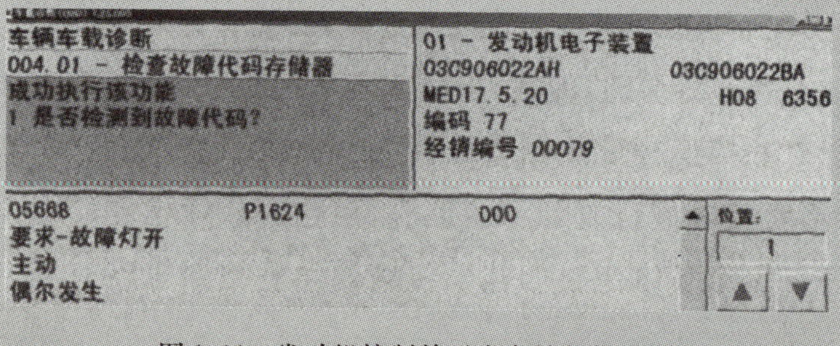

图 1-11　发动机控制单元内存储的故障码

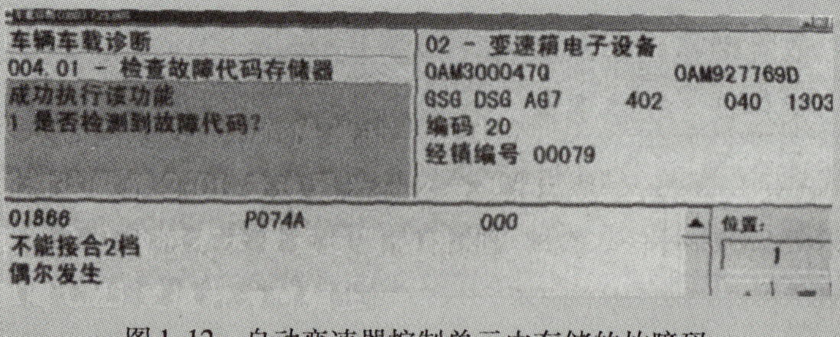

图 1-12　自动变速器控制单元内存储的故障码

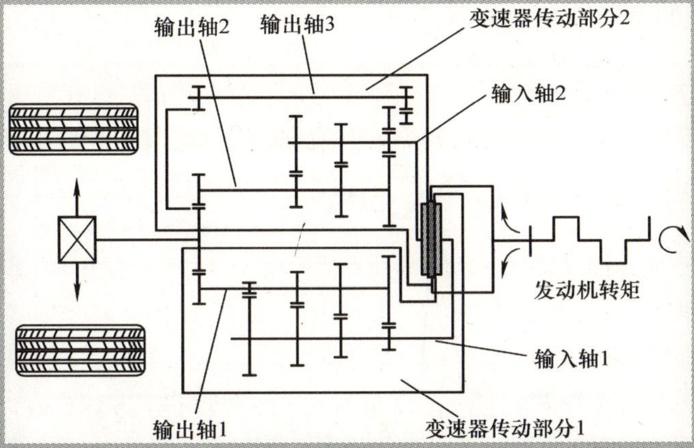

图 1-13　7 速 0AM 型 DSG 自动变速器基本原理

○1-8　迈腾为什么会热车起步抖动？

一辆 2009 款迈腾轿车，配备 6 挡 02E 型 DSG 自动变速器（直接换挡变速器），冷机起动行车约 20min 后，挡位降至 3 挡时有明显的抖动感，此时停车再起步时，有明显的抖动感，好像制动未释放而后突然释放，挡位进入 2 挡后车辆恢复正常。

仅从该车的故障现象分析，行车一段时间后才出现故障，说明故障的发生与发动机冷却液温度或自动变速器油温度有关，而抖动又发生在特定的挡位，因此很难和发动机故障相联系，检查节气门开度为 3.5%，这也不能构成换挡点错误的因素，因此，分析排除该车故障最好的方法是跟踪 DSG 自动变速器的工况。启用 VAS5052 的引导功能，对 DSG 自动变速器的关键性指标进行监控，初步监控到 1 挡至 6 挡各挡位的位置传感器参数符合技术要求，说明各挡挂入的行程到位；在故障发生的过程中，自动变速器油温度显示一直处于稳定状态，说明也不存在自动变速器油温度异常波动引发故障的可能。

对于 DSG 自动变速器而言，除各挡位位置和自动变速器油温度外，其余便是离合器油路控制了，换挡时离合器的油压转换交替点、换挡离合器油压的平顺度都属离合器油路控制范围。从多次试车的情况来看，热机时 1 挡起步，3 挡和倒挡都有不同程度的抖动感，5 挡感觉也有些抖动，而 2 挡、4 挡和 6 挡却基本正常，由此总结出故障发生的规律为 DSG 自动变速器的奇数挡不同程度地存在问题，而这些挡位恰巧又是 K1 离合器所控制的，由此可把 K1 离合器的油压和 K1 离合器的控制电流作为重点监控对象。实测发现，热机 1 挡起步时，K1 离合器的控制电流变化应为 0.486A→0.522A→0.54A→0.516A→0.552A，实际监控到的 K1 离合器的油压变化为 2.47bar→3.18bar→2.8bar→2.76bar→2.84bar→3.3bar→2.98bar→3.52bar（1bar = 100kPa）。实测起步状态油压变化如图 1-14 所示，作用于 1 挡的 K1 离合器油压（系列 1）和作用于 2 挡的 K2 离合器油压（系列 2）变化幅度明显加大，由此产生起步抖动现象；在冷机正常态下所监控到的 K1 离合器的控制电流比较稳定，从 2.64A→3.06A→3.14A 变化，直到换入 2 挡时变为 0.12A，K1 离合器的油压变化为 4.74bar→5.22bar→5.04bar，直到换入 2 挡时变为 0.2bar。实测起步状态油压变化如图 1-15 所示，正常 DSG 自动变速器起步，由空挡挂入前进挡，作用于 1 挡的 K1 离合器油压曲折上升，1 挡换入 2 挡后，油压控制波动更加趋向平滑。

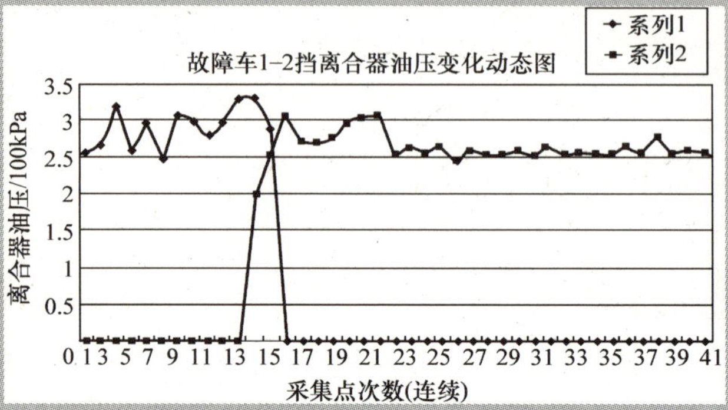

图 1-14　故障车 1-2 挡离合器油压变化情况

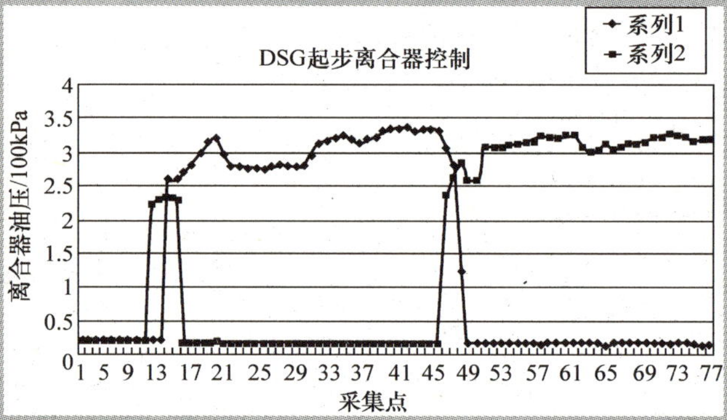

图 1-15　冷机正常态下所监控到的 K1 离合器油压变化情况

DSG 自动变速器在低速起步行驶工况，DSG 自动变速器控制单元为保证换挡舒适性要进行离合油压滑差控制，因为低挡位转矩大，对传递动力较为敏感，如果 DSG 自动变速器低挡控制油压不稳定，必然会引起 1 挡升 2 挡抖动强烈。上述测试结果说明，DSG 自动变速器控制单元在控制 K1 离合器时出现了异常，在冷机或大节气门开度起步时，离合器控制油压相对较大，在一定程度上会适度改变 DSG 自动变速器控制单元控制 K1 离合器油压的不稳定状况，从而使低挡起步的抖动感觉减弱；但随着自动变速器油温度升高，DSG 自动变速器控制单元控制 K1 离合器油压不稳定性就会表现得更加突出，不适当的油压控制波动会在低速大转矩环境下使驾驶人感觉不适。再从 3 挡降挡的感觉来看，故障发生时，4 挡行驶降到转速为 1100r/min 左右时开始降入 3 挡，此时换挡转速先到 1200r/min，摆一下再上升至 1400r/min，此时点火提前角推迟为 8°左右，K1 离合器控制油压直接变为 300kPa 以上，同时车辆伴随有抖动感；而冷机试车却正常，降 3 挡时转速直接从 1100r/min 线性升到 1400r/min（此时车辆无抖动感）。继续监测发现：N88、N89、N90、N91 控制未见异常；N233、N371、N271 这 3 个主控油压调节电磁阀的占空比或目标电流变化无异常；K1 离合器油压控制电磁阀（N215）控制异常；通过对比 G182 和 G501 的参数发现，一轴在 1 挡起步时的转速差明显（图 1-16），在换挡质量好时，该转速差要小得多，而这个转速差正说明 K1 离合器存在打滑的情况。

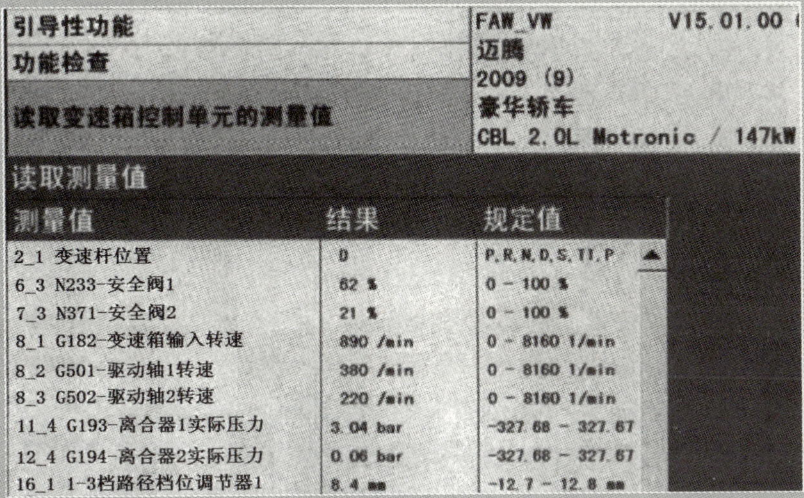

图 1-16　G182 和 G501 的参数转速差明显

根据上述监测结果分析，**在车辆处于热机时，是自动变速器油温度升高的因素诱发了 K1 离合器控制油压的异常，特别是引起 1 挡升 2 挡时车辆发抖，故障原因可能为自动变速器控制单元本身损坏或一轴转速传感器信号不稳定等。**更换滑阀箱（图 1-17）并刷新软件控制 MAP 图。试车，故障排除。

图 1-17　6 挡 02E 型 DSG 自动变速器滑阀箱

◎1-9 迈腾2.0T FSI为什么行驶中偶发不走车（失速）？

一辆2009款迈腾2.0T FSI轿车，装配02E型DSG自动变速器。该车行驶中偶发加速时转速表上升但车速下降的故障现象。

用车辆故障检测诊断仪VAS5053检测，无故障码存储。根据故障现象分析，可认为发动机工作正常，故障应为DSG自动变速器离合器保护性切断。读取08－64组测量数据，第1区显示出离合器断开动力传递次数为63次（图1-18），该检测结果证实了上述分析。造成此故障的可能原因：自动变速器油温度传感器（G93）或自动变速器控制单元温度传感器（G510）显示的油温超过145℃，自动变速器控制单元控制停止向离合器供油，使离合器处于断开位置；离合器油温度传感器（G509，与离合器转速传感器一体）触发自动变速器保护功能；电子机械压力控制阀（N233或N317）联合安全滑阀切断相应的动力传输组件。

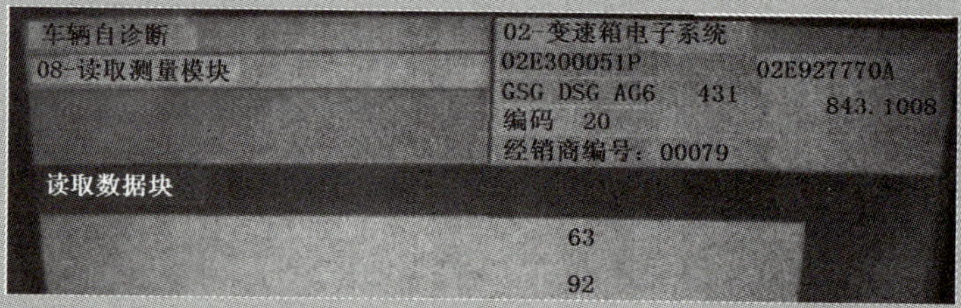

图1-18 离合器保护性切断数据（08－64组的第1区）

N233和N317具有增加油流、压力的特性，就是说，如果N233和N317没有被触发，安全阀会锁止相应的通往离合器或换挡轴的油压，若真实的离合器压力确实高于离合器目标压力，有关的传动装置会被安全阀关闭（例如应急操作）；在某些故障情况下，动力传输组件被切断（安全切断），但在应急状态下，可能会在相关局限条件下继续运行：如在传输组件1时，应急状态下1挡和3挡可以工作，又如在传输组件2时，应急状态下2挡可以工作；在任何一种情况下，倒挡都无法工作。综合来看，认为该车故障是由于油温传感器在数据未有超限的基础上产生了作用。用VAS5053对各油温变化数据进行动态监测，发现离合器油温度传感器多次出现偶发升高的现象，如图1-19和图1-20所示，离合器油温度传感器的数据比其他两个油温传感器数据要高20℃左右，尽管此时自动变速器未出现失速的故障，但上述数据已经足以说明离合器油温度传感器（G509）特性变化异常。更换离合器油温度传感器G509（图1-21），故障排除。

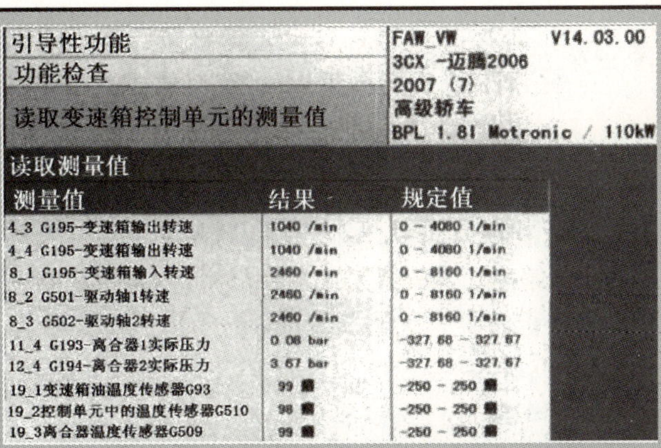

引导性功能
功能检查
读取变速箱控制单元的测量值

FAW_VW V14.03.00
3CX -迈腾2006
2007 (7)
高级轿车
BPL 1.8l Motronic / 110kW

读取测量值

测量值	结果	规定值
4_3 G195-变速箱输出转速	1040 /min	0 - 4080 1/min
4_4 G195-变速箱输出转速	1040 /min	0 - 4080 1/min
8_1 G195-变速箱输入转速	2460 /min	0 - 8160 1/min
8_2 G501-驱动轴1转速	2460 /min	0 - 8160 1/min
8_3 G502-驱动轴2转速	2460 /min	0 - 8160 1/min
11_4 G193-离合器1实际压力	0.08 bar	-327.68 - 327.67
12_4 G194-离合器2实际压力	3.67 bar	-327.68 - 327.67
19_1变速箱油温度传感器G93	99 ℃	-250 - 250 ℃
19_2控制单元中的温度传感器G510	98 ℃	-250 - 250 ℃
19_3离合器温度传感器G509	99 ℃	-250 - 250 ℃

图 1-19　正常情况下 3 个油温传感器的数据

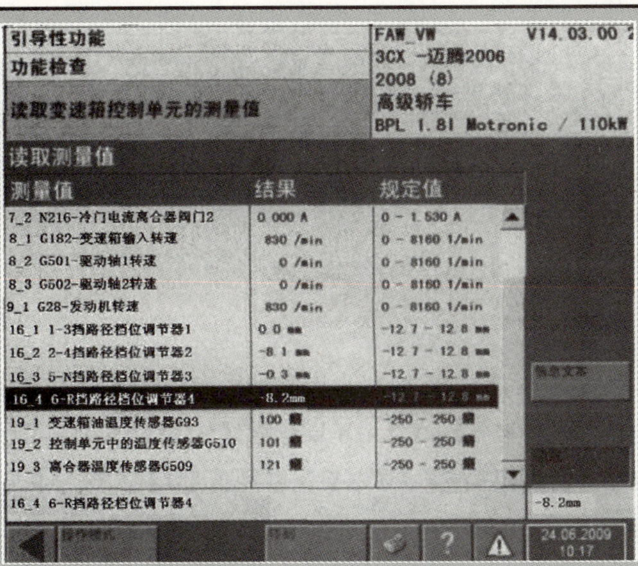

引导性功能
功能检查
读取变速箱控制单元的测量值

FAW_VW V14.03.00
3CX -迈腾2006
2008 (8)
高级轿车
BPL 1.8l Motronic / 110kW

读取测量值

测量值	结果	规定值
7_2 N216-冷门电流离合器阀门2	0.000 A	0 - 1.530 A
8_1 G182-变速箱输入转速	830 /min	0 - 8160 1/min
8_2 G501-驱动轴1转速	0 /min	0 - 8160 1/min
8_3 G502-驱动轴2转速	0 /min	0 - 8160 1/min
9_1 G28-发动机转速	830 /min	0 - 8160 1/min
16_1 1-3挡路径档位调节器1	0.0 mm	-12.7 - 12.8 mm
16_2 2-4挡路径档位调节器2	-8.1 mm	-12.7 - 12.8 mm
16_3 5-N挡路径档位调节器3	-0.3 mm	-12.7 - 12.8 mm
16_4 6-R挡路径档位调节器4	-8.2mm	-12.7 - 12.8 mm
19_1 变速箱油温度传感器G93	100 ℃	-250 - 250 ℃
19_2 控制单元中的温度传感器G510	101 ℃	-250 - 250 ℃
19_3 离合器温度传感器G509	121 ℃	-250 - 250 ℃

16_4 6-R挡路径档位调节器4　-8.2mm

24.06.2009
10:17

图 1-20　故障发生时 3 个油温传感器的数据

图 1-21　离合器油温度传感器（G509）

◎1-10 迈腾自动变速器为何升挡慢？

一辆一汽—大众迈腾轿车，搭载2.0TSI发动机和09G自动变速器，行驶里程10.7万km。该车自动变速器升挡慢，且油耗较高，发动机噪声很大。

查看仪表发现该车百公里油耗为15L，而正常情况下该车型在市区行驶百公里油耗应为10L左右，由此可见油耗确实偏高。

连接VAS5052A对车辆进行检查，无故障码存储。查看空气流量传感器、节气门开度、燃油高低压压力、喷油脉宽、氧传感器及废气涡轮增压器的数据，均在正常范围内。由于数据分析并未发现异常，于是对车辆进行路试检查，发现发动机动力性能正常，但自动变速器升挡较慢，尤其是D4位，当发动机转速为4000r/min，车速达到80km/h时才能换入D4位。使用手动模式行驶时，车辆能够正常行驶。正常行驶时由D位挂入N位，再挂回D位，挡位会升入较高挡位，然后再慢慢回到低挡。根据该现象判断，油耗高的原因是行驶中自动变速器升挡慢，车辆总是以低速挡行驶，发动机转速较高，噪声就会增大。

影响自动变速器换挡的主要因素有发动机转速、发动机转矩、节气门开度、加速踏板位置、自动变速器输出转速和车速等。之前已对发动机部分进行了大致地检查，发动机动力性能也都正常，因此决定将检查重点放在自动变速器部分。

检查自动变速器油，油质和油位均正常；放出自动变速器油并拆检滤网，均未发现异常；更换自动变速器油后试车，故障依旧。考虑到手动模式换挡正常，说明故障应该不在机械传动部分，应将检查重点放在电控部分。对车辆进行试车，并用VAS5052A读取自动变速器实时数据流（图1-22），发现不论车辆行驶在上坡路段还是下坡路段，数据块004组第3区的“道路轮廓”一直显示为“UP”，即上坡模式；数据块005组的第2区“Hill系数”一直在60%～100%变化。正常车辆的这2组数据应该会随着路面实际情况变化而变化。

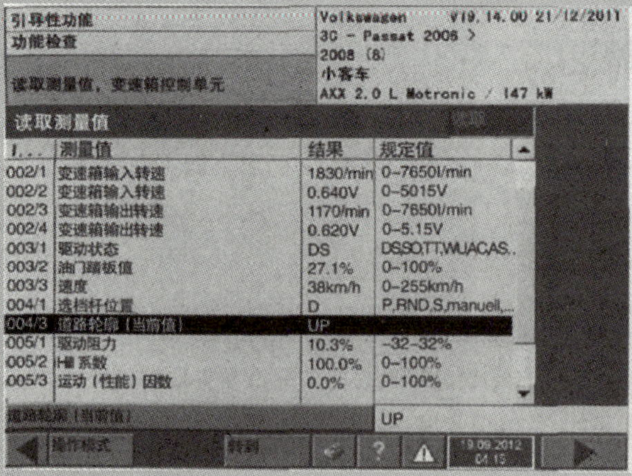

图1-22 自动变速器实时数据流

根据上述检测结果分析可知，**自动变速器升挡慢是由于自动变速器控制单元识别到车辆一直处于爬坡状态（爬坡状态下，自动变速器会降低挡位以增加发动机的转矩）**。那么**自动**

变速器是如何识别车辆行驶状态的呢？当代车辆的**自动变速器主要依靠发动机的输出转矩来进行判断。发动机的输出转矩是通过加速踏板位置信号、节气门位置信号、发动机转速和车速等间接反映的。**然而，从数据流可以看出，这些数据均在正常范围内。因此怀疑是自动变速器控制单元本身有问题。尝试更换自动变速器控制单元后试车，故障依旧。

仔细思考后，认为还是应该搞清楚自动变速器控制单元一直判断车辆处于上坡状态的原因。为此，必须搞清楚这款车计算道路坡度的具体方法，不能想当然。**自动变速器判断道路坡度的方法主要有两种，大部分车辆根据输出转矩来判断；而另一种则根据纵向加速度来判断。根据纵向加速度来判断道路情况的车辆需要两个信号值，一个是纵向加速度信号，另一个是车辆加速度信号。**迈腾车标配 ESP 功能，纵向加速度传感器集成在电子制动控制单元（J540）内，读取 J540 的数据（图 1-23），怀疑纵向加速度传感器（G251）信号不正确，由于并无该传感器的标准数据，于是尝试断开 J540 的导线插接器，试车发现，自动变速器换挡正常了，说明故障就是由 G251 引起的。更换电子制动控制单元 J540 后试车，换挡恢复正常，用 VAS5052A 读取实时数据流（图 1-24），也正常。至此，故障彻底排除。

测量值	结果	规定值
切断电流，左侧，达到	17.900 A	
切断电流，右侧，达到	17.300 A	
制动器功能状态和故障指示灯	灯打开	
故障指示灯EPB状态	灯断开	
按钮灯EPB状态	灯打开	
自动保持指示灯状态	灯断开	
换档锁指示灯状态	灯断开	
横向加速度传感器-G200原始数值	0.00 m/s2	
横摆角速度传感器-G202原始数值	-0.31 ?s	
纵向加速度传感器-G251原始数值	0.778 m/s2	
左后制动器操作计数器	3506	0 - 65500
右后制动器操作计数器	3508	0 - 65500

图 1-23 读取 J540 的数据

切断电流，左侧，达到	17.000 A	
切断电流，右侧，达到	17.200 A	
制动器功能状态和故障指示灯	灯打开	
故障指示灯EPB状态	灯断开	
按钮灯EPB状态	灯打开	
自动保持指示灯状态	灯断开	
换档锁指示灯状态	灯断开	
横向加速度传感器-G200原始数值	-0.01 m/s2	
横摆角速度传感器-G202原始数值	-0.37 ?s	
纵向加速度传感器-G251原始数值	-0.097 m/s2	
左后制动器操作计数器	3	0 - 65500
右后制动器操作计数器	3	0 - 65500

图 1-24 更换 J540 后的数据

该车自动变速器主要采用纵向加速度来判断道路坡度，纵向加速度传感器有故障，采集了错误的坡度信号，造成自动变速器换挡推迟。当断开 J540 时，自动变速器控制单元无法通过纵向加速度传感器的信号判断坡度，只能改用输出转矩来计算坡度，因此换挡正常。

◎1-11 速腾为何挡位指示灯闪烁？

一辆 2010 款速腾 FV7146TATG 轿车，该车起步时，踩下加速踏板车辆不动，仪表板上的挡位指示灯闪烁。

首先验证故障现象。起动发动机，发动机怠速运转正常，但挂入 D 位或 R 位，车辆均不能起步，仪表板上的挡位指示灯闪烁报警。用 VAS5052 进行检测，在 02 – 变速器电子设备中检查到两个永久性故障码（图 1-25）。检查自动变速器和底盘，无油迹和外力损伤痕迹，各导线插接器连接状况良好；读取发动机怠速运转状态下自动变速器处于 P 位时的数据流，第 30 组的第 3 区 V401 实际压力供给显示为 0.02bar（图 1-26，1bar = 100kPa），而参考标准值应为 58.41bar 左右；读取 V401 电动机供电电压为 0.0V（图 1-27），而标准值为怠速供电电压；挂入 D 位加油起步时，显示 G617 离合器行程传感器 1 和 G618 离合器 2 的行程传感器 2 感应距离皆为 0（图 1-26），无变化。检测结果表明，滑阀箱内部存在高压泵供电缺失，导致高压泵达不到工作压力，从而被系统识别并进行保护性切断。进一步测试发现，用于高压泵供电的熔丝 SB2 熔断，检测熔丝 SB2 的线路，其与搭铁间的电阻为∞，更换熔丝 SB2 后试车，一段时间后熔丝 SB2 再次熔断，从而说明故障是由于自动变速器内高压泵电动机工作电流过大引起的。因 0AM 型 DSG 自动变速器内的电器部件不能单独更换，更换滑阀箱（图 1-28）后故障排除。

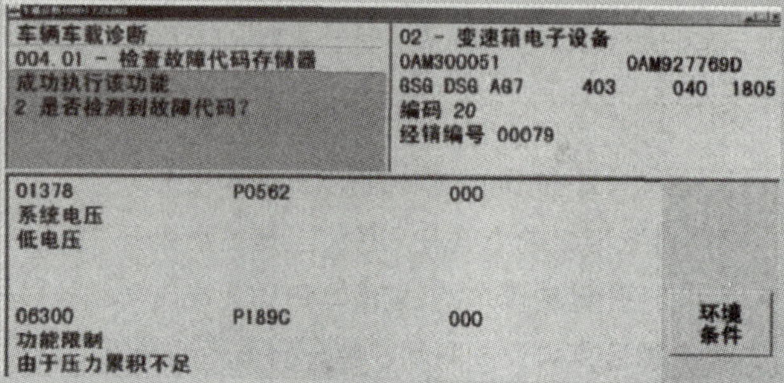

图 1-25　变速器电子设备中检测到的故障码

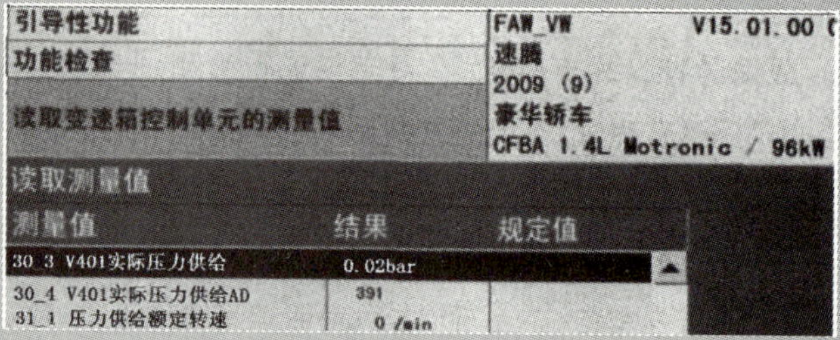

图 1-26　V401 实际压力供给

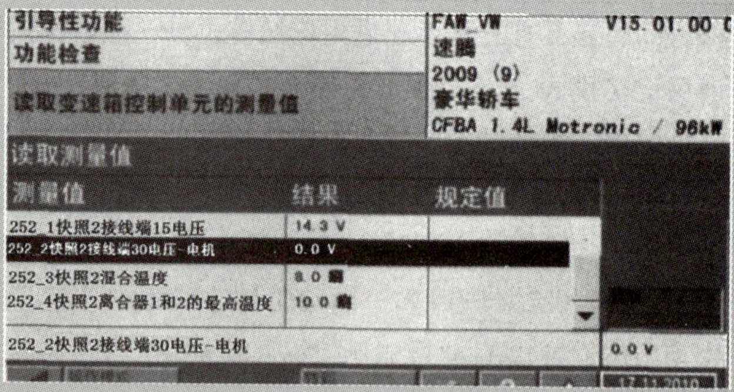

图 1-27　V401 电动机供电电压

本例说明车辆故障检测诊断仪**VAS5052能进入0AM型DSG自动变速器控制单元，并不能说明0AM型DSG自动变速器控制单元的供电全部正常。**事实上，对电控组件而言，各个熔丝的功能区也是不同的，如图1-29所示，连接端子T25/9的熔丝SB2是专门为0AM型DSG自动变速器的高压泵电动机供电的；端子T25/25连接熔丝SB5，为30主供电，此线断路，自动变速器控制单元（J743）无法与网关（J533）通信，此时仪表上的挡位显示会消失，同时，挡位指示灯在挂到相应挡时会出现闪烁现象；端子T25/10连接熔丝SC2，熔丝SC2为发动机、组合仪表、网关等多个控制单元提供15电供电，熔丝SC2损坏则组合仪表因无15电供电皆无显示。

图1-28 7速0AM型DSG自动变速器的滑阀箱

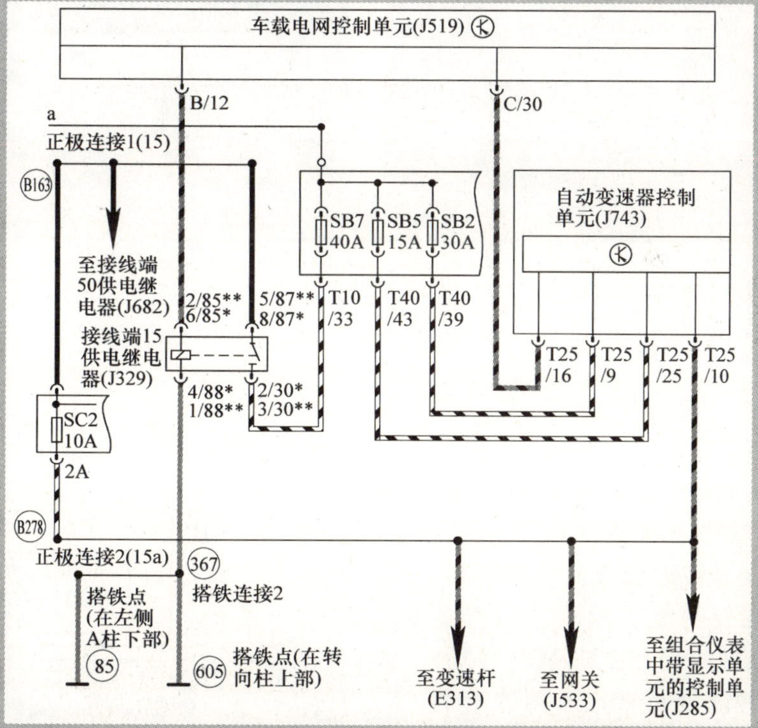

图1-29 0AM型DSG自动变速器控制单元供电电路

1-12 速腾挡位指示灯为何变红且不停闪烁？

一辆一汽大众速腾FV7145TATG轿车，装备7速0AM型DSG自动变速器。该车行驶中偶发仪表板上的挡位指示灯变红且不停闪烁，将车辆熄火后重新起动，上述故障现象能自行消除，但车辆继续行驶中依然会偶发上述故障。

用车辆故障检测诊断仪 VAS5052 查询，自动变速器控制单元内存储有故障码：06079——液压泵间隙保护，偶发；05995——变速杆 2 无法调节，偶发；02113——自动变速器油压传感器/开关 A 范围或性能，偶发。检查自动变速器后端壳（滑阀箱总成）处以及自动变速器下部有油迹存在，特别是在滑阀箱总成壳体外周出现了滴油现象，油质特性为绿色，分析是滑阀箱内的控制油渗出。检查滑阀箱总成壳体，无机械损伤或油迹，拆下离合器分泵罩检查，有油渍从离合器分泵 2 渗出（图 1-30），说明离合器分泵的密封塞损坏，从而造成油液缺失引起控制部分工作异常进而实施了保护，使挡位指示灯显示全部变红报警。更换滑阀箱，故障排除。

图 1-30　滑阀箱总成壳体外周漏油

1-13　波罗劲情为何前进挡冲击，无倒挡？

一辆 2010 款上海大众波罗劲情 1.6 轿车，搭载 6 速 09G 自动变速器，行驶里程 1 万 km。该车因事故造成变速器油底壳被撞，更换了电磁阀线束，试车中发现仪表挡位显示屏发红，入前进挡冲击，无倒挡。

连接车辆故障检测诊断仪 VAS5052，查询自动变速器控制单元 J217 内有许多故障记忆，复制故障码，尝试清除故障码后，挡位显示屏恢复正常，入挡冲击消失，估计这些故障码是在事故发生时或维修过程中留下的；但依旧没有倒挡。

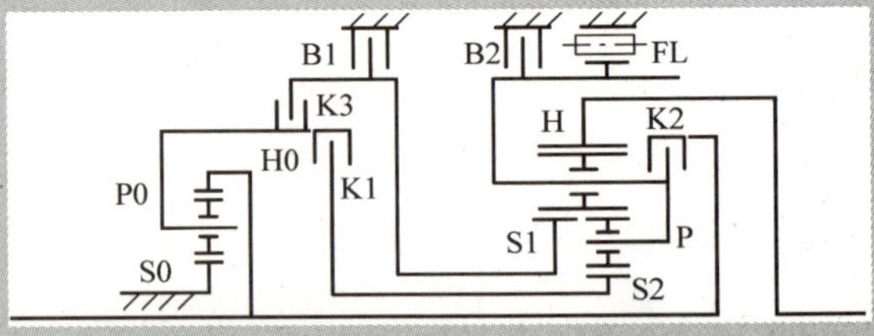

图 1-31　大众 09G 自动变速器机械传动示意图

K1—1 -4 挡离合器　P0—前排行星架　K2—4 -6 挡离合器

S0—前排太阳轮　K3—3 -5 - R 挡离合器　H0—前排齿圈

B1—2 -6 挡制动器　P—拉维娜行星排行星架

B2—低、倒挡制动器　S1—大太阳轮　FL—单向离合器

S2—小太阳轮　H—拉维娜行星排齿圈

查阅 09G 变速器的资料可知，倒挡的换挡执行元件有 3 -5 - R 离合器与低/倒挡制动器 B2（图 1-31），将变速器外部电磁阀线束所在的 T14e 黑色插接器断开试验，倒挡可以运行，这表明机械液压部分无异

常，因此初步判断是电控方面存在问题。

K3 的工作由电磁阀 N90 根据 J217 控制指令实现，N90 通电时 K3 泄压，断电时 K3 离合器建立压力，B2 则通过手动阀直接切换进油。读取数据流 7 组 3 区 N90 的测量值（如图 1-32所示），挂入倒挡时电流趋于 0，表明控制单元的控制指令正确，这样看来没有倒挡的原因是 N90 存在疑点。

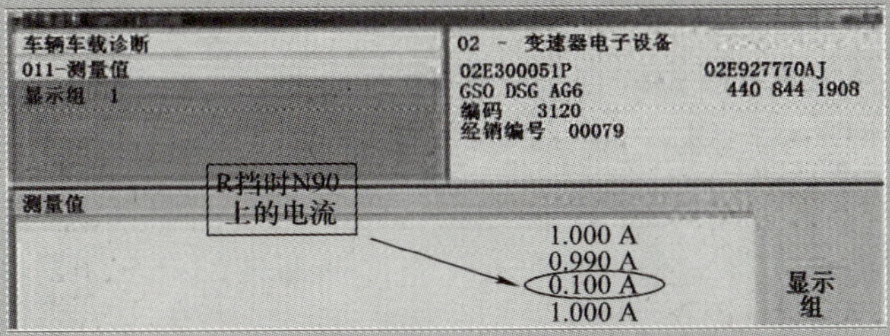

图 1-32　挂入倒挡时 N90 上的电流值正常

根据维修手册的提示找到电磁阀 N90，拔掉 N90 上的插接器，直接连接 12V 电源进行电磁阀通电/断电检测，针阀运动无异常；取下 N90，用压缩空气检测针阀密封状态，针阀关闭/开启正常。观察此时诊断仪屏幕报出的故障信息是：00348，电磁阀 9 断路/对搭铁短路（图 1-33）。对照维修手册查出电磁阀 9 是位于 N90 旁边的电磁阀 N282，这表明 N282 与 N90 的插接器在安装时互相错位了。更正上述两者的插接器位置（图 1-34），故障排除。

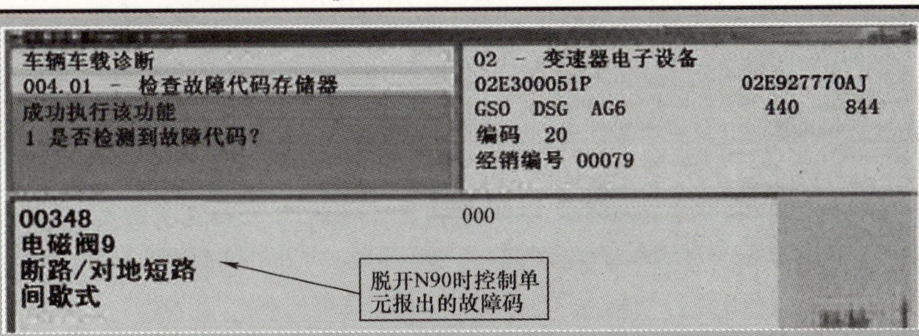

图 1-33　拔下 N90 的插接器时诊断仪显示故障码

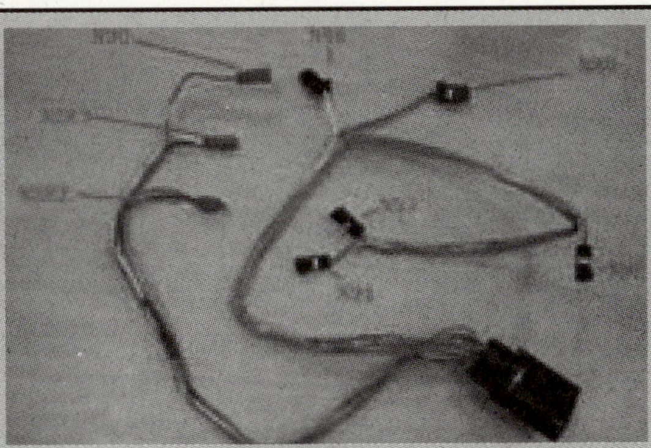

图 1-34　09G 变速器电磁阀线束插接器

◎1-14　途安2.0L商务车为何会升挡冲击？

一辆2006款上海大众途安2.0L商务车，搭载09G型自动变速器，行驶里程8万km。该车在行驶过程中会偶然出现升挡冲击，同时发动机故障灯点亮的现象。

连接车辆故障检测诊断仪VAS5052，进入发动机控制单元，读得一个故障码：有来源于自动变速器控制单元的错误信号。进入自动变速器控制单元，读得两个偶发性故障码：17104——自动变速器输出转速传感器电路故障，17105——自动变速器输出转速传感器信号不可靠。清除故障码，发动机故障灯熄灭。路试约10km，故障再现，发动机故障灯点亮。再次连接VAS5052，读得的故障码依然是17104和17105，并且还是偶发。根据故障码的含义，首先把故障位置锁定在自动变速器输出转速传感器（G195）系统，推断可能的故障原因有G195相关线路故障或G195自身损坏。

依据图1-35，首先检查端子T52/38、端子T52/50、端子T8h/5和端子T8h/6的外观，均无腐蚀；然后用万用表测量G195的电阻，正常；最后用万用表测量端子T52/38与端子T8h/5之间的导线及端子T52/50与端子T8h/6之间的导线的导通情况，均导通正常，由此排除是G195相关线路故障。更换G195，经试车发现故障依旧。难道故障码的提示有误？一时不知该如何继续维修。重新整理维修思路，由于故障是偶发性的，如果G195相关线路工作不良，如线路虚接，那么之前的测量结果只能说明测量时G195相关线路可正常工作，或许随着发动机工作状态的改变，G195相关线路便不能正常工作。仔细检查与G195相关的线束，发现在蓄电池底部车身拐弯处的线束上有一段裂缝。解开此处的线束，发现里面有几根导线的绝缘层已破损，而其中两根正是G195的导线。

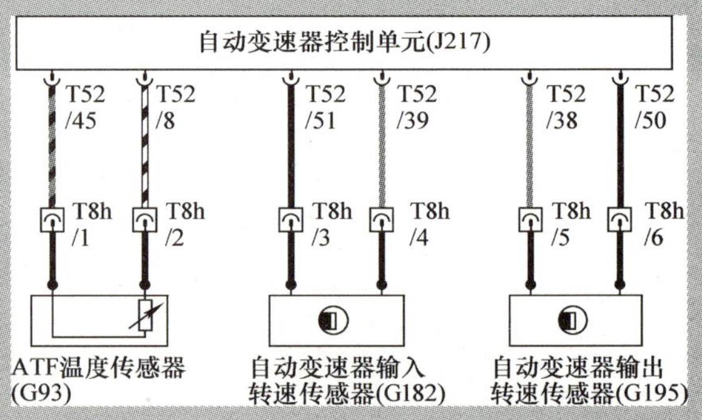

图1-35　自动变速器输出转速传感器电路

将所有绝缘层破损的导线处理好后试车，升挡冲击现象不再出现，故障彻底排除。该车加速时，随着自动变速器轻微地窜动，几根绝缘层破损的导线便有可能发生短路，从而导致G195信号偶发不可靠。另外，由于自动变速器控制单元需接收正确的G195信号才能准确控制换挡时机，因此该车偶然会出现升挡冲击的故障。

◎1-15　帕萨特1.8L为何会降挡冲击？

一辆上海大众帕萨特1.8L轿车，搭载01N型自动变速器，行驶里程17万km。该车在加速时升挡正常，而在减速时降挡有冲击。

经试车发现，在缓加速或急加速时，自动变速器升挡均十分平顺；松开加速踏板，自动变速器开始降挡，由4挡降到3挡时，一切正常，但由3挡降到2挡时，有强烈的冲击现象。连接VAS5052，进入发动机控制单元和自动变速器控制单元，均无故障码。检查ATF

液面，正常；检查 ATF 品质，颜色发黑且有焦糊味。放出 ATF，发现其中有摩擦片碎屑，说明摩擦片发生烧蚀。拆下自动变速器并解体，更换摩擦片、橡胶活塞及密封圈等，清洗液力变矩器及阀体，最后装复自动变速器，加注 ATF 后试车，故障依旧。由于降挡冲击多数是阀体上的故障，为了缩小故障位置，决定更换阀体（上面带电磁阀）后再试车，结果故障依旧。既然机械部分无明显的故障，那会不会是电控部分的故障呢？一般情况下电控部分有故障会生成故障码，但是该车并无故障码，这说明即便是电控部分的故障，这个故障点也是比较隐蔽的，因为它虽然影响了自动变速器的正常工作，但不足以使自动变速器控制单元设置故障码。经过上述分析，推断故障原因可能为相关线路工作不良或相关传感器信号失真。对相关电磁阀和传感器的线路进行外观检查，均未发现异常。揭开前排乘员侧地板，可以感到地板发潮；脱开自动变速器控制单元插接器，拆下装有自动变速器控制单元的黑盒子（图 1-36）。发现自动变速器控制单元的许多端子上附着一层白色物体（图 1-37）；打开自动变速器控制单元，发现里面的电路板无进水痕迹，由此推断该车故障可能是由自动变速器控制单元端子进水氧化造成的。

图 1-36　装有自动变速器控制单元的黑盒子

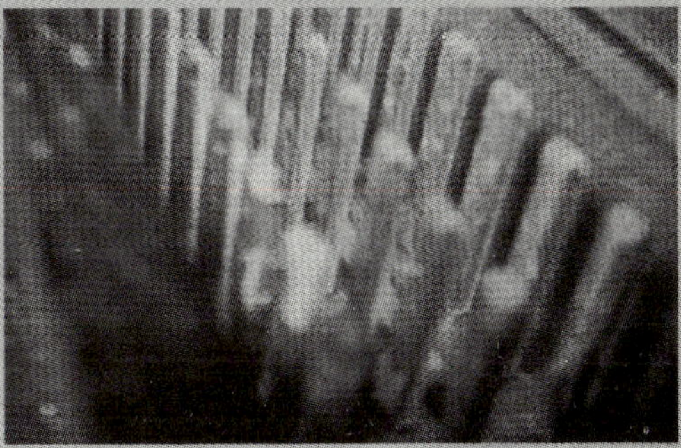

图 1-37　被氧化的自动变速器控制单元端子

用清洗剂把自动变速器控制单元端子上的氧化物及自动变速器控制单元插接器处理干净后装复试车，降挡过程不再出现冲击，故障彻底排除。

为什么自动变速器控制单元端子上的氧化物会引起降挡冲击呢？**自动变速器控制单元端子上附着有氧化物相当于在线路中串联了一个电阻，这会使自动变速器接收和发出的信号均失真，从而使换挡阀工作不良，如换挡时机不准或换挡阀动作不到位，最终导致该车降挡冲击。**

◎1-16　帕萨特 1.8T 变速器为何出现无倒挡、前进挡冲击等故障？

一辆 2005 款上海大众帕萨特 B5　1.8T 轿车，搭载德国 ZF 公司生产的 01V 型（5HP－19FL）手/自一体 5 速电控自动变速器，行驶里程 12 万 km。该车变速器曾维修过，这次的故障是无倒挡、前进挡冲击、无爬行及变速器内部异响等。

首先连接故障诊断仪对变速器电控系统进行检测，只发现了一个 P0730 的故障码。当检查其变速器油面高度时，发现至少缺 2L 左右的 ATF（自动变速器油），补充 ATF 再次试车，故障现象丝毫没有改变。拆下变速器的油底壳，发现 ATF 呈黑色并被污染，但没有发现太多的磨损颗粒。这样又拆下变速器的液压控制阀体进行分解清洗，在清洗过程中也没有发现各个滑阀有磨损和卡滞现象。装复后试车，结果倒挡仍无爬行过程，只有踩加速踏板至 2000r/min 左右车辆才能行驶，同时前进挡冷车有爬行而热车没有爬行。

首先连接故障诊断仪，检查变速器的电控系统，在其故障存储器里读出故障码：P0730——变速器传动比信息错误。变速器控制单元通过接收输入轴转速传感器 G182 和输出轴转速传感器 G195 来计算各挡传动比，出现这种故障码一般提示控制单元、传感器、线路故障及变速器内部机械元件打滑。通过读取变速器的动态数据和观察变速器的实际故障现象后，把故障点锁定在了机械和液压方面，故决定拆解变速器。

在分解变速器总成后，发现变速器内部多组摩擦片烧损，变速器机械元件的组成如图 1-38 所示，其中负责倒挡的主动元件 B 组离合器，负责 2、3、5 挡制动元件的 C 组制动器，负责 1-4 挡（低挡和直接挡）的主动元件 A 组离合器以及负责 4、5 挡的主动元件 E 组离合器烧损较为严重，烧损最为严重的是 B 组离合器和 A 组离合器。通过仔细检查，可以判定 B 组离合器烧损的原因是该组离合器摩擦片磨损间隙过大，迫使离合器活塞运动行程加大，当离合器建立工作压力时活塞因运动行程超出极限，出现泄漏后倒挡功能失效现象。而前进挡无爬行的主要原因是 A 组离合器活塞密封圈轻微损坏泄压所致。由此，可以确定变速器电控系统存储 P0730 故障码的原因就是变速器打滑。

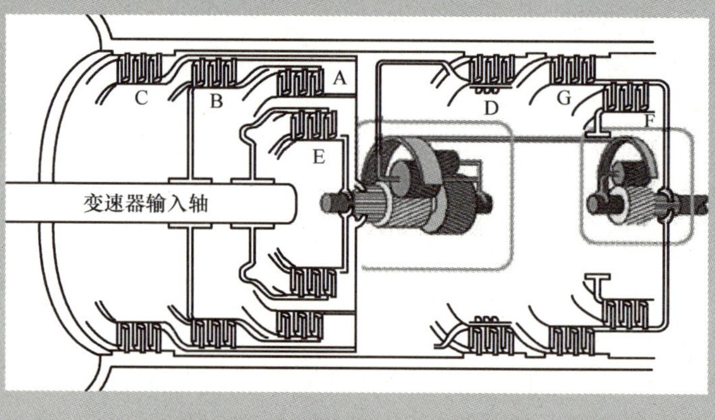

图 1-38　变速器机械结构示意图

按照自动变速器的大修标准，更换了所有密封元件、烧损的摩擦片钢片，同时又将变矩器做了翻新处理，并彻底清洗了液压控制部分和冷却系统。重新组装后，路试故障排除。但试车没有多久，新的问题又出现了：当变速器油温达到 90℃ 以上时，原地将变速杆由 P、N 位移至 D 位时，变速器在接合时会出现冲击现象，特别是反复操作时冲击愈加严重；同时当变速器执行完最高挡后，汽车在滑行时车速在 50～60km/h 时也会出现一下冲击感觉，实际上就是 5 挡降 4 挡冲击；但所有升挡（1-5 挡）正常且其他降挡点无冲击。

经过仔细分析，认为换入 D 位冲击和 5 挡降 4 挡冲击应该是同一问题所致。通过换挡执行元件工作表可知，变速杆由 P、N 位移至 D 位后，起动的主要油路是 A 组离合器的油路，而变速器由 5 挡降至 4 挡无非又是重新再次起动 A 组离合器的油路，因此问题应该在 A 组离合器油压上。通过A组离合器工作油路得知，起动油路的油压控制单元是根据发动机各种工况以及自动变速器的实际运行工况指令主油压调节电磁阀N215来调节的，油压的缓冲控制又是由N215电磁阀控制压力调节阀和减压阀两个滑阀相互工作来实现的（图1-39）。同时作用在A组离合器油路上的还有节流片和减振装置等，目的均是为了实现A组离合器在接合时的平顺运行。

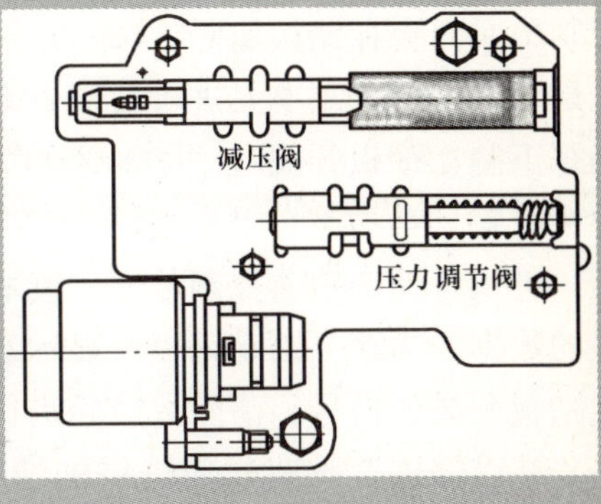

图1-39　压力调节阀、减压阀位置图

再次分解液压控制阀体，重点检查压力调节阀体上的压力调节阀和减压阀两个滑阀。仔细检查发现压力调节阀和其工作腔均有不同程度的磨损现象。在更换全新阀体后故障彻底排除。

那为什么会出现这些新问题呢？其实原因很简单，该车阀体从来没有清洗过，同时由于早期ATF变质没有及时更换，大家都知道新的ATF具有清洁作用，同时此次维修阀体过程中彻底清洗了阀体，这样会使滑阀与其工作腔之间的间隙越来越大，运动性能受阻，因此就出现了冲击现象。

◎1-17　帕萨特B5变速器为什么不升挡？

一辆上海大众帕萨特B5轿车，搭载AWL1.8T发动机和01V 5挡手自一体变速器，行驶里程15.3万km。该车行驶中自动变速器不升挡。

首先对车辆进行路试，当车速行驶到90km/h时，观察发动机转速达到4000r/min，将变速杆切换到手动换挡模式，组合仪表上的挡位显示为3挡。再将变速杆切换回自动换挡模式，松开加速踏板，再切换到手动换挡模式，观察挡位升至4挡，据此初步分析是变速器的电控系统或发动机出现了故障。

接下来，使用专用故障诊断仪VAS5051B对发动机电控系统进行故障查询，未发现故障码。进入读取测量数据块功能检查发动机的数据流：发动机转速760r/min，空气流量2.8g/s，节气门开度2.7%，氧传感器的调节值－20%，发动机冷却液温度97℃，控制单元电压12.3V。从以上数据流可以看出，氧传感器的调节值超出正常范围，控制单元的电压偏低，但这不足以造成变速器不升挡。进入变速器控制单元进行故障查询，发现一个故障码：00526——制动灯开关F故障（偶发）。

制动灯开关用于判断制动踏板是否被踩下，当制动踏板被踩下时，制动灯开关信号输送到自动变速器控制单元，该信号作用有三：一是用于解除变速杆锁止装置及取消巡航系统的工作；二是用于控制锁止离合器的分离，保证车辆稳定行驶；三是用于控制变速器的降挡或延迟升挡，如果变速器控制单元频繁接收到制动灯开关的信号，控制单元会延迟升挡。

制动踏板开关出现故障也会使变速器升挡延迟。如果制动踏板开关出现故障，在发动机控制单元内会存储故障码：16955——制动踏板开关故障，制动踏板开关的数据也会不正常。于是对发动机控制单元进行故障查询，未发现此故障码。读取066组制动踏板开关的数据，当踩下制动踏板开关时“00000000”变为“00000011”，数据正常，据此判断制动踏板开关没有故障。难道是自动变速器控制单元没有接收到制动踏板开关信号？为了验证自己的怀疑，进入自动变速器控制单元，读取测量数据块功能检查，选择003组第一显示区制动灯开关的数据，当踩下制动踏板时显示制动踏板已踩下，表明自动变速器控制单元已经接收到制动踏板开关的信号。清除故障码进行路试，故障依然存在。

在维修进度没有任何进展的情况下，决定对自动变速器控制单元的换挡信号进行分析。**自动变速器控制单元根据节气门的开度和车速，按照控制单元内部的特性曲线来进行换挡控制；另外，控制单元还根据驾驶人踩下加速踏板时的速度来控制自动变速器的换挡，以适应不同风格的驾驶人。**如果节气门控制系统出现故障也会造成变速器换挡不正常，检查发动机控制单元没有故障码存储，EPC报警灯也未报警，可以判断节气门控制系统没有故障。尝试重新匹配节气门01－04－060和强制降挡01－04－063再进行路试，在匹配节气门时诊断仪上显示错误，查询故障存储器发现一个故障码：17967——节气门控制单元J338基本设定错误。读取测量数据块发现，发动机控制单元供电电压为11.64V，用万用表测试蓄电池的电压为12.7V，据此分析，在匹配节气门时，由于发动机控制单元的供电电压过低造成节气门匹配失败。发动机控制单元的供电电压是通过供电继电器J271提供的（图1-40），于是更换继电器J271后再次匹配节气门，匹配顺利完成，发动机控制单元的电压恢复正常，又对强制降挡进行匹配后再次路试，故障依旧。

图1-40　供电继电器J271

尝试在试车时将变速杆切换到手动模式，挡位顺利地升到5挡，当踩下加速踏板时发动机转速上升缓慢，在正常情况下发动机转速随着加速踏板踩下的幅度而升高。将变速杆切换到自动换挡模式，发动机转速瞬间上升，再将变速杆切换回手动模式时，发现挡位显示3挡。根据以上试车结果，分析认为发动机系统存在故障，造成踩下加速踏板时发动机转速上升缓慢；在自动换挡模式下，变速器控制单元根据当时的发动机转速和车速来控制挡位，由于发动机的动力不足，造成踩下加速踏板的幅度与发动机的转速不对应，使自动变速器控制单元认为车辆是在上坡，于是延迟升挡。

对发动机数据流进行检查分析，氧传感器的调节值在－20%以上，没有发生波动。如果实际的混合气是正常的，氧传感器给发动机控制单元混合气过浓的信号，发动机控制单元会减小喷油脉宽，发动机混合气会变稀，造成发动机动力不足。反复踩下加速踏板观察氧传感器的调节值，数值没有发生大的变化。难道是氧传感器失效或是线路出现了故障？在准备检查氧传感器时，发现三元催化转化器前端发红。等三元催化转化器的温度下降后，拆下氧传感器，从氧传感器的安装孔检查三元催化转化器，发现三元催化转化器堵塞严重（图1-41）。至此查明故障原因。由于三元催化转化器堵塞造成发动机排气不畅，致使新鲜空气不能进入气缸内燃烧，造成发动机动力不足。当发动机的动力不足时，驾驶人就会踩下加速踏板，当加速踏板的位置和发动机的转速不对应时，发动机的负荷就会增大，变速器控制单元就会延迟升挡。更换三元催化转化器后路试，故障彻底排除。

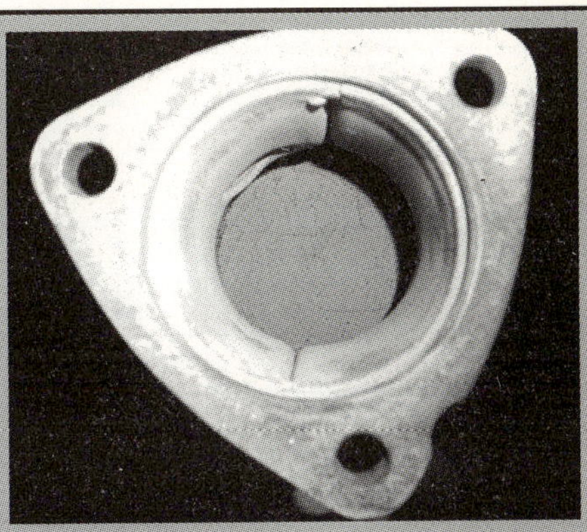

图1-41 堵塞的三元催化转化器

○1-18 帕萨特1.8T为何高速行驶时提速困难？

一辆2005款上海大众帕萨特1.8T自动挡轿车，搭载AWL发动机和01V 5挡自动变速器，行驶里程13.5万km，该车高速行驶时提速困难。

接车后进行基本检查，打开点火开关，观察仪表挡位显示区，变速杆处于P、R和N位时显示正常，所选挡位的字母被反白显示。但挂入前进挡时，字母“D”未被反白显示，意味着D位不能被自动变速器控制单元J217识别。连接VAS5052故障诊断仪查询自动变速器控制单元J217，发现一个故障码：17090——挡位传感器性能/范围故障，当前存在。记录故障码后，做删除操作，故障码17090可以删除，但前进挡挡位仍然没有被选中的显示。挡位传感器，即多功能开关F125与自动变速器控制单元J217的线路连接如图1-42所示。F125通过4条信号线形成4位二进制码，各个挡位所对应的二进制码见表1-2。当选择前进挡时，查阅自动变速器控制单元004组2区的测量值为Z3，3区的测量值为1111，晃动变速杆，测量值2区变为D，3组变为1011，这表明多功能开关F125（图1-43）内部出现故障。由于J217不能正确识别自动变速器的挡位，控制策略使自动变速器进入保护状态。更换新的多功能开关，故障排除。

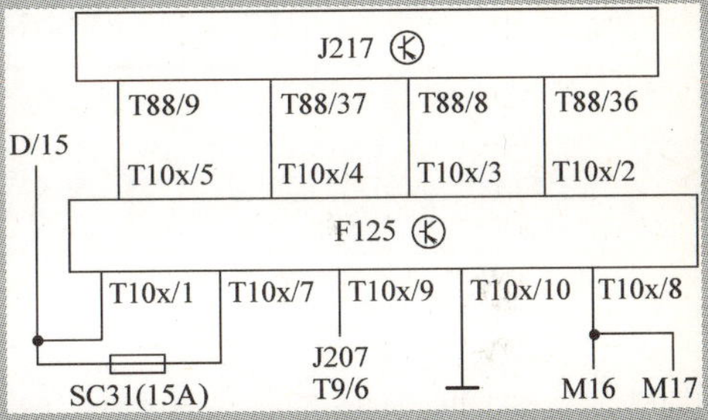

图1-42 多功能开关F125相关控制电路

D/15—点火开关15端子 F125—多功能开关
J207—起动继电器（53号） J217—自动变速器控制单元
M16—左倒车灯 M17—右倒车灯

表1-2 正常时变速杆位置对应的测量值

变速杆位置	测量值4组2区的显示	测量值4组3区的显示
P	P	1000
R	R	0100

（续）

变速杆位置	测量值 4 组 2 区的显示	测量值 4 组 3 区的显示
N	N	1110
D	D	1011
4	4	0111
3	3	0011
2	2	0010

图 1-43　多功能开关 F125

◎1-19　帕萨特领驭 1.8T 为何变速杆无法从 P 位移出？

一辆 2007 款上海大众帕萨特领驭 1.8T 自动挡轿车，搭载 BGC 发动机和 01V 5 挡手自一体自动变速器，行驶里程 5 万 km。驾驶人打来求援电话称，变速杆无法从 P 位移出。救援人员赶到现场发现，变速杆锁止电磁阀 N110 始终通电，于是拆开变速杆面板，拔下 N110 的插接器，使变速杆可以移动，开回维修站检查。

将变速杆置于 P 位，装复 N110 的插接器，打开点火开关，仪表板上制动踏板指示灯 K169 和变速杆面板上的 P/N 警告灯 K142 亮起。踩下制动踏板，K169 熄灭，但 K142 依旧点亮。松开制动踏板，K169 没有恢复点亮，欲使 K169 恢复正常，需关闭点火开关重新打开。

查阅 01V 自动变速器变速杆锁止电磁阀 N110 相关电路图（图 1-44）可知，P/N 警告灯 K142 与 N110 并联，受点火开关 D 和自动变速器控制单元 J217 控制，当打开点火开关，未踩制动踏板时，K142 点亮，N110 有电流通过，处于锁止状态。此时，J217 的 T88/2 端子处于低电位，其路径是点火开关 D/15→熔丝 S31→N110→J217 的 T88/2 端子→经 J217 内部搭铁。**J217 将制动信息通过 CAN 总线传递给仪表控制单元，由仪表控制单元控制制动踏板指示灯 K169。当踩下制动踏板时，J217 识别到制动灯开关 F 输出的 12V 电压信号，控制其 T88/2 端子的电位由低翻转为高，K142 熄灭，同时流过 N110 的电流中断，电磁力消失，使锁止销回位，于是变速杆可以从 P 位移出**。

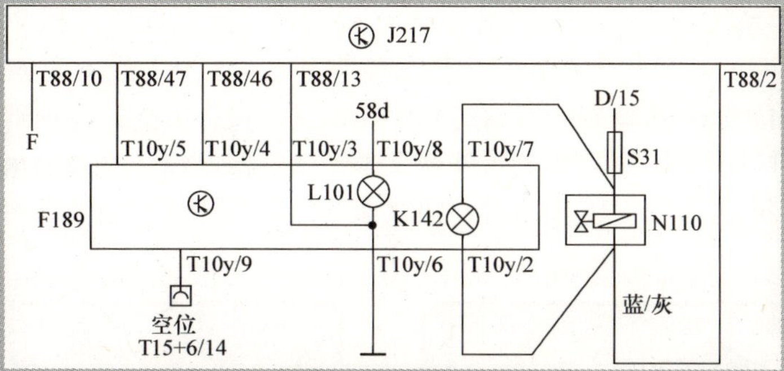

图 1-44 自动变速器相关电路

D/15—点火开关 15 号端子 F—制动灯开关 F189—Tiptronic 开关
J217—自动变速器控制单元 K142—P/N 警告灯 L101—变速杆面板照明灯
N110—变速杆锁止电磁阀 S31—熔丝

使用故障诊断仪 VAS5052 检测 J217，有两个故障码：18169——变速杆锁止电磁阀 N110 对地短路，当前存在；18155——电磁阀电源供给对地开路/短路，当前存在。N110 解锁的必要条件是制动信号输入 J217。查阅 08 数据块 003 组 1 区和 2 区的测量值，在未踩制动踏板时为空格、P/N 锁止，踩下制动踏板时为制动、P/N 解锁，表明 J217 已接收到制动信号。断开 J217 插接器，K142 仍然点亮，这表明电路中存在对电源短路点。脱开 N110 插接器，K142 依旧点亮，脱开 F189 插接器，K142 熄灭，表明短路点在 F189（图 1-45）内部。由于 F189 配件价格昂贵，故将其修复后继续使用。一周后回访驾驶人，确认故障已排除。

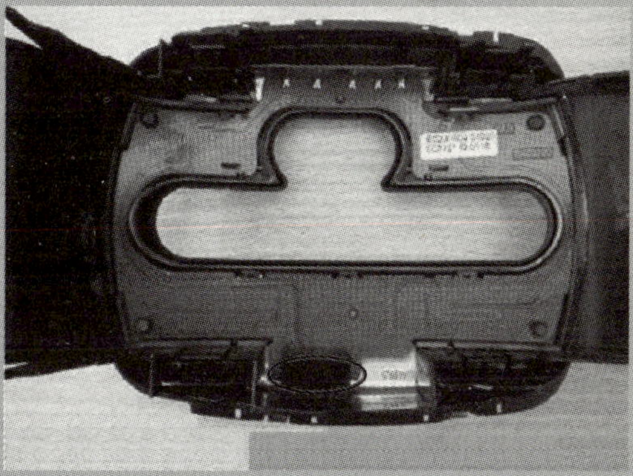

图 1-45 Tiptronic 开关 F189 的 T10y 插接器位置

1-20 帕萨特 1.8GSi 为什么有换挡冲击？

一辆 2004 款上海大众帕萨特 1.8GSi 轿车，搭载大众 AG4 01N 型 4 前速电子控制自动变速器，该车变速器存在换挡冲击的故障现象。

接车后对该车进行路试，确定该车变速器存在以下故障：①入前进挡和倒挡冲击；②入前进挡变速器动力接合后，变速器内部会长时间发出类似摩擦的声音；③2－3 挡冲击严重；④汽车高速行驶时发动机转速与对应车速不匹配，明显感觉发动机转速偏高，并且感觉缺少一个挡，应该是液力变矩器锁止离合器工作不良造成的；⑤随着车速升高，变速器内部的噪声也会随之升高。

根据以往维修该款变速器的经验并结合该车的故障现象，必须对变速器进行解体维修。

将变速器分解后，经过仔细检查，在机械及液压部件方面发现了问题：①N93主油压调节电磁阀、N92和N94换挡品质电磁阀（图1-46）有问题，从而导致入挡冲击和换挡冲击。②K1离合器（图1-47）内转鼓上的4个定位支架损坏，导致K1最下面的摩擦片花键不能与该转鼓接合，从而导致变速器制动入前进挡变速器动力接合后变速器内部长时间发出类似摩擦的声音。③通过目视观察液力变矩器外观发现，变矩器已经受过高温呈现出青蓝色，为此判定变矩器锁止离合器烧损。④差速器及主减速器内部因缺少齿轮油润滑，导致变速器噪声较大。

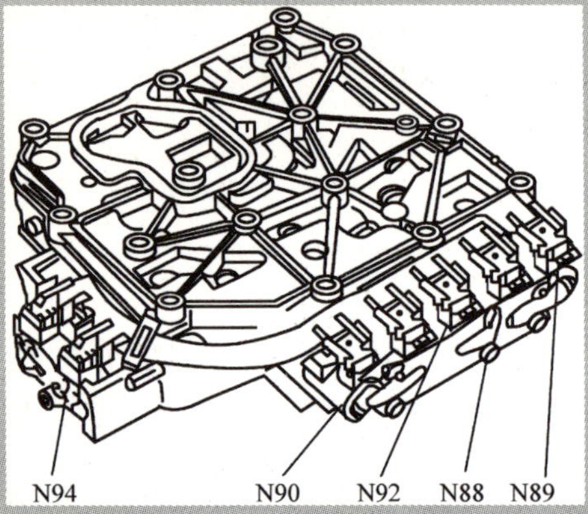

图1-46　换挡电磁阀

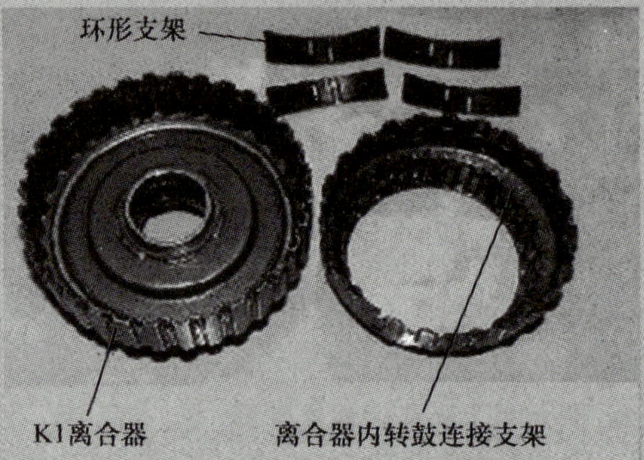

图1-47　K1离合器

在更换损坏部件并按照大修标准作业后，将变速器装复后进行长时间路试，其他问题得以解决，但2－3挡冲击的问题仍然存在。另外，有个现象比较特别，节气门开度越小，2－3挡冲击感越强，如果恰恰在2－3挡时松加速踏板，冲击感会更加强烈，猛踩加速踏板时冲击感不明显。既然2－3挡冲击与节气门开度有直接关系，而变速器系统压力是随节气门开度增大而增大的，因此基本可以排除变速器内部机械元件有问题，同时也可以排除液压控制阀体及电磁阀有问题。从油路上分析，2挡时N88电磁阀断电接通1－3挡离合器K1的油路，N89电磁阀通电打开2－4挡制动器B2油路，N90电磁阀通电切断3－4挡离合器K3的油路；3挡时N88继续断电，K1继续接合，此时N89电磁阀断电则切断B2的油路，N90电磁阀断电接通K3油路。2－3挡无非就是B2与K3之间的切换，电磁阀之间的切换则是N89和N90之间的转换，同时N92电磁阀还需协助维持换挡点的工作压力（电磁阀全部为新部件），因此问题应该出在控制信号上。

从自动变速器方面看不出什么问题，决定将维修的重点转移到发动机方面。观察了发动机控制系统的动态数据，根据对发动机各工况下主要数据的分析，感觉空气流量计在怠速时的数值有些偏大（发动机转速在760r/min时进气量为3.6～3.9g/s），决定更换空气流量计（图1-48）。更换空气流量计后继续试车，故障并无改观。继续观察节气门开度、电压信号及喷油脉宽信号，均正常。为保险起见，替换了一个节气门并进行匹配，试车，故障依旧。

大众01M、01N变速器均有自学习功能，且需要长时间试车才能学习完毕。但此车已经长时间路试，故障均未排除，无奈只能替换控制单元尝试，但结果依然令人失望。此时感到非常迷茫，难道还是液压方面的问题？重新更换了液压控制阀体，同时也一同更换了电磁阀线束，但故障症状丝毫没有改观。真是太奇怪了！难道是试车时间还不够长？第 2 天开此车跑了一次长途，回来后问题仍然存在。

至此，决定**对这辆“节气门开度大没问题，节气门开度越小问题越大”的故障车人为进行强制学习**。在经过一段时间的反复大小节气门开度试车后，2－3 挡冲击故障终于得到解决。

图 1-48　空气流量计

◎ 1-21　帕萨特 B5 01N 变速器为何升挡有冲击？

一辆上海帕萨特 B5 1.8L 轿车，搭载 01N 型 4 速电控自动变速器，该车变速杆位于 D 位行驶时，存在升挡有冲击的现象，且此故障时有时无；当变速器升至最高挡后，车辆行驶完全正常。该车变速器因烧片进行大修行驶 5000km 后便出现了上述故障。

在路试过程中发现，车辆在节气门开度较小（经济模式）行驶时，故障现象时有时无；但在节气门开度较大（动力模式）情况下行驶时，故障现象则会频繁出现。连接故障诊断仪 K81 对变速器电控系统进行检测，在读取自动变速器电子控制系统和发动机控制系统故障存储时，均未发现故障码。为确认发动机系统是否存在故障，读取了发动机控制系统中的动态数据流。在发动机怠速停车状态下，进入 01－08－001 数据组观察，第 2 项数据为 1.00～2.50ms，第 3 项节气门开度为 0°～5°；进入 01－08－002 数据组观察，第 4 项数据空气流量计的进气量数值为 2.0～3.7g/s，也在正常范围内。之后又随车读取了行车时的动态数据，也未发现异常。检查发动机无缺油缺火现象。综上，故障范围基本锁定在自动变速器部分。

随后利用故障诊断仪读取了自动变速器电控系统的动态数据，进入 02－08－001 数据组读得节气门位置传感器的信号电压值正常，进入 002 数据组读得 N93 电磁阀的电流以及 007 数据组的锁止滑差等都在正常值范围内。试车发现 2－3 挡时的冲击感较其他换挡点更明显些。考虑到变速器 2 挡升 3 挡的转换是负荷的过渡段，负荷变化较大，控制单元的调节容易出了问题，于是怀疑变速器控制单元（图 1-49）的控制程序可能出了问题。为此，找了一辆无故障同型车的变速器控制单元互换试车，但故障依旧。为了判断引起冲击感的原因是自动变速器电控故障还是机械液压故障，本着先简后繁的原则，先对电磁阀及线束进行了一一测量，但检测结果均正常，然后又对电磁阀的阀球进行了检查，也无磨损和卡滞现象。之后，对液压控制阀体（图 1-50）进行了彻底清洗，同时对电磁阀进行了位置互换（因 ATF 非常干净，因此不必考虑机械元件受损因素）。装复后试车，故障现象不但未消失，还在 2－3挡时出现了打滑的情况，且变速器的升挡也不够顺畅。

图 1-49 变速器控制单元

图 1-50 液压控制阀体

在01N 自动变速器中，2 挡执行元件是N88 电磁阀断电控制机械阀 K1（图 1-51）使1－3挡离合器 K1 进油，N89 电磁阀通电控制 B2 控制机械阀使 2－4 挡制动器 B2 进油；3 挡执行元件是 N88 电磁阀断电 1－3 挡离合器 K1 继续进油，N90 电磁阀断电控制 K3 机械阀使 3－4 挡离合器 K3 进油，因此 2－3 挡切换的元件是 N89、N90 两个电磁阀，机械阀 K1 和 K3 动作后改变油路上的切换，即用油元件的切换就是 B2 与 K3 之间的切换。在确保变速器内部机械元件没有问题的前提下，还应该从电控和阀体方面入手。于是先清洗了节气门体并匹配，更换了电磁阀扁形线（考虑到高温时出现问题），结果故障现象仍没有改观。真是太奇怪了！该车大修后没有多久，机械元件不可能磨损得那么快，所以内部机械元件出问题的可能性仍然没有考虑。众所周知，01N 变速器阀体故障率不高，但电磁阀却很容易出现问题。在 7 个电磁阀中，N91、N93 两个线性电磁阀及 5 个开关电磁阀中有两个是新的，另外 3 个是原车的（阻值正常、阀球及阀孔没有磨损）。几经考虑，怀疑电磁阀因使用时间过久，动态稳定系数下降，静态下测量时数值是正常的，而在动态下因电流的变化大，导致换挡时工作出现不稳定状态。为证实这一推断，我们决定更换 3 个旧电磁阀。

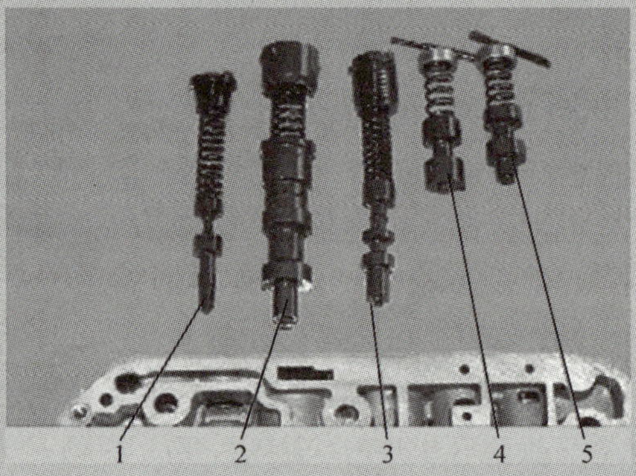

图 1-51 机械阀 K1

1—变矩器调节器阀 2—主油压压力调节阀 3—压力调节器控制阀 4—执行器阀 K2 5—执行器阀 K1

在将 3 个旧电磁阀更换为新件后，装复试车，变速器升降挡非常顺畅，故障彻底排除。

对于 01N 变速器的维修，因电磁阀工作性能下降而导致换挡质量的问题频频出现，因此在维修此款变速器时一定要注意对电磁阀进行检查。另外，我们在维修过程中也必须不断补充理论知识，要仔细观察故障现象，大胆地推断，只有这样技术水平才会不断提高。

◎1-22 新宝来1.4T为什么最高挡位只有3挡？

一辆一汽大众新宝来1.4T轿车，行驶里程7.5万km。该车因无法行驶熄火，维修时将变速器的离合器片、阀体及飞轮分解均没查出任何问题。

接车发现该车变速器上的所有附件均拆开检修过，唯独变速器内部没有打开。由于没有第一时间看见故障特征，只好将变速器的所有附件组装上以还原当时的故障现象。**当变速器安装完毕以后起动着车的一瞬间能听见“咔咔”的声音。挡位P灯闪烁。读取02变速器故障，显示“离合器2意外接合”，偶发性故障。根据经验分析，出现这些故障可能的原因有①离合器问题；②滑阀箱故障；③滑阀箱软件版本不对；④飞轮问题；⑤变速器离合器安装间隙不对。**

将变速器的离合器进行分解，按照维修手册上的标准进行调整安装。试车发现“离合器2意外接合”的故障消失。路试车辆时发现“咔咔”声音依然存在，而且每升一个挡位耸车非常严重。该车还出现一个更有特点的故障：每次起动着车以后，都有一声很清脆的声音，好似起动机与飞轮摩擦的声音。据此怀疑飞轮和变速器阀体都存在问题。将变速器飞轮与阀体同时更换掉。安装完以后进行基本设置，路试车辆，发现声音的问题解决了，但新的故障又出现了。该车路试发现最高挡位只能升到3挡，利用手动模式切换挡位，只有挡位显示5、6、7，而实际车速并没有提升，仍然只有3挡。

查看该车控制单元软件，如图1-52所示。怀疑是后换上去的阀体的版本过低导致该车只能升到3挡。于是对比该车旧控制单元的版本号及软件型号（图1-53）。将新控制单元的软件版本刷新成老版本，路试车辆，故障依旧。利用引导功能读取数据进行对比发现（图1-54）：5组1区是变速器输入转速传感器G641检测的飞轮的转速信号；5组2区是变速器控制单元通过CAN总线检测的G28转速信号。

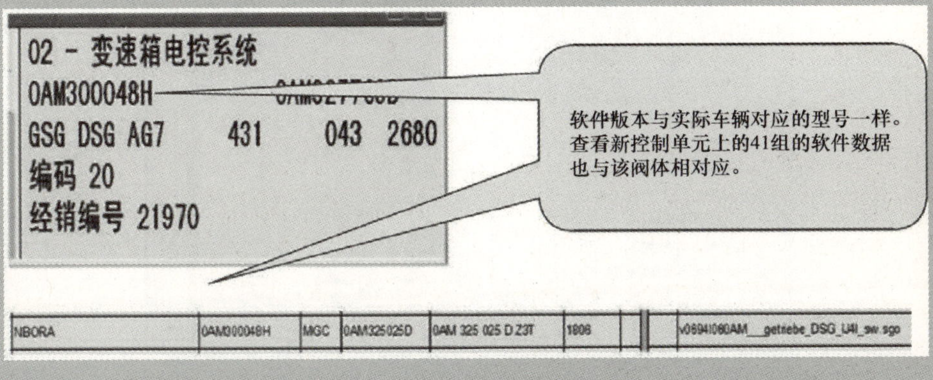

图1-52 变速器电控系统版本信息

通过对比正常车辆与故障车辆的两组信号发现，故障车辆的两组信号差异在51/min，故障指向飞轮。由于飞轮是新换的备件，不存在质量问题。分析其原理，将变速器上的G641传感器人为拆掉，使变速器控制单元利用CAN通信的G28信号作为代替值。路试车辆可以正常升到 7 挡。将飞轮拆下与旧件对比发现，新飞轮齿数为 132 齿，旧飞轮齿数为 129 齿。换上 129 齿飞轮，试车后故障排除。

新控制单元硬件和软件版本　　旧控制单元硬件和软件版本

图 1-53　新旧版本控制单元对比

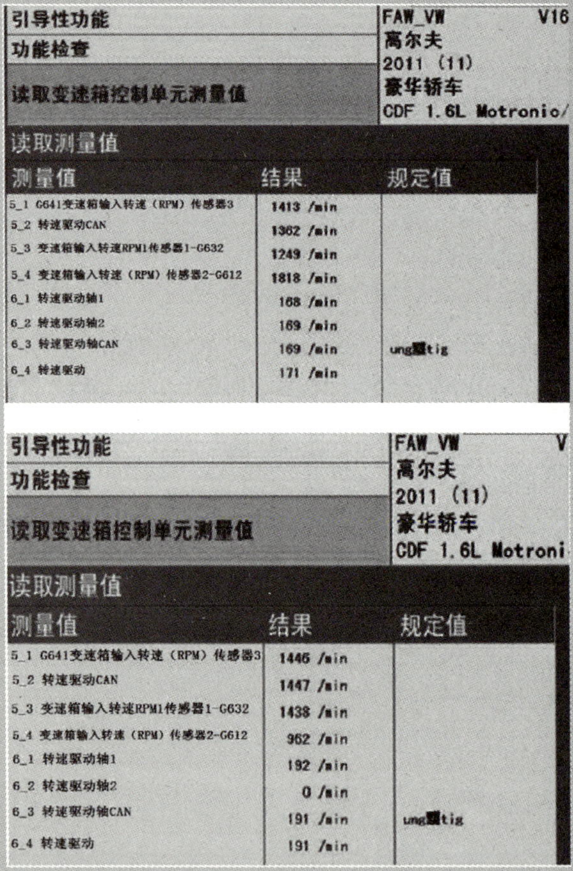

图 1-54　故障车辆 3 挡数据流

◎1-23　新宝来自动变速器锁止离合器为何抖动？

一辆 2010 款一汽大众新宝来 1.8T 轿车，装配 09G 变速器。车辆加速时，在

50~80km/h换挡期间有明显的耸车现象，在制动减速降挡时该现象也比较明显。

使用车辆故障检测诊断仪 VAS5052A 检测发动机控制单元、自动变速器控制单元，均未存储故障码，测量自动变速器控制单元到各传感器的导线，电阻值接近 0，正常。利用引导功能导航进行如下操作：①发动机控制单元与可变进气歧管翻板匹配；②节气门控制单元匹配；③强制降挡开关匹配；④使用 T10173 调整多功能开关 F125；⑤读取变速器各数据组（均在范围之内）；⑥读取发动机控制单元数据组 01－08－32（数据为 0.0%、0.0%）；⑦对变速器进行动态匹配，起动值共计做了 3 次，故障没有排除。

用 VAS5052A 进行网关列表检测，结果正常，没有任何故障码。仔细分析上述检测方法，发现该检测方法存在问题。运用引导性功能，数据反应滞后，不能正确检测到故障出现时的瞬间响应数据，即当故障出现时，数据由于变化滞后，在屏幕上显示数据正常；而当数据显示异常时，车辆运行正常。因此，这种**瞬间的间歇性故障，不能用引导性功能进行数据检测分析。**

用 VAS5052A 动态监测相关项目数据流（表 1-3）。故障出现时，02－08－004 数据组的第 4 区实际挡位是 4S 或 5S，即只有在 4S 或 5S 时才会出现故障。02－08－004 数据组第 4 区显示在 4S 或 5S 挡位时，观测 02－08－006 数据组第 4 区（变矩器锁止离合器滑脱数），当出现故障时，滑脱数有时出现 100~500r/min，有时出现 80~190r/min，滑脱数变化急剧。正常的变矩器锁止离合器滑脱数应是渐变的，这是问题的关键所在。在故障出现的瞬间，观察发动机转速表指针也会随着滑脱数的变化而上下跳动。根据以上分析，故障是在 4S 和 5S 状态，变矩器锁止离合器引起的抖动故障。

表 1-3　相关数据组

显示组号	显示区 1	显示区 2	显示区 3	显示区 4
004	显示区域 1： 变速杆位置	显示区域 2： 加速踏板值	显示区域 3： 检测行进状态	显示区域 4： 挂入的挡位（实际挡位）
	P、R、N、D、S、手动 Error：出现故障	0~100%，已按下降挡开关，强制降挡 Error：出现故障	UP：上坡，Flat（5052A 显示为“等级”）：平地，DW：下坡 Error：出现故障	0：挂入停车挡（P 位） R：倒挡 N：空挡 1H、1M、1S：1 挡 2H、2M、2S：2 挡 3H、3M、3S：3 挡 4H、4M、4S：4 挡 5H、5M、5S：5 挡 6H、6M、6S：6 挡 H：转矩转换器离合器打开 M：转矩转换器离合器关闭 S：转矩转换器离合器滑脱
006	显示区域 1：变速器机油温度传感器－G93	显示区域 2：电磁阀 4－N91，控制电流	显示区域 3：锁止离合器状态	显示区域 4：锁止离合器滑脱
	－55~205℃	0~1.000A	0：锁止离合器打开 1：锁止离合器关闭 2：锁止离合器滑脱	－1250~1250r/min Error：出现故障

在现场分析过程中，有人认为不是变矩器的问题，依据是发动机的动力经过变矩器传到变速器，如果是变矩器的问题，那么应该在各个挡位上都会抖动；现在抖动现象只发生在4挡、5挡，因此肯定不是变矩器的问题。这种分析判断是不全面的，是对于变矩器动态控制过程不清楚。发动机动力是经过变矩器传到变速器，是毫无疑问的，但是，进一步分析变矩器的动态控制过程，便会得知问题的原因。

从理论上讲，09G自动变速器的前进1－6挡，每个挡位都有H、S、M三个状态。从表1-3可以看出，1挡有1H、1S、1M；2挡有2H、2S、2M状态等。H指变矩器液力耦合状态，即变矩器锁止离合器完全打开；S指变矩器锁止离合器控制状态，即变矩器锁止离合器由N91电磁阀占空比控制锁止的过渡过程；M指变矩器锁止离合器锁止关闭状态，即变矩器锁止离合器完全接合。从实际控制过程看，虽然理论上每个挡位都有H、S、M三个状态，但**车辆在实际正常行驶过程中，H、S、M三个状态不是在每个挡位都出现。**

在正常驾驶车辆过程中，我们在数据流上读不到1S、1M和2S、2M，因为此时车辆是在起步状态，负荷非常大。从发动机传到变矩器泵轮的转速和涡轮的转速相差太大，即滑脱数太大，自动变速器控制单元不会发出控制锁止离合器锁止的指令，所以实际运行过程中读不到1、2挡的S和M状态。同理，3挡也是负荷较大的状态，在正常驾驶情况下，也读不到S和M状态，在特殊试车情况下，3挡可能出现S和M状态。这就是为什么该车正常驾驶过程中1、2、3挡感觉不到抖动的原因。当车辆运行到4挡和5挡时，此时车速越来越快，负荷相对起步状态大大减小，泵轮转速和涡轮转速的滑转数相对减小。此时，自动变速器控制单元发出锁止离合器的指令，以占空比信号控制N91电磁阀逐渐加大滑阀箱锁止离合器油路的油压，从而实现锁止的过渡过程。在4S和5S状态过渡过程较长，以实现平顺性，避免冲击；而该车故障现象正是发生在4S和5S状态。当车辆运行到6挡时，由于车辆已高速运行，在数据流上可以看出当升至6挡，由6H状态迅速进入6M锁止离合器关闭状态，中间的6S状态一闪而过，即变矩器锁止离合器的占空比控制锁止的过渡过程非常短暂，这也是为什么在6挡上几乎感觉不到抖动现象的原因。通过以上综合分析，确认是变矩器锁止离合器导致故障发生的。更换变矩器、ATF滤网、油底壳垫和ATF油，试车，故障排除。

◎1-24　大众高尔夫GTI为何降挡时车辆抖动？

一辆大众高尔夫GTI 2.0TSI轿车，配备6挡02E型DSG自动变速器，降挡时车辆抖动，特别是3挡降2挡时车辆抖动最为明显，加速换挡时也有一定的冲击感。

用车辆故障检测诊断仪VAS5053查询网关列表，网关内无故障码存储；实测发动机怠速运转时的各个参数，显示无异常；试车，车辆提速响应性良好。自动变速器降挡时发动机电控系统应该处在减油、断油状态，但此时如果有额外附加喷油的话，也可能会导致自动变速器降挡时车辆抖动。用VAS5053进行实测监控发现，自动变速器降挡车辆抖动时，喷油脉宽也降为0，且保持相应时间（说明发动机控制系统处于减油、断油状态）；同时监控到故障发生时，空气流量的数据也从加速时的数据自然过渡到怠速状态时的数据（图1-55）。根据上述检测结果可初步排除发动机电控方面有故障的可能性。

对自动变速器油压进行监控，**实测3挡至2挡降挡期间油压数据，如图1-56所示，K1**

所受控的3挡油压（系列1）和K2所受控的2挡油压（系列2）未出现交替换挡过渡模式，两路控制油压同时作用长达5s（28控制点至38控制点），基本和3挡降2挡发抖时序相吻合，由此可说明自动变速器控制单元控制失效。另外，实测发现3挡升4挡时的油压控制也发生了紊乱，并同样感觉到了换挡冲击。更换自动变速器控制单元（图1-57），故障排除。

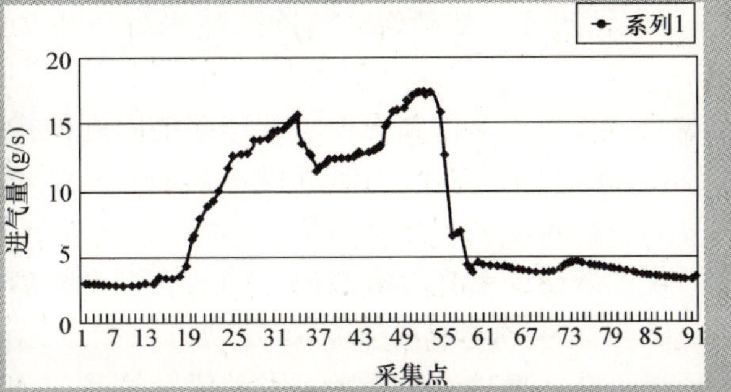

图1-55 降挡时空气流量数据的变化情况

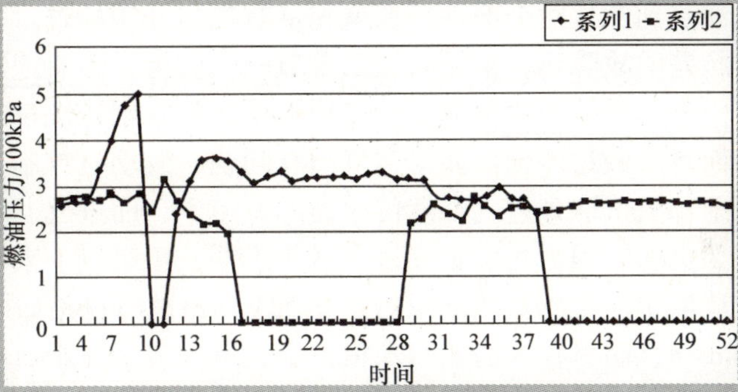

图1-56 自动变速器油压监控结果

图1-57 6挡02E型DSG自动变速器控制单元

1-25 斯柯达欧雅2.0L变速器为什么会锁挡？

一辆上海大众斯柯达欧雅（Octavia）2.0L轿车，搭载大众01M型电子控制自动变速器。该车变速器有时不能正常换挡，当出现不能换挡的故障时（变速器应该进入安全应急模式），使用故障诊断仪可以调出多个故障码，清除故障码后车辆又可以正常行驶，但不久后故障再次出现。

为了排除此故障该车大修过变速器，并更换了变速器电磁阀的排线和车速传感器，也测量过电磁阀到变速器控制单元之间的线束，但都没有发现问题，就差更换变速器控制单元了。

首先，使用故障诊断仪读取变速器系统故障码，确实有多个故障码存在：节气门信号超差，车速传感器故障，电磁阀N94和N92故障，与发动机控制单元通信故障等。清除故障码后进行路试，刚开始还很正常，换挡也很平顺，发动机转速超过2000r/min时车速可以达到90km/h，但没过多久就出现了加速踏板踏空和换挡冲击很大的故障。再次读取故障码时，原来那些被清除的故障码又重新出现了，而且又多了一个电磁阀的故障码。看着这么多故障码，还真不知道从哪里下手。但与变速器升挡关系最密切的两个部件就是节气门和车速传感器了，而且故障码也涉及到了这两个部件，那就先从节气门开始检查。

对于节气门开度超差的故障码，常见的原因是节气门脏污，当变速器进入安全应急模式时也可能会存储节气门信号超差的故障码。检查发现节气门是刚清洗过的，线束插头也没有发现接触不良之处，而且已做过匹配。如果节气门有问题，发动机控制单元就应该有故障记忆，但是发动机系统中却只读取到进气温度传感器的故障码，而进气温度传感器的故障码与变速器跳挡应该没什么关联。因为之前更换过车速传感器，于是接下来检查车速传感器的线路。进入变速器系统读取车速传感器的电压值是0.02V，路试时也是如此，故障诊断数据流中车速始终显示是0km/h，而里程表的显示却很正常，里程表的显示值应该是从轮速传感器计算得来的。拔下车速传感器的插头，测量线束侧的电压，对应的1、2、3号端子线的颜色分别为黄、白、黑色，测得黄线与黑线之间的电压为2.56V，白线则没有电压，应该是信号线。用试灯的一端接在1号端子黄线上，另一端快速地刮碰2号端子白线，数据流立刻显示车速传感器的电压为2.45V，车速也不再是0km/h，而是随着刮碰的快慢有了相应的变化，看来应该是车速传感器有故障，而之前的维修人员却说车速传感器已经换了新的。这是为什么呢？此时发现在变速器上方中央部位的转速传感器像是新的，他们会不会错把变速器的转速传感器当成车速传感器给换掉了？一问才知道，正是如此，而真正的**车速传感器则装在变速器尾部的上方。**更换车速传感器后，测得2号端子白线与黑线之间的电压为2.52V，数据流也显示正常，也没有车速传感器的故障码了。

进行路试，原来的故障又再次出现，只是读取故障码时少了车速传感器的故障码，但是又多了一个电磁阀的故障码，其他没有任何变化。只好从电磁阀着手了。电磁阀的排线是新换的，询问得知电磁阀已反复测量过了，并被告之肯定没问题。关掉点火开关，拆下蓄电池极桩线，拔下变速器控制单元的线束插头，测量变速器控制单元侧到电磁阀之间的线束，电阻都没有超过1Ω，而且测量各电磁阀的阻值相差不大，结果显示导通情况良好。难道是变速器控制单元出了问题？变速器控制单元具有监测和控制电磁阀的功能，那它一定会有电压输出。装回蓄电池极桩线束，打开点火开关，测量变速器控制单元与电磁阀控制线束中的一个脚的对地电压为3.6V，正准备测量另外一根线时，线束随之动了一下，电压马上变成了0.02V，这肯定不对，再动一下线束，测量数值立刻又变成了1.53V。难道是连接电磁阀的线束出了问题？关闭点火开关，从变速器上的电磁阀线束插座（图1-58）上拔下线束，剖开线束一看，貌似完好无损的线束内部实际上已熔成一团，包在铜线外面的绝缘橡胶都熔在了一起。**这种情况很少见，如奔驰车采用的环保线老化之后，上面的绝缘橡胶会剥落，而该车破损的线束却整个粘在了一起。**后来得知此车曾经因为冷却液温度高而维修过，不知道是否因此而造成线束破损。更换变速器电磁阀线束，清除故障码试车，变速器锁挡故障不再出现。

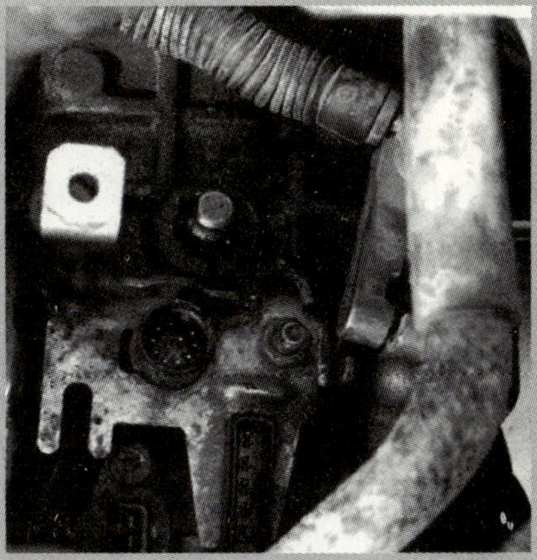

图1-58 电磁阀线束插座

◎1-26 雅阁3.0为何有大量变速器油喷出？

一辆2005款广州本田雅阁3.0轿车（CM6），搭载BAYA型5速自动变速器。该车在行驶过程中曾经出现过变速器打滑的现象，但是故障现象出现的时间并不确定，所以一直没有进行彻底检查。该车在最近一次高速行驶过程中，大量变速器油从变速器壳体上部通气孔喷出，导致车辆无法继续行驶。

根据维修经验，因缺少变速器油而引发的故障是比较容易维修的，一般只需要检查出导致变速器油温过高的原因并更换烧蚀的摩擦片等部件，然后进行变速器内部清洗即可解决问题。首先检查变速器油，从变速器油中包含的杂质可以看出变速器内部已经严重烧蚀，决定解体变速器。解体变速器后检查各部件的状态，发现变速器油泵的主动齿轮和从动齿轮严重烧毁，而且有多个离合器摩擦片存在不同程度的烧蚀。更换变速器油泵、主阀体以及烧毁的摩擦片，并清洗变速器内部。

变速器油从主阀体开始，经过变速器壳体上的油路到达各挡离合器，中间油路上有多个密封圈，这些密封圈是允许有轻微泄漏的，但是不能超过极限值。**很多维修人员在检查离合器时一般只是利用压缩空气对离合器活塞进行简单的打压试验，通过观察离合器活塞是否动作来判断离合器的好坏，其实这样做并不妥当，由于油压泄漏过大而导致离合器充油时间过长，能够引起变速器换挡过程轻微打滑或行驶中严重打滑等故障。**将800kPa的压缩空气施加在一个单独的变速器油储存罐上，从油罐传送来的变速器油可以调节成600kPa的压力，利用这个压力驱动各挡离合器，然后利用千分表测量离合器活塞的行程，各项数据均符合要求。

本田车系中BAYA型变速器的电磁阀很多，机械滑阀却很少，而且前面已经进行了仔细地检查并更换了主阀体，所以变速器装好后应该没有问题。组装变速器后装车，加注适量的变速器油后进行路试，但是很快又出现了问题：变速器虽然没有明显的打滑感觉，但是各挡的换挡过程不柔和，而且仍有些加速不良。另外，发动机转速在2000r/min时，5挡车速是100km/h，和正常车速相差大约20km/h，为什么会这样呢？

是变矩器锁止有问题吗？通过观察数据流可以确定变矩器锁止没有问题，而且系统内无故障码存储。也不会是装配的问题，因为对BAYA型变速器很熟悉，操作过程都是按照维修手册进行的。根据变速器挡位齐全可以判断，变速器的传动系统没有问题，只是变速器的传动比不对。回顾此款变速器的特点。BAYA变速器在传动上采用了平行轴方式，变速器包括6个前进挡离合器、1个单向离合器、3个换挡电磁阀（A、B、C）、3个离合器压力控制电磁阀（A、B、C）以及3挡和4挡压力开关各1个。因为对变速器的内部装配比较有把握，于是将检查重点放在了换挡电磁阀和离合器压力控制电磁阀上，因为它们直接决定着变速器的挡位和换挡过程。在检查离合器压力控制电磁阀A时，发现滑阀卡滞在部分开启的位置，无法回到完全闭合的位置，只好分解该电磁阀。滑阀是从电磁阀的方向装进去的，电磁阀取下后才能取出滑阀，这时发现在电磁阀的根部也就是滑阀的顶部有很多锈蚀（图1-59），杂质夹在滑阀的顶部使其无法回位。清洗滑阀后，试车，故障排除，车辆加速有力，发动机转速在2000r/min时5挡车速可以达到120km/h。

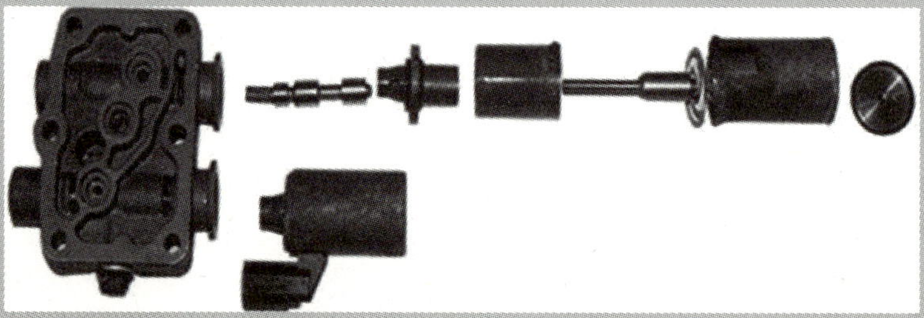

图1-59　滑阀顶部锈蚀

为什么**离合器压力控制电磁阀A卡滞后会出现换挡冲击和加速不良的故障**呢？离合器压力控制电磁阀A的正确位置如图1-60a所示，其中滑阀是处于关闭位置的。电磁阀A的故障位置如图1-60b所示，其中滑阀有一定的开度。电磁线圈控制铁心的移动，以此来推动滑阀移动，从而达到控制油量的目的。

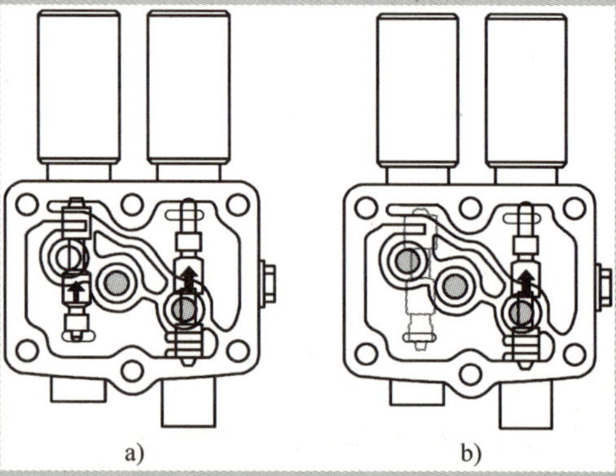

图1-60　滑阀所处的位置

1）当变速器处于5挡时，由于滑阀有一定的开度，这就导致有一部分CPC A（离合器压力控制阀）的压力作用在了4挡离合器上，导致发动机动力在4挡上有一定的损失。

2）当变速器处于4挡时，离合器压力控制电磁阀A是正常开启的，不存在回位不良的问题，因此对车辆基本没有影响。

3）当变速器处于3挡时，由于滑阀有一定的开度，这就导致有一部分CPC A的压力作用在了2挡离合器上，导致发动机动力在2挡上有一定的损失。

由于上述原因，就会导致发动机出现动力不足和速比不正常的情况。

该车故障排除后，驾驶人开车出厂。一周后变速器又出现了以前的故障，而且故障现象更严重。调取故障码，有故障码——离合器压力控制电磁阀 A 故障，检查离合器压力控制电磁阀 A，发现内部的滑阀又卡滞了，但是清洁滑阀后故障并没有消失。因为发现变速器油中有金属粉末，于是再次解体变速器。解体后发现变速器油泵有轻微的磨损，主阀体上的多数滑阀已经卡滞，5 挡离合器片烧蚀，4 挡离合器片有轻微的过热现象，这也证明了上次维修时原理分析的正确性，即变速器处于 5 挡时，发动机动力在 4 挡上会有一定的损失。

检查到差速器时，发现行星齿轮轴严重磨损，这应该是润滑不良所致。检查润滑油孔正常，顺着油路检查到变速器散热器，发现散热器内部有很多杂质，这说明上次维修时清洗不彻底。变速器的散热器中有杂质，而且油泵有磨损，这说明杂质来自变矩器。因为变矩器除了翻新无法进行彻底的清洗，于是更换变矩器以及差速器，并研磨主阀体中卡滞的滑阀。检修完毕后装车路试，变速器的故障彻底排除了。

◎ 1-27　雅阁 CM5 变速杆为何锁止？

一辆 2005 款广州本田雅阁 CM5 轿车，因自动变速器变速杆锁止，无法入挡行驶，维修人员采用临时应急措施将变速杆应急按钮按下，强制挂入前进挡，将车辆缓慢开回维修车间。车辆进车间后，将变速杆推回 P 位后，再无法挂入其他任何位置，锁止在 P 位上。

首先接上本田诊断仪 HDS 进行检测，没有发现故障码。观察发动机数据流，TP 值为 10%，相对 TP 值为 9%，点火正时为 26°，发动机转速为 1200r/min。从数据流上看，最明显的是发动机已不在怠速工况运转，点火提前角锁定在 26°，相对 TP 值在怠速工况下应为 0 而指示为 9% 的错误值。此时发动机管理系统已启动了后备模式，不再进行相关传感器的参数修正功能。燃油排放控制系统呈开环状态，同时起动发动机及自动变速器保护模式电路，将变速杆锁止在 P 位上，出现该车故障现象。要解除变速杆锁止，必须找到故障的根源！曾经遇到过因涉水造成 TP 传感器损坏，引起变速杆锁止故障的情况，换了节气门体总成后（本田 CM5 的 TP 传感器不能拆卸），故障即可排除。这起故障从数据流上看 TP 开度值基本上正常，但相对 TP 值却很高，会不会是因偶发故障而引起节气门位置传感器学习值变化呢？用故障诊断仪 HDS 对 ECM/PCM（发动机、变速器控制单元）学习值重新设定后，变速杆解除锁止状态，故障排除。

这辆车仅行驶了一天驾驶人又报修同样故障。用 HDS 检测，数据流还是同样的内容。用 HDS 进行 ECM/PCM 学习值重新设定，却无法完成。替换一个确认良好的节气门体总成（TP 传感器不能单独更换），从数据流上看，TP 相对值还是显示 9% 不变，再次用 HDS 对 ECM/PCM 学习值重新设定，还是无法完成。变速杆依然锁止，故障依旧。这一次 HDS 都无法进行节气门位置传感器的学习值设定了。最后拆下蓄电池负极搭铁线，等待几十秒钟，用这种方式来清除 ECM/PCM 内随机存储器的学习程序。接上负极线，换上原车节气门体。起动发动机，在怠速工况下观察数据流 TP 相对值为 0，TP 值正常，点火提前角在 6° ~ 15° 之间变化，变速杆解锁。路试 30km，没有发现故障重现。

再次对该车进行路试，发现当空调压缩机工作后，发动机怠速工况变得相当糟糕，发动机抖动严重，怠速转速下降到 400r/min，严重时发动机有要熄火的倾向。从这一现象来看，在空调压缩机工作时，发动机怠速功率补偿不够，导致发动机输出功率小，引起发动机怠速抖动。提供怠速功率补偿的主要部件之一是怠速控制阀（IAC）以及相关的控制线路，首先对它的机械阀体进行清洗。拆下阀体后，发现滑阀里充满了积炭（图1-61）。清洗装复后起动发动机，开空调时怠速功率补偿良好，怠速运转平稳。怠速发抖故障排除，通过这一点说明IAC阀的控制线路没有故障。随后路试100多km，没有发现变速杆锁止现象。

图1-61　阀体内滑阀积炭

IAC阀与变速杆锁止有什么关系呢？下面简单分析一下它们的因果关系。**由于IAC阀体内滑阀充满了积炭，造成滑阀运行时卡滞。它的卡滞位置是随机的，当它在开度大时卡滞，怠速空气补偿得就多，这时的IAC阀指令并不是当前的滑阀开度所需的指令，过多的怠速空气补偿导致发动机转速由怠速的750r/min升至1200r/min。此时的喷油时间也不是当前要求的喷油时间，这时的节气门位置处在关闭的位置，发动机冷却液温度也处于正常温度，这些正确的传感器参数与由于滑阀卡滞所产生的错误传感器参数，再与ECM/PCM内存（ROM）固化参考数据进行比较，ECM/PCM通过计算就得出这样一个结论，即此时发动机不在怠速工况下运转，但实际情况确实是在怠速工况模式下的，只是发动机转速在怠速工况下异常升高了。**ECM/PCM将比较的参数所得出的结论（错误参数数据）进行学习，学习的结果导致TP相对值为9%。也就是说，ECM/PCM认为此时的节气门位置是在正确的关闭位置开度（10%）的基准上再默认打开9%开度的位置，但又不符合怠速工况下10%的开度，因此记忆相对9%的开度值，从而启动发动机及自动变速器保护模式，将变速杆锁止。现在再来分析一下，既然滑阀卡滞是随机的，那它的另一种状态就是当它卡滞在开度小的位置时，也就是空气补偿不够时，IAC阀指令信号是对的，但滑阀并没有开到指定的位置，空气补偿少。与此同时，喷油器的喷油时间也做出相应的调整，但是调整的喷油时间与卡滞的滑阀所提供的空气不成比例，导致在怠速工况下的可燃混合气比例失调，使气缸燃烧不完全，在怠速工况下发动机输出功率不足，引起怠速工况开空调时发动机发抖的连环故障。从上面的分析来看，这是一个从IAC阀卡滞故障入手进行仔细诊断的过程，最终排除了变速杆锁止故障。

◎1-28　东风本田CR－V自动变速器为何无2挡？

一辆2004款东风本田CR－V轿车，配置K20A4发动机，4速自动变速器。在一次事故后该车更换了前部的变速器壳体（图1-62），装配完成后出现以下故障：变速器1挡正常；倒挡正常；行驶中1－2挡时车速下降，出现打滑现象，随之变速器控制单元便控制变速器升入4挡进入应急运行模式，然后仪表的D位指示灯闪烁。

首先读取了该车的变速器故障码70－01（7001），该故障码的解释如下：①换挡电磁阀A出现故障；②自动变速器运行出现故障。又进行了试车，读数据流，1挡正常，1－2挡时开始打滑，同时出现故障码，应急升入4挡。又对该车做了一下失速测试，其结果如下：D位、R位和1挡失速转速均为2200r/min以上，失速范围在2200～2400r/min之间，而2挡的失速转速在2200r/min停顿了大约1s，随之升入到5000r/min以上。对本故障产生的原因总结出以下几点：①换挡电磁阀工作不良，造成相关的换挡阀出现工作失常，导致2挡油压过低；②阀体装配过紧导致相关的滑阀出现卡滞；③装配过程中某些和2挡有关的零件漏装或装配错误；④2挡的油道出现泄漏，如相关的密封圈或摩擦片烧坏。

图1-62 变速器前壳体

先放掉ATF油，拆下变速器的边盖，取下4个换挡电磁阀进行通电试验，只有电磁阀A有少量的泄漏，4个电磁阀的电阻均为15Ω左右，符合标准。难道是电磁阀A关闭不严，在1－2挡时，电磁阀A不能完全关闭，导致换挡阀A不能回位，从而引起2挡油压低？更换换挡电磁阀A后试车，故障现象一点都没好转。看来电磁阀A的少量泄漏不是造成本故障的根本原因。解体变速器，检查2挡离合器，结果是2挡离合器的摩擦片没有问题，间隙完全正常，油封也没有泄漏。难道是阀体装配过紧或是漏装了某些零件？又重新对阀体进行了全面的检修和清洗，结果告诉我们，故障的原因不在阀体上。又重新对2挡的油路进行了检查，最后终于找到了故障的根本原因：原来是变速器壳体上有一个2挡油路的导套漏装（图1-63）。重新找来更换下的变速器前壳体，把导套取下安装好，重新装配试车后，1挡正常，升2挡冲击，升3挡冲击，升4挡时冲击小了一点，此时故障警告灯不再闪烁，无2挡的故障已经排除。**对该车换挡冲击的故障原因做如下总结：①变速器控制单元的学习有问题，换挡时离合器压力控制电磁阀没有指令，换挡点不准确；②阀体装配过紧；③离合器压力控制电磁阀出现故障。**

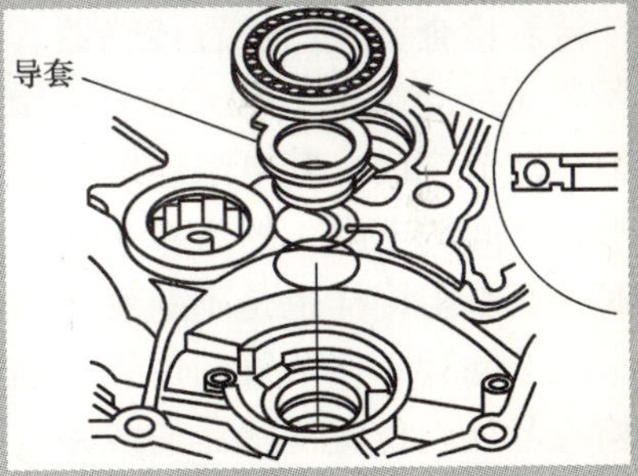

图1-63 导套位置

从数据流上可以明显地看出，变速器控制单元在换挡的时候已经对3个离合器压力控制电磁阀调整了控制电流，基本上可以排除控制单元损坏的可能性，而阀体也没有发卡的情况。对3个离合器压力控制电磁阀做了检查，发现其中控制电磁阀B和C是新的，拆下后和旧件作了比较，电阻值基本一致。通电试验发现，新件不如旧件运行顺畅，把稍微有点外表破损的旧件更换使用试车，挂挡平顺且一点冲击也没有了，故障彻底解决。

◎1-29 东风本田CR－V为何不能正常升挡？

一辆东风本田CR－V轿车，装备2.0L DOHC i－VTEC发动机和4挡自动变速器，行驶里程3万km，出现自动变速器不能正常升挡，发动机怠速运转时车身抖动严重，同时仪表板上的发动机转速表有轻微摆动的现象。

首先验证故障现象。将自动变速器挂入D位进行路试，发现当车速达到45km/h时，发动机转速竟高达4000r/min。由此推测自动变速器始终保持在1挡而没有升挡。接着利用故障检测仪读取自动变速器的数据流，查看换挡电磁阀A、B、C、D的实际工作情况。当变速杆由P位换到D位时，自动变速器保持在1挡的位置，换挡电磁阀A接通，B接通，C接通，D关闭，与正常的工作状态相符。

随着发动机转速和车速的提高，发现直到发动机转速为4000r/min，4个换挡电磁阀始终保持在1挡的工作状态，这表明该车的动力系统控制模块（PCM）没有向换挡电磁阀发出换挡信号。继续加速，当发动机转速达到5000r/min时，4个换挡电磁阀的工作状态发生了变化，变成了电磁阀A关闭，B接通，C关闭，D关闭，由元件工作表可知此时自动变速器换入了2挡。根据以上数据流，说明该车的故障不是不换挡，而是换挡点迟，也说明了不是PCM没有输出换挡信号，而是换挡的条件不满足，只要PCM收到正确的输入信号，还是可以正常地控制自动变速器进行换挡的。由此可判断，该车的故障是由于输入至PCM的传感器或开关信号异常，导致PCM不能正常输出换挡信号。

影响自动变速器换挡点的传感器主要有节气门位置传感器、发动机转速传感器和车速传感器等。分别读取上述传感器的信号数值时发现，怠速时节气门位置传感器的信号电压为1.61V，远远超过正常值（0.50V），使得输至PCM的节气门开度信号比实际值大得多。**根据自动变速器的换挡原理可知，当车速一定时，节气门开度越大，其换挡点就越迟，**所以判断该故障是由节气门位置传感器信号异常造成的。

接着检查节气门位置传感器。拆下节气门位置传感器导线侧插接器，测量节气门位置传感器侧插接器端子2和端子3间的电阻，约为0.67kΩ，在标准范围内（0.50～0.90kΩ）；均匀转动节气门，其电阻连续不断地改变，也正常；测量节气门位置传感器侧插接器端子1和端子2间的电阻，约为4.5kΩ，也在标准范围内（4.30～4.80kΩ），而且在均匀转动节气门时，其电阻同样也是不断变化的，正常。

既然问题不在节气门位置传感器上，那么可能在与节气门位置传感器相关的线路上。于是检查节气门位置传感器的线路，测量节气门位置传感器导线侧插接器端子1与搭铁之间的电压，约为5V，正常；检查其上端子3与搭铁间的导通性，发现该端子与搭铁间的电阻为0.85kΩ，显然该端子存在搭铁不良的情况。于是顺着线路检查，发现PCM侧插接器端子和PCM导线侧插接器端子均有锈蚀的痕迹。看来故障正是因此产生的。

分别将PCM侧插接器端子和PCM导线侧插接器端子清洁处理后，测量节气门位置传感器导线侧插接器上端子3与搭铁间的导通性，结果电阻小于1Ω，正常。装复所有拆下的零部件，读取节气门位置传感器信号电压，为0.51V，正常。经过路试，自动变速器换挡迟的故障彻底排除，一星期后进行售后回访得知该车行驶一切正常。

1-30　本田思域为何挂挡冲击大？

一辆本田思域轿车，行驶里程16万km，挂挡冲击大，进D位时冲击很大，在行驶过程中4挡降3挡时冲击明显，挡位开关调整无效，修理变速器总成后，故障依然存在。

此车热车后挂空挡时，发动机转速偏低，只有 626r/min，正常转速应该在 750r/min 左右，所以此车应该还存在怠速过低的故障。应该先进行怠速过低故障分析。用本田专用诊断仪读取数据流发现，IAC（怠速控制阀）指令为 11%，MAP（进气压力）为 28kPa，所以进气量符合要求。此外还发现喷油脉宽为 2.62ms，比标准怠速喷油脉宽稍短，而此时燃油短时调整为 0.94，标准值为 0.90，即表明目前的喷油脉宽还是由 PCM 控制加浓过的。为什么会造成喷油脉宽变短呢？由 FSS（燃油系统状态）关闭得知，目前燃油供给控制是闭环控制状态，可能的原因是 PCM 对工况识别错误，即不是按照怠速工况控制喷油脉宽，而是按照小负荷工况控制喷油脉宽的（因为怠速工况喷油脉宽一般为加浓的）。通过以上分析，可以推断 PCM 没有识别出怠速工况，而供给 PCM 怠速工况信号的只有 TP 传感器，观察 TP 传感器的数值为 26%，相对于标准值 10% 偏高。对 TP 传感器稍做调整，将 TP 传感器的数值由 26% 调整为 11% 后，怠速转速提高到了 750r/min，而且挂挡冲击的故障解决了，经试车确认降挡冲击故障也消失了。

◎1-31　丰田汉兰达 ATF 温度传感器为何性能不稳定？

一辆 2.7L 丰田汉兰达 ASU40L 越野车，配置 4 缸 1AR－FE 发动机，760E 6 速自动变速器。该车有时发动机故障灯、防滑灯亮，加不起油，换挡冲击。

连接检测仪 IT－Ⅱ，查得故障码：P0713——变速器油温传感器“A”电路高输入。其检测条件为发动机起动后经过 15min 或更长时间后，ATF（变速器油）温度传感器电阻大于 156kΩ，或检测到故障码的时间达 0.5s 或更长（单程检测逻辑）。其故障部位为 ATF 温度传感器电路断路、变速器线束（ATF 温度传感器）和 TCM（变速器控制单元）。因故障码消不掉，只好按提示一步步排除。晃动油温传感器线束和插头，检查是否接触不良，没发现异常。

一边路试一边查看数据流，当车辆抖动时，查到一次数据流，如图 1-64 所示。油温数据为－40℃，此时车辆加不起油，查故障码为 P0713。

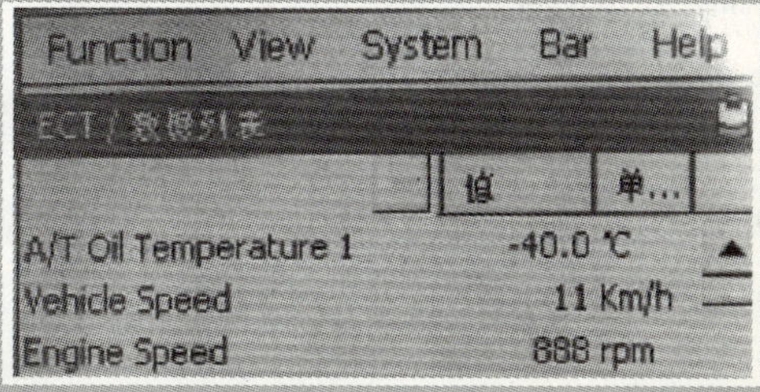

图 1-64　路试数据流

查维修手册可知，当有故障码 P0713 且油温为－40℃时，传感器电路存在断路故障。油温传感器插座各接头间检测到的电阻值与标准值的比较关系，如表 1-4 所示。当油温变化时，检测到的油温传感器的电阻值与标准值的比较关系，如表 1-5 所示。油温传感器为负温度系数传感器，很明显油温传感器异常。因油温传感器性能不稳定，所以更换线束（内含油温传感器），如图 1-65 所示，消除故障码，路试一切正常。

表 1-4　油温传感器插座各接头间电阻值与标准值关系比较

连接	条件	标准状态/kΩ	检测状态/kΩ
17(E2)－18(THO1)	始终	79～156	175
17(E2)－车身搭铁	始终	10	11
18(THO1)－车身搭铁	始终	10	12

表1-5 油温变化时油温传感器电阻值与标准值关系比较

ATF温度/℃	规定状态/kΩ	检测状态/kΩ
10	5~8	6
25	2.5~4.5	8
110	0.22~0.28	2

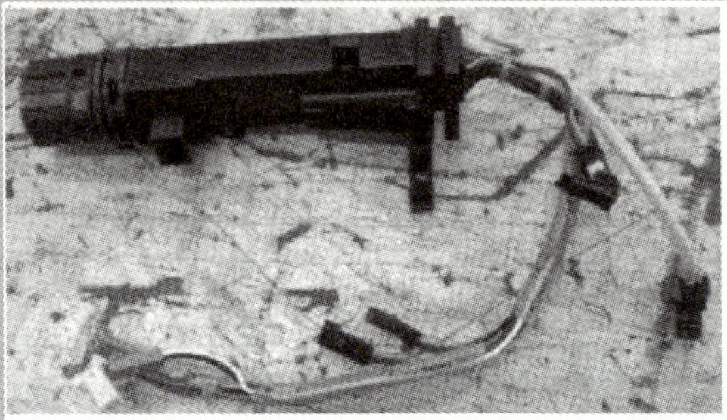

图1-65 油温传感器线束

下面分析油温传感器性能不稳定会导致发动机故障灯、防滑灯亮以及换挡冲击、加不起油的原因。

当ATF温度传感器电阻大于156kΩ时，无论ATF实际温度如何，都显示-40℃，TCM将此视为ATF温度传感器或线束故障，TCM通过CAN网络点亮组合仪表上的MIL灯并存储故障码。

当ATF温度传感器发生故障时，在自动变速器失效保护功能作用下，变速器仅在1-4挡4个挡间自动变速，禁止切换至5挡和6挡。对于用惯了6速的驾驶人来说，前后对比很明显，给人加速不畅的感觉。又因为行驶发生故障时，变速器突然进入失效模式，从6挡掉到4挡以下，故给人以冲击感觉。

为实现数据信息共享，有效减少线束数量，稍微高档的汽车都广泛使用网络总线，因网络控制将各个系统都联系起来，牵一发而动全身，所以就必然会导致一个系统出问题时很可能会影响另一个系统的性能。当油温传感器性能不稳定时，引起变速器只有4个挡，TCM的信号通过总线传至防滑控制单元，再通过CAN系统连至组合仪表，点亮VSC、TRC和发动机故障灯。

○1-32 丰田威驰为何O/D OFF指示灯无规律闪烁并伴随有犯闯现象？

一辆2006款一汽丰田威驰1.5L轿车，搭载A540E型4速自动变速器，该车仪表板上的O/D OFF指示灯无规律闪烁，并伴随有犯闯现象。

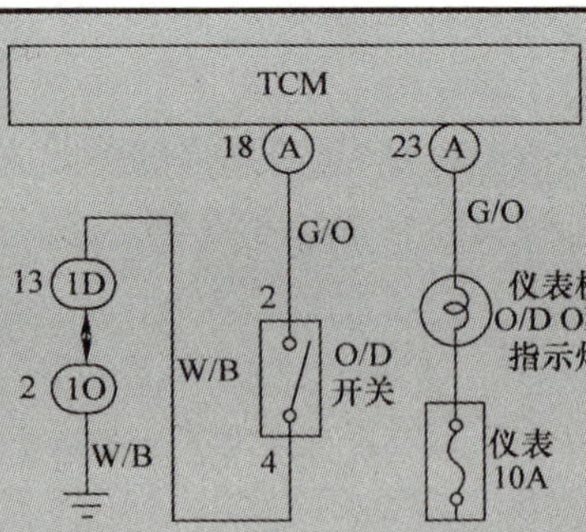

图1-66 O/D位开关相关电路

经试车故障确如上所述。连接故障诊断仪对自动变速器控制系统进行检测，未发现故障码。之后查找相关电路图，分析相关电路图可知，如图1-66所示，导致O/D OFF指示灯异常闪烁的原因包括O/D位开关、线束接触不良，O/D OFF指示灯灯泡、线束接触不良，以及自动变速器控制单元工作异常等。

首先对O/D挡位开关进行检查。经测量，可以确定开关导通正常，线束电阻小于1Ω。

因O/D位开关是触发开关，当O/D OFF指示灯闪烁时，测量自动变速器控制单元端子，没有触发信号，所以第1种故障原因被排除。继续检查O/D OFF指示灯灯泡及线束接触情况，经检查，均正常。自动变速器控制单元控制O/D OFF指示灯的搭铁，当指示灯闪烁时，控制单元的控制信号同时发生了变化，所以第2个可能的故障原因被排除。此时，只剩下自动变速器控制单元本身的问题了。根据上述检测结果，可以确定O/D OFF指示灯闪烁时O/D位开关并没有向自动变速器控制单元（图1-67）发送信号，而是控制单元自行发出的错误信号致使O/D OFF指示灯无规律闪烁，因此问题应该出在控制单元本身。更换自动变速器控制单元后，试车，故障排除。

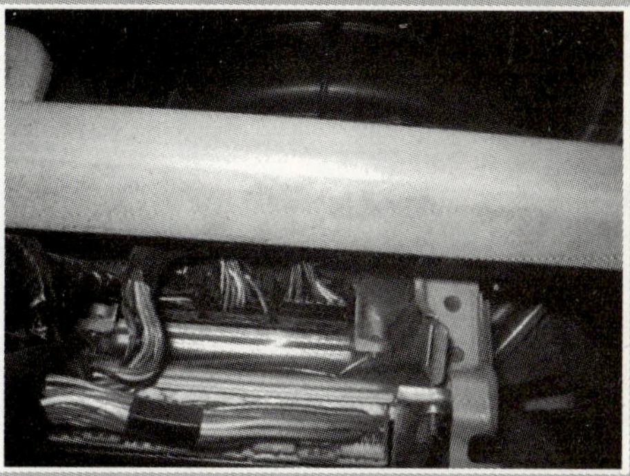
图1-67　自动变速器控制单元

◎1-33　丰田威驰为什么无法起动？

一辆2004款一汽丰田威驰轿车，搭载U540E型自动变速器，该车因无法起动拖来维修。

打开点火开关，发现仪表上的发动机故障灯和蓄电池灯不亮，将点火开关转到起动挡，起动机不工作。怀疑电源供电部分有问题，于是检查电源供电部分，发现发动机舱左侧的1号继电器盒（图1-68）中的AM2起动开关熔断片（15A）已经熔断。更换15A熔断片后，打开点火开关后熔断片再次熔断。测量通过AM2起动开关熔断片的电流，已经超过了万用表20A的最大量程，这说明AM2起动开关熔断片的相关电路中存在短路。

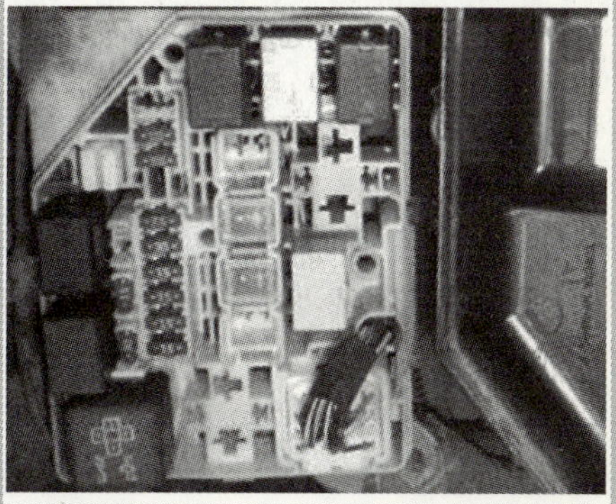
图1-68　1号继电器盒

查阅相关电路图，得知与AM2起动开关熔断片有关的部件和电路包括起动电路、充电电路、仪表板左下部的接线盒、组合仪表、发动机控制单元、点火放大器、点火线圈、自动变速器控制单元以及安全气囊控制单元等。检查点火开关，发现该车后加装了防盗器，线路连接粗糙，点火开关上的原车线也被剪断。拆掉仪表台，将后加装的防盗器和倒车雷达等装置拆掉，将原车线路恢复，但故障依旧。使用试灯替换AM2起动开关熔断片，打开点火开关时试灯点亮，这说明AM2起动开关熔断片的线路中有短路处。

决定逐个断开与AM2起动开关熔断片相关的电路，并观察灯泡是否熄灭，以此来查找短路处。AM2起动开关熔断片电路是从蓄电池正极→蓄电池正极旁的F10熔断器盒里的MAIN熔丝（60A）→AM2起动开关熔断片→仪表板接线盒→点火开关，经过点火开关控制后到各相关电路，最后回到蓄电池负极。检查MAIN熔丝、仪表板接线盒以及点火开关，没有问题。拔掉起动继电器、空挡位置继电器、EFI电喷继电器，并断开发电机、组合仪表、点火线圈点火器以及发动机控制单元，但试灯依然点亮。当断开变速器控制单元时灯泡熄灭，这表明变速器控制单元相关电路存在短路。将变速器上的所有电器元件插头全部拔掉，将变速器控制单元插头接回，试灯点亮，这说明短路处很可能在变速器控制单元。反复验证，发现将变速器控制单元的3个插头中的T9和T10接回，试灯就会点亮，其中T9插头同AM2起动开关熔断片相接，将T9插头接在变速器控制单元上，T10插头不接，此时试灯不亮，然后用跨接线将T10插头中的电线逐根接回变速器控制单元，发现只要将T10插头中的棕色搭铁线接回试灯就会亮，这表明变速器控制单元内部电源已经与搭铁线形成短路。

更换变速器控制单元，打开点火开关后，AM2起动开关熔断片不再熔断，车辆起动和行驶正常。这起故障产生的原因是变速器控制单元内部电源与搭铁短路，造成AM2起动开关熔断片熔断，起动系统断电无法工作。

◎1-34　丰田威驰行驶中自动变速器指示灯为何点亮？

一辆2006款1.3L自动挡一汽丰田威驰轿车，入厂检查OD/OFF灯行驶中无规律闪烁，车速最高不超过100km/h，挡位固定到3挡，变速器控制单元处于保护状态。

首先确认OD/OFF灯一直在闪烁，接上诊断仪IT－Ⅱ调取故障码，显示故障码为P1706——发动机转矩故障。将故障码清除进行路试，行驶一段距离后故障再次出现。查阅维修手册，P1706发动机转矩故障报码条件为发动机控制单元ECM检测到PIM（进气压力信号）、NE（发动机转速信号）、KNK（爆燃信号）、VVT（可变气门正时）系统故障时，将故障信号发送到变速器控制单元ECU并点亮OD/OFF灯。调取变速器控制单元ECM系统，无故障码，系统正常。查看发动机数据流，PIM、NE、KNK、VVT无异常数据。在路试中突然发现OD/OFF灯闪烁时，机油压力警告灯点亮闪烁了几次，在颠簸路面行驶中机油压力警告灯长时间点亮，将车辆熄火后再次起动故障消失，只有在行驶一段距离后故障才会再次出现（图1-69）。根据上述故障现象，车间技师在检查VVT控制器和OCV电磁阀时，确认此车机油压力出现故障。准备接上机油压力表测试机油压力，试着起动了一次发动机，油道处只有少量机油流出，打开机油加注口发现发动机内部有大量机油杂质、油泥。此车在发动机怠速时机油压力和机油量还勉强达到运行需要，一旦中高速，机油压力和机油量已无法满足工作条件（此车设计要求怠速时机油压力49kPa，3000r/min时机油压力206kPa）。将油底壳拆下检查发现机油泵滤网已严重堵塞。

将机油泵滤网、油底壳及机油道彻底清洗，机油压力恢复正常。路试确认故障排除（图1-70）。

此车故障看似是比较简单的机油压力低故障，在短时间行驶或者平坦路面行驶有可能不会出现该故障现象，机油警告灯和OD/OFF灯也不会同时点亮。由于起初故障点不是很明确，发动机控制系统没有明显的故障现象，造成分析故障真正可使用的数据极少，发动机数据流中VVT系统控制数据在发动机原地加速时还可以工作，VVT执行角度无法主动测试，增加了故障判断的难度。**分析此车故障，由于机油压力低，在中高速时VVT可执行角度与**

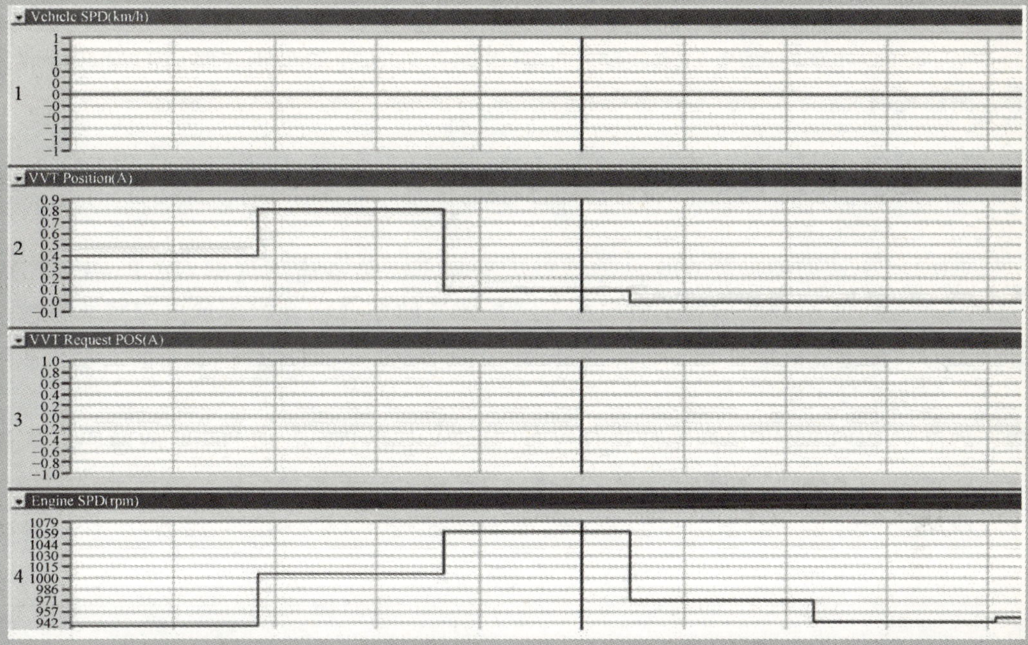

图 1-69 故障时 VVT 实际位置（2）和请求位置（3）和转速（4）对应图

图 1-70 故障排除后 VVT 实际位置（1）和请求位置（2）和车速（3）对应图

ECM 目标执行角度出现明显偏差，ECM 判定发动机转矩异常。为避免变速器频繁换挡，于是发送信号到变速器 ECU 执行后备保护程序，将挡位固定到 3 挡，避免损坏总成部件。

但是此车在VVT系统工作不正常时，发动机故障灯未点亮而通知变速器ECU发动机系统有故障，此种故障靠辅助系统报码方式不得而知。VVT报码条件：目标角度和实际角度偏差大于5°，可能此车发动机VVT系统还不够报码条件（故障车辆在路试时没有录取发动机数据，比较遗憾）。

1-35 宝骏630为何前进挡起步无力？

一辆2012款上汽通用宝骏630自动挡舒适型轿车，装备通用汽车GM P-TEC DVVT 1.5L发动机和6T30E自动变速器。该车在市区拥堵道路正常行驶时突然出现减速顿挫、前进挡起步无力、加速反应迟钝和手动换挡模式失效等现象，同时组合仪表中的发动机故障指示灯点亮，倒挡起步正常。

接车后使用RDS+MDI诊断工具进行检查，ECM中有P0502和P0700故障码，TCM中有P0723故障码。导出全车诊断报告见表1-6，这些故障为间歇性故障，清除故障码后车辆可以正常使用。

表1-6 全车诊断报告

品牌	宝骏	诊断	车型	宝骏630	年份	2012
VIN	Vincode		时间	2012/12/14		
序号	模块	通信状态	DTC个数	DTC	描述	状态
1	ECM	连接正常	2	P0502	车速传感器（VSS）电路电压过低	历史
				P0700		历史
2	TCM	连接正常	1	P0723	输出转速传感器间歇性故障	历史
3	BCM	连接正常	0			
4	ABS	连接正常	0			
5	IPC	连接正常	2	U0100	与发动机控制模块失去通信	历史
				U0121	与ABS失去通信	历史
6	SDM	连接正常	0			

注：ECM—发动机控制单元　TCM—变速器控制单元　BCM—车身控制单元　IPC—仪表板控制单元

先后更换了TCM和变速器输出轴转速传感器，但故障依然存在。从故障现象分析，IPC中的两个U类故障码不是主要原因，与本故障有关的主要是TCM和ECM中的故障码。查询该车型的维修手册得知，TCM读取输出轴转速信号，通过计算转换成车速值，然后通过高速CAN网络提供车速信息给ECM。由于该故障车更换过TCM和输出轴转速传感器，故基本排除变速器本体故障，尝试与相同配置车辆调换ECM并进行测试。

进行模拟驾驶实验，接上RDS诊断工具并开启数据流录制功能，录制变速器数据流。在一个路口按喇叭，当喇叭工作时突然出现发动机熄火现象。自动挡起步熄火比较奇怪，保存了发动机熄火时刻前后数据流进行分析后发现，该车发动机熄火前变速器输入和输出轴转速有异常突然增加现象。但是当时车辆还是挂D位并保持停稳，变速器应该处于自动回空挡状态。

带着疑问进行了多次试车，发现该车在发动机怠速工况下，将变速器挂到D位并踩住制动踏板，使车辆停止不动，在冷却风扇起动后按喇叭按钮，这时组合仪表车速指针在0～40km/h范围内间歇性跳动。查询电路图（图1-71），发现变速器搭铁、冷却风扇以及喇叭搭铁在一个共同点，编号为G101。

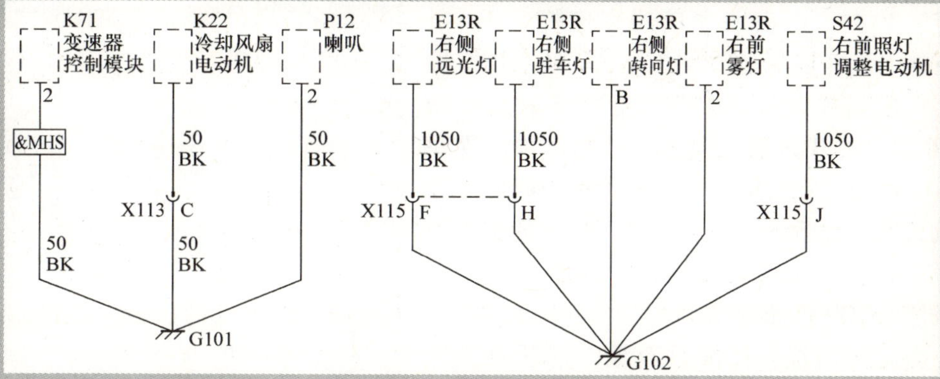

图1-71　变速器搭铁电路

于是分析风扇或喇叭工作时可能存在电压干扰源通过搭铁线干扰变速器控制模块的情况。在左前照灯下面的大梁上找到G101搭铁点，没有发现有搭铁不良现象。将变速器搭铁单独接到蓄电池负极然后测试，发现只要喇叭长时间工作，仪表上车速指针就有跳动的现象，通过RDS诊断工具还可看到输入轴转速传感器数值有突然增加的现象。输出轴转速传感器也有速度输出现象，变速器退出自动空挡模式，有前进挡起步冲击现象，而且发动机转速不稳。

尝试更换高音和低音喇叭，再次在发动机怠速工况下将变速器挂到D位，踩住制动踏板，在冷却风扇起动后按喇叭按钮，喇叭工作时组合仪表车速指针不再有跳动现象，多次试车确认故障已排除。

在查询维修手册时，发现P0723故障码设置条件中有一项描述为“输出轴转速突变降低1000r/min超过3s且不能恢复原速时”，很明显该故障是由喇叭干扰引起的。**喇叭工作时产生电压干扰源，干扰源通过变速器搭铁线干扰变速器控制模块，当干扰源频率正好与输入轴和输出轴转速信号频率重叠时就会导致转速异常，TCM设置故障码，同时在D位停车时，转速突变导致TCM从自动回空挡状态切换到进挡起步状态，发动机转速不稳，有时甚至会熄火。**

◎1-36　别克新君越为什么变速杆会工作异常？

一辆2009款上海别克新君越2.4轿车，行驶里程1万km。该车变速杆在不踩制动踏板的情况下，也能从P位移出。

接车后，打开点火开关，在未起动发动机的情况下，就能将变速杆在不踩制动踏板的情况下从P位移出。关闭点火开关，情况也是如此。**别克新君越自动变速器换挡锁定控制系统是一个安全装置，为防止变速杆意外脱离P位位置，驾驶人在将变速杆移出P位之前，必须先踩下制动踏板，才可实施操作。**该系统包括以下部件：车身控制单元、发动机控制单元和自动变速器换挡锁定控制电磁阀等。

在车身控制单元向电磁阀提供解锁电源之前，必须满足以下条件：①点火开关置于ON位；②发动机控制单元通过GM LAN串行数据线向车身控制单元传送数据，以表明变速器变速杆在P位；③车身控制单元确定制动踏板已踩下。换挡锁定控制电磁阀一端搭铁，另一端接车身控制单元（图1-72），其工作方式为断电锁止，通电解锁。现在的状态是电磁阀始终解锁，那么是否电磁阀始终处于通电状态呢？为验证这一点，将蓄电池的负极线断开，可电磁阀仍处在解锁状态，这时问题明确了，应该是电磁阀机械故障。

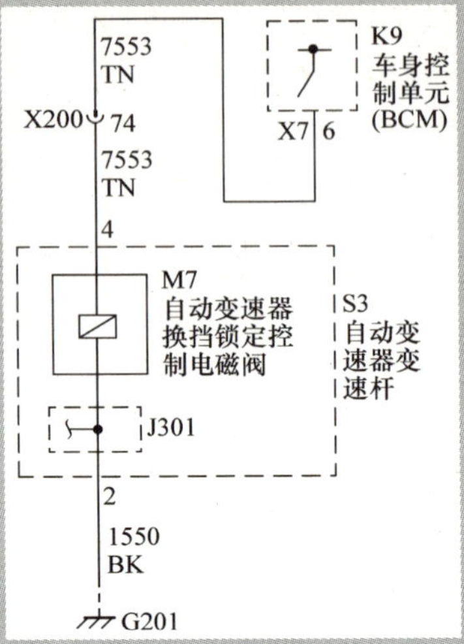

图1-72　换挡锁定控制电磁阀相关电路

拆下变速杆饰板，接回蓄电池，打开点火开关，踩下制动踏板，发现电磁阀的锁销从右上角弹出来，松开制动踏板，锁销没有回到位，仔细一看，锁销被一根导线挡住了。重新固定导线，反复测试变速杆，功能完全恢复正常。

1-37　雪佛兰科鲁兹行驶中为何突然出现脱挡现象？

一辆雪佛兰科鲁兹轿车，行驶里程1.8万km。该车行驶中突然出现脱挡现象，发动机故障灯亮。

驾驶人在高速公路上行驶时突然出现脱挡现象，车速随之突然下降，发动机故障灯亮。停车后熄火并重新起动，故障不再出现，但是故障灯没熄灭。

用GDS + MDI诊断仪检查TCM有一个故障码：P2715——离合器压力控制电磁阀4卡在通电位置，历史故障。检查自动变速器外表没有漏油痕迹。将故障码清除后试车，未发现换挡冲击、升挡打滑、脱挡等异常现象。

查看维修手册，**离合器压力控制电磁阀4是控制电磁阀（带阀体和变速器控制模块）总成的一部分。压力控制电磁阀4是一个常高压力控制电磁阀，向B－2－6挡离合器调节阀提供油液压力，离合器调节阀调节B－2－6挡离合器的变速器油压力。**变速器控制单元（TCM）通过调节排出油液来控制电磁阀压力，当变速器控制单元指令电磁阀断电，油液将停止排出，此时B－2－6挡压力过高；当指令电磁阀通电时，将调节变速器油的排放量。变速器控制单元通过高电平侧驱动器（HSD）向电磁阀供电，高电平侧驱动器保护由变速器控制单元提供电源的电路和部件，如果电路过载，驱动器将关闭；卸除过载后，高电平侧驱动器重新设置。变速器控制单元以自动变速器输入轴转速传感器（ISS）和输出轴转速传感器（OSS）发送的数据为基础，计算传动比，变速器控制单元将每个指令挡位的已知变速器传动比和计算出的传动比进行比较。

设置故障诊断码P2715的条件是，当指令B－2－6挡离合器分离持续1.2s，且变速器输入轴转速小于预期的输入轴转速40r/min时，变速器控制单元检测到正在分离的离合器传动比错误或卡滞。综合分析故障原因（表 1-7），是压力控制电磁阀 4 失效或 TCM 对压力控制电磁阀 4 控制失效，导致 B－2－6 挡离合器油压偏低出现打滑现象。将此故障信息反馈给 SGM（网关控制单元）后，SGM 用新的 TCM 标定程序重新编程 TCM，故障不再出现。

表 1-7 挡位元件工作表 1

挡位	SS1	PCS5	PCS4	PCS2	PCS3	速比
P	ON	OFF	OFF	OFF	ON	—
R	ON	OFF	OFF	ON	ON	2.940
N	ON	OFF	OFF	OFF	ON	—
1st *	ON	ON	OFF	OFF	ON	4.585
1st	OFF	ON	OFF	OFF	OFF	4.585
2nd	OFF	ON	ON	OFF	OFF	2.940
3rd	OFF	ON	OFF	ON	OFF	1.912
4th	OFF	ON	OFF	OFF	ON	1.446
5th	OFF	OFF	OFF	ON	ON	1.000
6th	OFF	OFF	ON	OFF	ON	0.746

◎1-38 雪佛兰科鲁兹为何 D 位行驶时不升挡，倒挡车不行驶？

一辆雪佛兰科鲁兹轿车，配置 1.8L 发动机，行驶里程 1.7 万 km。该车发动机故障灯亮，D 位行驶时不升挡，倒挡车辆不行驶。

检查变速器没有漏油痕迹，也无任何维修历史记录。用车辆检测仪 GDS2 检查发动机控制单元，有故障码：P0700——变速器控制模块已请求点亮故障指示灯；变速器控制单元故障码为 P0776——压力控制电磁阀 2 卡滞关闭。

试车，挂倒挡后松开制动踏板，车不动，发动机加速到 1100r/min，车才开始动，但是同样的发动机转速下车速明显慢得多，说明有打滑现象；D 位起步后 1 挡升 2 挡正常，但是 2 挡升 3 挡时，发动机转速会突然上升至近 3500r/min，之后下降到 2000r/min，之后又上升至 3500r/min 左右，才又降到 1800r/min，有明显的打滑现象，在 GDS2 上数据显示屏显示已升到 3 挡；3 挡升 4 挡正常；4 挡转速到 3500r/min 时也不升挡。查看 GDS2 变速器控制单元数据显示屏，1－2 挡换挡时间为 0.48s，而 2－3 挡的换挡时间为 0.1s，不正常。压力控制电磁阀 2（PCS2）调节变速器油压至 3－5 挡倒挡调节阀，控制提供至 3－5 挡倒挡离合器的油压。

变速器控制单元（TCM）以输入轴转速传感器（ISS）和输出轴转速传感器（OSS）发送的转速信号为基础，计算传动比。变速器控制单元将每个被指令挡位的期望变速器传动比和计算出的传动比进行比较。当指令 3－5 挡倒挡离合器接合持续 4s 且变速器输入轴转速大于预期的输入轴转速 400r/min 时，变速器控制单元检测到正在接合的离合器传动比错误或突然增大，并且这种情况出现 3 次以上，就会设置故障码 P0776。查看元件挡位工作表，在 3 挡、5 挡和倒挡时压力控制电磁阀 2（PCS2）状态为“ON”，在其他挡位时为“OFF”。

分析可能的故障原因有①控制阀体总成中的 3－5 挡倒挡调节阀卡滞，有碎屑、粘结、阀损坏或孔划伤，控制阀体内单向球阀未正确就位；②控制电磁阀（带阀体和变速器控制单元）总成中的压力控制电磁阀2卡滞，O形密封圈泄漏，或者阀体过滤板总成开裂、堵塞或衬垫密封件损坏；③筒状盖板和隔板的油道或节流孔被碎屑堵塞；④3－5－R挡位和4－5－6挡位离合器壳体总成上的3－5－R挡位离合器底板卡环未就位，导致离合器组件超程。

根据由简到繁、由表及里的原则和以往的维修经验，第2种原因的可能性最大，于是决定先尝试更换控制电磁阀（带阀体和变速器控制单元）总成（只需要拆下控制阀体盖，而不需要解体变速器总成）。

更换控制电磁阀（带阀体和变速器控制单元）总成并维修编程以后，R位恢复正常，2挡升3挡也恢复正常，但是4挡升5挡时有非常强烈的制动冲击感觉，就像是车前面突然撞了一下一样，之后的5挡升6挡无异常，其他各挡位升降都正常。尝试用GDS2对TCM进行自适应学习，没有效果，分析可能是控制阀体总成中的3－5－R挡位调节阀卡滞，也就是第1种原因。于是再次拆下控制阀体盖和控制电磁阀（带阀体和变速器控制单元）总成，然后拆下下面的控制阀体总成，解体检查并清洗，结果未发现各调节阀有卡滞情况，油道没有堵塞现象。将变速器解体检查，结果也没有发现各离合器卡簧脱落断裂、活塞破烂或离合器摩擦片磨损等异常情况。重新装配以后试车，结果4挡升5挡时仍然有强烈的制动冲击感觉。

因为通过解体检查将第2、3、4可能的故障原因都排除了，并且原车没有4挡升5挡时有强烈制动冲击感的问题，只是在更换控制电磁阀（带阀体和变速器控制单元）总成以后才出现该故障现象，另外R位和2挡升3挡都恢复了正常，所以很可能是更换的这个新的控制电磁阀（带阀体和变速器控制单元）总成有问题。更换了一个新的控制电磁阀（带阀体和变速器控制单元）总成后，故障彻底排除。

◎1-39　为什么雪佛兰景程HOLD灯亮？

一辆雪佛兰景程轿车，行驶里程21万km，该车HOLD灯亮。

此车装配ZF 4HP 16自动变速器，4个前进挡，横置发动机前轮驱动，液压变矩器带有锁止离合器，采用前后两排辛普森式行星齿轮机构，三组制动器F、D、C和两组离合器B、E（图1-73）。

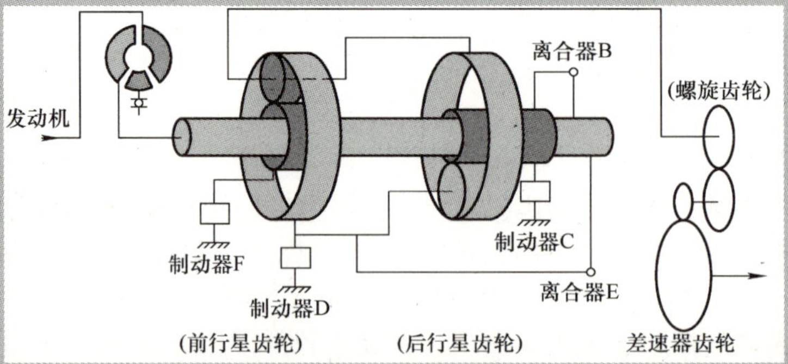

图1-73　动力传动示意图

表 1-8 挡位部件工作表

部件 挡位	电磁阀		压力控制电磁阀				离合器		制动器		
	1	2	3	4	5	6	B	E	C	D	F
P（Park）	ON	ON		ON		ON	○				
R（Reverse）	ON，OFF	ON					○			○	
N（Neutral）	ON	ON		ON		ON	○				
4th	ON，OFF	OFF	ON，OFF					○	○		
3th	ON，OFF	OFF	ON，OFF	ON		ON	○	○			
2nd	ON，OFF	OFF	ON	ON	ON			○			○
1st	ON，OFF	ON		ON	ON	ON	○				○
Emergency 3rd	OFF	OFF	OFF	OFF	OFF	OFF	○	○			
Emergency 4th	OFF	OFF	OFF	OFF	OFF	OFF		○	○		

表 1-9 D4 挡位动力流

变速杆		离合器		制动器			传动比
		B	E	C	D	F	
D	4 挡		O	O			0.717

连接车辆故障检测诊断仪 TECH2 检查 TCM 有 3 个故障码：P0721——输出速度传感器性能、P0734——DTC 无法说明、P0783——DTC 无法说明。查看维修资料，后两个故障码分别是：P0734——Incorrect 4th Gear Ratio（4 挡传动比错误）；P0783——3－4 Shift Malfunction（3 挡升 4 挡故障）。首先将故障码清除之后试车，试车结果如下：

1）原地不动，踩制动踏板，挂 D 挡位后，将 HOLD 键按下，可以明显感觉到两次轻微的振动，因为在保持模式开关被按下，变速器将从 2 挡起步而不是 1 挡起步。

2）D 位行驶时，1 挡升 2 挡，2 挡升 3 挡，换挡点及换挡品质正常，但是 3 挡升 4 挡时转速上升到 3500r/min，车速达到 80km/h 才升到 4 挡，冲击明显，并且 HOLD 故障灯开始闪亮，用 TECH2 检查 TCM 已设置上述 3 个故障码，这说明 3 挡升 4 挡时出现打滑现象。

3）将车辆停好，挂入 P 位，再挂入 D 位后，停顿约 0.5s，车辆突然剧烈地冲击了一下，仿佛被追尾了一样，这说明此时 TCM 已进入紧急模式，TCM 将保持在 4 挡。

4）再次消除 TCM 中的这 3 个故障码，再挂 D 位就不再出现冲击现象了。

根据试车时出现的现象和数据，分析故障原因是 3 挡升 4 挡时，相应的离合器或制动器出现打滑现象，查看挡位部件工作表 1-8 及动力流表 1-9，可知在 D3 位时，离合器 B 和离合器 E 接合，输入轴动力通过离合器 B 驱动后太阳齿轮，同时通过离合器 E 驱动后行星齿轮架，后太阳齿轮和后行星齿轮架同速同向，沿顺时针方向旋转，后排行星齿轮机构成为一个整体，致使前行星齿轮架按相同方向旋转，传动比为 1.000，也就是直接挡。在 D3 升 D4 位时，离合器 E 继续保持接合状态，离合器 B 释放，制动器 C 接合，输入轴动力通过离合器 E 驱动后行星齿轮架顺时针旋转，而此时制动器 C 接合，将后排太阳轮固定，最终后行星齿轮架驱动后齿圈顺时针旋转，前行星齿轮架按相同方向旋转，传动比为 0.717，也就是超速挡。

综合分析，因为D2升D3位时换挡品质良好，说明离合器E没有问题；而D3位升D4位时打滑，说明故障原因是D4位的另一个元件制动器C打滑。

检查变速器外观没有漏油现象，放出少量自动变速器油，可以闻到有明显的糊味，推测制动器C的离合器摩擦片已烧损，又因为1挡升2挡，2挡升3挡，换挡点及换挡品质正常，倒挡也没有异常，而制动器C只在4挡用到，所以可以排除系统油压不正常导致制动器C打滑的可能。分析可能的原因有离合器活塞开裂；阀门故障；阀体表面不平；油道间有孔隙；阀套卡夹安装不当；单向球错位；密封圈磨损或损坏等。

拆检发现制动器C活塞的橡胶刃口有一处破裂，离合器片也烧黑磨损，其他各离合器和制动器的离合器摩擦片没有异常，输入轴上的各道密封环也没有发现异常，因为此车已行驶21万km，由此分析故障原因是制动器C的活塞老化、破裂、泄油及压力不足导致制动器C打滑的。

4HP－16变速器装置有两个磁感应式转速传感器：一个是输出轴转速传感器（OSS），它用来将与车速相关的信息传送给变速器控制单元，变速器控制单元利用车速信息控制换挡时机、管路压力和变矩器锁止离合器（TCC）的接合与分离；另一个是输入轴转速传感器（ISS），它将与变速驱动桥输入速度相关的信息传送给变速器控制单元，变速器控制单元利用变速驱动桥输入速度信息控制管路压力、变矩器离合器的接合和分离及变速驱动桥换挡模式。TCM利用上述两个转速传感器的信号，计算各挡的工作传动比和变矩器锁止离合器（TCC）的打滑速度，当发现超出限值时会设置相应的故障码。此车就是因为D4挡位打滑，所以设置了前述3个故障码。

彻底清洗自动变速器，更换制动器C活塞及离合器摩擦片后，重新装配，清除故障码并做自动变速器的重设定后故障排除。

◎1-40　雪佛兰乐风为何无倒挡？

一辆2009款雪佛兰乐风轿车，配备81－40LE自动变速器。该车发生事故后更换变速器壳体中段和后壳之后出现无倒挡故障，但前进挡正常。

首先用车辆检测仪TECH2查看有无故障码，经检查无故障码。于是测试油压，D、R位的油压均为0.4MPa，且测试R位时表针摆动较快。怠速时D位的标准油压为0.14～0.37MPa，R位为0.59～0.68MPa，显然R位油压低于正常油压。

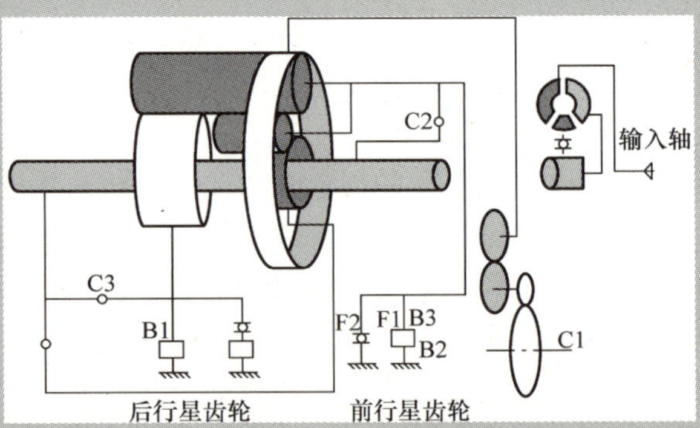

图1-74　81－40LE变速器动力传递示意图

分析81－40LE变速器动力传递图（图1-74）和执行元件工作状态表（表1-10）可知，R位时1挡及倒挡制动器B3和倒挡离合器C3起作用，B3在低速挡（如1挡）时发挥作用，C3在前进挡中不发挥作用。那么，本车故障最有可能的原因是 C3 活塞胶圈损坏。

表 1-10 执行元件工作状态表

变速杆及挡位位置		电磁阀			离合器			制动器			单向离合器	
		S1	S2	S3	C1	C2	C3	B1	B2	B3	F1	F2
P		ON	ON	OFF								
R	低于 9km/h	ON	ON	OFF			●			●		
	9km/h 或更高	ON	ON	ON								
N		ON	ON	OFF								
D	1 挡	ON	OFF	OFF	●							
	2 挡	ON	OFF	OFF	●				●			
	3 挡	OFF	OFF	OFF	●	●			●			
	3 挡←→4 挡	OFF	ON	ON	ON/OFF	●		ON/OFF	●			
	4 挡	OFF	ON	OFF		●		●	●			
2	1 挡	ON	ON	OFF	●							●
	2 挡	ON	OFF	OFF	●			●	●		●	
	3 挡	OFF	OFF	OFF	●	●			●			
1	1 挡	ON	ON	OFF	●					●		●
	2 挡	ON	OFF	OFF	●			●	●			●

为验证是否是变速器装配的问题，拔掉 TCM 或挡位开关试车，发现没有倒挡，这说明问题肯定出在变速器的装配上。又一次分解变速器后重新检查，发现 C3 活塞胶圈有一个断开（共两个胶圈）。更换该胶圈后试车，倒挡、前进挡均正常，此时测试倒挡怠速油压为 0.62MPa，符合标准油压，至此无倒挡故障彻底排除。

由于修理不当而导致的二次维修，也就是“修出来的故障”，解决此类故障，应首先确定是机械、液压还是电器的问题。一般来讲，拔掉 TCM 插头应该有一个前进挡和倒挡，说明机械部分基本正常；液压部分要通过油压测试，与正常油压对比确定是否是故障原因；电器故障一般由故障码和数据流的分析来找出故障点。按照这个思路，能更快地查出故障原因并排除故障。

○1-41 雪佛兰科鲁兹为何上坡加速不力？

一辆雪佛兰科鲁兹轿车，行驶里程 2901km。该车发动机故障灯有时亮，起步时发动机转速达 3000r/min，但车辆不行驶，上坡加速不力。

将车辆举升检查，未发现有漏油现象。用检测仪 GDS + MDI 检查 TCM 有一个故障码：P2723——压力控制电磁阀 5 卡滞关闭。查看维修手册，此故障码的说明为“离合器压力控制（PC）电磁阀 5 卡在断电位置”；电路/系统说明为“离合器压力控制（PC）电磁阀 5 是控制电磁阀（带阀体和变速器控制模块）总成的一部分”。控制电磁阀（带阀体和变速器控制单元）总成没有可维修的零件。压力控制电磁阀 5 是一个常高压力控制电磁阀，向 C1 -2 -3 -4挡离合器调节阀提供液压。变速器控制单元（TCM）通过调节排出油液来控制电磁阀压力，当变速器控制单元指令电磁阀断电时，油液将停止排出，此时 C1－2－3－4 挡离合器调节阀压力过高；当指令离合器压力控制电磁阀 5 通电时，将调节变速器油的排放量。电磁阀 5 的工作原理同电磁阀 4 相同，见 1-37 小节。

试车，发现挂 D 位后松开制动踏板车不走，只有踩加速踏板后，车才会开始慢慢地向前移动；2－3 挡和 3－4 挡时，有时出现空转现象，转速会高达 4000r/min，接着手动模式就失效了，也就是说，将变速杆推到左侧手动模式位置，仪表上不显示 M（X），而仍显示 D。

查看换挡电磁阀、压力控制电磁阀元件挡位工作表（控制电磁阀电路如图 1-75 所示，工作如表 1-11 所示），发现**压力控制电磁阀 5 在 1、2、3、4 挡为 ON 状态，在 5、6 挡为 OFF 状态，综合分析故障原因，可能是电磁阀有时卡滞在关闭位置，导致离合器 C1－2－3－4油压失控，出现打滑现象。**更换 TCM 及阀体总成后进行维修编程和配置与设定，故障排除。

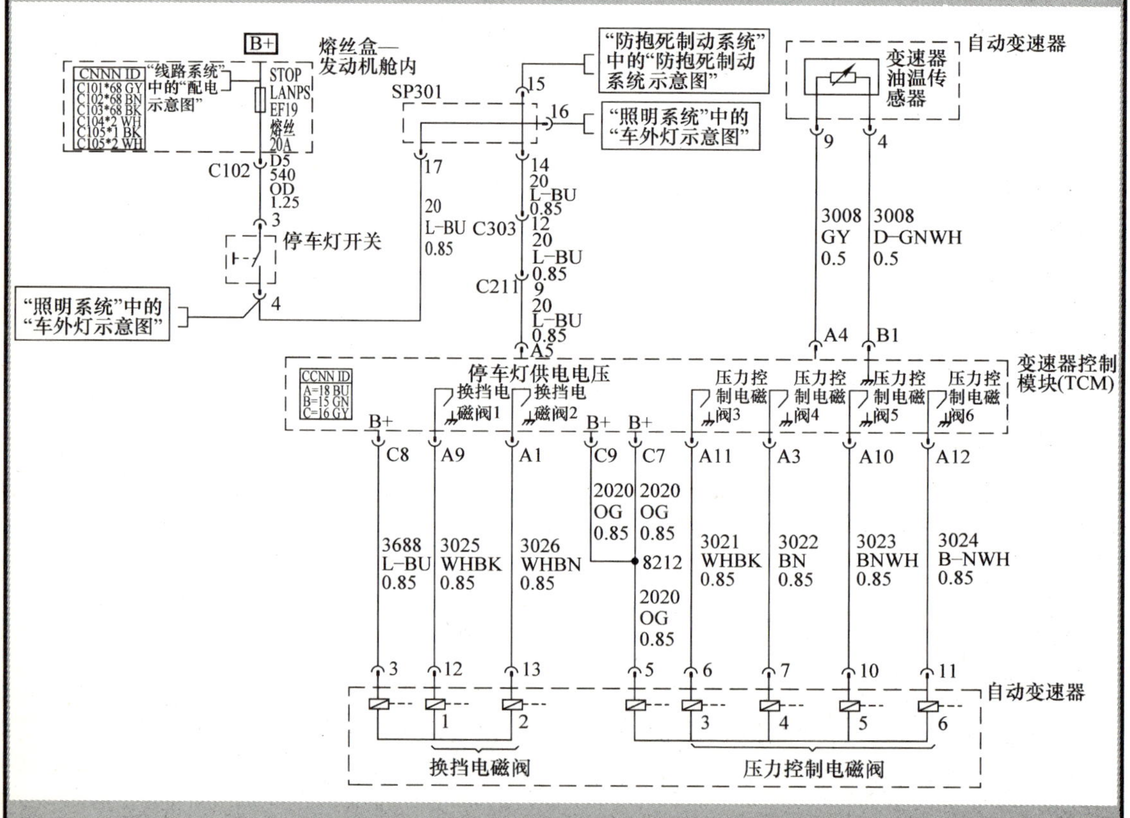

图 1-75 控制电磁阀电路

表 1-11 换挡和压力控制电磁阀工作表

挡位	SS1	PCS5	PCS4	PCS2	PCS3	速比
P	ON	OFF	OFF	OFF	ON	—
R	ON	OFF	OFF	ON	ON	2.940

（续）

挡位	SS1	PCS5	PCS4	PCS2	PCS3	速比
N	ON	OFF	OFF	OFF	ON	—
1	ON	ON	OFF	OFF	ON	4.585
*1	OFF	ON	OFF	OFF	OFF	4.585
2	OFF	ON	ON	OFF	OFF	2.940
3	OFF	ON	OFF	ON	OFF	1.912
4	OFF	ON	OFF	OFF	ON	1.446
5	OFF	OFF	OFF	ON	ON	1.000
6	OFF	OFF	ON	OFF	ON	0.746

*：发动机制动时。

◎1-42 福特福克斯为什么会出现换挡冲击现象？

一辆2007款长安福特福克斯2.0L两厢轿车，搭载4F27E型4前进挡电子控制自动变速器，行驶里程1.5万km。该车正常行驶中变速器升降挡时有冲击现象。

首先进行路试，当车速为25～30km/h时1挡升2挡，此时变速器有冲击现象；当车速下降到30km/h时，车辆出现抖动现象，仪表上的黄色故障灯点亮。当此故障灯点亮时，表明变速器控制单元监测到换挡电磁阀工作异常或其他信息错误等故障，于是使变速器进入保护模式，变速器挡位锁在3挡，发动机转速为3500r/min时车速只能达到100km/h左右。

能够导致变速器进入保护模式的原因有多种，变速器控制单元监测到电控、液压以及机械系统存在较大故障时，便会记录下来并存储故障码，变速器的控制单元将中断换挡和油压电磁阀的通信并指令变速器以固定挡位行驶。此时系统工作油压即为油泵油压，因此变速器就会出现不换挡、起步困难以及入动力挡冲击等现象。

对变速器系统进行基本检查。使用故障诊断仪IDS对变速器系统进行检测，存储有故障码：P0755——电磁阀SSB电路故障，P0758——电磁阀SSB控制电路失效，P0757——电磁阀SSB卡滞，P0795——电磁阀SSB功能性故障。总而言之，都是涉及电磁阀SSB的故障码。查阅维修手册，4F27E型自动变速器的电磁阀（图1-76）分为开关型和占空比型，换挡电磁阀SSA和SSB为开关型电磁阀，通过电流的通断控制液压施加到不同的油道，从而控制离合器或制动器等执行部件的工作，在电磁阀关闭状态下无液压油流经。换挡电磁阀SSC、SSD以及SSE为占空比型电磁阀，通过调节电磁阀的占空比来控制各执行器的油压，在电磁阀关闭状态下为最大液压油流经。

根据故障码的提示，拆下电磁阀线束插头，打开点火开关，测量电磁阀线束插头中8号脚对应的电磁阀SSB的电压为1.14V左右，测量电磁阀的电阻为14.2Ω（标准值为10.9～26.2Ω）。测量怠速时的变速器油压，P位为400kPa，N位为400kPa，R位为620kPa，D位为400kPa（标准油压为P/N位345～450kPa，R位450～585kPa，D位345～450kPa）。从以上测量结果分析，电磁阀SSB出问题的可能性很小，因为电磁阀本身的线圈阻值处于标准值。而R位油压稍高，存在机械阀卡滞的可能。

图 1-76　自动变速器的电磁阀

对该车进行了清除故障码处理，并拆下油底壳将电磁阀 SSB 与电磁阀 SSA 互换（两个电磁阀完全一样）。拆油底壳时发现变速器油有异味，油底壳内还有少量金属颗粒，于是更换自动变速器油后，驾驶人将车开走。驾驶人行驶了约 60km 左右时故障再次出现，于是对该车进行了第二次检查。使用故障诊断仪可以看到，变速器系统内存储的故障码与之前存储的故障码相同。到目前为止，可以排除电磁阀 SSB 出故障的可能性，因为已经将电磁阀 SSB 与电磁阀 SSA 互换过。进行手动换挡行驶，并用故障诊断仪 IDS 的资料记录器查看数据流，手动 1 挡时电磁阀 SSA 开/SSB 开；手动 2 挡时电磁阀 SSA 关/SSB 关；手动 3 挡时电磁阀 SSA 关/SSB 关；手动 4 挡时电磁阀 SSA 开/SSB 关。由此可以看出，电磁阀 SSA 和 SSB 工作均正常。

从以上检测结果来分析，变速器控制系统没有问题，而 R 位油压偏高且油底壳内有金属颗粒，说明故障应该是阀体内机械阀卡滞造成的。该车还在保修期内，根据索赔政策，为驾驶人更换了变速器总成。但是没有想到，新的变速器安装后行驶了 70km 左右时故障又出现了。

再次进行路试，用故障诊断仪 IDS 查看手动 1 挡时电磁阀 SSA 和 SSB 的工作情况，突然发现在车速 22km/h 时电磁阀 SSB 瞬间关闭后又打开了，此时出现了换挡冲击，而正常情况下电磁阀 SSA 是打开的，SSB 也是打开的。这个异常的情况应该就是故障点所在，因为之前确定了电磁阀 SSB 和相关线路正常，目前最可能的故障部件就是变速器控制单元了。更换变速器控制单元（图1-77）后进行路试，变速器换挡冲击的故障再没有出现。

该车故障属于偶发性故障，此类故障检修有一定难度。该车的故障既包括变速器内部故障，也包括变速器外部故障（变速器控制单元故障），所以更换变速器总成后没有排除故障。维修人员在检修该车故障中的不足之处是对故障诊断仪 IDS 的灵活运用掌握不够，否则会较早从数据流中发现异常。

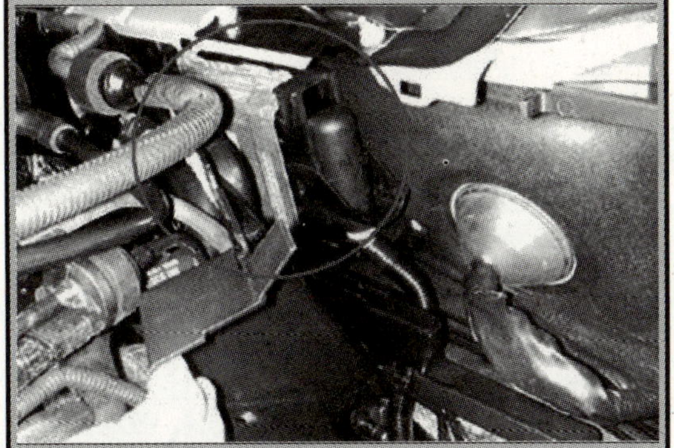
图 1-77 变速器控制单元安装位置

◎1-43 福特福克斯为何挡位无显示且 P 位灯闪烁？

一辆2009款长安福特福克斯C307轿车，装载AT变速器，行驶里程8564km。该车挡位无显示，且P位灯闪烁。

首先验证故障现象，把变速杆从P位移出，无论挂在哪个挡位仪表都不显示所处的挡位，且P位灯闪烁，但是车辆能正常行驶。用故障诊断仪IDS检测，没有故障码。造成此故障的可能原因有以下几种：①挡位开关损坏，没有输出信号；②挡位开关与TCM之间的线路短路或者断路；③TCM有问题；④TCM与仪表之间的网络线有问题；⑤仪表有问题。

用数据记录器查看TCM的数据流，挡位显示跟实际所挂的挡位相符。这就说明挡位开关及挡位开关到TCM之间的线路没有问题，TCM也没有问题。至此，前三种可能性可以排除。

在挂倒挡的时候，倒车灯点亮，且倒车雷达也能正常工作。挡位信号的传递路线有两路：一路是挡位开关到TCM再到IC再到GEM，然后GEM点亮倒车灯；另一路是挡位开关到TCM再到IC再到倒车雷达模块，然后倒车雷达工作。这就说明TCM与IC之间的网络线路是没有问题的。IC能正确传递信号，也就说明IC损坏的可能性不大。那么后两种故障可能的原因也就可以排除了。到底是什么原因造成不显示挡位的故障呢？

再次查看电路图，如图1-78、图1-79所示，跟挡位显示相关的只剩下变速杆单元没有检查了，因为手动换挡信号是靠变速杆单元给TCM信号来实现的，IC的手动显示挡位也是靠变速杆单元内的霍尔传感器提供信号的。接着检查了变速杆单元的C383插头的5号、6号脚到TCM的C414插头的59与81号脚之间的线路，没有断路与短路现象。经检查，变速杆单元的供电和搭铁都是正常的。那么，会不会是变速杆单元有问题呢？刚好有一个肇事车的变速杆单元，换上试了一下，结果故障排除。

为什么变速杆单元损坏会造成IC无挡位显示呢？应该是由于变速杆单元内的手动换挡电路或者是霍尔传感器损坏而不能给TCM相应的信号，此时，TCM会指令P位灯闪烁来提醒驾驶人。这种现象应该是一种TCM的故障提醒模式。

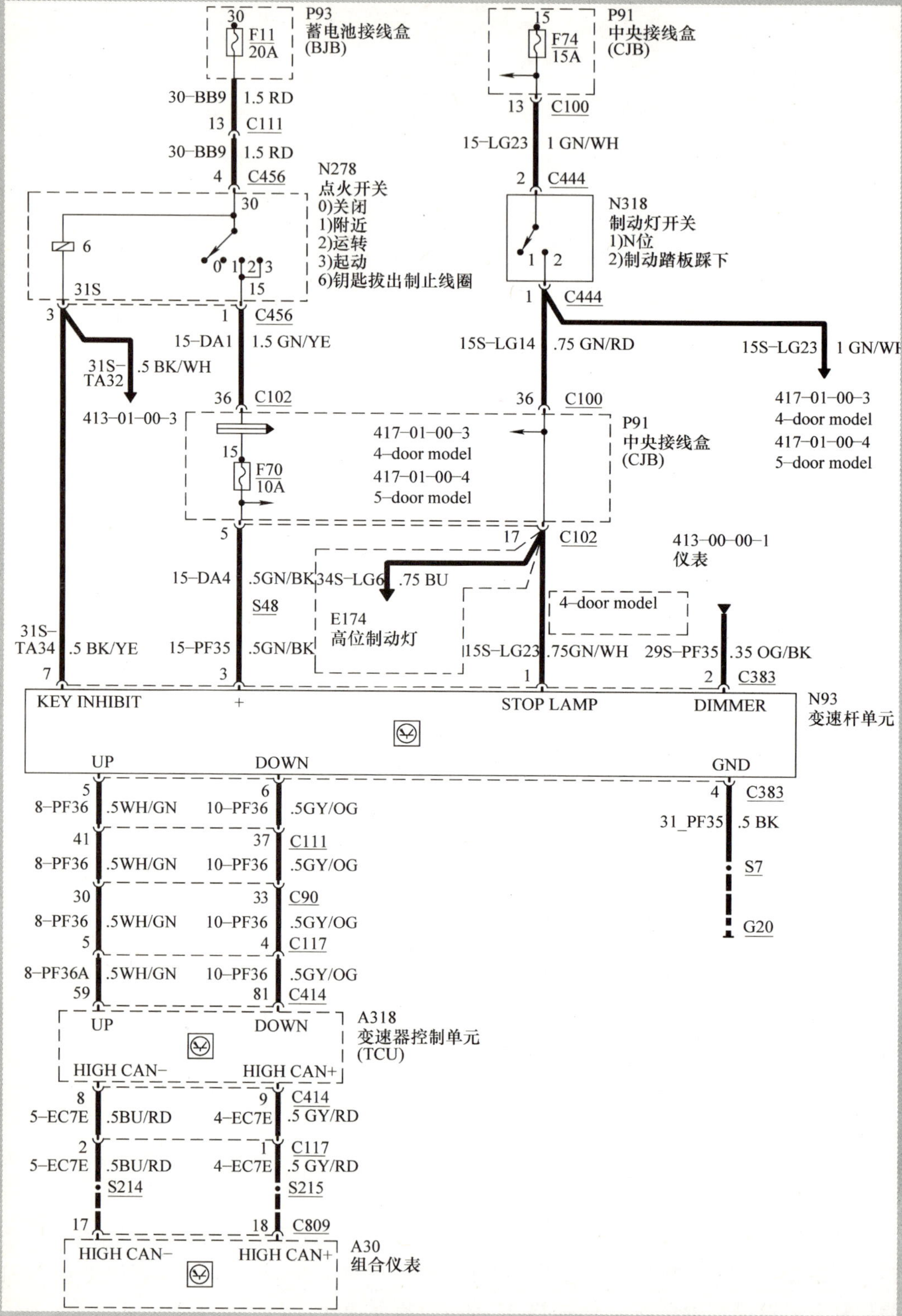

图 1-78　变速器控制系统电路（1）

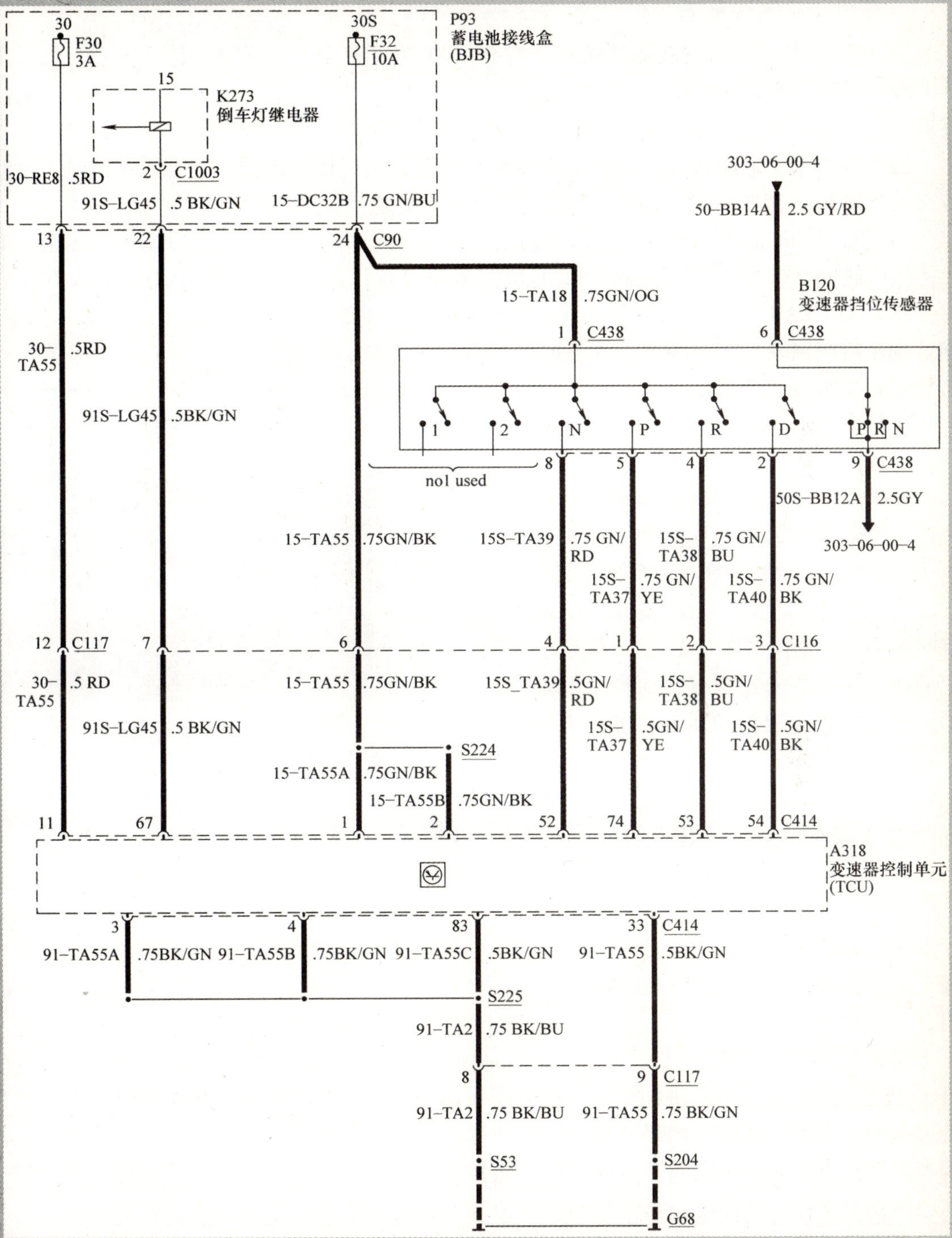

图 1-79 变速器控制系统电路（2）

◎1-44 福特福克斯为什么换挡冲击大？

一辆2007款长安福特福克斯轿车，搭载1.8L发动机和4速手自一体变速器，行驶里程4万km。该车行驶过程中，出现换挡瞬间冲击，且连续出现三次后，仪表显示变速器有故障。

接车后试车，急加速时，发生故障频率非常低，但在正常行驶3挡升入4挡时，发动机转速会突然升至3500r/min左右，车速反而有下降的趋势。

用诊断仪调取故障码：P0751——电磁阀SSA故障。试车过程中查看动态数据流：TCM对换挡电磁阀SSA与换挡电磁阀SSC的控制策略正常；在故障出现时，TRAN RAT（实际传动比）与GEAR RAT（目标传动比）数据不符，由此判断此车问题出在3挡升4挡瞬间。查看变速器控制表。在D4挡位时，换挡电磁阀SSA结合，换挡电磁阀SSC结合，控制直接离合器和2/4制动带结合。

分析造成故障的原因有：①电磁阀SSA有卡滞现象；②电磁阀SSA线路故障；③阀体油路堵塞；④离合器轻微打滑。使用万用表检查电磁阀SSA的电阻值为14.5Ω，工作电压为5V，在正常范围内。拆卸油底壳，准备清洗电磁阀以及阀体时，发现电磁阀垫片有明显裂纹（图1-80）。通过对电磁阀进行主动命令测试，未发现有卡滞现象，那么故障只能是此垫片裂纹卸压造成的。更换垫片后试车，故障彻底排除。

图1-80 损坏的电磁阀垫片

◎1-45 北京现代悦动自动变速器为何换挡冲击？

一辆北京现代伊兰特悦动1.6L轿车，搭载G4ED发动机和A4CF1自动变速器，行驶里程4.5万km。该车在1挡升2挡、2挡升3挡和3挡升4挡时都会出现换挡冲击的现象，而踩下加速踏板的轻重程度对故障现象的影响不大，且冷车和热车时换挡冲击的差异也不明显。

自动变速器换挡冲击是一种比较常见的故障现象，主要表现为车辆起步时，由停车挡（P）或空挡（N）挂入前进挡（D）或倒挡（R）时，车辆出现较严重的振动；或车辆在行驶过程中，自动变速器升挡瞬间车辆有较明显的冲击感。**造成自动变速器换挡冲击的主要原因有发动机怠速过高；主油路压力过高；换挡执行元件严重磨损；阀体及蓄压器有故障；换挡电磁阀有故障；自动变速器控制单元有故障；自动变速器油液不足或品质不良等。**

首先检查自动变速器油。自动变速器油油面高度正常，油液颜色呈棕褐色，无异味，初步判断自动变速器油品质正常。连接故障诊断仪Hi-DS读取故障码，没有故障码存储。读取数据流，各挡位的数据均正常（图1-81）。于是决定对自动变速器进行油压测试。首先运转发动机，使自动变速器油的温度达到80~100℃。接着用举升机将车辆举起，使车轮自由旋转。用油压表分别测量各压力测试口的油压（安装油压表的力矩应为 8～10N·m），各压力测压口位置如图 1-82 所示。测量发现，在各挡位运行时，各测压口的油压均正常，标准压力如表 1-12 所示。至此，故障诊断陷入僵局。后来进一步与驾驶人交流，得知出现故障之前，驾驶人曾自行更换过其他牌号的自动变速器油，而且在更换时没有彻底清洗自动变速器。怀疑故障是由于两种不同牌号的自动变速器油混合使用造成的，虽然油压正常，但仍可能导致故障发生。于是彻底清洗变速器，更换北京现代指定用的自动变速器油（GENUINE DIAMOND ATF SP－Ⅲ或 SK ATF SP－Ⅲ），试车后故障排除。

对于各挡位均存在换挡冲击的故障，一般通过对自动变速器油和油压的仔细检测就能发现故障原因所在。

Engine Speed	718	RPM
Vehicle Speed Sensor	5	km/h
Throttle Position	0	%
Input Speed(PG-A)	654	RPM
Output Speed(PG-B)	241	RPM
DCC Solenoid Duty	0	%
Damper Clutch Slip	64	RPM
PCSV-A (LR & OD)	99	%
PCSV-B (2nd & RVS)	99	%
PCSV-C (UD)	0	%
SCSV-A (On/Off Solenoid)	OFF	-
VFS Solenoid	0.0	%
Oil Temperature Sensor	70	℃
Gear Ratio	2.9	-
Shift Position	1	-
Select Lever Switch	D	-
A/C Switch	OFF	-
O/D Off Switch	OFF	-
Brake Switch	OFF	-
Overdrive OFF Lamp	OFF	-
Engine Torque	1	%

a)

Engine Speed	1684	RPM
Vehicle Speed Sensor	27	km/h
Throttle Position	3	%
Input Speed(PG-A)	1647	RPM
Output Speed(PG-B)	1063	RPM
DCC Solenoid Duty	0	%
Damper Clutch Slip	37	RPM
PCSV-A (LR & OD)	99	%
PCSV-B (2nd & RVS)	0	%
PCSV-C (UD)	0	%
SCSV-A (On/Off Solenoid)	OFF	-
VFS Solenoid	0.0	%
Oil Temperature Sensor	80	℃
Gear Ratio	1.6	-
Shift Position	2	-
Select Lever Switch	D	-
A/C Switch	OFF	-
O/D Off Switch	OFF	-
Brake Switch	OFF	-
Overdrive OFF Lamp	OFF	-
Engine Torque	5	%

b)

Engine Speed	1343	RPM
Vehicle Speed Sensor	30	km/h
Throttle Position	3	%
Input Speed(PG-A)	1319	RPM
Output Speed(PG-B)	1319	RPM
DCC Solenoid Duty	0	%
Damper Clutch Slip	24	RPM
PCSV-A (LR & OD)	0	%
PCSV-B (2nd & RVS)	99	%
PCSV-C (UD)	0	%
SCSV-A (On/Off Solenoid)	OFF	-
VFS Solenoid	0.0	%
Oil Temperature Sensor	80	℃
Gear Ratio	1.0	-
Shift Position	3	-
Select Lever Switch	D	-
A/C Switch	OFF	-
O/D Off Switch	OFF	-
Brake Switch	OFF	-
Overdrive OFF Lamp	OFF	-
Engine Torque	7	%

c)

Engine Speed	3363	RPM
Vehicle Speed Sensor	118	km/h
Throttle Position	10	%
Input Speed(PG-A)	3360	RPM
Output Speed(PG-B)	4717	RPM
DCC Solenoid Duty	43	%
Damper Clutch Slip	3	RPM
PCSV-A (LR & OD)	0	%
PCSV-B (2nd & RVS)	0	%
PCSV-C (UD)	99	%
SCSV-A (On/Off Solenoid)	OFF	-
VFS Solenoid	0.0	%
Oil Temperature Sensor	70	℃
Gear Ratio	0.7	-
Shift Position	4	-
Select Lever Switch	D	-
A/C Switch	OFF	-
O/D Off Switch	OFF	-
Brake Switch	OFF	-
Overdrive OFF Lamp	OFF	-
Engine Torque	11	%

d)

图 1-81 自动变速器各挡时的数据流

a）自动变速器 1 挡时的数据流 b）自动变速器 2 挡时的数据流

c）自动变速器 3 挡时的数据流 d）自动变速器 4 挡时的数据流

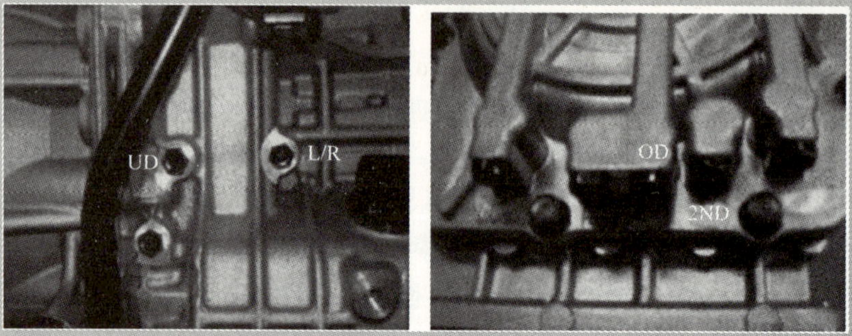

图 1-82　各换挡执行元件压力测量口

L/R—L/R 制动器测压口　UD—UD 离合器测压口　2ND—2ND 制动器测压口
OD—OD 离合器测压口

表 1-12　各挡位运行时各测试口的标准油压

测试条件			测量油压值，100kPa			
变速杆位置	油泵转速/（r/min）	挡位	UD	OD	2ND	L/R
D	2500	1	10.5 ±0.2	/	/	10.5 ±0.2
D	2500	2	10.5 ±0.2	/	10.5 ±0.2	/
D	2500	3	/	10.5 ±0.2	/	/
D	2500	4	/	10.5 ±0.2	10.5 ±0.2	/

○1-46　伊兰特 1.8L 为什么会换挡冲击？

一辆北京现代伊兰特 1.8L 轿车，搭载 FA4A42 型自动变速器，行驶里程 6.7 万 km。该车存在换挡冲击的故障，变速器在 1 挡升 2 挡时最为明显。

路试故障确实如此，但没有规律性。首先检查自动变速器油液面，在标准范围内；检查油质，也未发现异常。于是连接诊断仪对自动变速器的控制系统进行检测，但没有发现任何故障存储。之后又利用诊断仪对发动机系统进行了检测，结果也没有发现故障记忆。考虑到节气门位置传感器的信号电压直接影响变速器的换挡，查看了相关数据流，经仔细观察发现，发动机在怠速状态时，节气门位置传感器（图 1-83）的输出电压为 0.4V，数据正常。后来对该车进行了失速试验，发动机的失速转速为 2000r/min，在标准范围（1800～2600r/min）内。又对变速器进行了换挡学习操作，但问题仍然没有解决。至此，判定问题出在变速器内部。

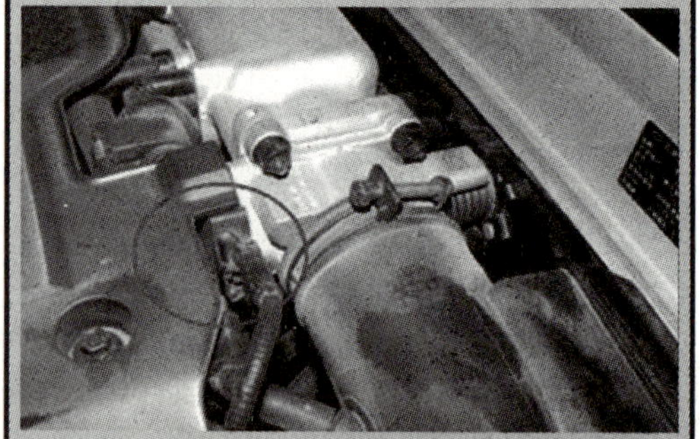

图 1-83　节气门位置传感器

为了不盲目拆解变速器，先测量了变速器的油压。经测量，变速器各离合器和制动器的油压均在标准范围内，未见异常，于是决定再次进行路试。就在车辆再次路试时，又出现了异常情况。变速器原先是 1 挡升 2 挡冲击较为严重，而此时每个挡位在换挡时冲击都很严重，看来故障越来越严重了。决定不拆下变速器，而是就车进行维修。于是先将阀体（图 1-84）拆下，对各控制阀及蓄压器的工作情况进行检查。就在检查蓄压器时，发现 LR、UD、2ND 及 OD 4 个蓄压器（图 1-85）的活塞都很紧，根本取不出来，要用很大的力气才能活动，且表面已经变色，其中 2ND 蓄压器的情况尤为严重。**正常情况下，蓄压器的活塞应该是能用手轻松取出的。**继续检查阀体上的各控制阀，无卡滞现象。看来问题很可能就出在这 4 个蓄压器上，因为蓄压器直接影响换挡平顺性。于是更换了 4 个蓄压器，并换了新的阀体修理包。在对变速器进行清洗、换油后装复试车，故障排除。

图 1-84 阀体

图 1-85 蓄压器

后询问驾驶人，得知该车曾在一家小修理厂换过一次变速器油，没过多久便出现了现在的故障。根据驾驶人反映的情况，再结合拆下来的蓄压器的情况，可以判定问题就出在自动变速器油上。**由于修理厂未使用该车专用的变速器油，使蓄压器的塑料受热膨胀，已经起不到应有的缓冲作用，从而导致该车换挡冲击故障的发生。**车辆经过 1 个月的使用，电话回访驾驶人，驾驶人称车况良好，没有再出故障。

◎1-47 北京现代悦动自动变速器为何锁挡？

一辆 2010 款北京现代悦动轿车，行驶里程 2.6 万 km。该车在行驶中发动机故障指示灯突然点亮（图 1-86），自动变速器有冲击现象，并且车速在 80km/h 时转速已达到 3000r/min。

图 1-86 发动机故障灯亮

接车后试车，发现车辆在行驶途中确实出现自动变速器冲击现象，车速 80km/h 时，转速表显示 3000r/min，明显感觉到自动变速器有不跳挡现象，发动机故障指示灯亮。连接北京现代原厂诊断仪读取发动机和自动变速器系统的故障（北京现代轿车发动机系统和变速器系统的故障指示灯是同一个灯）。读取发动机系统，正常。读取自动变速器故障码：P0743——DCC电磁阀-接地断线（图1-87）。数据流显示变速器始终锁在3挡，用诊断仪清除故障码，发现故障码不能被清除。

图1-87　故障码

PCM/TCM通过液压来控制液力变矩器离合器（或锁止离合器）到变速器输入轴的接合和分离，T/C离合器控制的主要目的是通过降低T/C内侧的液压负荷节约燃油。PCM/TCM输出占空比脉冲，以控制锁止离合器控制电磁阀（DCCSV），并根据DCC（锁止离合器）占空比值向DC提供液压。当占空比高时，提供高压，使锁止离合器接合。锁止离合器控制占空比值的正常工作范围是30%（开锁）到85%（闭锁）。

PCM/TCM通过监测电磁阀驱动电路的反馈信号来检查锁止离合器控制信号。如果监测到信号不符合期望值（例如期望值为低电压时监测到高电压，或期望值为高电压时监测到低电压），**PCM/TCM判定DCCSV电路**（图1-88）**有故障**。由于DCC电磁阀装在变速器里面，拆下变速器及油底壳，找到DCC电磁阀，发现该电磁阀为一个总成，不能被分解（图1-89），用万用表测DCC电磁阀的阻值，结果为无穷大（图1-90），其他4个为3.5Ω左右。

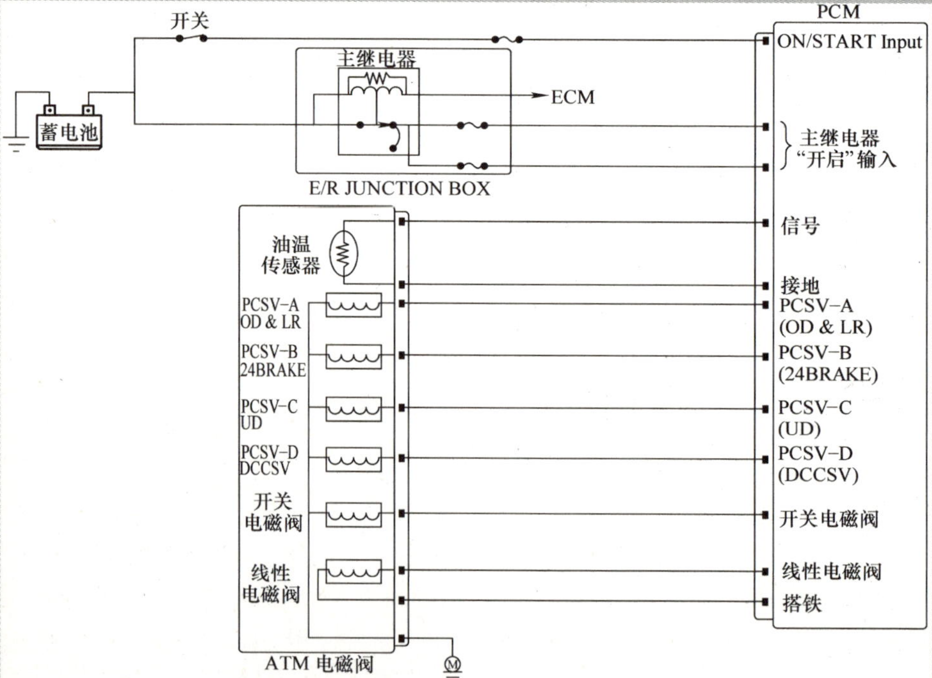

图1-88　DCC电磁阀相关电路

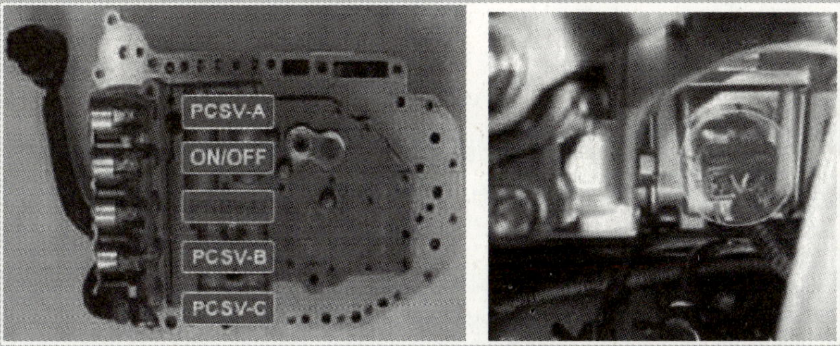

图 1-89　DCC 电磁阀总成

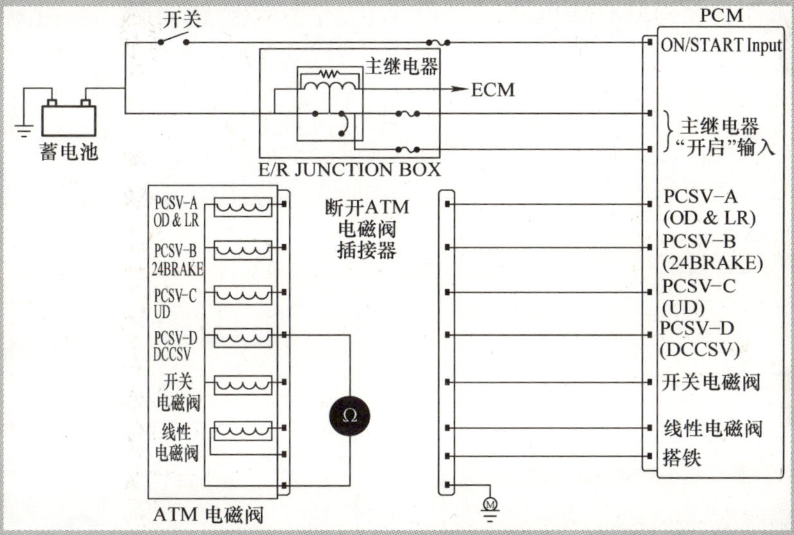

图 1-90　DCC 电磁阀该脚阻值为无穷大

用万用表测该电磁阀的总插头的电源与搭铁都正常，当拔下电磁阀的插头时，发现故障指示灯熄灭了，系统也没有故障码了，当插上插头故障灯又亮起，故障码没有发生变化。用诊断仪测试执行元件，当测试到 DCC 电磁阀时没有反应，其他 4 个电磁阀有工作的声音。拆下阀体总成，用蓄电池直接给 DCC 电磁阀供电，没有发现有工作的声音，给其他 4 个电磁阀供电都正常工作，判定 DCC 电磁阀损坏。由于 DCC 电磁阀为一个总成不能单独更换，更换 DCC 电磁阀总成故障排除。

◎ 1-48　现代劳恩斯酷派为什么会挂前进挡冲击，行驶中不升降挡？

一辆现代劳恩斯酷派轿车，配置 2. 0T 发动机、A5SR 1 5 速自动变速器，行驶里程 1. 2 万 km。该车挂 D 位冲击，行驶中不升降挡。

该车是在行驶当中突然出现了变速器不能够升降挡情况的，然后发动机故障灯就点亮了；停车后再次起动发动机，故障灯依然点亮，并且挂D位出现了挂挡冲击的情况。对该车进行挂挡检查，将变速器变速杆从P位移动到R位和D位时，车辆都有明显的冲击感。接下来使用诊断仪对该车的变速器系统进行自诊断，但是诊断仪不能够与变速器系统进行通信，如图1-91所示。然后又分别对发动机系统和ESP系统（车身电子稳定系统）进行检测，发动机系统和ESP系统都存储了有关变速器控制单元CAN通信中断的故障码：C1612——变速器控制模块CAN通信中断，如图1-92所示。该车**变速器的控制单元通过底盘的C－CAN通信网络与发动机电子控制单元ECU和ESP控制单元进行数据交换。如果变速器控制单元故障或是其CAN通信线路断路，就会在发动机控制系统和ESP系统记忆上述故障码**。但是由于当前诊断仪不能够与变速器控制单元进行通信，所以可以先不考虑CAN通信线路的问题。**通常诊断仪不能与控制单元进行通信的原因有，控制单元本身出故障或控制单元的电源或搭铁不良导致控制单元不能正常工作**。根据该车的电路图找到了变速器控制单元的电源线和搭铁线，使用万用表检测这些线路都没有问题。线路的问题排除了以后，更换了该车的自动变速器控制单元（图1-93），装复以后使用诊断仪可以正常与变速器系统进行通信，清除故障码以后试车，故障没有再出现。

图1-91 诊断仪不能够与变速器系统通信

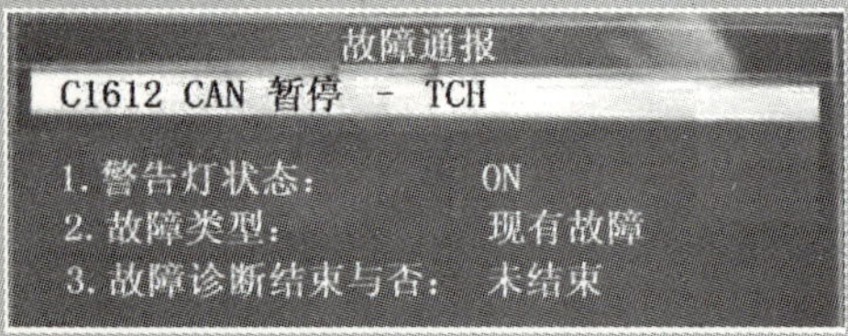

图1-92 发动机系统和ESP系统的故障信息

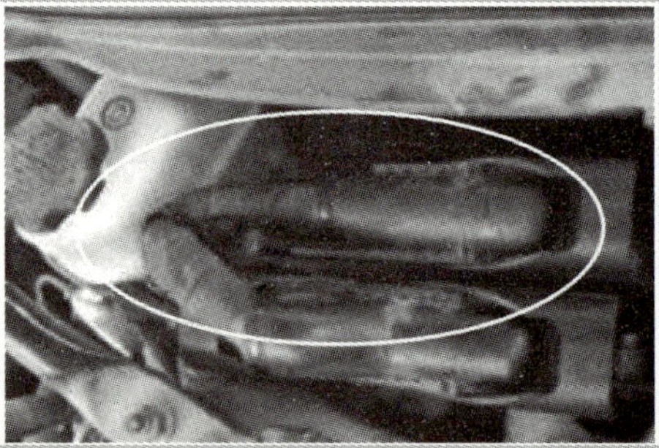

图1-93 变速器控制模块位置

◎1-49 现代御翔变速器为何不能自动升挡？

一辆2006款北京现代御翔轿车，行驶里程14万km，配备2.0西塔发动机和HIVEC（F4A42）手自一体变速器。该车挂入D位，变速器不能自动升挡，用手动挡可以正常推到4挡；故障灯亮。

用现代专用诊断检测仪对该车进行检查，发动机故障码为P0600，变速器故障码为U0001，含义都是CAN通信失效，并且故障码无法清除。在对车辆各种油液检查确认正常后，根据故障码提示再对车辆进行检修。首先根据维修手册查得 P0600 故障码含义：连续通信连接 CAN - BUS off。造成此故障码的可能原因有以下 3 种：CAN 电路断路或短路；线束连接不良或损坏；发动机控制单元 ECM 故障。

根据以上提示，首先对 CAN 线路进行检查。测量 ECM 线束侧插接器 77 号端子与 78 号端子之间的电阻，规定值：110 ~ 130Ω，测量值正常（图 1-94）；测量 ECM 线束侧插接器 77、78 号端子与搭铁之间的电阻，规定值：无穷大（10kΩ 以上），测量值也正常；测量 ECM 线束侧插接器 77、78 号端子与搭铁之间的电压，规定值：电压约为 0，测量值正常。又根据电路图对车辆 CAN 通信线全部测量后没有任何异常。

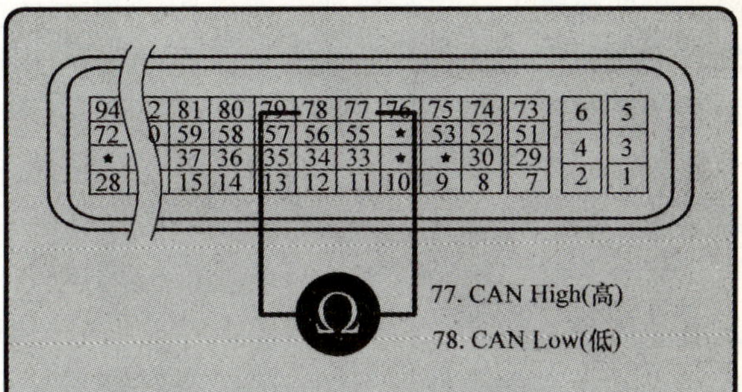

图 1-94　数据线检测

变速器故障码 U0001 和 P0600 故障检修过程一样，对相关电路进行彻底检查测量后没有发现任何异常。

怀疑 ECM 信号不良，又对 ECM 的搭铁和各线束插头都进行处理后，准备换 ECM 试一下，因为此车发动机电脑和自动变速器（AT）控制电脑集成于一体，怀疑是 ECM 内部通信不良。于是找了一个相同型号的 ECM 更换上去，试车后故障没再出现。至此决定更换 ECM，清除各种学习值后维修完毕。

但驾驶人几个小时后打来电话说，在回家的高速路上又出现了该故障，于是回店检查。连接现代专用诊断仪测量发动机，又出现故障码 P0600，而变速器自诊断正常。路试也没出现故障，反复试了一个多小时故障没再出现。于是上高速路试车，行驶一段后发现车辆在几次超车开超车灯时故障出现，但关了点火钥匙后重新起动行驶又正常。反复试了几次后基本可以确定是开前照灯干扰造成的。再次对车辆检查发现此车加装了氙气前照灯，把氙气前照灯换成卤素灯泡后试车，故障再也没有出现。因**氙气前照灯工作电压比较高，在 10000V 以上，而发动机工作时 ECM 需要接收和发送很多数字和模拟信号，高电压会对发动机电脑的部分信号造成干扰而使系统无法正常工作。**

1-50　雪铁龙世嘉自动变速器为何换挡有异响且换挡冲击大？

一辆雪铁龙世嘉三厢轿车，配置 1.6L 发动机、自动变速器，行驶里程 8.6 万 km。此车当发动机转速 2000r/min，1 挡升 2 挡时会有“咚”的一声，并伴有较大的冲击感；2 挡升 3 挡后，有轻微冲击，但降挡时没有此故障现象发生。

试车，故障再现。用诊断仪 PROXIA3 对自动变速器控制单元和发动机控制单元进行故障读取操作，在发动机控制单元和自动变速器内部都没有发现故障记录存在。在自动变速器系统工作状态下，用诊断仪进入到自动变速器控制单元内部进行参数测量操作，发现在自动变速器变速杆处于 P/N 位时，主油道机油压力为 260kPa；处于 D 位时，主油道压力为 260kPa；处于 R 位时主油道压力为 270kPa，而正常情况下当自动变速器处于 P/N、D、R 位时的主油道压力应该分别为 270kPa、310kPa、460kPa。分析认为故障的产生是由于主油道压力的实际值和标准值差别太大造成的，所以对可能造成主油道压力过低的原因进行逐个检查排除。

先用诊断仪 PROXIA3 对自动变速器控制单元按要求进行系统初始化操作，故障没有排除，表明故障的产生与自动变速器控制单元是否做过系统初始化无关（如果系统初始化没做，或做得不成功，自动变速器控制单元对油压的控制可能存在问题，这种情况会导致换挡冲击的故障现象）。

对自动变速器的油压传感器及其工作线路进行状态检查。测量油压传感器工作线路电阻及通断，结果符合要求。接下来更换一个新的油压传感器总成，而后进行油压传感器工作波形测试，将结果与正常情况下的标准波形进行对比，并对自动变速器的换挡情况进行路试，发现故障现象还存在，表明故障的产生与自动变速器的油压传感器及其工作线路无关。**自动变速器油压传感器及其工作线路如果存在问题可能导致传递给自动变速器控制单元的油压信息存在问题，那么在自动变速器控制单元控制各挡位切换时会造成冲击过大的故障现象**。

对主油道压力调节电磁阀和变矩器锁止电磁阀及其工作线路进行状态检查。用万用表测量两个电磁阀所在线路的通断及电阻值，测量结果是没有问题的。接下来分别更换主油道压力调节电磁阀和变矩器锁止电磁阀，而后进行路试，发现故障仍没有排除，表明故障的产生与主油道压力调节电磁阀和变矩器锁止电磁阀及其工作线路无关（如果这两个电磁阀及其工作线路存在问题，会造成主油道压力达不到要求，导致换挡冲击故障现象）。

对自动变速器液力控制盒及其工作线路进行状态检查。用诊断仪对自动变速器液力控制盒上的6个顺序电磁阀进行各挡位的工作状态检查，并将测量结果与正常情况下的工作状态进行对比，没有发现异常情况。将6个顺序电磁阀进行通断及电阻值测量，测量结果一切正常。对液力控制盒工作线束的各个脚进行通断及电阻测量，结果表明是没有问题的。接下来更换一个新的液力控制盒总成，用诊断仪进行系统初始化操作后，进行路试运行，发现故障现象还存在。以上操作结果表明，故障的产生与自动变速器液力控制盒和顺序电磁阀无关。

对自动变速器控制单元总成本身及其工作线路进行状态检查。用诊断线束将其各工作脚并联引出，而后用万用表分别测量供电脚和搭铁脚在点火开关关闭和打开两种情况下的电压值，测量结果都符合要求。接下来测量传感器和执行器相关工作脚的电压值，并将测量结果与正常情况下的标准值进行对比，没有发现异常情况存在。更换一个新的自动变速器控制单元总成，而后进行路试操作，发现故障现象还没有消失。以上操作结果表明故障的产生与自动变速器控制单元及其工作线路无关。

对自动变速器的油泵（它是自动变速器各液压工作管路中压力油供给的主要来源）进行状态检查。将其拆下后进行目视检查，发现工作表面存在高温烧损后的变色情况，于是更换一个新的自动变速器油泵总成，而后进行路试，发现各换挡冲击明显变小甚至消失。用诊断仪进行各挡位的主油道压力测量操作，发现所得到的测量结果与标准值完全符合，表明故障已经排除。

此车挡位冲击大的故障是由于给自动变速器换挡工作油路提供压力油的油泵存在工作不良情况，造成主油道压力过低而形成的。这种情况下换挡时相对应的制动器、离合器的工作由于油压不足而存在明显的工作不顺畅情况，与正常情况下换挡非常平顺的状态相比较，明显存在冲击感。

○1-51　雪铁龙新爱丽舍为何自动变速器警告灯点亮？

一辆雪铁龙新爱丽舍轿车，装备 1.6 16V 发动机，自动变速器，行驶里程 11.8 万 km。该车在行驶过程中组合仪表上的自动变速器警告灯（SPT 和键）交替闪烁，且自动变速器明显处于强制 3 挡的状态。

先用 PROXIA3 诊断仪对自动变速器控制单元进行故障读取操作，在自动变速器控制单元内部得到以下故障信息：自动变速器输入速度错误，永久性故障。用诊断仪进行故障删除操作后，发现故障信息依然存在。

对自动变速器控制单元及其工作线路的状态进行检查。先检查自动变速器控制单元的供电脚和搭铁脚的工作电压，测量值没有任何异常。用万用表检查驾驶舱熔丝盒内部 F6、F12、F13 熔丝的通断情况，这 3 个熔丝的工作状态没有问题。于是又更换一个新的自动变速器总成，而后进行路试操作，故障现象仍然存在。

对组合仪表上的自动变速器故障灯及其工作线路进行状态检查。先检查线路，在点火开关打到 M 位时用万用表检测电压值，将结果与正常情况下的标准值进行比对，完全符合要求。继续对两个故障灯的通断情况进行状态检查，发现这两个故障灯的内阻值没有问题。

对自动变速器的输入速度传感器及其工作线路进行检查。先用诊断仪的参数测量功能观察发动机转速情况下输入速度值随发动机转速变化而变化的情况，发现其变化规则符合要求。继续测量自动变速器变矩器闭锁时输入速度和发动机转速之间的情况，发现两者不是完全相等（正常情况下两处值应该是完全相同的）。于是在发动机控制单元插接器完全断开的情况下用万用表测量 4109T 上的 45 号端子和 46 号端子之间的电阻值，得到的结果为 10kΩ，而正常情况下的标准值应该为 3000Ω，表明此传感器存在问题，于是更换一个新的输入速度传感器总成。用诊断仪进行故障删除操作，最后进行路试，发现故障灯不再点亮，且自动变速器不再处于强制 3 挡的运行模式，至此故障排除。

此故障是由于自动变速器输入速度传感器总成内部阻值过大，从而造成其传递给自动变速器控制单元的信息存在错误，这种情况下自动变速器控制单元就控制组合仪表板上的自动变速器故障灯点亮进行报警提示；同时发动机控制单元采取强制 3 挡的运行模式，对自动变速器的机械部分进行自动保护，避免造成更大的损失。

○1-52　雪铁龙富康自动变速器为何油温过高？

一辆雪铁龙富康两厢轿车，配置 1.6L 发动机，AL4 自动变速器，行驶里程 13.1 万 km。该车行驶一段时间后，组合仪表上的“SPT”和“*”灯交替闪烁，发动机熄火后等十几分钟后再起动行驶，又恢复正常，不过，过了一会儿故障现象又会出现。

用诊断仪 PROXIA3 对车辆的自动变速器控制单元进行故障读取操作。在自动变速器控制单元的故障读取菜单内得到以下故障码信息：自动变速器油温过高，永久性故障。继续用诊断仪进行故障码删除操作，故障码根本无法删掉。

对 AL4 自动变速器运行原理分析，认为如下原因可能造成油温过高：自动变速器油液面过高；液力变矩器故障；自动变速器热交换器故障；自动变速器流量调节电磁阀故障；自动变速器油泵故障；自动变速器油温传感器失效；自动变速器油路阻塞故障等。按以上顺序进行相关检查及诊断。

检查油液面是否过高。先将车辆水平放置，拆卸加油螺塞，加0.5L变速器油，拧上加油螺塞，起动发动机，踩制动踏板将变速杆拨到各挡位停留一会儿，将变速杆放在P位让发动机怠速运转，观察变速器油温上升到60℃检查液面，结果表明液面是完全正常的。

接上PROXIA3诊断仪，在路试状态下，检查发动机转速始终低于或等于自动变速器的输入速度，表明液力变矩器工作正常。检查并更换自动变速器热交换器，进行路试操作，发现自动变速器油温过高的故障现象还存在，于是排除由于热交换器工作不良造成系统散热不好导致油温过高的可能性。用诊断仪对流量调节电磁阀进行激活测试，没有发现问题。接下来用诊断接线盒将其工作线路并联引出，用万用表测量其电阻，阻值符合要求。

更换一个新的自动变速器流量调节电磁阀，进行故障码删除操作，路试，故障没有被排除。进行失速试验，发现自动变速器的油压最大达到1.1MPa以上，表明自动变速器的油泵工作正常。用万用表测量自动变速器油温传感器工作脚电阻，结果没有问题；同时更换一个新的自动变速器油温传感器总成，而后进行路试操作，故障现象依然存在，表明故障不是由于油温传感器及其工作线路造成的。

检查并清洗自动变速器油路和液力控制盒总成，更换新的指定型号的自动变速器油，路试，并进行故障删除操作，故障现象消失。

此故障是**由于自动变速器内部的油路出现堵塞，造成自动变速器油液在油路中循环不畅，最终导致自动变速器油温过高，这种情况下自动变速器油温传感器将此故障信息传递给自动变速器控制单元，自动变速器控制单元为了保护系统，此时按规定要求采用降级运行模式，停止对换挡电磁阀的控制。**此种状态下如果自动变速器变速杆处于D、3、2位，则只有前进3挡（即不换挡），自动变速器变速杆如果在R位则为倒挡，以保证基本行驶功能，同时控制组合仪表上的“SPT”和“*”灯交替闪烁提醒驾驶人车辆的自动变速器系统有故障，驾驶人应尽快到服务站进行故障维修。

◎1-53　吉利帝豪EC718为何偶尔掉挡？

一辆2010款吉利帝豪EC718轿车，行驶里程1500km。该车变速器D位正常行驶，当制动停车再起步时，偶尔出现发动机空转、变速器掉挡、汽车静止不动等现象。此时，关闭点火开关重新起动发动机，变速杆再置于D位起步，故障消失。

2010款帝豪轿车配置了比利时邦奇公司VT2手自一体无级变速器，该变速器采用全电子控制，使传动效率大大提高并增加了车辆的驾驶舒适性。由于该车出厂仅几个月且才行驶了1500km，故在排除故障时不考虑配件老化问题。结合新车这一特点，主要从相关电路及传感器、传感器插接件、传感器电源及搭铁等三方面入手。

首先对该车进行常规检查，起动发动机观察仪表，无故障灯点亮。踩住制动踏板，变速杆分别置于P、R、N、D、S位观察仪表显示，发现P位时仪表显示N（正常应显示P），其他挡位指示正常。

随后路试车辆并反复模拟驾驶人反映的驾驶模式，车辆无驾驶人所述故障，车速提升与发动机转速成正比，各个挡位行驶正常。于是回厂连接诊断仪检测变速器，有故障码

P0706——驾驶模式传感器单线错误，P0571——制动信号失效。用仪器清除故障码并重新读取，发现 P0706 无法清除。驾驶模式传感器为变速器控制单元 TCU 提供挡位信息，位于变速器内部，俗称挡位开关，为磁感应非接触式，其电路图如图 1-95 所示。

用万用表欧姆挡分别测量变速器电器接口处驾驶模式传感器与变速器控制单元对应针脚，经测量线路通断良好，无短路、断路。变速器接口处驾驶模式传感器 9 号针脚电压为 8.4V（查维修手册此电压正常），6 号针脚搭铁。经测量判断 TCU 与变速器壳体外部电器接口之间线路良好，供电电压及搭铁正常。于是更换变速器控制单元，故障依旧。

经上述检查可以确定故障范围在变速器内部，与驾驶模式传感器及其附属装置有关。于是放掉变速器油，拆除油底壳及滤网，露出驾驶模式传感器，如图 1-96 所示。

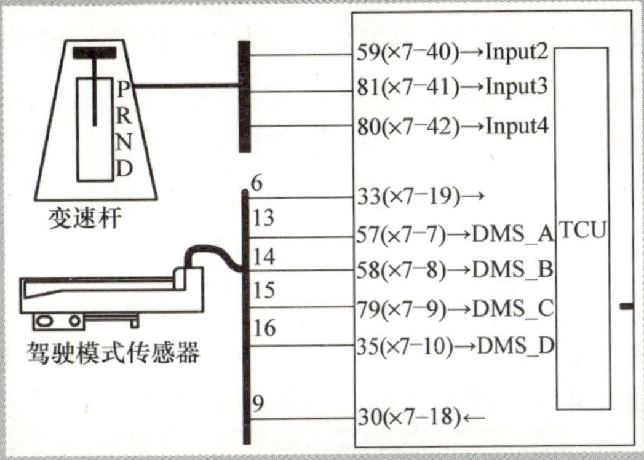

图 1-95 驾驶模式传感器电路

图 1-96 驾驶模式传感器安装位置

拆除传感器固定螺钉，发现传感器插头松动，重新插接装复试车，故障依旧。再次连接诊断仪读取并清除变速器故障码，P0706 还是无法清除。查维修手册，此故障码设定条件为驾驶模式传感器线路及插接件短路、断路、接触不良。重新放掉变速器油，拆除油底壳再次拆下传感器插头，经仔细研究发现插座内部防尘橡胶圈由于长期在油液中浸泡变形膨胀，导致插接件距离增大接触不良，此橡胶圈位于变速器内部，起不到防尘、防油污及防水浸的作用。拆除并重新固定此插头，装车试验，故障排除。

驾驶模式传感器为 TCU 传递 P、R、N、D、S 挡位信号，TCU 根据不同的挡位控制主从动锥轮直径的大小以实现变速。在该例故障中，驾驶模式传感器内部接头接触不良，TCU 接收不到准确的挡位信号，于是启用保护模式。离合器压力调节器、主动锥轮压力调节器、从动锥轮压力调节器均断电，由于这三个调节器无工作电压，前进离合器没有工作压力，行星齿轮、主动锥轮、从动锥轮处于自由状态，故汽车无法起步前进。当重新开启点火开关时，三个调节器通电工作，前进离合器结合，传动钢带压紧在主从动锥轮 V 形槽之中传递发动机动力，故汽车又能正常起步行驶。

◎ 1-54 雷诺风景自动变速器为何出现疑难故障？

一辆 2005 款雷诺风景商务车，搭载法国雪铁龙公司生产的 AL4 型 4 速电子控制自动变速器。驾驶人反映该车已经在别处维修很长时间，但故障始终未能排除。

试车故障现象如下：当变速杆置于1位时，加速踏板超过中负荷后变速器马上进入故障保护模式锁在3挡，如果轻踩加速踏板持续下去变速器就不会进入安全保护模式；当变速杆置于2位时，加速踏板中负荷以上会出现1挡升2挡冲击，继续踩加速踏板后不会升入3挡而且马上进入故障保护模式；当变速杆置于D位时，以中负荷以上踩加速踏板试车，1挡升2挡冲击，继续踩加速踏板后便会进入安全保护模式的3挡。

利用故障诊断仪对变速器电控系统进行检测，没有发现任何故障码。再继续反复试车，发现当轻踩加速踏板的时候1挡升2挡还是冲击，2挡升3挡正常，3挡升4挡打滑且800r/min后冲击。大小负荷的变化会直接影响变速器的换挡和液压系统的工作压力，小负荷时由于发动机负荷较小，换挡和工作油压在200kPa左右即可完成换挡过程；大负荷时由于发动机负荷加大，此时换挡和工作油压无法得到满足，变速器控制单元通过油压传感器监测后即会进入安全保护模式。

此款变速器有一些常见故障，如变速器滤网很容易脏污，尤其是质量不太好的滤网更易脏污；两个脉冲控制式油压电磁阀（图1-97）通常容易发生磨损。于是先从以上两点进行维修，更换了新滤网和电磁阀并对变速器内部进行细致的检查，装复后故障依旧。因为该车先前在别处维修时已经更换过阀体，于是先对输入、输出传感器，流量电磁阀，以及油压传感器进行电阻检测，检测结果都很正常。接下来替换了一块带电磁阀的阀体（图1-98），故障现象仍然存在。又对节气门进行了调整，但故障症状依然没有改观。

图1-97 油压电磁阀

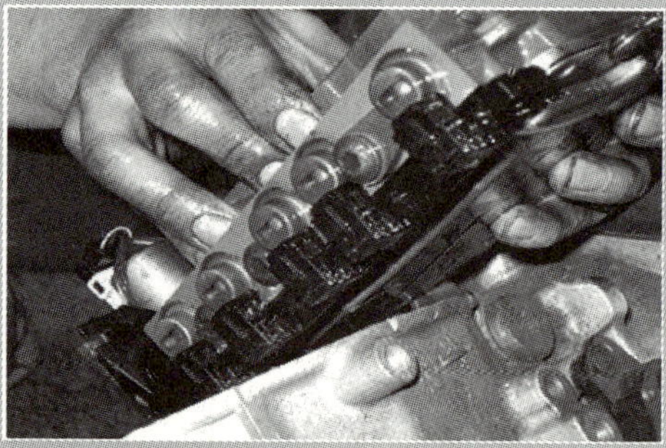

图1-98 带电磁阀的阀体

虽然变速器控制单元也存在出故障的可能性，但经诊断仪初步检测没有发现控制单元存在相关故障，同时该车控制单元与控制单元之间均是利用CAN数据总线进行通信，也未在其他系统发现变速器控制单元的相关故障，所以把注意力集中在变速器外围的部件上。**一般情况下，油压传感器工作失常会给控制单元一个错误信号，从而使变速器进入安全保护模式状态；流量电磁阀调节失常也会造成系统工作油压偏低，从而使变速器进入安全保护模式。**先对油压传感器进行检测，未发现异常。之后在对阻值为1.8Ω的流量电磁阀进行测试时，偶尔发现通断电过程中电磁阀有卡滞的现象。找来1个2.5Ω的灯泡代替电磁阀电阻，并向电磁阀直接供给蓄电池电压进行试车，试车时发现除了1挡升2挡偶尔出现冲击外，其他换挡状况良好。反复试车，发现变速器偶尔会进入安全保护模式。因为此电磁阀的控制方式是占空比控制，所以用蓄电池电压代替很不合理，于是拆下流量电磁阀仔细清洗，恢复线路后再次试车，1挡升2挡时还是偶尔会有冲击现象，其他一切正常。此时离交车日期越来越近了，如果冲击感再小一些就可以完工了。

冷静下来仔细分析1挡升2挡偶尔冲击的问题。变速器外部元件出故障的可能性都相继被排除了，而此时变速器机械、液压及电控部分出问题的可能性极小，因此应该找一个良好路面仔细试车找到1挡升2挡偶尔冲击的根源。当在车辆较少且路面状况良好的道路上试车时，发现当车辆出现敲缸声后，紧接着才会出现变速器1挡升2挡冲击的现象；当发动机无敲缸声音时，变速器1挡升2挡反应良好。此时问题已经豁然明朗，**发动机把错误的工况信息通过CAN总线传递给了变速器控制单元，变速器控制单元为此给出了错误的换挡油压，同时发动机工作的异常也影响了换挡时发动机降低转矩的功能。**

经路试确认没有其他问题后，经驾驶人同意对发动机进行了全面检查，发现冷却液温度比正常温度高少许，考虑到发动机曾经进行过维修且存在敲缸声，怀疑发动机的配气正时存在问题，为此重点检查了配气机构。经仔细观察正时标记，发现配气正时齿带在装配时较正确装配相差一个齿，至此，可以肯定导致该车出现故障的原因正在于此。重新对配气机构进行正确装配后，又对散热器进行了拆解清洗，试车后故障彻底排除。

○1-55　荣威750S自动变速器为何进挡冲击？

一辆荣威750S轿车，搭载1.8T发动机和自动变速器，行驶里程5340km。该车因事故维修完毕后试车出现发动机怠速时自动变速器进挡冲击的故障。

连接检测仪TS读取故障码，发现自动变速器控制单元内存储有关于线性电磁阀A故障的故障码。读取车辆实时数据流，发现电磁阀的反馈信息明显有问题（图1-99）。线性电磁阀A是自动变速器的主油压控制电磁阀，如果出现故障就会导致自动变速器的油压失常。于是用油压表对自动变速器的油压进行检查，发现发动机怠速时油压为1800kPa，油压明显

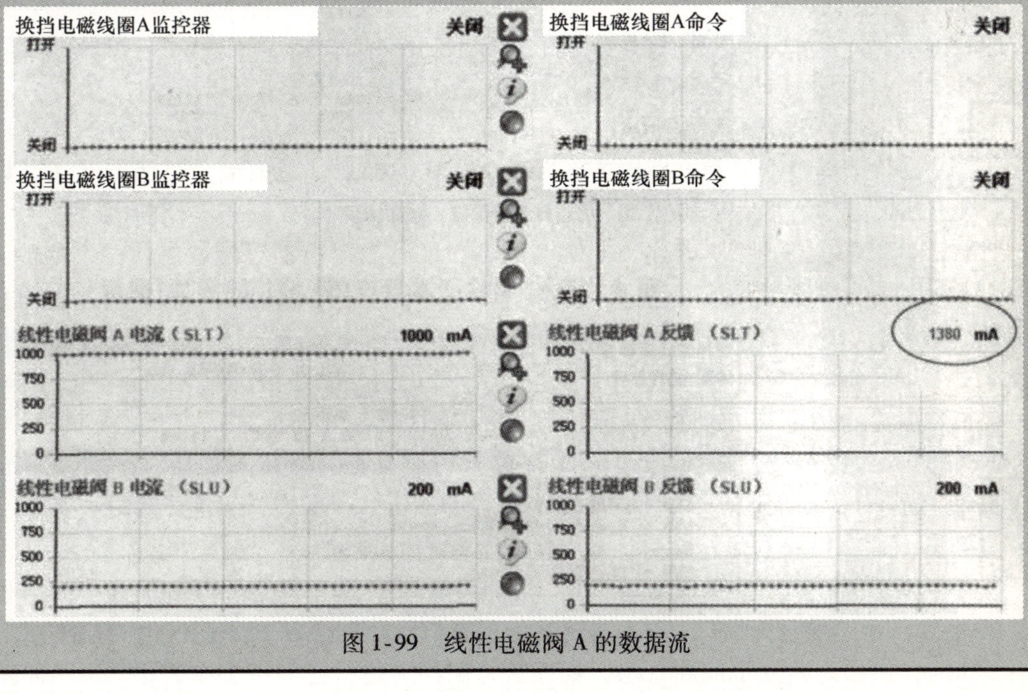

图1-99　线性电磁阀A的数据流

偏高（正常应为300～400kPa）。系统主油压过高变速器挂挡自然就会发冲。

分析可知，造成上述故障的原因可能是线性电磁阀A自身故障，线性电磁阀A的线路有问题或自动变速器控制单元故障（不能接收数据信号）。本着由简到繁的原则，对可能造成故障的原因进行排查。首先测量线性电磁阀A的电阻，发现冷机时电阻为2Ω，热机时电阻为6Ω，正常；接着根据电路图（图1-100），断开导线插接器C0243及C1833，测量导线插接器C1833端子4与导线插接器C0243端子11之间线路的导通情况，测得的电阻为0.2Ω，正常；检查导线插接器C1833端子2与导线插接器C0243端子4之间的导通情况，测得的电阻为0.2Ω，也正常。

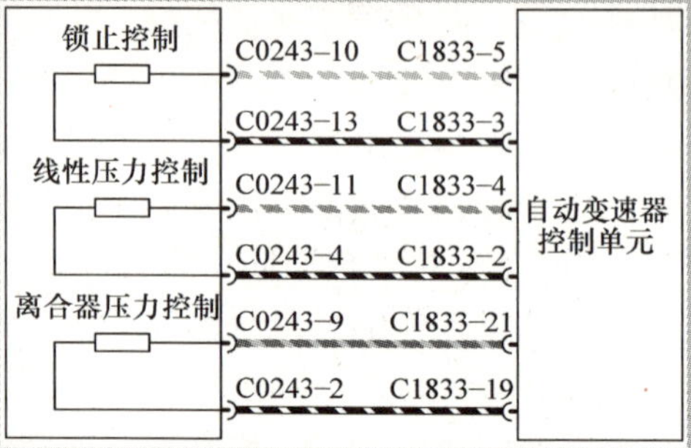

图1-100　自动变速器控制单元相关电路

由上述检测结果可知线性电磁阀A及其相关线路均正常，那么只可能是自动变速器控制单元有故障了。更换自动变速器控制单元，故障彻底排除。

自动变速器控制单元一般不易损坏，推测是事故造成的，可能是碰撞导致线路短路，造成自动变速器控制单元内的控制芯片损坏，无法对主油压控制电磁阀进行控制。

◎1-56　斯巴鲁森林人自动变速器为何无倒挡？

一辆斯巴鲁森林人自动挡汽车，因行车时没有4挡而拆解维修，判断为离合器烧毁；拆检后在清洗阀体时，造成阀体内钢球散出；装车后出现挂倒挡深踩加速踏板汽车才蠕动的现象。

接车后试车，该车挂前进挡行驶时起步正常，加速时能升至2挡行驶，但是升3挡时明显感觉升挡滞后，3挡后加速，汽车不能升入4挡；挂倒挡后松开制动踏板汽车不动，深踩加速踏板发动机转速达2000r/min后汽车才蠕动。分析产生故障的原因可能是该车变速器在装配时控制倒挡的离合器或制动器因为装配不当存在泄油点，造成接合时油压低，需要加大节气门开度才能勉强工作，或者是阀体在装配时存在错误，造成倒挡工作油压泄压。

拆下该车变速器油底壳和阀体，分解阀体时发现可能存在钢球漏装的情况。如图1-101所示，实线圈内为原来装配的钢球，从钢球的分布规律上来看，在A和B两处（虚线圈）也应有钢球安装。在与阀体A处对应的阀板上有钢球磨损的痕迹（图1-102），进一步证实了在A处一定有钢球漏装。找到专修自动变速器的人员，描述情况后配置了两个钢球，分别加装在阀体的A和B两处，装配后倒挡正常，换D位后升挡正常。

钢球的作用如图1-103所示，阀体A处对应的阀板有两路输入油压，分别称为油压A和油压B，当油压A大于油压B时，输出油压等于油压A；反之，当油压A小于油压B时，输出油压等于油压B。

在实际应用中，输出油压进入某个离合器或制动器，这个离合器或制动器在倒挡和某个前进挡（如3挡、4挡）工作，输入油压就分别来自倒挡的控制阀和前进挡的控制阀。**在前进挡工作时，倒挡油路处于泄油状态，钢球封堵倒挡油路；在倒挡工作时，前进挡油路处于**

泄油状态，钢球封堵前进挡油路，从而保证离合器或制动器工作正常。若没有钢球，在倒挡和前进挡工作时，会出现离合器或制动器油路泄油，而不能正常工作（图 1-104）。

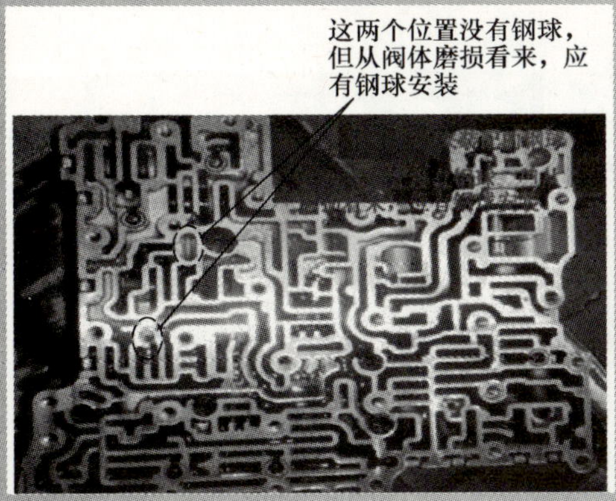

图 1-101　阀体上 A 和 B 处有磨损，但没有钢球

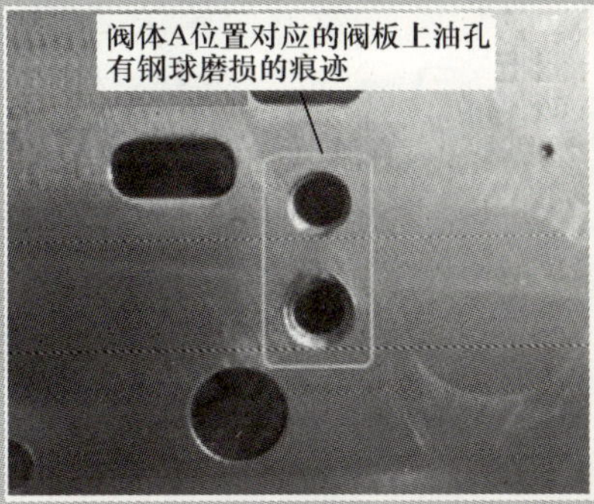

图 1-102　阀体 A 处对应的阀板磨损痕迹

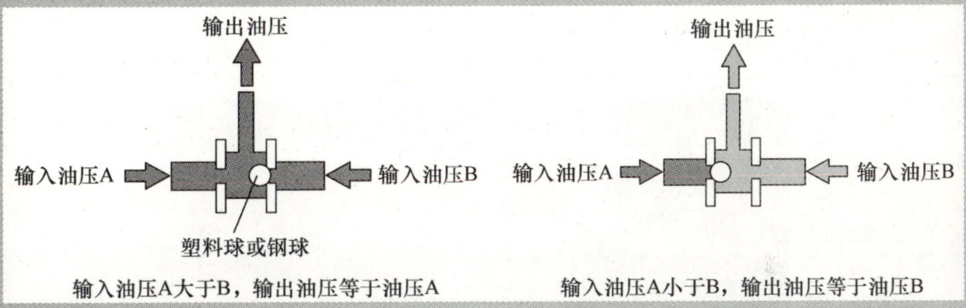

图 1-103　阀体 A 处钢球的作用原理

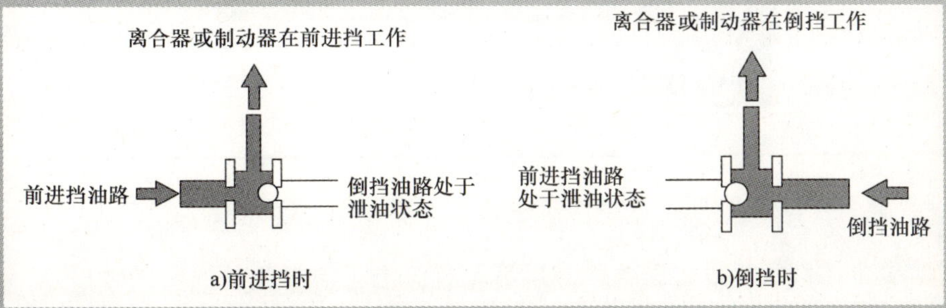

图 1-104　前进挡和倒挡时钢球的作用

第二章

防抱死制动系统维修技能

◎ 2-57　宝马 E66 为何电子稳定系统（DSC）灯亮？

一辆 2005 款宝马 E66 750Li 轿车，配置 N62 发动机，行驶里程 19 万 km。该车发动机起动后，仪表上 DSC、防滑灯常亮；有当前故障码 DSC 预增压泵故障，无法清除，如图 2-1 所示。

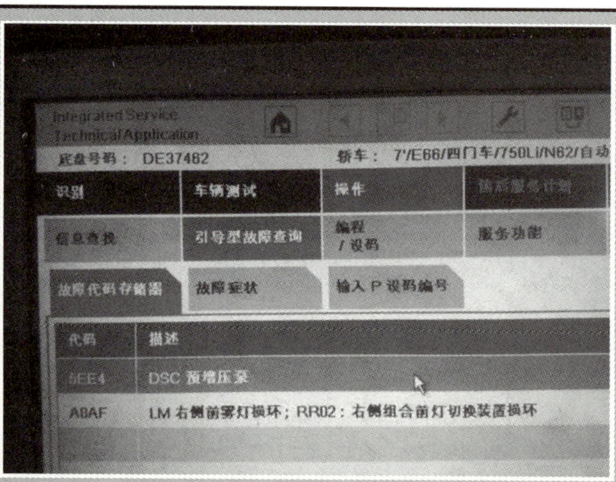

图 2-1　故障码

预增压泵是一个由 DSC 模块直接驱动的电动泵，其作用是当激活 DSC 功能时，预先向制动管路提供液压力，并确保在所有运行状态下均可足够快地提供压力，以补偿因管路过长而产生的压力损失，尤其是在温度较低时制动液黏度升高的情况下。

DSC 在每次进行系统复位之后，都要对预增压泵进行一次制动液压力检测。在进行压力测试前必须满足 3 个条件：①车速高于 30km/h；②发动机转速大于 2000r/min；③发动机转矩大于 100N · m。如果在激活预增压泵期间，DSC 模块未能通过压力传感器识别到液压力上升，则记录故障码。

根据原理进行分析，当 DSC 存储 5EE4 预增压泵故障时，可能的原因有①制动液液面过低；②制动管路内有空气；③制动灯开关调整错误；④压力传感器损坏或线路故障；⑤预增压泵损坏或线路故障；⑥DSC 控制单元损坏等。

检查制动液、排空、制动灯开关、线路等未发现明显故障。检查预增压泵电阻值为 0.7Ω（图 2-2），正常。直接给预增压泵通电，压力值在 13 ~ 15bar（$1bar = 10^5 Pa$），正常，如图 2-3 所示。

起动发动机，用力踩下制动踏板，制动力可达到 130bar。经检查，可排除预增压泵本身及其线路故障。那么故障的原因只剩下 DSC 控制单元故障了。为稳妥起见，与其他正常车辆的 DSC 控制单元对换，故障灯熄灭，故障排除。

提示：此类故障很容易受故障诊断仪 ISID 检测计划的误导而更换预增压泵，从而导致误判。

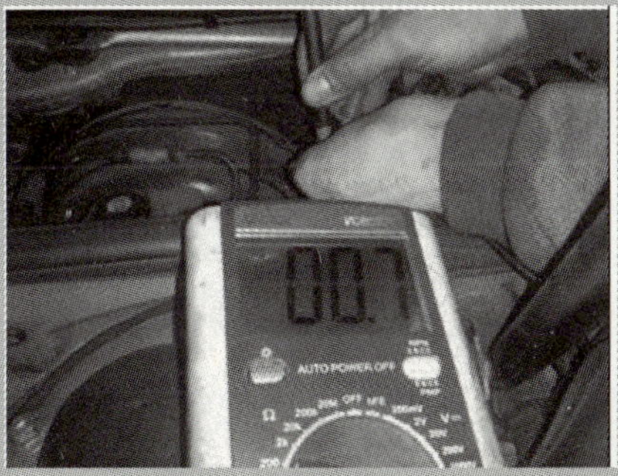

图 2-2 测量预增压泵电阻

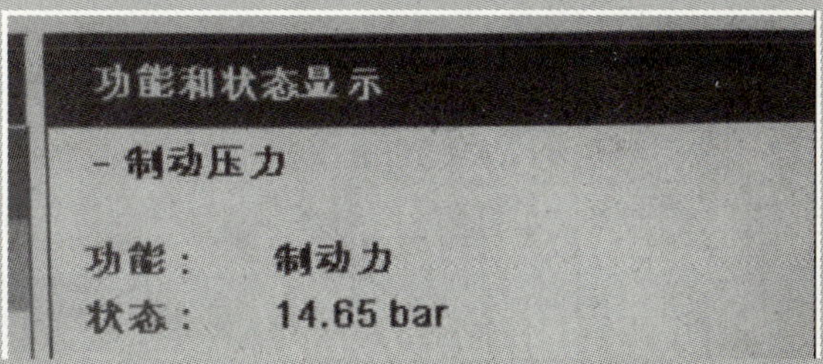

图 2-3 数据流

◎2-58 宝马 E83 防滑警告灯为何常亮？

一辆 2008 款宝马 X3 SUV，配备 N52 发动机，行驶里程 11 万 km。该车仪表 4X4 灯、DSC（动态稳定控制系统）、驻车制动灯同时点亮。

使用故障诊断仪 ISID 读取故障码，有故障码：VTG（可变涡轮几何技术系统）校准有错误，MRS（发动机转矩控制）和 DSC 控制单元的信息缺失或有错误，DSC 分动器故障等。故障码均显示“当前不存在”。清除故障码后重新起动车辆，故障依旧，故障码也依旧。试车没有发现异响或其他故障存在。

E83 分动器工作原理：根据 VTG 电路图 2-4 可知，E83 采用 xDrive 全时四轮驱动系统，VTD（可变矩分配全时四驱系统）/DSC/DME（发动机控制单元）/EGS（变速器控制系统）利用 CAN 总线传递信息，VTG 负责驱动转矩在前后桥上的无级分配。VTG 配备有一个带多片离合器的动力传输机械系统、一个带电动机位置传感器的伺服电动机、一个编码电阻、一个带球面和控制盘的调整杆和一个 VTG 控制单元。

分动器控制单元用于调节分动器中多片式离合器的锁止转矩。执行该任务所需的控制和操作电子元件被集成在分动器控制单元中。分动器控制单元从 DSC 安装件控制单元接收到关于当前所需的离合器转矩的信息，该信息被转化成伺服电动机相应的旋转动作。锁止转矩决定了前后桥上的驱动转矩分配，所设置的锁止转矩则是根据驾驶人命令和高一级防滑控制和动态行驶调节器计算而来。

为了让伺服电动机的角度位置准确地对应相应的离合器锁止转矩，同时考虑磨损影响，汽车发动机在停止后将进行一次基准运行。在基准运行时，离合器被完全接合和分离一次。在分离和接合时，对伺服电动机的每个角度位置都测量耗电情况，从而计算出离合器闭合过程的开始和结束。角度位置由集成在伺服电动机中的霍尔传感器确定。此外还在分动器控制单元中计算离合器和油的磨损系数。该系数可以用于在需要时限制锁止转矩，以降低摩擦功。

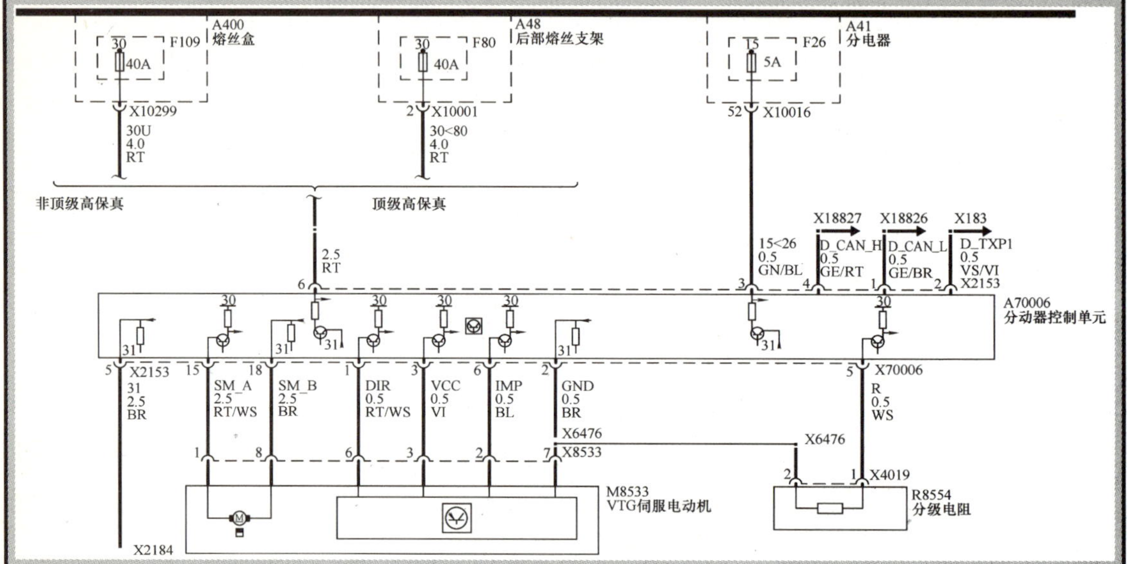

图 2-4　E83 VTG 变速器控制系统电路

如果 DSC 失效，分动器控制单元中集成了一只应急复位装置，用于控制分动器离合器，使车辆即便在这种情况下也能获得四轮驱动。

驾驶人之前更换过 VTG 控制单元，故障依然没有排除。基于此信息，再结合故障码提示进行分析与判断，电气部分出现故障的可能性较大。先使用故障诊断仪 ISID 对 VTG 系统进行校准，但无法成功。从分动器上拆下带电动机位置传感器的伺服电动机，进行解体检查，发现与电动机齿轮相结合的塑料驱动齿已被打坏，如图 2-5 所示。

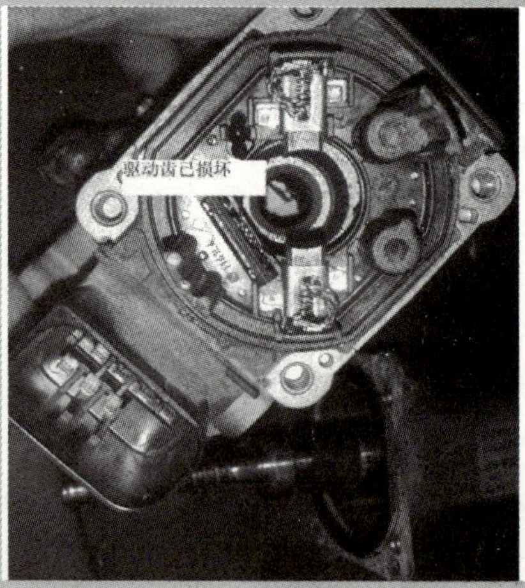

图 2-5　带电动机位置传感器的伺服电动机

借用其他车辆的伺服电动机，安装好之后可以成功校准，试车，故障排除。最后换回原车的 VTG 控制单元，更换新的伺服电动机，校准后试车，故障排除。

◎2-59　宝马 E60 为何 DSC 灯亮？

一辆宝马 E60 轿车，配置 N52K 发动机，行驶里程 1.1 万 km。该车 DSC 退出工作，DSC 报警灯一直点亮。

该车为前部事故车，当时 DSC 控制单元外壳被撞裂，为了配合定损，把 DSC 控制单元从 DSC 液压泵上分解开，后来保险公司需要带回其公司检测，所以使得 DSC 液压泵上的电磁阀全部裸露在外面，只简单地用塑料纸包了一下，最后事故车钣金喷漆都做完了，保险公司同意更换新的 DSC 控制单元。接下来更换、编程、删除故障码，可报警灯还是无法熄灭。用 ISID 诊断仪检测读取故障码为①DSC 控制模块内部故障，当前不存在；②DSC 压力传感器压力过高，信号不可信，当前存在。

事故维修之前虽然控制单元外壳破裂，但仪表上 DSC 警告灯并未点亮。难道是这块控制单元型号不对？起初只是怀疑控制单元有问题，但仓库没有额外的库存。为了进一步确定，又测量 DSC 控制单元的供电及各个传感器到控制单元的导线，均为异常。查阅相关技术资料，此款车的内部制动压力传感器安装在 ABS 阀体的调节泵上，其液压系统控制阀体结构如图 2-6 所示。

DSC 液压控制系统由 DSC 控制单元和液压单元组成，而液压单元主要由阀体和调节泵电动机组成。**在液压泵控制阀体中又安装了以下部件：两只通过偏心件驱动泵（前桥制动回路和后桥制动回路）、两只进液阀门、两只转换阀以及 4 只进气阀和 4 只排气阀（12 只电磁阀）、内部压力制动压力传感器和两只储液腔。**

看完以上技术资料后才明白，原来**制动压力传感器集成在 DSC 液压单元阀体内部，所以说制动压力的大小完全是由 DSC 液压单元阀体控制的**。难道 DSC 液压系统有堵塞造成压力过高？或者 DSC 控制单元真的有问题？

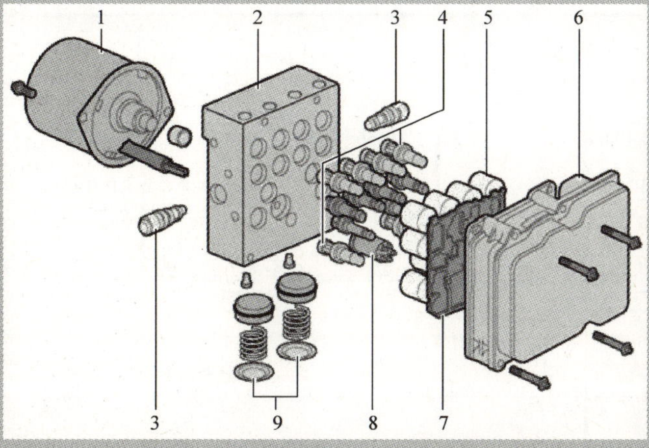

图 2-6　液压系统控制阀体结构

1—调节泵电动机　2—阀体　3—泵元件　4—电磁阀　5—线路板上的电磁阀线圈
6—控制单元壳体　7—线路板　8—内部制动压力传感器　9—储液腔

仔细检查 DSC 液压单元上的油管，并没发现有弯折的现象，因此液压单元的阀体出现故障的几率非常低。从更换新的控制单元开始DSC报警灯才会亮，于是决定再换一块新的DSC控制单元试试。

当再次更换新的DSC控制单元后，故障依旧。这次把全部的疑点都放到DSC液压单元上，再次拆掉控制单元壳体，再慢慢地检查控制阀体，发现阀体上露出的调节泵电动机两根插针一长一短，而控制单元上的插座的深度却是一样的。为了验证这一疑点，又特意拆开了一辆同款车的DSC控制单元，发现该车的两根插针是一样长的。

后来拆掉该车调节泵电动机，发现其中一根插针在电动机附近变弯了，经处理后两根插针一样长。再次安装好DSC控制单元，匹配转向角度，删除故障码后故障灯熄灭了。经过反复试车，故障灯没再点亮。

出现上述情况肯定是由于控制单元拆掉后，受到了人为外力的作用，使得电动机插针向后移动，当安装好DSC控制单元后，调节泵电动机的插针接触不到插座，无法工作，因而存储了故障码。**不论是普通维修还是事故车维修，维修过程中对拆卸下来的配件保护非常重要，尤其是一些电气元件和易碎配件，一定要妥善保护，以防作业过程中因不小心碰撞或振动造成无法挽回的损失。**

◎2-60　宝马745Li为何多个故障警告灯同时点亮？

一辆宝马745Li（E66）轿车，行驶里程20万km。该车正常行驶中仪表多个故障警告灯同时点亮；中央显示器显示“制动行车稳定性！平稳驾驶；驻车制动器有故障；高度调节故障；电子伺服转向系统失灵”；感觉转向盘变得沉重；车辆熄火后重新起动，各种报警现象消失，转向盘感觉也恢复了正常，但没有行驶多久，相同的故障又出现了。

接车后发现仪表中ABS、DSC、EMF、EHC等故障报警灯点亮，原地转动转向盘感觉很沉重。熄火后再次起动车辆，故障警告现象都消失，原地转动转向盘，也恢复正常。用故障诊断仪ISID进行诊断检测，读取到相关的故障内容如下：DSC供电故障；CAN－FFF通信故障；电子伺服转向系统关闭；EMF按钮驻车制动无信号值；CAS车速信号故障。

按照故障内容逐个执行检测计划。首先检查DSC控制单元的供电情况（图2-7），根据

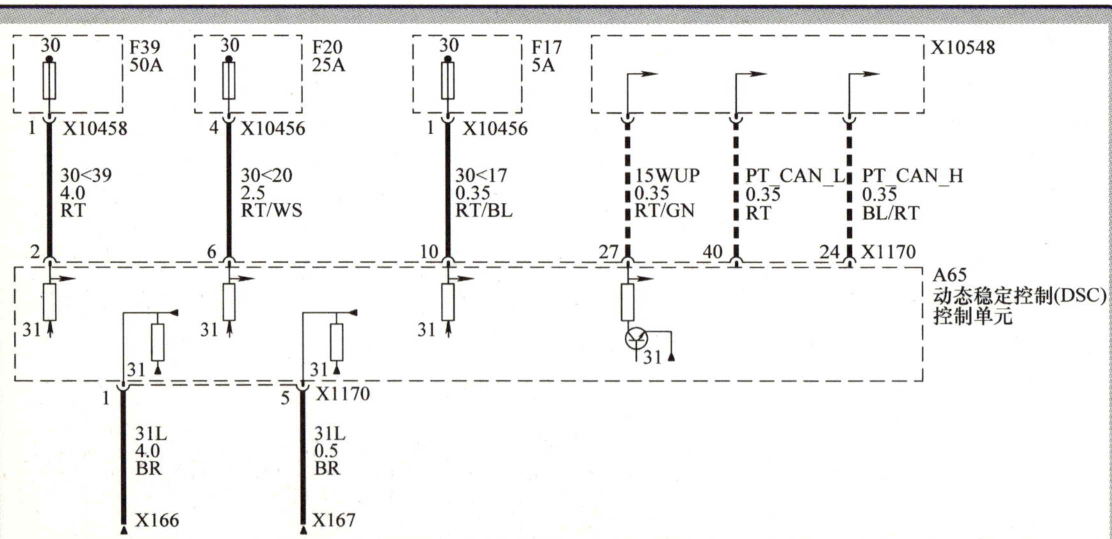

图2-7　DSC控制单元电路1

电路图检查前部熔丝盒中 F39、F20、F17 熔丝，正常；测量 DSC 控制单元 X1170 端子的 2、6、10 号脚，对搭铁都有 12V 左右的供电电压；DSC 接搭铁端 X166、X167 和车身接搭铁也没有发现异常。接着执行“CAN－FFF 通信故障”检测计划，测量 PT－CAN 总线波形，测量结果如图 2-8 所示，波形正常。

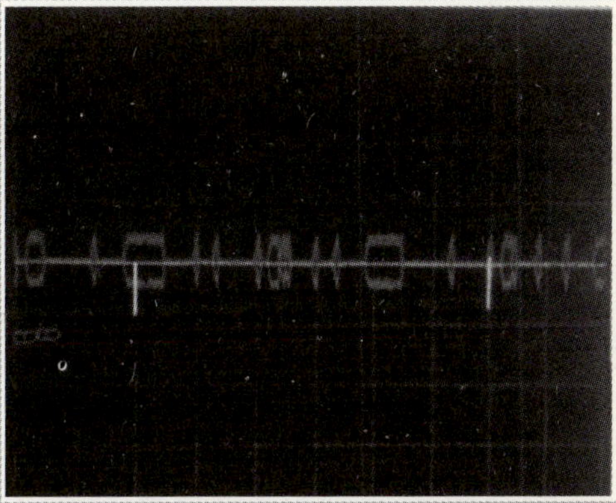

图 2-8 PT－CAN 总线波形

继续执行“电子伺服转向系统关闭”检测计划，显示“故障当前不存在”，说明接收不到轮速信号才关闭转向伺服助力的，所以故障出现时会感到转向盘变得沉重。执行“EMF 按钮驻车制动无信号值”检测计划，结果也表明没有接收到 DSC 的转速信号。最后执行“CAS 车速信号故障”的检测计划，检测计划提示测量信号，连接适配器测量 DSC 端子 X1170 的 34 脚，如图 2-9 所示。

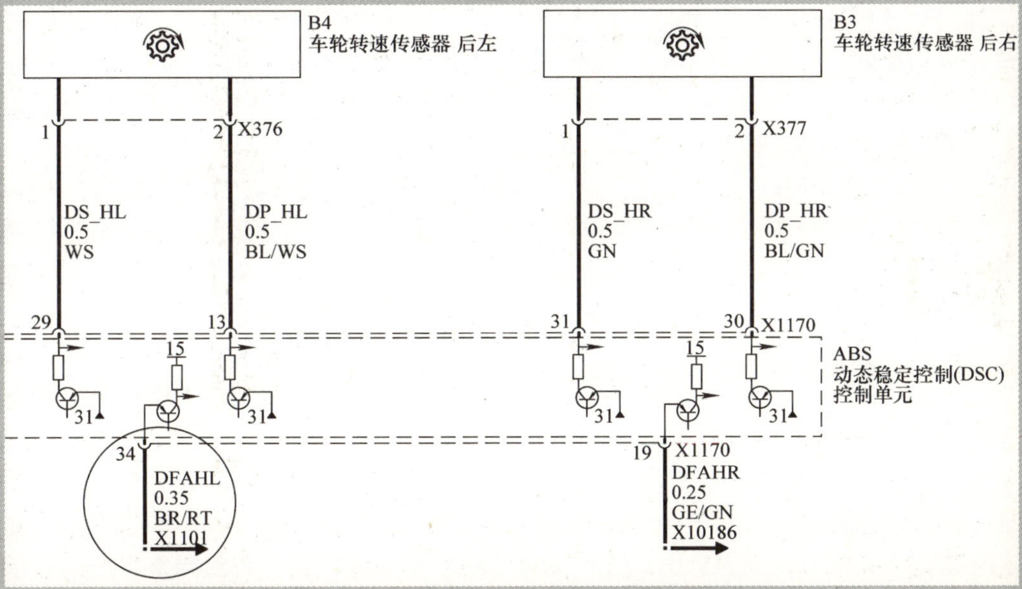

图 2-9 DSC 控制单元电路 2

34 脚是经过 DSC 处理的左后车轮转速信号脚，并且这个经过 DSC 处理的左后车轮转速信号通过端子 X1101 传输到 CAS、CIM（底盘集成模块，控制转向伺服系统的供电）作为车速信号。但此时测量到的信号电压也在正常范围，说明 DSC 可能有时不能传输信号。举升车辆手动转动车轮可以读到转速信号，说明 DSC 接收轮速传感器信号的接收状况没有问题。那么故障点很有可能就在 DSC 控制单元本身。通过上述的检查分析不难发现，**有故障码的控制单元都需要转速信号，而出现此故障时 CIM 不再为电子伺服转向系统供电，所以故障发生时转向盘转动沉重。另外，车辆高度调节和驻车制动也都需要转速信号，所以当 DSC**

输出转速信号出现故障时，相关系统也就会一起报警，并关闭相应的系统。更换DSC控制单元，然后对全车进行编程设码，故障排除。

◎2-61　宝马Z4为何转向角异常报警？

一辆2010款宝马Z4（E89）轿车，行驶里程2.6万km。该车行驶中DSC故障灯点亮报警，并且车辆行驶中有点跑偏。

接车后首先连接故障诊断仪ISID进行诊断测试，读取故障内容为“5EC1－DSC转向角传感器可信度”。执行检测计划，更换了转向角传感器，对全车进行编程设码，再对转向角传感器进行匹配。最后进行路试，故障灯再次点亮报警，读取的故障内容与原来一样。为什么DSC故障灯报警，读取的故障内容却是“转向角信号可信度”，又怎么会引起车辆行驶中跑偏呢？这得从转向柱开关中心SZL的功能作用讲起。

转向角传感器位于转向柱开关中心SZL内，SZL只能整体更换。SZL电子装置包括一个处理器、一个供电模块和下列接口：F－CAN、光学开关和电气开关。转向角传感器的设计结构为一种非接触式光学角度测量系统。该系统由一个代码盘和一个光学传感器组成，代码盘通过一个传动机构直接与转向盘连接在一起，转动转向盘时，光学传感器内的代码盘随之转动。转向角信息从转向柱开关中心SZL传输到主动转向系统控制单元。用于测量转向角的光学传感器集成在控制单元的印刷电路板上。DSC控制单元通过F－CAN与SZL连接在一起，DSC控制单元作为SZL的网关与相关控制单元连接，所有诊断功能都通过DSC控制单元执行。SZL内没有故障码存储器。SZL无法直接与宝马诊断系统通信，用于诊断的信息也通过F－CAN传输给DSC，DSC提供与宝马诊断系统连接的通信接口。更换SZL时必须对DSC进行设码，设码从DSC处传输至SZL。SZL必须得到转向角和转向速度信息，以便作为DSC内各种功能的计算基础。SZL可探测的转向角为180°/＋180°。通过一个发光二极管和一个光缆单元从上方为代码盘照明。受代码盘上图案所限，从上方射入的光线只能到达底部的特定范围内。光束在那里到达行扫描摄像机上，行扫描摄像机将光信号转换为电信号并将其发送给SZL。相对转向角指的是转向盘角度位置，即使停止为控制单元供电时，仍会保留相对转向角的信息。

更换了SZL时需要重新调整零位，更换DSC或维修转向系统/转向柱时也要重新调整零位。绝对转向角根据相对转向角和转向盘圈数信息计算而来。进行SZL零位调整时确定绝对和相对转向角，SZL识别出超出最大转向角的每个转向盘位置，每次调整零位前必须将车轮和转向盘调整到直线行驶位置。转向盘圈数信息表示转向盘转动了几圈，该信息通过一个虚拟计算模型自动确定。如果该信息丢失，例如停止为SZL供电时，必须重新获取该信息。此时SZL利用前车轮转速传感器的数据进行计算。两车轮转速相同时，SZL判定车辆处于直线行驶状态，因此识别出零位，该过程所需最低车速为20km/h，无需通过宝马诊断系统进行初始化。一旦车辆行驶速度超过最低速度，SZL就会自动获取转向盘圈数信息。路面情况不利时（例如路面结冰），可能会给计算转向盘圈数信息带来困难，在这种情况下DSC会发出一条信息。所获取并经过计算的SZL数据主要通过F－CAN传输给相关控制单元。

宝马Z4转向系统采用了电动助力转向系统（EPS），转向角信号仅用于结合电动机位置传感器信号进行校准，以便确定回位目标值（转向角为零）。之后，“转向盘主动回位”功能利用电动机位置传感器的信号，因为该信号的分辨率高于转向角传感器信号，因此可实现精确控制。如果因 SZL 出现故障等情况而无法提供转向角传感器信号，则“转向盘主动回位”功能无法运行。其他 EPS 功能仍保持启用状态。驾驶人可能会用“跑偏”来形容此时的车辆状态，因为转向盘无法像正常状态下那样自动返回到直线行驶位置上。**如果有驾驶人反映“车辆跑偏”，应考虑到的故障原因不仅包括底盘出现机械故障，还包括 EPS 与转向柱开关中心或转向角传感器之间出现信号或通信故障。因此，进行四轮定位前应检查 EPS 的故障码存储器，必要时还要运行存储器内的检查计划，以便确定是否能够提供转向角传感器信号。**

再次选择故障内容执行检测计划，ISTA 系统首先从 DSC 中读取转向角信号，起动发动机，转动转向盘，检测比较转向角的标准值和实际值。实际测量结果如图 2-10 所示，与标准值不一致。接着检查排除下列可能的故障原因：转向角被错误匹配和车桥形状严重失调。转向角已经匹配过多次，没有问题。接着举升起车辆检查车辆底盘是否有撞击变形的位置，结果发现右前方向横拉杆明显弯曲了（图 2-11）。

更换右前方向横拉杆，然后进行四轮定位调整，试车，DSC 没有再次报警，故障排除。

旋转转向盘并观察显示。

显示的转向角额定值：
—直线像是位置(零位)：约0°
—顺时针方向旋转：
零位右侧的符号：负极(–)
—逆时针方向旋转：
零位左侧的符号：正极(+)
—转向盘转动90°：约+/–90°
—全转向：左/右相同的值(公差：+/–30°)

转向角：
—186.35°

图 2-10　数据流

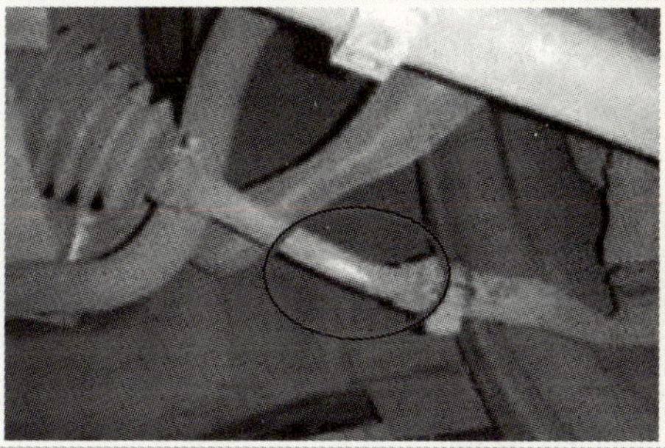

图 2-11　横拉杆弯曲

◎ 2-62　奥迪 A6 2.8 为何 ABS 故障警告灯常亮？

一辆奥迪 A6 2.8 轿车，该车仪表板上的 ABS（防抱死制动系统）故障警告灯常亮。

接车后进行检查，发现故障现象确实如上所述。经试车确认，ABS 系统功能失效，4 个车轮在紧急制动时抱死。观察 4 个车轮的制动拖印相当，可以确认 4 个车轮的制动力较为均衡，故液压系统存在泄漏的可能性不大。

连接故障诊断仪 VAG1552 对 ABS 系统进行检测，发现了两个故障码，含义如下：ABS 泵供电电压故障，右后轮转速传感器断路或对正极短路。根据故障码的提示，决定确定一下执行元件的性能，于是利用诊断仪进行了执行元件诊断的操作。在进行液压泵性能测试时，ABS 液压泵 V39 不动作，踏板无振动感。根据这种现象，分析有 3 种可能的故障原因：液压泵 V39 损坏、继电器问题或液压控制单元损坏。

进入 ABS 系统获取数据流。将车辆举起，用手转动车轮，并观察 001 组数据，结果诊断仪却显示右后轮轮速为零，看来轮速信号没有被ABS控制单元收到或识别。导致此种现象发生的可能性一般有3个：没有信号产生，信号线路问题，或控制单元损坏。于是进行如下检测：

1）检测右后轮轮速信号。利用示波器直接对右后轮的轮速传感器进行测量，结果有信号，电压幅值随转速上升而升高，频率反映良好。

2）检测左后轮轮速信号。利用示波器直接对左后轮的轮速传感器进行测量，结果也有信号，但电压幅值随转速上升不明显，频率反映良好。调整了左后轮传感器的间隙后，测量波形依旧。

3）将左后轮轮速传感器连接到右后轮的信号线上，利用诊断仪读取数据。结果显示右后轮轮速为零。看来是信号线或控制单元（图2-12）内部出现了问题。

图2-12　液压泵V39和ABS控制单元

首先对相关线束进行检测。经检测，右后轮信号线、接线柱15供电脚、蓄电池30供电脚及搭铁脚均正常。根据上述测量结果，判定液压泵V39继电器或液压控制单元有问题，但需进一步拆检才能确认。

由于博世ABS泵价格近万元，所以决定拆检并尝试修复。打开ABS液压泵液压控制单元，发现继电器烧毁，电路板也有损伤。根据观察到的故障现象，用焊锡恢复了电路板使其导通，并利用外接继电器替代了损坏的内置继电器。最后用故障诊断仪进行执行元件诊断操作，V39恢复工作。

接着打开了ABS控制单元，发现内部接脚都是由极细的导线连接，附在一块陶瓷片上。找到右后轮的输入脚后，发现此根极细的导线已经接近断路，用导线将其焊接好。再次利用诊断仪读取数据，右后轮信号恢复正常，同时信号波形差异的问题也不复存在。将该车的ABS系统进行全面封装。试车后，一切恢复正常。

◎2-63　奥迪A6为何制动摩擦片警告灯点亮？

一辆2005款国产奥迪A6轿车，该车因制动摩擦片警告灯点亮曾在其他修理厂维修过，该厂维修人员检查了制动液、制动摩擦片及相关线路，但故障未能排除。

接车后，首先观察了仪表板上的警告显示，打开点火开关，没有任何故障提示，起动发动机几秒后，伴随着警告声，多功能显示屏上出现了制动摩擦片报警的图形，且发现ABS、ASR（驱动防滑系统）故障警告灯同时点亮。据驾驶人反映，以上两种故障是同时出现的，只是有时会自己恢复正常，且这种情况已经持续一段时间了。

连接故障诊断仪后，进入ABS系统，没有发现任何故障码，但ABS警告灯依然点亮，进行清除故障码的操作，故障警告灯居然连闪都不闪。一般情况下系统有故障时，即使是比较严重的故障，在清除故障码时，故障灯也会闪烁一下。由于没有故障码，对ABS系统的检修也无法进行，于是只好先检查制动摩擦片报警的问题，并确定一下是否是该故障影响到了 ABS 系统的正常工作。

先拔下如图 2-13 所示的制动液壶下面的液位传感器，故障依旧；再拆下两个前轮，拔下制动摩擦片插接器，分别进行短接，故障仍然存在。打开点火开关，测量制动液位传感器线路，有 12V 电压存在，短接后消失。依据线路图，得知该车的制动摩擦片检测线先到右前轮，再通过左侧的制动摩擦片搭铁。为此先测量了右前制动摩擦片线束，亦有 12V 电压存在，插上插接器后消失，证明线路完全正常。可是制动摩擦片警告灯为什么一直报警呢？查阅相关资料，分析线路图，依然找不到故障的原因。连接故障诊断仪进入仪表系统，没有故障码。

反复查看仪表提示，由于 ABS、ASR 故障警告灯同时点亮，那么系统应该是存在故障的。考虑到 ABS 系统没有故障码，决定对车辆进行路试，以确定 ABS 是否起作用。经路试，发现该车 ABS 不起作用，很显然是 ABS 系统存在故障。连接故障诊断仪进行路试，以查看 ABS 系统数据流，试图从中发现蛛丝马迹。经观察，4 个轮速传感器（图 2-14）显示的车速完全一致，通过试车还发现 ABS 系统出现了故障码：01200——ABS 阀供给电压（35 - 00——未定义的故障类型，参考维修手册），01130——ABS 操作信号超出公差（27 - 00——不可靠信号）范围。

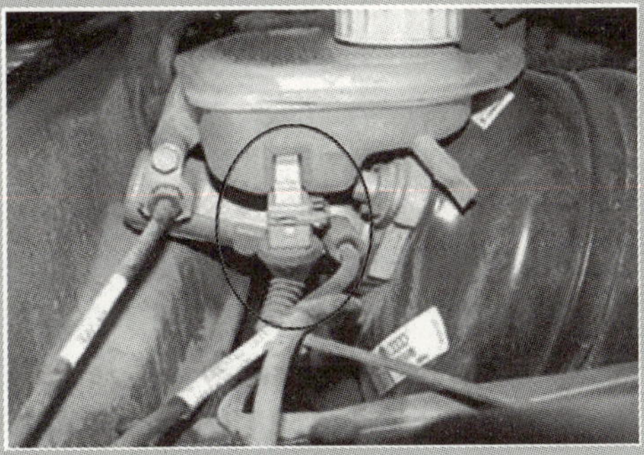

图 2-13　液位传感器的安装位置

图 2-14　轮速传感器的安装位置

在对上述故障码进行记录并执行清除操作后，这些故障码能够被清除，但故障警告灯依然不熄灭。根据第一个故障码的提示，首先检查了 ABS 泵的常电源，测量有 12V 电压，搭铁线良好；但在用测试灯测试时，蓄电池电压消失了，看来是虚电压。进一步找到并测试在仪表台内左侧饰板下的为 ABS 提供电源的熔丝（图 2-15），正常，再测试 ABS 控制单元插接器，电压居然恢复正常了，估计是熔丝接触不良造成的。**拔下 60A 的 ABS 熔丝，发现它早已被熔断，只是被前面的维修人员用铜丝缠绕连接（又一次错误维修），由于电流大，接触不良，该熔丝已经基本处于断开状态。**更换熔

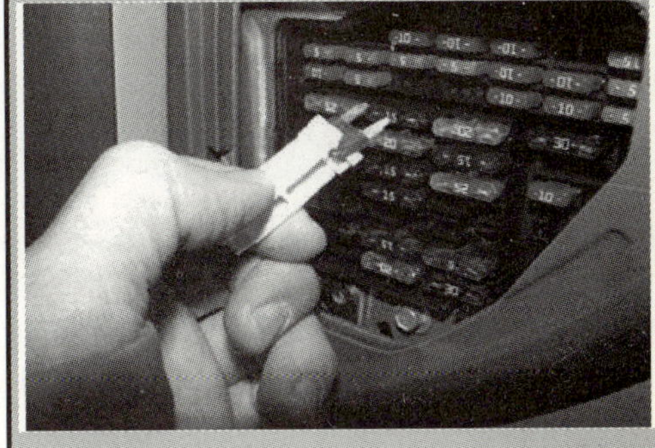

图 2-15　ABS 供电熔丝

丝后，打开点火开关，ABS、ASR 故障警告灯自行熄灭，多功能显示屏的警告信息也消失了，试车正常，故障排除。

然而，没过几天故障再现。读取故障码依旧是与上次相同的故障码，再次测试 ABS 泵控制单元插接器，电源又消失了；检查熔丝正常，再将其插回时，ABS 系统又恢复正常。仔细观察了熔丝插座，发现由于原来使用铜丝缠绕的熔丝长期接触不良引起高温，使熔丝座已经局部烧蚀，簧片失去了弹性，这样即使更换了完好的熔丝，也不能够可靠接触。经更换处理后，该车的 ABS 系统故障彻底排除。

◎ 2-64　奥迪 A6L 为何制动警告灯闪烁，且伴有蜂鸣报警声音？

一辆2006 款奥迪 A6L 轿车，行驶里程7.7 万 km，配备 BDW 型2.4L 发动机和自动变速器。该车仪表板上的制动警告灯一直闪烁，且伴有蜂鸣报警声音。

接车后验证故障现象，打开点火开关，仪表板上的制动警告灯和电子驻车制动器开关（图2-16）上的指示灯一同快速闪烁，这说明系统内存储了当前故障码。首先连接故障诊断仪 VAS5052 进入53 驻车制动系统，发现故障码——右后轮制动器电动机电器故障，但故障码可以被清除。清除故障码后，按压电子驻车制动器开关，可以听到左后轮制动电动机工作的声音，但同时仪表板上的制动警告灯又开始闪烁。再次清除故障码，按压电子驻车制动器开关，仔细听右后轮制动电动机的工作声音，在按开关的同时可以听到右后轮制动器电动机（图2-17）发出“咔”的一声响。需要说明的是，**奥迪 A6L 的电子驻车制动器系统具有保护功能，即当系统检测到有故障时会存储故障码，如果当前故障仍然存在，系统将执行保护功能，即该系统不再工作，必须清除故障码后才能执行电子驻车功能。**

图2-16　电子驻车制动器开关的安装位置

图2-17　右后轮制动器电动机

通过上述检查，怀疑通往右后轮驻车电动机的线路有故障。首先检查右后轮驻车电动机的插头，发现插头连接完好，拔下插头接上试灯，此时按压电子驻车制动器开关，可听见左后轮电机的工作声音，但是右后轮驻车电动机插头上的试灯始终没有点亮。试灯不亮时就应该检查电子驻车制动控制单元通往右后轮电动机的线路，在行李箱右后角拆下电子驻车制动控制单元 J540，按照电路图测量线束的导通性，结果导通良好。既然线路没有问题，那么试灯为何不亮呢？难道是控制单元 J540 有故障？此时忽然想起，是不是 J540 识别负载不正确而实施了断电保护功能呢？为了验证猜测，采取了替代的方法，将右后轮制动电动机的插头线接长，直接通往左后轮制动电动机，同理也将左后轮制动电动机插头线接长，通往右后轮制动电动机。连接完毕后，清除故障码，按压电子驻车制动器开关，发现左后轮制动电动机可以正常工作，而右后轮制动电动机仍然不工作，看来右后轮制动电动机确实损坏了。更换右后轮制动器电动机，试车，故障排除。

◎ 2-65　奥迪 A6L 为何防侧滑故障灯常亮？

一辆奥迪 A6L 轿车，发动机和变速器型号分别为 BDW、01J，行驶里程 15 万 km。该车防侧滑故障灯常亮。

首先进行故障现象验证。检查车辆仪表中防侧滑故障指示灯常亮，按压中央出风口左下部防侧滑开关，故障指示灯依然没有熄灭。用 VAS5052 诊断仪检测，ABS 控制单元中存储有故障码：00493——ESP（车身电子稳定系统）传感器单元 G419 - 不可靠信号，静态（图 2-18）。

图 2-18　仪表故障指示灯亮及相关故障码

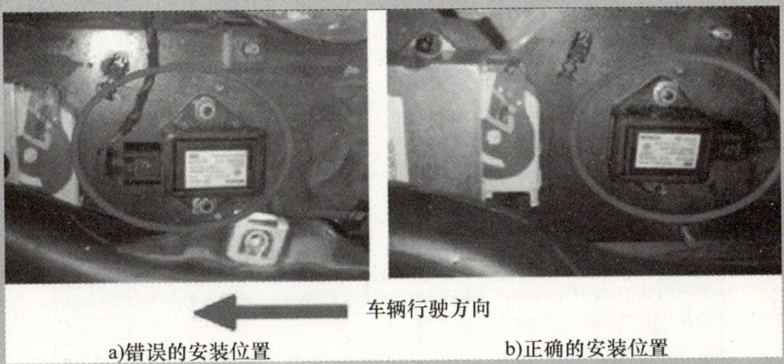

图 2-19　传感器 G419 的安装位置

记录下该故障码后尝试清除故障码，结果故障码能清除掉并且故障灯熄灭，试车后正常。驾驶人开走半小时后又回来了，因为故障灯再次点亮。再次外出试车，途中查看转向角传感器信号很正常，时速保持在 100km/h，行驶 2000m 故障没有出现，在过立交桥弯道时故障再次出现。低速试车不停地转向都没问题，高速转向就报故障码。在反复试车过程中发现车速在60km/h以上快速左右来回转动转向盘时故障就会出现。**根据故障码显示，故障的原因大概在以下几个方面：①转向柱电子设备；②气囊游丝；③ESP传感器单元G419；④ABS控制单元。**

拆检重点放在对线路接触不良的排除上。在拆卸过程中，转向柱电子设备与气囊游丝和ABS线束及接触部位都查看了，无异常。最后只得拆卸中央扶手通道，查看ESP传感器单元G419，在拆下中央通道后发现了不正常现象：该传感器上面没有方向指示标，且传感器上螺丝固定处点的漆和车身上点的漆位置不对，核实配件无异常后，翻转传感器装配，如图2-19所示。完成工作后试车一切正常，两天后回访驾驶人，故障不再出现。

◎2-66　奥迪A6L ABS灯、ESP灯行驶中为何偶尔报警？

一辆奥迪A6L轿车，行驶里程5万km。该车在行驶中ABS灯、ESP灯偶尔会点亮。

连接故障诊断仪VAS5052，对ABS控制单元进行检测，显示的故障码含义为“制动灯信号不可靠”。对车辆进行引导性故障查询，结果显示需更换制动灯开关。更换制动灯开关后试车，行驶约20km时故障现象再次出现，故障码仍指示制动灯信号不可靠。怀疑制动灯开关没安装好或其线路可能存在问题。于是，重新安装制动灯开关，结合图2-20所示的电路图进行线路检查：①用万用表测量制动灯开关端子1和端子3的电压，为12V，正常。②测量制动灯开关端子4与J104（带电子差速锁EDS的ABS控制单元）、J393（舒适系统控制单元）和J623（发动机控制单元）之间的导通情况，均正常。③测量制动灯开关端子2与J104和J623之间的导通情况，也正常。因此，可以确定制动灯开关的线路正常，故障不是由制动灯开关线路问题导致的。

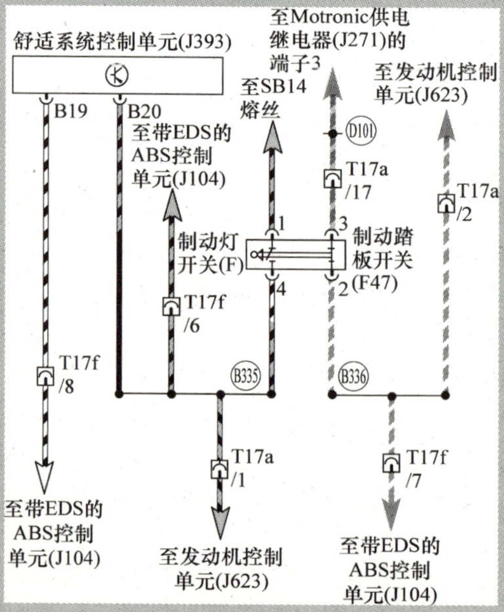

图2-20　制动灯开关电路

再次试车，车辆行驶约9km时ABS灯、ESP灯又亮起，查询故障码，与以前一样。制动灯信号不可靠可能是由于J623（发动机控制单元）发送的制动灯信号与其他控制单元检测到的信号不同步或不准确造成的。试着更换了J623，并清除故障码后试车，车辆行驶了19km后ABS灯、ESP灯再次亮起，故障依旧存在。读取其他控制单元的制动信号数据流，都很正常。

最后，把重点放在J104内的制动压力信号上，因为**制动灯点亮的信号是J623根据压力传感器的压力信号经计算后发送到驱动总线上的。制动灯信号不可靠可能是J104检测到的制动压力与制动灯开关的信号不匹配而产生的。**于是用故障诊断仪VAS5052查看J104（带EDS的ABS控制单元）内的数据流（第9组）：制动测试开关、制动灯开关和制动压力。边试车边查看数据流，发现在每次松开制动踏板时，制动灯开关数据显示制动踏板已松开，但是制动压力仍在700kPa左右，而且在松开制动踏板很久后制动压力才下降到400kPa左右。正常情况下在每次松开制动踏板时，制动压力会很快降到0～30kPa（维修手册规定此时制动压力应低于100kPa）。这说明J104内的压力传感器存在故障。更换J104（带EDS的ABS控制单元），试车后故障排除。

◎2-67 迈腾1.8T为何出现自动驻车系统故障？

一辆2007款一汽大众迈腾1.8T轿车，行驶里程3.7万km。该车前照灯开关左侧的EPB（电子机械式驻车制动系统）按键E538按下不起作用，而且变速杆旁的AUTO HOLD E540按键按下也没有反应，同时仪表上的黄色驻车灯K213点亮。此故障偶尔会出现，故障出现后，车辆行驶一段距离后此故障一般会消失，当EPB按键恢复正常时，AUTO HOLD按键也恢复正常。

连接故障诊断仪VAS5052进行诊断，输入地址码53进入EPB系统，系统内存储两个故障码：02434——左侧通道供电控制单元断路/对地短路，02435——右侧通道供电控制单元断路/对地短路。简单地讲，**EPB系统的控制程序是由E538按键发出请求信号，信号传递到电子机械式驻车制动控制单元J540，再由J540发出执行信号到左后轮驻车制动电动机V282和右后轮驻车制动电动机V283，**整个控制过程比较简单。AUTO HOLD自动驻车功能作为EPB系统的一个强化功能，首先由J540通过CAN总线收集满足AUTO HOLD工作的条件，当按下按键E540时，信号传递到J540，由J540通过ABS控制单元J104对左、右制动器执行控制。

由后轮驻车制动电动机电路图（图2-21）可以看出，故障码应与熔丝SC29和SC30供电的两条线路有关，还与后轮驻车制动电动机V283和V282以及相关线路有关。如果将熔丝SC29和SC30同时断开，EPB控制单元J540无法通信，而且ESP警告灯亮起，断开其中任意一个熔丝，相应一侧的电动机不工作。首先检查两个熔丝供电，正常，均为12V；再检查J540的T30/13脚与T30/15脚的供电，正常，均为12V，这说明线束无断路，线路阻值小于1.5Ω。再检查V282与V283的线路情况，T30/14脚与T2an1脚、T30/29脚与T2an2脚、T30/12脚与T2ao1脚、T30/27脚与T2ao2脚之间电阻均小于1.5Ω，而且无短路或断路现象。检查至此，电动机V282与V283的电源线路确定没有问题。读取数据流，数据流显示EPB按键E538状态错误，于是决定按照电路图检查按钮按键E538与J540之间的线路。

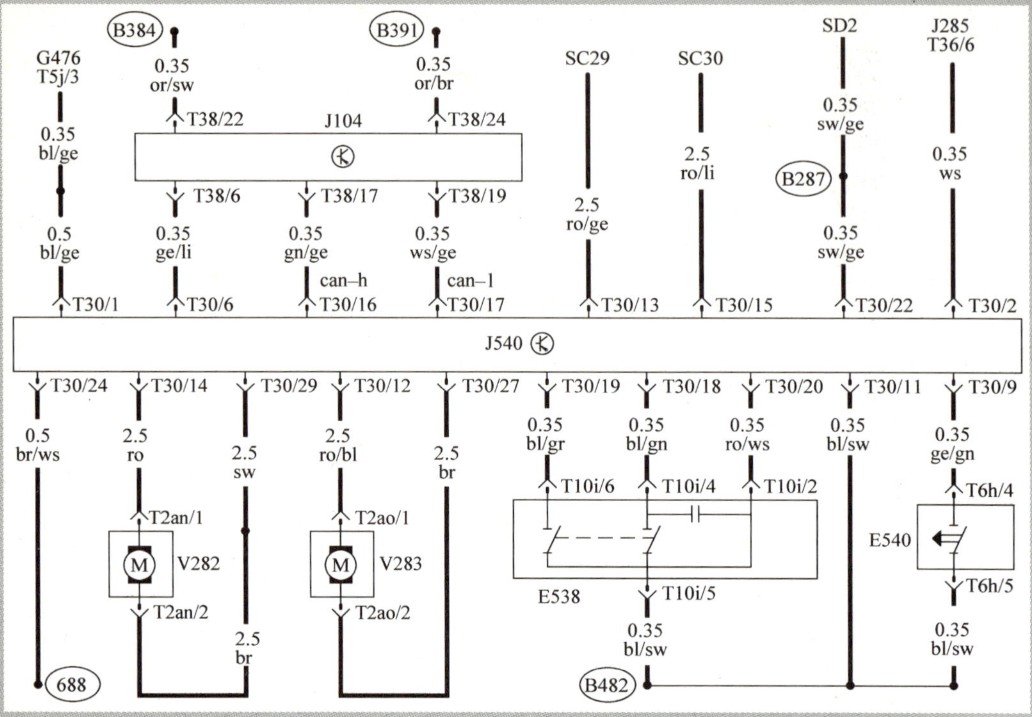

图 2-21　后轮驻车制动电动机电路

J540—电控机械式驻车制动器的控制单元　J104—ABS 控制单元　V282——左侧驻车电动机　V283—右侧驻车电动机

E538—电控机械式驻车制动器的按钮，左侧仪表板　E540—AUTO　HOLD 驻车按钮，靠近换挡杆

G476—离合器位置传感器　J285—组合仪表中的控制单元

测量相关线路显示，J540 的 T30/20 脚与按键 E538 的 T10i/2 脚之间导通，J540 的 T30/11 脚与 E538 的 T10i/5 脚之间导通。对于按键 E538，释放开关时电路走向：T30/19→T10i/6→T10i/2→T30/20；按下开关时电路走向：T30/18→T10i/4→T10i/5→T30/11。AUTO　HOLD 按键 E540 按下时，电路走向：T30/11→T6h/5→T6h/4→T30/9。经过检查，E540 与 E538 开关线路均正常，于是决定更换 J540（图 2-22）。更换 J540 后，需要进行多项设定，设定完成后故障排除。

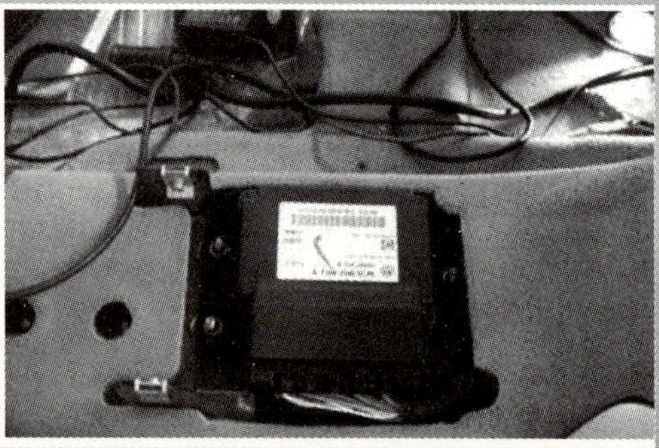

图 2-22　电控机械式驻车制动器的控制单元 J540

更换 J540 后首先需要对 ABS 系统和 EPB 系统进行编码，查看两个控制单元内存储有多个未进行设定的故障码，故障码无法清除。这是因为，J540 内部集成了横向加速度与纵向加速度传感器。先进行传感器的基本设定。执行 03 – 11 – 40168 – 04 – 60 对 G85 进行设定，03 – 11 – 40168 – 04 – 61 对纵向加速度传感器进行基本设定，03 – 11 – 40168 – 04 – 66 对制动压力传感器进行设定。完成上述设定后，在存储器里还有仪表的 K213 与驱动防滑灯亮，

03－10－61－0 进行设定后，驱动防滑灯熄灭，而且 ABS 控制单元内无故障存储，但仪表的 K213 还是点亮。查看 EPB 系统里面有 01087 故障码（未执行基础设定），于是对 EPB 系统进行功能引导基本设定。以上设定完成后，车辆恢复正常。

◎2-68　波罗劲情为什么行驶中制动时车辆有闯动感？

一辆上海大众波罗劲情 1.6 轿车，搭载 6 速 09G 自动变速器，行驶里程 4.5 万 km。该车在行驶中制动时有闯动感，这种情况每天总会发生一两次。

接车后检查仪表挡位显示屏正常，最初路试观察，未感觉到有异常之处，连续行驶 20km 后，故障现象终于出现了。当时的车速约 30km/h，踩下制动踏板时车辆出现了闯动感，停车后挂入 D 位，存在很大的冲击感，起步后车辆行驶状态恢复正常。初步认定为变速器故障引起的车辆闯动感。

连接 VAS5052 诊断仪，查询自动变速器控制单元 J217 的故障信息，报出故障码：00300——变速器油温度传感器 G93 断路/对正极短路，间歇式。读取测量值 6 组 1 区的油温数据为 83℃（图 2-23），没有异常。

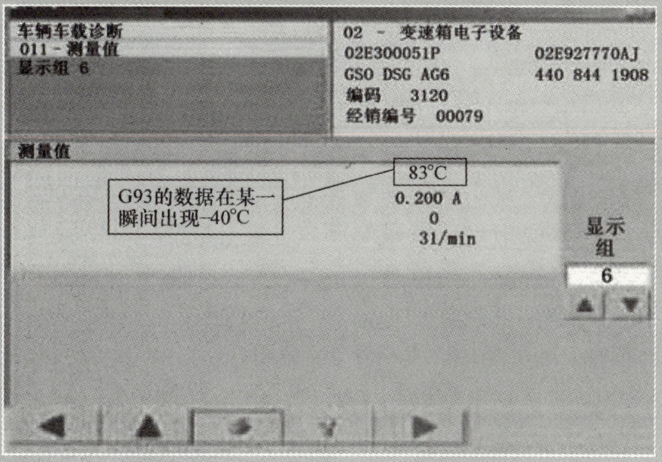

图 2-23　路试时监控到的油温传感器数据

带上诊断仪再次路试，按照故障码的提示将诊断仪屏幕固定在测量值 6 组的界面，重点监控行驶中 G93 的数据变化，整个路试行程里虽然没有出现车辆的闯动感，但 1 区在某一瞬间出现了－40℃的测量值。G93 是负温度系数的电阻型传感器，瞬间的－40℃意味着 G93 线路存在间歇性断路。晃动变速器外部传感器所在的 T8 插接器线束，6 组 1 区的测量值数据出现了变化，取下插接器防水护套，看到有一条紫色线已接近断开，对照电路图，这正是 G93 的接线。**G93 的信号被用来匹配换挡压力，激活或关闭与温度有关的功能，如暖机程序、变矩器 TCC 等，当油温过高时激活变速器保护模式。G93 信号失灵的影响主要是换挡时无压力调校，通常会导致换挡感觉不顺畅。**故障出现时的感觉，实质上就是制动后变速器降挡时油压过高产生的冲击感。用 VAS1978 线束修理箱更换断开的紫色导线，故障排除。

○2-69 波罗劲取为何ABS警告灯常亮？

一辆2007款上海大众POLO（波罗）劲取1.4L自动挡轿车，行驶里程3.2万km。该车ABS警告灯常亮。

新波罗轿车配备Bosch 8.0版本的ABS系统。连接故障诊断仪VAS5052，进入ABS控制单元J104查询故障存储，发现一个故障码：00285 035——右前轮轮速传感器G45信号不可靠。记录故障码后，清除故障记忆，ABS警告灯熄灭。接上故障诊断仪VAS5052进行路试，读出测量值001组中4个车轮的轮速。开始时，4个车轮的轮速一致上升，但在35km/h时，右前轮轮速突然由35km/h下降到25km/h，ABS灯随即亮起。

右前轮轮速传感器刚换过不久，难道是G45的线束有问题？拔下J104的插接器，测量G45插接器的两个端子与J104插接器线束侧相应端子T38/6、T38/18的导线，导通正常。怀疑ABS控制单元接口电路中对应右前轮轮速传感器G45的内部线路焊点虚焊（有过类似的情况），导致右前轮轮速信号不良。因该车尚在保修索赔期内，于是换了一个新的ABS控制单元。对控制单元写入编码199，并完成制动管路的放气作业，起动发动机，ABS灯熄灭。路试行驶不到100m，车速在35km/h时，ABS灯再度点亮，故障码仍为G45信号不可靠。行驶中观察测量值001组2区右前轮轮速信号，在35km/h时还是突然下滑到25km/h，由此可见G45的信号的确不正常。

车轮轮速传感器为了能向ABS控制单元输出正常的轮速信号，要可靠地感应车轮磁环附近的磁场变化。假如磁场不稳定，轮速传感器就不能正常工作，所以应该检查轮速传感器与磁环的间隙。波罗轿车前轮磁环集成在前轮轴承内，拆下右前转向节，发现前轮轴承已由正常位置向外位移了约2mm的距离（图2-24）。由于右前轮轮速传感器G45与磁环的间隙过大，传感器输出信号失真，ABS控制单元处理该信号后得到错误的数据，所以点亮了ABS警告灯。

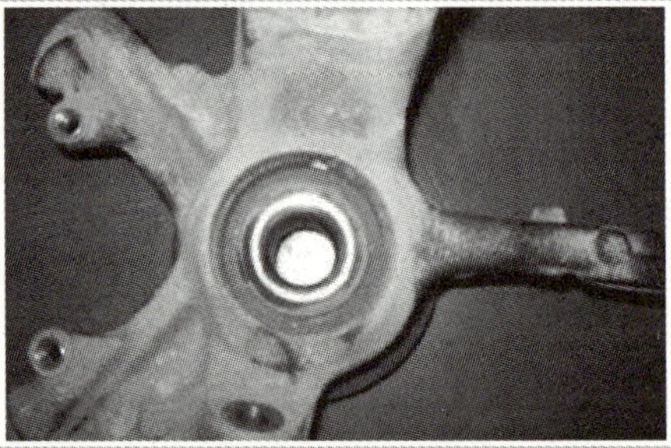

图2-24 右前轮速传感器的安装位置

按维修规范更换右前轮轴承。起动发动机，ABS灯熄灭。路试中观察测量值001组中4个车轮的轮速，在不同车速下均呈同步变化。至此ABS灯常亮故障彻底排除。

在排除传感器信号不良这一类故障时，习惯思维往往只注重对传感器本身的检查，而忽视了传感对象的存在。本案例正是因为这个原因走了一段弯路，这个教训值得深思。

◎2-70 波罗新劲取为何多指示灯点亮？

一辆2012款波罗（POLO）新劲取轿车，配备CDE 1.4L发动机，搭载手动变速器，行驶里程27km。给该车做检查时发现组合仪表上的电动液压助力转向系统指示灯、发动机控制系统指示灯、防抱死制动系统指示灯及制动系统警告灯点亮，行驶中还发现车辆存在车速表无反应的问题。

使用车辆诊断仪VAS5051B对控制单元进行检测，发现发动机电子设备中存在两个故障码：49441——与ABS系统失去通信，01281——车速传感器A范围/性能；检查制动器电子设备（ABS泵），屏幕上显示车辆系统无法进入（图2-25）；检查动力转向系统发现故障码：01317——仪表板控制单元J285，检查故障码存储器；检查仪表板控制单元、数据总线诊断接口（网关）及电子中央电器系统，均发现故障码：01316——ABS控制单元失去通信，静态。

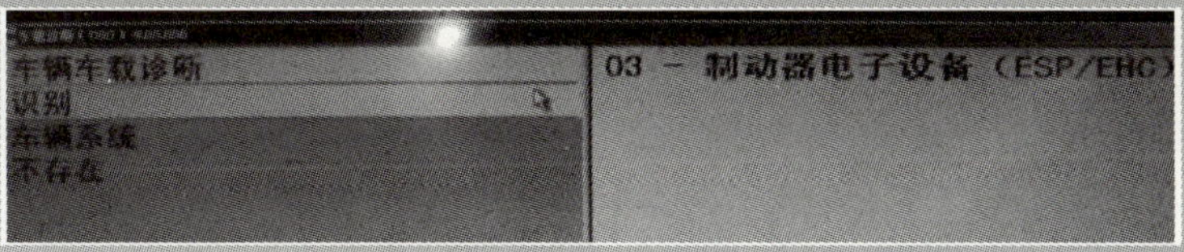

图2-25　ABS泵显示车辆系统无法进入

通过以上检查，判断**ABS泵无法与车辆诊断仪连接，而且多个控制单元均与ABS泵失去通信。该车的车速信号是由ABS泵通过轮速传感器检测到的轮速信号并将该信号通过CAN总线传递到组合仪表的，如果ABS泵出现故障会造成车速表不走动、故障灯报警及控制单元无法检测等问题。**

重点检查ABS泵。分别进入发动机电子设备、仪表板及数据总线诊断接口，并查看显示组125的内容，显示内容为控制单元与CAN总线的连接状态，“1”代表已连接，“0”代表未连接。在以上控制单元中均发现ABS为0，这表明ABS控制单元与CAN总线失去连接。造成这种故障的原因可能是ABS泵损坏或连接ABS泵的供电及搭铁存在故障。

将ABS泵的插头拔下目测未见异常，然后将插头装回，打开点火开关后发现组合仪表上的故障灯熄灭，使用车辆诊断仪尝试与ABS泵再次连接，发现诊断仪能与ABS泵连接。经检查发现故障码：01314——含发动机控制单元，检查故障码存储器。回想起检查发动机控制单元时，发现有关于ABS泵无通信的故障码，可以理解为发动机控制单元又将故障点指向ABS泵。

将插头装回后并用手晃动，让另外一名技师观察组合仪表上的ABS灯是否亮起。经过晃动插头，ABS灯果然亮起，这表明插头与ABS泵接触不牢固。已经检查过ABS泵线束的插头，接下来将检查ABS泵自身是否存在故障。经过检查后发现ABS泵固定线束插头的固定销少了一个（图2-26a），终于找到了故障的原因。更换ABS泵（图2-26b）并编码（该车型ABS泵的编码为46）后故障排除。

a) 缺少固定销的插头　　b) 新的ABS泵插头

图 2-26　ABS 泵固定线束插头

2-71　上海大众朗逸 ESP 灯为何报警？

一辆 2011 款上海大众朗逸轿车，配置 1.6L 发动机、自动变速器，行驶里程 1.1 万 km。该车仪表上 ESP 灯 K155 与胎压监控指示灯 K220 点亮报警。

连接故障诊断仪 VAS5052 点击自诊断功能选项进入网关列表，屏幕显示制动器电子装置有故障，进入 ABS/ESP 控制单元 J104 查询故障存储，检测到一个静态故障码：00778 003——转向角传感器 G85 机械故障。由控制单元的识别与检测到转向角传感器的故障这两点可知，该车属于 MARK 60 控制系统。

尝试着清除故障码，00778 不能删除。对 G85 进行基本设定，完成后 ESP 灯熄灭。交车后第二天故障信息依旧，如图 2-27 所示。测量值功能选项 4 组 1 区显示的是转向角传感器 G85 的数据，有不为零的数值被读出，如图 2-28 所示。根据大众新款车型配置转向角传感器的规律，如 G85 没有执行过基本设定或无信号输出，不会显示除 0.0°以外的数值，也就是说故障不属于基本设定的问题。4 组 1 区与 5 组（图 2-29）2 区的数据均表明了转向角传感器 G85 处于正常状态。

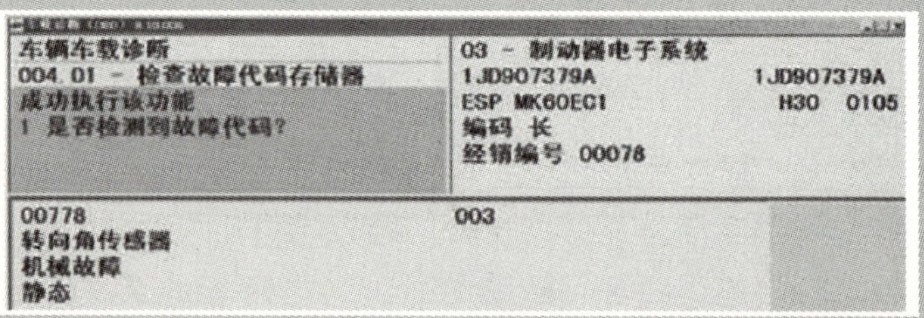

图 2-27　故障码

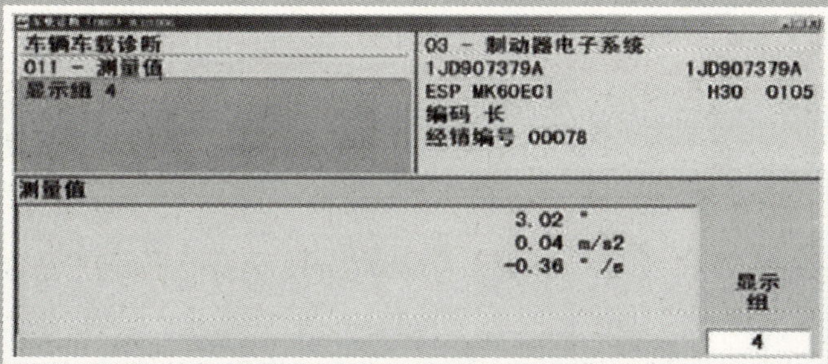

图 2-28　4 组的测量值显示

根据排除 ABS 系统车轮轮速传感器机械故障的维修经验分析，对转向角传感器机械故障的理解应该是传感器有信号输出，但信号不随转向盘的转动呈规律性变化，或在某一区段内信号缺失，或 G85 与侧向加速度传感器 G200、横摆率传感器 G202 之间信号不对应。

根据这一设想，原地转动转向盘时实际观察到 G85 的动态数据连续变化，向左为正，向右为负，信号无缺失，到左右转向止点位置时，读出的数值左侧为 569°，右侧为 -542°。左右转向极限位置数据的绝对值差异之大，让人不能不联想到 G85 可能存在零点漂移的问题，即 G85 的初始点 0°与汽车直线行驶时的转向盘位置不对应。

带着诊断仪路试，当车辆保持直线行驶时，转向盘相对正直位置向左偏转了约 20°角，诊断仪读出车辆直线行驶时 G85 的动态数据为 14.8° ~ 16.3°，由此怀疑前轮曾经受到过碰撞。

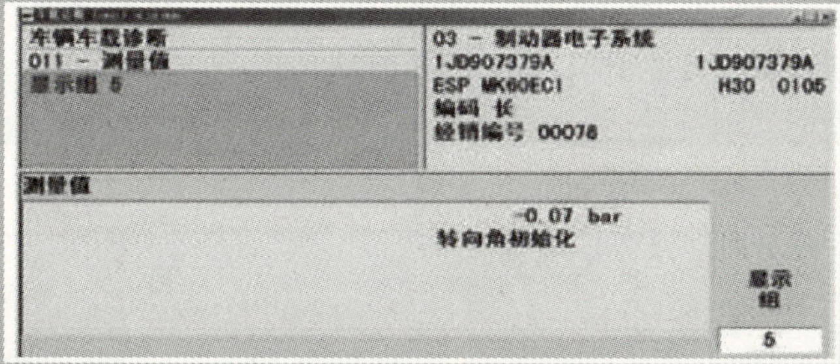

图 2-29　5 组的测量值显示

用四轮定位仪进行检测，固定转向盘使之处于正直位置，左前轮的实际前束角检测值为 1°07′，大大超出了原厂总前束 0° ±10′的范围，检查发现左前轮前束角变大的原因系左侧横拉杆的锁紧螺母松动造成的，校正定位后进行路试，转向盘 0°位置与汽车直线行驶方向相符。

使用 VAS5052 诊断仪重新对 G85 进行基本设定，点击自诊断功能进入 ABS/ESP 控制单元 J104 的功能菜单，点击访问许可 015 选项，在出现的软键盘上输入 40168 登录码，屏幕显示成功执行该功能，退回功能菜单，选择基本设定 006 选项，输入通道号 60，点击起动按钮执行基本设定，G85 的零点标定完成。再次查询故障存储，内存中的 00778 故障码已自动清除，读取左右转向极限位置的测量值（图 2-30、图 2-31），左右极限位置的数值已趋于一致。起动发动机，ESP 灯和胎压警告灯熄灭。路试 20km，ESP 灯不再点亮。清除其他控制单元内的故障记忆，结束维修交车。

本案例从左右转向极限位置时 G85 的数据差值过大着手分析，初步判断 G85 可能存在零点漂移的问题，并通过路试初步确定了 G85 可能存在机械故障。

故障机理的分析可以这样来描述：左侧横拉杆锁紧螺母松动，车辆使用中左侧横拉杆存在变长的趋势，由于朗逸的横拉杆布置在转向节的后方，当转向盘处于正前位置时，左侧车轮的前束角存在向正方向变大的趋势，当转向盘处于正直位置时，车辆向右跑偏，欲使汽车回到直线行驶状态，转向盘必须左偏一个角度进行补偿，车辆在这种条件下直线行驶，转向角传感器 G85 发送给 ABS/ESP 控制单元的转向角信号始终处于 14.8°～16.3°范围内，意味着车辆呈左转向状态，但控制单元检测到横摆率传感器 G202 与侧向加速度传感器 G200 的信号与之不对应，于是控制单元认定为 G85 机械故障，并点亮 ESP 灯与胎压监控指示灯报警。

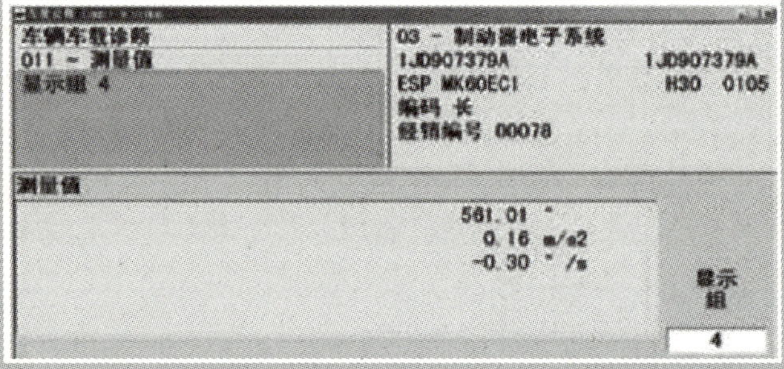

图 2-30　转向盘处于左转向极限时的测量值

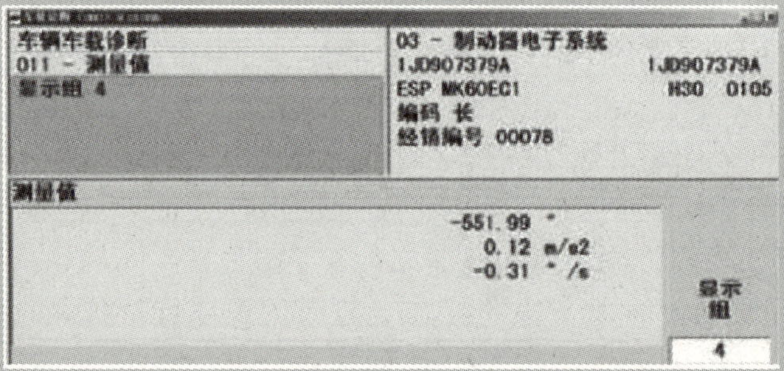

图 2-31　转向盘处于右转向极限时的测量值

◎ 2-72　途观仪表板上为何多个警告灯点亮？

一辆上海大众途观 2.0T SUV，行驶里程 13 万 km。该车仪表板上多个警告灯点亮。

接车后检查发现故障确实存在，仪表板上多个警告灯异常点亮。连接故障诊断仪 VAS5051B，发现以下故障码：053271——软件与防抱死系统不兼容请读取故障码，静态 0；00285——右前 ABS 车轮轮速传感器 - G45 不可靠信号，间歇式 0；01316——ABS 控制单元检查故障码存储器，间歇式 0。

经过分析发现以上故障码都与 ABS 控制单元有关。首先检查右前轮轮速传感器。举升车辆，拆下车轮轮速传感器后发现传感器磁头有点脏，但没有铁屑类物质；用手电筒检查信号轮，发现信号轮上有线，拆下传动轴发现在球笼上缠绕着一些线（图 2-32）。看来就是这里的问题了，线缠绕在球笼和轴承之间，而轮速传感器的信号轮又在轴承上，线在信号轮和传感器之间肯定影响了传感器的信号，造成仪表板上多个警告灯点亮。清除缠绕的线后装好传感器并清除故障码，在举升机上转动车轮，信号正常。进行路试时发现正常行驶时仪表上的警告灯又亮了，回厂检测还是同样的故障。拆下右前轮轴承发现轴承的油封被线磨出很深的痕迹，轴承内圈也有磨损的痕迹，更换右前轮轴承后试车，故障彻底排除。

图 2-32　球笼上缠绕着一些线

由于轴承上缠绕的线磨损了轴承信号轮，右前轮转速信号偏差，导致 ABS 故障。各个控制系统都需要轮速信号，所以当 ABS 有故障时其他系统也不能正常工作，从而导致多个警告灯异常点亮。

2-73　一汽大众捷达为什么 ABS 泵频繁工作？

一辆一汽大众捷达轿车装配 BJG 发动机，行驶里程 4.9 万 km。当该车低速行驶，转动转向盘并轻踩制动踏板时，车辆左前方会发出有规律的“哒哒”声。

举升车辆，检查左侧悬挂、半轴、制动系统等部件，未发现异常。再次试车，仔细聆听，发现异响来自 ABS 泵附近。将 ABS 泵插头拔掉，响声不再出现。判定响声来自 ABS 系统。

试车过程中发现 ABS 警告灯偶尔也会点亮，ABS 控制单元中存储有故障码：00287——右后轮速传感器（G44）信号超范围。读取 ABS 系统数据块中各车轮的转速，发现在轻踩制动踏板时右后轮的转速与其他 3 个车轮的转速相差很大，分别是 10km/h、10km/h、10km/h、70km/h。拆下右后轮进行检查，发现右后轮速传感器与靶轮之间有轻微干涉现象，导致右后轮发出错误的轮速信号，ABS 控制单元收到此错误信号后，ABS 系统开始工作，此时出现的响声为 ABS 系统中电磁阀工作的声音。

调整后轮 ABS 传感器与靶轮之间的间隙，试车，系统恢复正常，故障排除。

◎ 2-74 斯柯达明锐为什么多个警告灯点亮？

一辆 2007 款斯柯达明锐 1.8 TSi 轿车，配备 09G 自动变速器。该车在行驶过程中仪表板中转向盘指示灯、防侧滑指示灯、EPS 指示灯亮黄灯，驻车指示灯亮红灯，且伴有“叮叮”报警声。

连接故障诊断仪 VAS5051 进行诊断，发现发动机控制系统、ABS、动力转向、安全气囊系统都无法进入；进入自动变速器系统后，读得的故障码如下：01314——发动机控制单元 004 无通信信号，01316——ABS 控制单元 004 无通信信号，01317——仪表板控制单元（J285）004 无通信信号，01299——数据总线诊断接口（J533）004 无通信信号，01312——传动系统数据总线 004 无通信信号，16997——TCM 处理器 P0613 004 无通信信号。

根据上述故障码分析，初步判断该车故障为驱动总线系统故障。驱动总线系统的故障有：控制单元内部 CAN 总线处理器短路；CAN 总线的 CAN－H 线或 CAN－L 线断路，对正极短路或对地短路；CAN－H 线和 CAN－L 线间短路；CAN 总线线束连接器接触不良等。读取驱动总线系统 125－127 测量数据块，发现发动机、变速器和 ABS 都为“0”（图2-33），正常应为“1”。说明发动机、变速器、ABS 等系统间都不能正常通信，而三者同时出现故障的可能性很小。于是逐个断掉控制单元后查看通信情况，发现当断掉 ABS 控制单元时，发动机和变速器能正常通信，因此基本可判断是 ABS 控制线路或 ABS 控制单元本身存在故障。

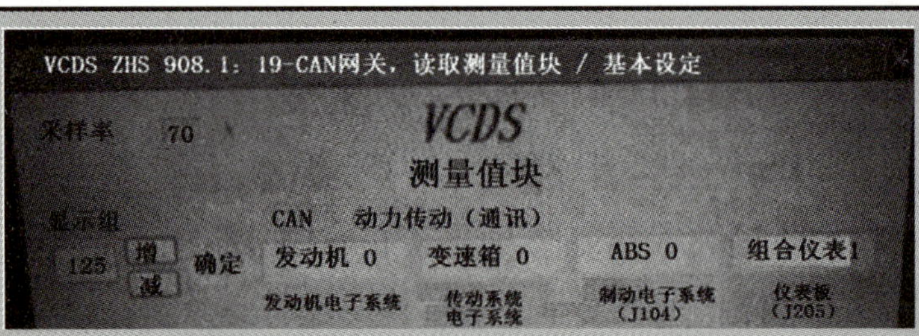

图 2-33 读取驱动总线系统 125－127 测量数据块时的显示界面

拔下 ABS 控制单元导线连接器，检查其电源端子和搭铁端子，未见异常，也未发现有接触不良的现象。将该导线连接器清洁后装复，结果发现仪表板上的制动踏板指示灯能够正常点亮，随后起动发动机，发动机能正常运转，但 ABS 指示灯、防侧滑指示灯、安全气囊指示灯和驻车制动指示灯均依然点亮。进入发动机控制系统的 125 组测量数据块，显示发动机为“1”，ABS 为“0”，安全气囊为“1”，说明 ABS 还是无法通信。

引起 ABS 不能通信的原因大概有以下几点：一是系统供电异常；二是系统搭铁异常；三是 ABS 的 CAN－H 线、CAN－L 线断路或者线路中存在异常电阻；四是 ABS 控制单元故障。因 ABS 控制单元的供电与搭铁已经检查过，是正常的，于是测试通向 ABS 总线的情况。拔下动力转向 CAN 总线连接器，测量动力转向 CAN－H 到 ABS CAN－H，动力转向 CAN－L 到 ABS CAN－I 间线路的电阻，都在 0.2Ω 左右，正常。插上 CAN 总线连接器测量

ABS CAN－H线和CAN－L线的电阻，为60Ω左右，正常。然后单独测量CAN－H线和CAN－L线的电压，前者在2.3~3.3V之间，后者在1.5~2.0V之间，均属正常，说明ABS线路并无问题，至此可以确认故障为ABS控制单元损坏。

更换ABS控制单元后，再次连接故障诊断仪VAS5051进入发动机系统，读取125组测量值，ABS显示为“1”。试车后仪表板显示一切正常，上述故障现象消失。

◎2-75 别克君越ABS故障警告灯为何点亮？

一辆2009款上海通用别克君越轿车，搭载ECOTEC 2.4L发动机，匹配GF6型自动变速器。该车仪表板上的ABS及TC（牵引力控制）警告灯点亮且驾驶人信息中心显示“检修牵引力控制及ABS系统”。

接车后，经试车故障的确属实。连接故障诊断仪TECH2对车辆进行检测，提示电子制动控制单元（EBCM）内存储有故障码C0041——右前轮车速传感器电路范围性能，当前故障。利用故障诊断仪无法清除故障码。利用故障诊断仪观察EBCM内的数据流，发现**在车辆行驶读取速度值时，右前轮轮速传感器显示的车速始终为零，其余3个轮速传感器则能够正确显示车速。根据以往的经验，造成这种故障的原因包括：右前轮轮速传感器或引出线有故障，右前轮轮速传感器至EBCM之间的线路存在断路、短路或搭铁现象，EBCM内部故障，以及右前轮轮速传感器至EBCM之间的线束插头虚接等。**

首先断开右前轮轮速传感器的线束插头，检查A、B对应的针脚无进水、锈蚀及虚接现象。进一步检查右前轮轮速传感器（图2-34）发现，该轮速传感器是集成在法兰上的，无法查看传感器的靶轮或感应线圈是否存在故障，只能使用新配件或测量传感器感应线圈的电阻值来确定传感器自身是否存在故障。利用万用表测量传感器的电阻为1200Ω，在正常值800~1600Ω的范围内；用手转动车轮测量传感器两端的交流电压为150mV，由于转速较低，这个数值也为正常值。通过上面两个步骤的检查，可以确定轮速传感器本身不存在故障。

随后决定继续利用万用表测量轮速传感器插头的线束侧是否存在对地短路或对电源短路的故障。如图2-35所示相关电路，经用万用表测量发现，B脚对应的深绿色线对地电阻为1Ω，A脚棕黄色线对地电阻为无穷大，怀疑B号脚线路对地短路。顺着该线束的走向查看线束有无磨破的现象。经过仔细检查，未见线束有磨损破皮的痕迹。既然线束没有对地短路的现象，那么B号脚对应线的对地电阻怎么会是1Ω呢？正确的阻值应该是无穷大。此时忽然想到，测量电阻的条件中有一条是在被测电路中应该没有电源，即被测线路的两端都必须是断开的，如果不能确定被测线路的电源是否被完全隔绝，可以采用断开蓄电池接线的方法。于是将EBCM（图2-36）端的线束插头J1断开，重新在A、B脚处测量对地电阻，此时线路对地电阻均为无穷大。根据测量结果，可以确定线路不存在对地短路的情况，再次测量也没有对电源短路现象，线束也不存在问题。

利用故障诊断仪TECH2能够对控制单元进行诊断，说明控制单元的电源与搭铁正常。EBCM端与J1－4、J1－5对应的针脚也没有松动的迹象。考虑到线路断路也会导致EBCM接收不到轮速传感器的信号，于是测量J1－4与#B、J1－5与#A之间的导通性，测得电阻为0.3Ω，参数正常。但在测量时发现，J1－4比其余的针脚明显凹陷（图2-37）。会不会是

J1－4 脚缩针，导致 EBCM 不能获得右前轮轮速传感器的信号呢？经过仔细检查发现，导致 J1－4 缩针的原因为固定该线束的塑料卡片失去弹性，不能有效地将其固定住。将 J1－4 推回至合适的位置后，在其塑料卡子后用一合适的物体将其固定，这样 J1－4 就被牢牢地固定在了线束孔内。经反复试车，故障排除。

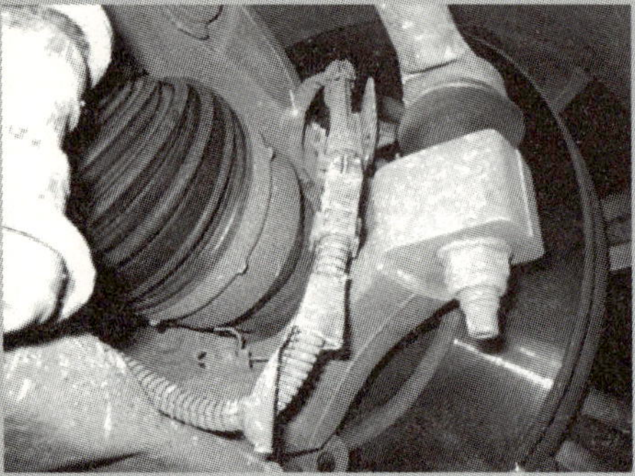

图 2-34　右前轮轮速传感器

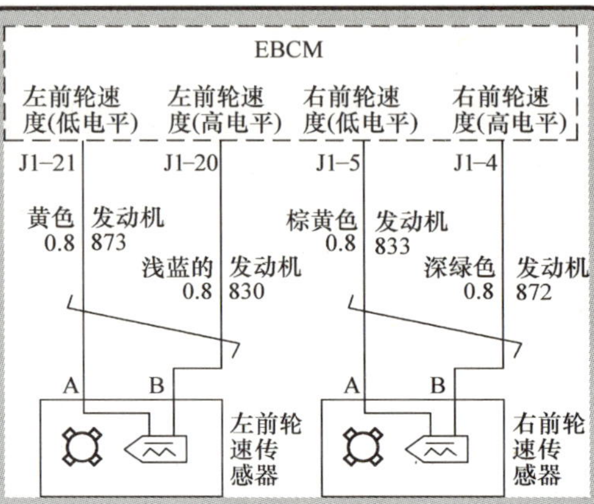

图 2-35　轮速传感器的相关控制电路

图 2-36　电子制动控制单元（EBCM）

图 2-37　明显凹陷的 J1－4 针脚

◎ 2-76　别克陆尊为何会制动失灵？

一辆 2006 款上海通用别克陆尊商务车，装备 LW9 发动机、德尔福 ABS 系统，行驶里程 25 万 km。该车出现制动不灵，ABS 故障灯亮现象。

接车后，首先用解码器 X431 读取故障码：C1226——右前轮速传感器电路。为验证故障码的真实性，删除故障码，进行路试。在车速为 40km/h 时进行紧急制动，制动踏板异常弹脚，踩踏制动踏板很费力甚至踩不动，接着故障灯点亮。读取故障码仍为 C1226，看来故障确实存在。

将解码器调到数据流功能，一人驾车，一人看 4 个车轮轮速传感器数据。发现起步时 4 个车轮轮速还差不多，但随着车速的增加，右前轮速传感器显示数据比其他 3 个车轮要差很多。当车速表显示车速为 40km/h 左右时，右前轮显示轮速只有约 20km/h，并在 20km/h 左右不停变化，其余3个车轮显示正常。第一感觉是线路有短路的地方。查阅维修手册，出现该故障时应检查线束是否接触不良，绝缘层是否磨损造成短路或断路，传感器插头是否损坏、腐蚀，端子接触是否不良等。测量故障轮速传感器阻值是否为在850～1350Ω，用手转动车轮时用万用表交流挡测传感器两端子电压不低于100mV。

检查线路是否有故障。考虑到悬架处经常晃动比较大，且转向时可能碰松插头等原因，举升车辆，首先检查传感器的插头，没有发现虚接和磨破的地方。线路顺着下摆臂往上走，这一段线路外面套有保护套，有卡子固定，外观良好。顺着线路找，该传感器线束顺着车身走到了蓄电池内侧。打开发动机盖，这时发现蓄电池下面一段线路没有保护套，直接裸露在外并且没有固定。用手往下一摸发现这段线路中间两根线都磨破皮了，刚好在发动机的驱动带边，看样子是被发动机传动带磨破的，且磨破长度居然达到了2cm。修复受损的线路，并且将线路在车身上固定好，清除故障码试车，故障排除。

该车故障是因以前动过线束后没有按原车的方法包扎，致使线路在汽车行驶过程中左右晃动，而该车的驱动带从发动机左侧绕到右侧且较宽，由于行驶中车身晃动，线路会晃到高速运转的传动带上，从而磨破了胶皮，时间一长就使铜线裸露在外，随时可能发生短路。

2-77　别克陆尊为何ABS警告灯报警？

一辆2007款上海通用别克陆尊商务车，装配LZC发动机。该车制动防抱死系统（ABS）警告灯点亮。此故障现象出现已有半年，曾更换过4个车轮的轮速传感器，但故障依旧。

接车后试车，发动机起动后制动防抱死系统警告灯并没有点亮。当换挡手柄推入D位后，车辆起步，制动防抱死系统警告灯立刻点亮报警，且仪表信息屏内显示“SERVICE ABS SYSTEM”。连接故障诊断仪，进入制动系统查询，无故障码存储。查看数据流，4个车轮的轮速传感器都能准确反映车速且速度一致、信号稳定。

没有故障码为什么制动防抱死系统会报警呢？主要原因有3个：①制动防抱死系统中央控制单元内部故障；②制动防抱死系统中的线路有虚接情况；③外部有电磁干扰。检查火花塞，都是新换的原厂火花塞；拔掉发电机插接器，故障依旧。

检查4个车轮轮速传感器的插接器没有松动和腐蚀，到总插接器也都导通。检查总插接器上的电源线和搭铁线，发现偶尔有电压值跳动的情况。查看电路图得知陆尊多功能商务车的制动防抱死系统搭铁线G115固定在变速器壳体上。检查搭铁线，固定得很牢固，拆下搭铁线后，发现有轻微生锈的情况。用细砂纸打磨搭铁线并重新连接。试车，制动防抱死系统警告灯不再点亮，故障彻底排除。

根据维修经验，电路问题出现在插接器处、频繁弯折处、与车身接触处以及搭铁处的情况较多。这辆陆尊多功能商务车就是因为搭铁点有轻微虚接，制动防抱死系统中央控制单元已察觉有异常，但并未及时捕捉到确切的故障，因此虽然制动防抱死系统警告灯点亮却无法显示相应的故障码。

◎2-78　别克君威ABS故障灯为何点亮？

一辆2005款上海别克君威3.0L轿车，行驶里程25万km。该车出现发动机烧机油现象，大修完工后着车发现ABS灯和TRAC（牵引力控制系统）灯点亮。

使用故障诊断仪进入ABS控制单元读取故障码，发现3个故障码：C1254——异常关闭检测，C1277——请求转矩信号电路功能失效，C1298——动力系统控制单元CLASS2串行数据连接功能失效。3个故障码均为当前故障，使用故障诊断仪无法清除。随后检查发动机控制单元发现故障码：U1040——与电子制动控制单元失去通信。进入其他控制单元后发现有同样的故障码。

ABS控制单元能够通过故障诊断仪进行访问，说明控制单元的信号线、电源线和搭铁线应该没有问题，而其他控制单元却与其失去通信，最大的可能就是ABS控制单元本身出了问题。

查阅维修手册，关于故障码C1254的故障说明是："当电子制动控制单元继电器起动（打开）时，向电磁线圈和制动泵电动机供电"。此故障码表示识别到电子制动控制单元与搭铁或蓄电池连接松脱，或行驶时蓄电池断开的功能失效。故障码C1298的说明是："CLASS2串行数据允许线路上所有控制单元按照需要互相发送信息"。每个控制单元都被分配了识别号，所有线路上的信息都配有接收优先级。当点火开关位于ON位置时，每个控制单元都将开始收发信息。CLASS2串行数据路上的每个控制单元都知道应发送和接收的信息。只有在控制单元接收到它所需的信息以及发送信息的控制单元的识别号以后，才能获取该信息。之后，这一故障被记忆，直到点火开关关闭为止。

检查ABS控制单元的线路。首先断开蓄电池负极线，然后拆下ABS插头，再接上蓄电池负极线，此时用万用表的电阻挡测量插头的搭铁线，与蓄电池的负极之间的电阻为17Ω。又用试灯测量插头的电源线，当与车身搭铁时试灯亮，但是与插头的搭铁线搭铁时试灯却不亮，难道ABS控制单元的搭铁存在问题？随后拆下空气滤清器壳体和ABS控制单元的搭铁线，发现搭铁点脏污腐蚀。原来故障是因为ABS控制单元搭铁线接触不良引起的。

用砂纸对搭铁点和搭铁线进行妥善处理并装好后，用试灯测量插头的电源和搭铁正常，用万用表测量插头的搭铁线与蓄电池负极间的电阻值为0.5Ω。将所有部件装复后，打开点火开关，ABS灯熄灭了，用诊断仪读取故障码都为历史性故障，清除故障码后车辆工作一切正常。

2-79 别克凯越ABS故障灯为何点亮？

一辆2010款上海通用别克凯越轿车，搭载1.6L L91发动机、D16手动变速器，行驶里程4.8万km。该车ABS故障灯亮。

首先确认故障现象，组合仪表上ABS灯点亮，试车制动时ABS不起作用。连接故障诊断仪TECH2，读取故障码，ABS系统有故障码：C0111——泵电动机性能。维修手册对此故障码的解释是，**当泵电动机被指令起动时，电子控制单元能够检测通过泵电动机的电流是否在某一特定范围内。在泵电动机被指令起动100ms后，电流持续超出泵电动机电流允许的特定范围，或起动泵电动机后100ms以内电流没有超出泵电动机电流允许的特定范围，或泵电动机起动后0.15ms内其电流超过了泵电动机电流允许的特定范围，就会设置C0111故障码。**在设置该故障码后，防抱死制动系统功能被禁用，动态后轮制动力分配部分功能可用。首先检查熔丝，没发现有熔断的情况。依照ABS系统电路图（图2-38），检查ABS电子控制单元的电源和搭铁，均正常。怀疑泵电机损坏。由于凯越轿车的 ABS 在配件系统中电子控制单元和泵电动机是分开订购的，更换了泵电动机，故障依旧；又更换了电子控制单元，ABS 灯不再点亮。试车并查看 ABS 系统数据流，泵电动机在 ABS 起作用时能够起动，故障排除。后来将原车泵电动机换回（即相当于只更换电子控制单元），ABS 灯还是点亮，看来泵电动机电流异常导致电子控制单元也一起损坏了。

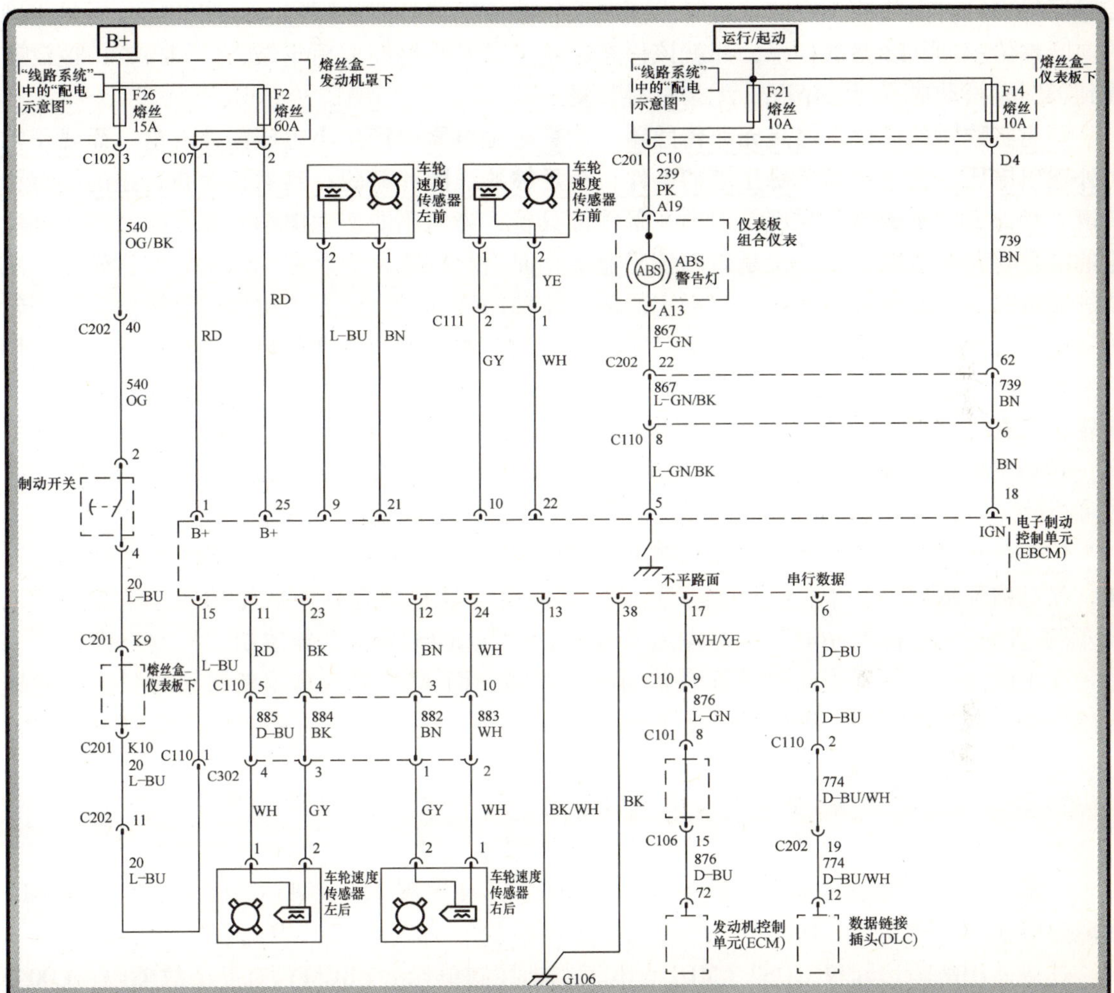

图 2-38　别克凯越 ABS 系统电路

◎ 2-80　别克赛欧为何制动异常？

一辆 2005 款 1.6 手动挡别克赛欧轿车，行驶里程 10 万 km。该车制动有故障，同时 ABS 灯点亮，在紧急制动快停车时制动弹脚感严重。

该车因该故障已更换了左前轮速传感器，但是故障没有排除。故障灯点亮，证明有故障码记录。于是用解码器 X431 读取故障码，显示为"左前轮速传感器和左后轮速传感器电路”。用举升机举升车辆，将解码器调到数据流功能，转动 4 个车轮，这时解码器显示左前、右前、右后 3 个车轮有车速信号，能随 0 ~ 10km/h 左右的车速变化，唯独左后轮没有车速显示，判定左后轮确有故障。

首先检查左后轮线路。在后悬架处查看了左后轮速传感器线束和传感器的接头，没有磨破和松动的地方。结合故障码的内容判断线路应该没有问题。为了验证此结论，把左后轮速传感器位于后桥上的插头拔掉，这时出现左后轮速传感器开路故障码，证明初始分析是正确的。既然传感器和线路都良好，那就该检查靶轮了。于是拆卸左后轮鼓，仔细检查，也没有看到齿圈有松动或变形等情况，无奈只得装复。

别克赛欧轿轮速传感器是无源传感器，依靠磁生电原理产生小电压向外发电，而要正常对外输出电压，就必须满足磁生电的条件，有足够的线圈和靶轮，当然还得有合适的间隙和转速才能保证输出的电压强度。而现在条件都具备，为何不能产生电信号呢？于是决定把后轮的两个传感器对调，以检验是否因传感器老化而引起故障发生。在拆卸固定左后轮速传感器的小螺栓后，发现传感器可以在固定的槽上作轴向移动，也就是说可以调整传感器和靶轮的间隙。仔细观察右后轮传感器也是一样的，且相对左后传感器插得更深些，因此决定先调整一下间隙。把传感器向里推到底，转动车轮感觉有点碰到靶轮，再向外拉出 1mm，转动车轮，没有摩擦声。看槽上的位置比以前的位置要深一些。拧紧螺栓，将解码器调到数据流，转动车轮，已经有信号输出，与其他车轮差不多。删除故障码试车，ABS 工作正常，故障排除。

传感器和靶轮间隙太大，引起传感器在靶轮工作时的磁通量太少而无法对外产生电动势，无电信号输出。在紧急制动时由于 ABS 控制单元没有接收到左后轮的转速信号，误以为左后轮已抱死，而驱动电动机对左后轮卸压，引起 ABS 误动作导致制动异常。由于别克车每次关闭点火开关后当前故障都会转为历史故障，而 ABS 在汽车重新起动时只自检轮速传感器有无断路和短路，因此刚开始不会点亮故障灯。

2-81 雪佛兰科鲁兹为何 ABS 故障灯亮？

一辆雪佛兰科鲁兹轿车，配置 1.6L 发动机，行驶里程 1.1 万 km。该车仪表上的 ABS 故障灯亮。

连接通用故障诊断仪 GDS2 + MDI 查电子制动控制单元（EBCM）有一个故障码：C0045 0F——左后轮转速传感器电路信号异常。

科鲁兹车轮转速数据是由车轮转速传感器和编码器环配合检测完成的。车轮转速传感器（WSS）为两线磁阻式转速传感器（MR 传感器），属于有源、主动式传感器，也叫外部磁性偏差数字输出集成电路传感器。它只有两根连线，一根接收来自电子制动控制单元（EBCM）的 12V 电源电压，另一根向电子制动控制单元提供一个输出信号，随着车轮转动，车轮转速传感器向电子制动控制单元发送一个 7 ~ 14mA 的直流方波信号。电子制动控制单元使用此方波信号的频率来计算车轮转速。

此传感器的具体应用参数如下：传感器供电电压 7.5 ~ 20V；信号电流范围 7 ~ 14mA（±2.8mA）；信号频率范围 0 ~ 2000Hz；占空比 40% ~ 60%；传感器绝缘电阻大于 200MΩ。

查看维修手册，左后轮转速传感器（代号 B5LR）的针脚说明如表 2-1 所示。**科鲁兹没**

有采用齿轮型的传感器转子，而采用了先进的多极磁性编码器环，它是一个在车轮轴承/轮毂总成的轴承内圈端面上黏着的橡胶磁性编码器环，它是将未硫化的橡胶中混合稀土类磁性粉末形成磁性橡胶坯子再将其硫化黏附在轴承内圈上，在该磁性橡胶环上以圆周状交替分布着若干个磁体，形成若干个 S 极和 N 极，从而形成脉冲列，产生信号。

表 2-1 转速传感器针脚说明

针脚	导线	功能
A	0.5D－BU（深蓝色）	左后轮转速传感器信号
B	0.5GY/BK（灰色/黑色）	左后轮转速传感器电源电压

多极磁性编码器与传统的齿轮型的传感器转子相比，不仅降低了传感器转子的体积和重量，而且轮毂轴承的结构更加紧凑，更为重要的是传统磁感应传感器（无源传感器），当传感器转子旋转时，无源传感单元中的磁通量变化使传感元件产生正弦电流，转子的转速增大时，频率和电压也随之增大，但频率和电压与转子转速成正比，因此在低速行驶时由于频率较小，很难测量到车轮速度，与传统磁感应传感器不同，磁阻式传感器尺寸更小，灵敏度非常高，对转速高低没有限制，可以测量几乎静止的车轮转速，所以被现代车辆越来越多地采用。

查看维修手册，设置故障码 C0045 0F 的条件是：检测到车轮转速传感器信号异常且持续 0.17s。设置故障码时采取的操作是：①在点火循环期间，电子制动控制单元停用防抱死制动系统、牵引力控制系统和稳定性控制系统；②防抱死制动系统指示灯点亮；③牵引力控制/稳定性控制启用指示灯点亮。

连接故障诊断仪 GDS2＋MDI 试车，对比左后车轮与其他 3 个车轮转速数据，发现左后车轮数据有时会突然降为 0。分析可能的故障原因有：①轮速传感器线路接触不良；②传感器物理损坏；③车轮转速传感器或编码器环上有碎屑；④松动；⑤车轮转速传感器和编码器环之间的气隙过大；⑥线束进水。

图 2-39 橡胶磁性编码器环部分脱落

检查电子制动控制单元和左后轮转速传感器插头无异常，用万用表检查电源正常，重新拔插插头试车，无效。拆下左后轮转速传感器检查，未见异常。将车轮轴承/轮毂总成从后桥和制动器底板上拆下检查，发现车轮轴承/轮毂总成的轴承内圈端面上黏着的橡胶磁性编码器环部分脱落了（图 2-39），因此转到这些脱落位置时没有磁信号的变化，所以会输出转速为 0 的错误信号。更换左后轮车轮轴承/轮毂总成后故障排除。

◎2-82 雪佛兰乐风为何 ABS 警告灯和制动系统警告灯点亮？

一辆上海通用雪佛兰乐风轿车，行驶里程 8.5 万 km。该车仪表上的 ABS 警告灯和制动系统警告灯点亮。

当点火接通时ABS警告灯将瞬间点亮，这表明系统正在自检，此灯应在约2s后熄灭。如果ABS警告灯在行车时点亮，表明ABS系统可能有故障。**制动系统警告灯在拉起驻车制动手柄以后会点亮，以提示驾驶人在起步前松开驻车制动器。如果在驻车制动器完全松开时制动系统警告灯点亮，则表明储液罐中的制动液液面过低或DRP（动态后制动比例控制）系统已关闭，停止工作。**

用故障诊断仪TECH2检查电子制动控制单元（EBCM）有4个故障码：C0036——左前车轮转速电路范围效能；C0035——左前车轮转速传感器电路功能失效；C0040——右前车轮转速传感器电路功能失效；C0281——DRP中止。

DRP是动态控制系统，它取代基本制动系统中机械比例阀的液压比例功能，是电子制动控制单元中操作软件的一部分。DRP利用现有的防抱死制动系统激活控制，以调节汽车的后制动压力，有些车型叫EBD（电子制动力分配）系统。

设置故障码C0281的条件有两个：①动态后制动比例控制（DRP）有故障时；②同一车轴上的两个车轮转速传感器同时出现故障时。这是因为如果两个前轮的转速传感器同时失效或两个后轮的转速传感器同时失效，都会导致EBCM无法进行前桥和后桥滑移率的比较，也就无法进行前、后桥的制动力分配控制，如果前桥或后桥上有一个转速传感器失效则不影响DRP系统的正常工作，但是会影响到ABS系统的正常工作。

设置C0281故障码以后，EBCM会进行如下操作：①电子制动控制单元在点火循环持续时间中止动态后制动比例控制；②点亮红色制动系统警告灯。

连接故障诊断仪TECH2，路试并观察电子制动系统的数据清单，发现两前轮转速传感器的数据都始终为0，用万用表检查这两个磁电式转速传感器的电阻，均为无穷大，说明传感器内部线圈及其连线已断路。因为此车已行驶8万多千米，分析可能是转速传感器连线在长期来回转向时反复拉伸、扭转，导致内部导线折断。更换两前轮转速传感器后故障排除。

○2-83 丰田RAV4为何ABS/VSC故障灯亮？

一辆2010款丰田RAV4多功能越野车，车型为ACA37，装备2.0L 1AZ－FE 4缸发动机、4速自动变速器U241E，行驶里程9400km。该车事故修复后，ABS/VSC（车辆稳定控制系统）故障灯亮。

用丰田检测仪IT－II调取到故障码：C1210/36——横摆率传感器的零点校准未完成，故障可能的原因有制动执行器总成（防滑控制ECU）故障，横摆率和加速传感器故障，以及没有做零点校准。用丰田检测仪IT－II对该车进行多次横摆率和加速传感器的零点校准后，该车ABS/VSC故障灯依然点亮，故障码依然为C1210/36。怀疑横摆率和加速传感器有问题，检查横摆率和加速传感器线路正常，将横摆率和加速传感器装到另外一辆RAV4车上工作正常，表明该车横摆率和加速传感器没有问题。

回想对整个横摆率和加速传感器零点校准的过程，对该车进行检查时，发现该车的转向盘是歪的，当两前车轮正对前方时，丰田检测仪IT－II显示转向盘转角为－310°。拆下该车转向盘并重新安装正直后，重做横摆率和加速传感器的零点校准后，依然不成功。

查看U241E自动变速器挡位开关电路图（图2-40），再次对该车进行检查，发现该车

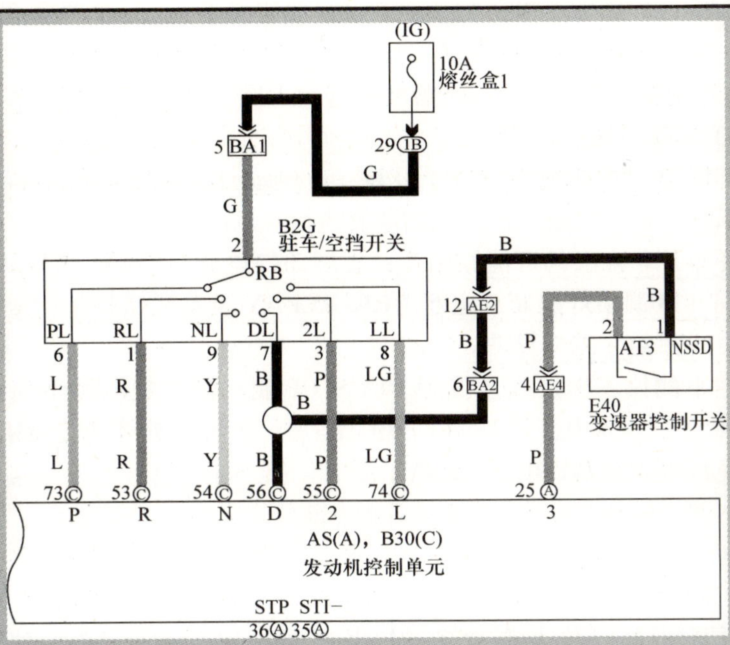

图 2-40　U241E 自动变速器挡位开关电路

变速杆在 P 位时，组合仪表上有时不显示在哪个具体挡位（变速杆在 D、R、N 位时，仪表上可正常显示相应挡位），但不影响该车正常起动（丰田自动挡车只有在 P、N 位才可以起动发动机）。检查该车自动变速器挡位开关，如图 2-41 所示，发现该车自动变速器挡位开关插头 P 位线插针脚虚接，将该车自动变速器挡位开关线处理好后，重做横摆率和加速传感器的零点校准成功，试车后故障完全排除。

图 2-41　U241E 自动变速器挡位开关

◎ 2-84　丰田 RAV4 为何制动、ABS/VSC 警告灯均点亮？

一辆 2010 款丰田 RAV4 多功能越野车，行驶里程 80km。该车正常行驶时仪表中制动系统警告灯、ABS/VSC 警告灯同时点亮。

车辆起动后仪表中的制动系统警告灯、ABS/VSC 警告灯始终点亮，说明自诊断功能已经检测到系统确实存在相关故障，所以点亮警告灯来提示维修。据驾驶人反映，车辆购买的第一天一切正常，贴太阳膜后第二天正常起动行驶了约 15km 后故障灯点亮报警，尝试熄火后重新起动仍无法消除。

询问驾驶人得知车辆在 15km 行程中，路面平坦，车速约 60km/h，没有发生磕碰，行驶中没有听到异常响声，制动效果正常。新车只是加装了座椅垫、脚垫和全车太阳膜。连接丰田专用检测仪 IT－Ⅱ后选择车型及配置进入底盘—ABS/VSC 系统，检测到故障码：C1380——制动灯控制继电器故障，同时观察到驾驶人所没有发现的第二个故障现象：在踩制动踏板时制动灯不能点亮。

引起故障码 C1380 出现的条件有以下几种：①制动灯开关及其线路异常；②制动灯控制继电器 BRK RELAY 及其线路异常；③制动器执行器总成（防滑控制 ECU）异常。

引起制动灯不能正常点亮的可能原因有：①制动灯电源（STOP 熔丝）及其线路异常；②制动灯开关异常；③制动灯控制继电器 BRK RELAY 及其线路异常；④制动灯控制继电器及其线路异常；⑤后组合尾灯异常。

打开工作台左下侧仪表板接线盒找到 10A STOP 制动灯开关电源熔丝，测量其电阻为 0.2Ω，熔丝接脚到车身搭铁电压为 12.4V，电源正常。断开制动灯开关插接器 A66，测量插接器中 2 号脚白色线到车身搭铁电压 12.4V，正常。拆下制动灯开关测量接脚 1 和 2 的开关电阻，开关松开时触点接通为 0.2Ω，按下后触点断开为无穷大，正常。

重新插好 A66，连接丰田专用检测仪 IT－Ⅱ，选择车型及配置进入底盘—ABS/VSC 系统后读取数据流。随着踩或松制动踏板，检测仪制动灯开关（STOP LIGHT SW）项分别显示 ON 和 OFF，说明制动灯开关到防滑控制 ECU 线路及 ECU 本身良好。使用检测仪主动测试功能测试制动控制继电器 BRK RELAY，分别选择 ON 和 OFF 时制动灯可以响应点亮和熄灭，说明 BRK 继电器、组合尾灯及之间连接线路正常。

拆开前排乘客杂物盒，在工作台下部右侧防火墙上找到制动灯控制继电器，断开其插接器 A70 测量表 2-2 所示各接线端子。

表 2-2 插接器 A70 接线端子测量表

接脚	线色	线路说明	条件	测量值	结果
1 号		空位			
2 号	蓝	输入，制动灯开关信号	踩下制动踏板	12.4V	OK
3 号		空位			
4 号	白－黑	负极搭铁	到车身电阻	0.2Ω	OK
5 号		空位			
6 号	白	正极，由 STOP 熔丝供电	到车身电压	12.4V	OK
7 号		空位			
8 号	蓝	输出，经 BRK 继电器常通触点到制动灯	到车身电阻	约 152Ω	OK

重新插上插接器 A70 后再次测量 8 号脚，踩制动踏板时到车身搭铁无电压输出（制动灯合计阻值约为 152Ω，此处测量已考虑到电压降的问题）。依据如图 2-42 所示线路图，跨接 6 和 8 号脚制动灯可以正常点亮，证明制动灯控制继电器损坏。

进一步解体制动灯控制继电器后发现内部有进水腐蚀的痕迹（图 2-43），更换该零件后制动系统警告灯、ABS/VSC 警告灯自检后熄灭，制动灯正常点亮，故障排除。

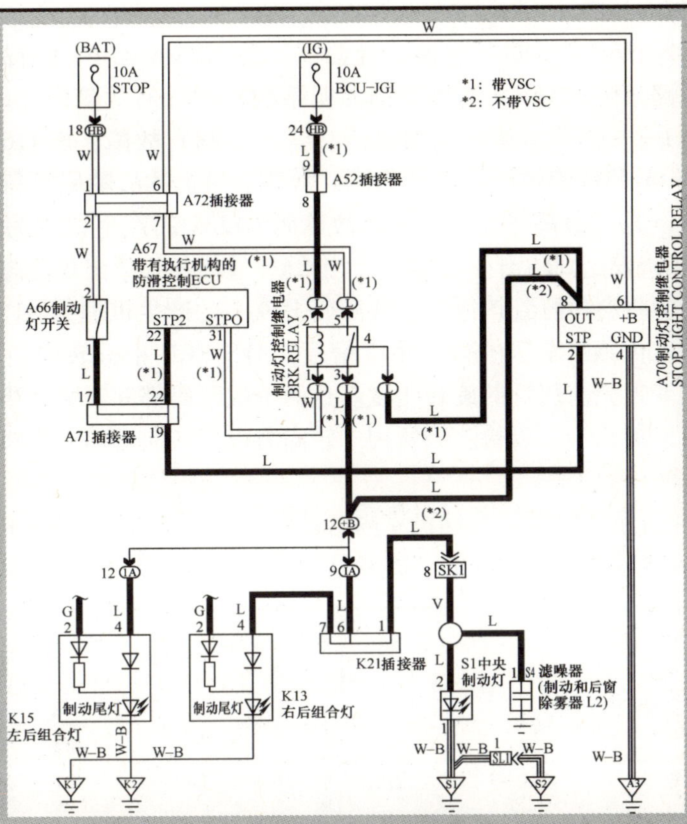

图 2-42　制动灯线路图

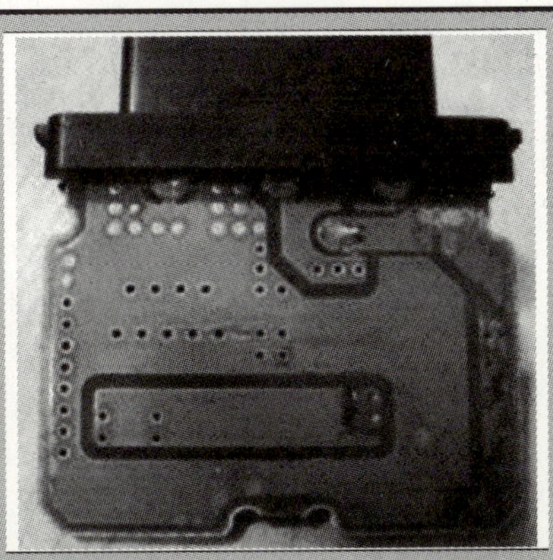

图 2-43　制动灯控制继电器进水腐蚀

◎ 2-85　雷克萨斯 ES350 为什么车身稳定控制灯报警？

一辆雷克萨斯 ES350 轿车，采用 2GR－FE 发动机，行驶里程 23.5 万 km。驾驶人在清洗内饰时，发现该车防侧滑灯亮，AFS OFF 灯闪，信息显示屏显示“检查 VSC”，同时锁车时两后视镜不收叠。

首先用故障诊断仪 IT－Ⅱ进行检测，经测试发现 ABS/VSC 内含有故障码：C1231——转向角度传感器电路故障；AFS（弯道辅助照明系统）内含有故障码：B2414——转向位置传感器故障，B2411——前照灯旋转电动机传感器（左侧）故障，B2416——高度控制传感器故障，B2425——前照灯旋转电动机（右侧）故障。对上述故障码进行清除操作，只有故障码 C1231 和 B2414 两个故障码无法清除。故障码 C1231 的产生机理为转向角度传感器信号通过 CAN 通信系统发送到防滑控制 ECU，当 CAN 通信系统中出现故障时，转向角度传感器零点故障诊断功能将会检测到该故障。故障码 B2414 的产生机理为 AFS ECU 通过 CAN 通信系统接收转向角度传感器发送的转向角度信号，AFS ECU 根据转向角和车速计算目标照明角度，并分别改变近光前照灯的旋转角度。这两个故障码都和安装在组合开关区的转向角度传感器有关系，该传感器可以检测到所用的转向力以及转向方向，并将此信息传输到防滑控制 ECU。

查看如图 2-44 所示电路图，发动机室内熔丝盒 10A 的 ECU－B No. 1 和 7. 5A 的 ECU IG No. 2 向转向角度传感器提供 12V 电源，找到这两个熔丝，发现熔丝 ECU－B No. 1 已烧坏。

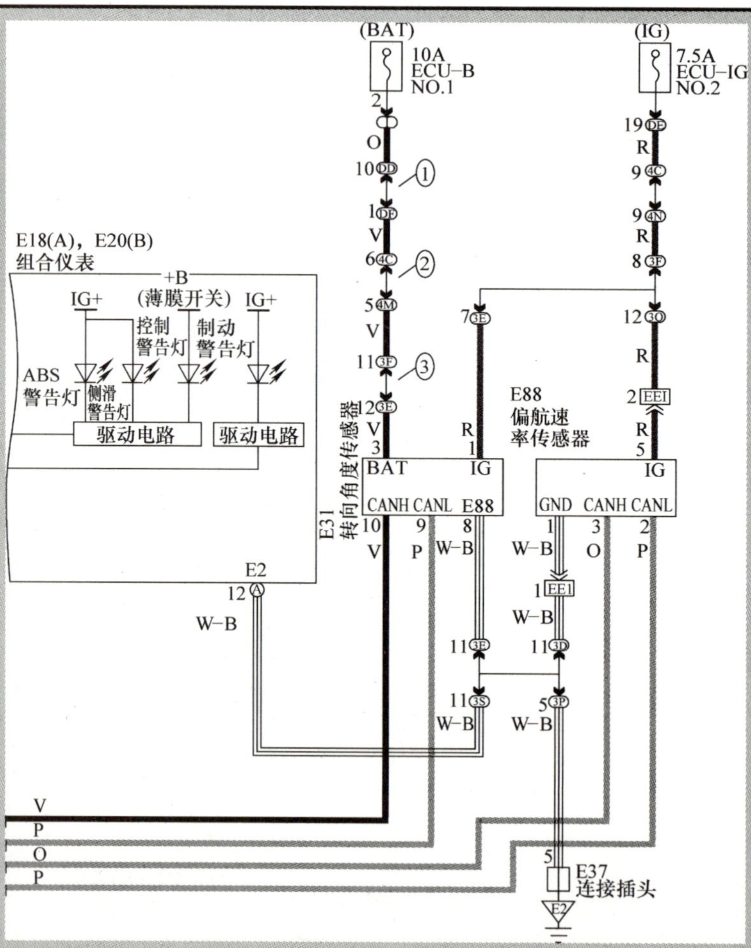

图 2-44　车身稳定控制系统电路

重新更换 ECU－B No. 1 熔丝后，打开点火开关时熔丝再次烧坏，说明内部线路肯定有搭铁点。通过电路图，可以发现熔丝 ECU－B No. 1 是给转向角度传感器供电的电源，怀疑是驾驶人在清洗内饰时里面进了水而引起故障的。拔下转向角度传感器的插头，并没有发现里面有水珠。此时进行测量，熔丝处仍然存在搭铁点，说明熔丝与转向角度传感器之间的连接线肯定存在搭铁点。将电路图中的插头①、②、③重新清洁整理后，恢复初始状态，再一次进行试验，发现线路连接良好，故障码可以清除掉，且仪表显示正常，锁车时两后视镜正常折叠。

对车辆进行了几次试验，均没有再次发现故障存在。**15 天后，故障再次出现，熔丝 ECU－B No. 1 烧坏。这时想到此熔丝与座椅和后视镜都有关系，怀疑故障是由座椅或者电动后视镜开关引起。**来回移动了几次座椅位置后，发现熔丝 ECU－B No. 1 连接良好，难道是座椅内部原因？检查座椅时发现座套是新的，询问驾驶人得知是清洗内饰时刚更换的。

在拆卸座套过程中发现座套挂钩挂在了座椅插头上，拆下挂钩后发现上面有一烧结点。查找座椅电路图（图 2-45），此线果然和 ECU－B No. 1 熔丝有直接关系。将挂钩重新移换位置后，再重新调整座椅，实验多次，均没有发生故障。

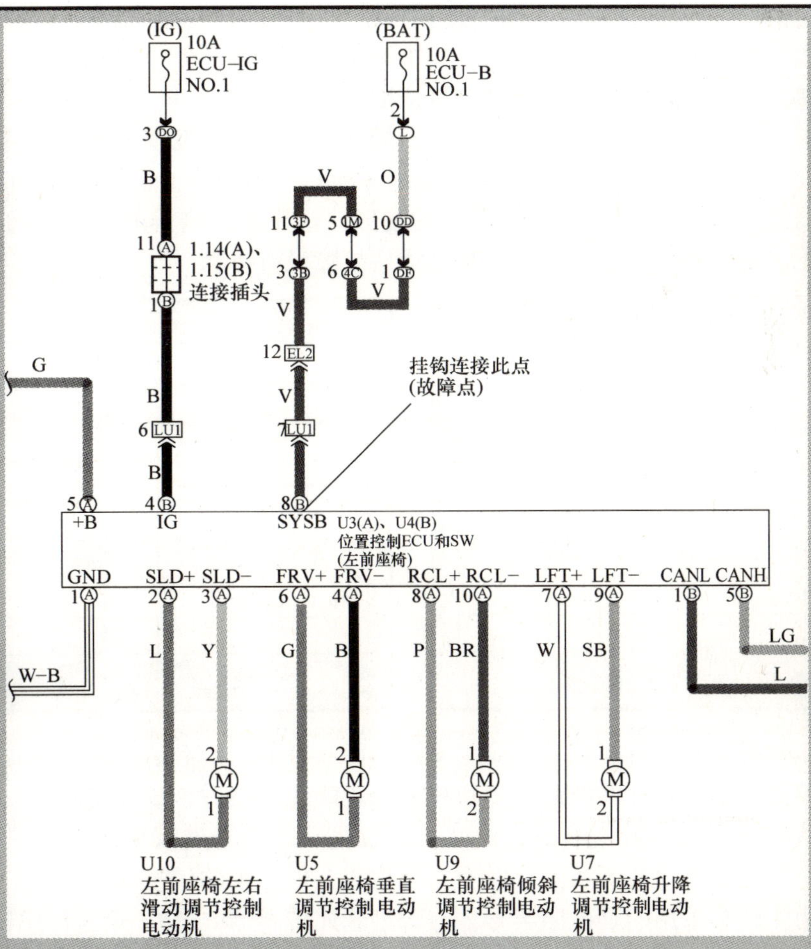

图 2-45　座椅控制电路

◎2-86 丰田雅力士为什么ABS警告灯亮？

一辆2008款丰田雅力士轿车，在一次小交通事故后，其ABS警告灯亮起，更换了ABS ECU及轮速传感器后故障依旧。

用X431诊断检测仪进入ABS ECU读取故障码为“右前ABS轮速传感器断路或短路”。进一步读取数据流，当车辆行驶时，右前ABS轮速传感器没有信号输出。

首先检查从ABS ECU到右前ABS轮速传感器线路是否存在断路或短路情况。该车型在点火开关打开后，从ABS ECU供给轮速传感器有蓄电池电压，经检测其中白线有12.7V的电压，正常，另一根黑线经检测没有断路且与车身不短路，说明ABS ECU到传感器的线路没有问题。接下来将右前传感器的信号线与传感器断开，通过延长线与左前轮传感器相接，用手旋转左前轮读取数据流，结果显示右前轮有转速信号，由此表明，ABS ECU没有异常。

其次检测传感器，该传感器包含两个磁阻元件及放大整形电路。由于手头没有相应的检测设备，只好将该传感器拆下，装在左前轮传感器位置试车，结果数据流显示左前轮有转速信号，这表明该传感器是好的。接着进行触发信号的检查。其触发信号轮包含呈圆形排列的48组N和S磁极，与轮毂轴承内座圈安装在一起。经检查传感器与触发信号轮的间隙是一定的，不可调。接下来只有信号轮问题了，于是决定更换信号轮。但新的信号轮装上车后试车，右前传感器依然没有信号，ABS故障灯依旧点亮。

重新分析、查阅有关资料后，利用解码器的示波功能检测发现正确的传感器信号输出波形如图2-46所示（条件为打开点火开关，用手转动车轮得到的波形）。通过示波器检测右前转速传感器波形却得到了如图2-47所示的波形，这显然是错误的波形。通过分析波形发现，波形朝下，是信号反向了，但是互调接线后故障没有排除。

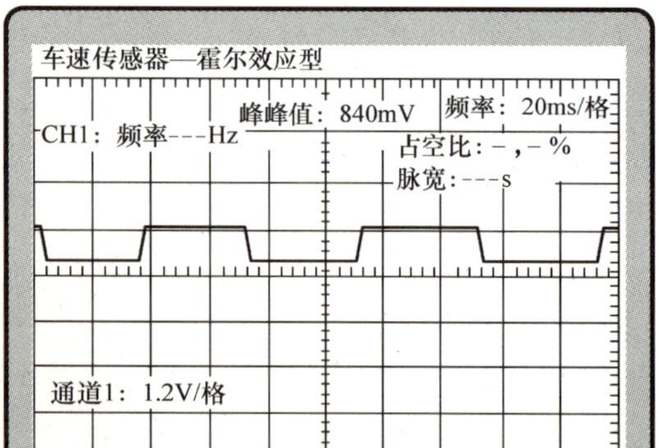

图2-46 传感器正确的波形

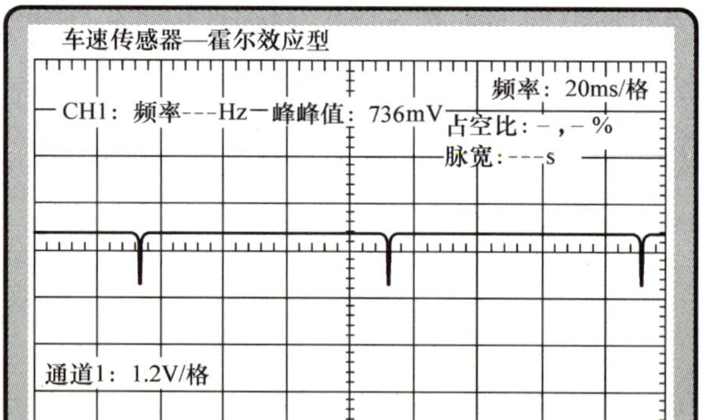

图2-47 传感器错误的波形

接着将车轮拆下，将传感器在原位置调了180°，用手按着传感器，接上电路，转动车轮，结果示波器显示了正确的波形，更换相应位置的传感器后，故障排除。

磁阻式ABS传感器是分左右的，由此可以看出，此前修过该车的修理厂没有注意该车轮速传感器是分左右位置的，虽然能左右互调位置，但出来的信号却有很大的区别。

丰田雅力士轿车采用的是磁阻半导体有源型轮速传感器（MRE轮速传感器），而不是霍尔元件型速度传感器。MRE轮速传感器的磁场发生器是磁性转子，内置带磁性粒子的橡胶制成的N、S共48极磁极，按圆周方向均匀布置的环状垫片，镶嵌在轮毂轴承内圈上（图

2-48)，与车轮同速度旋转。而 MRE 轮速传感器则安装在轮毂上固定不动，并与磁性转子存在 0. 5 ~0. 8mm 空气间隙。当磁性转子随车轮旋转，使磁阻半导体元件所处空间的磁场发生周期性变化，根据磁阻效应，磁阻半导体元件的电阻值也跟着发生周期性变化，其组成的惠斯顿电桥就会输出一个周期性变化的交变电压，经 IC 电路处理以脉冲信号输出给防滑控制 ECU（图 2-49、图 2-50）。MRE 轮速传感器能检测到从零开始的车速信号，信号质量不受车速变化的影响，且具有故障率低、使用寿命长、工作可靠等优点。此外，还能够检测到磁性转子的旋转方向。因此，防滑控制 ECU 可以区分车辆向前还是向后的运动方向（图 2-51)，为斜起步辅助控制提供制动信号。

维修带有 MRE 轮速传感器的车轮时，请一定要注意以下几点：①更换压装轮毂轴承要将轴承上带有磁性转子的一面朝向 MRE 轮速传感器方向；②磁性转子橡胶圈表面不能损坏；③油、铁体等物质不能粘附在磁性转子的表面。

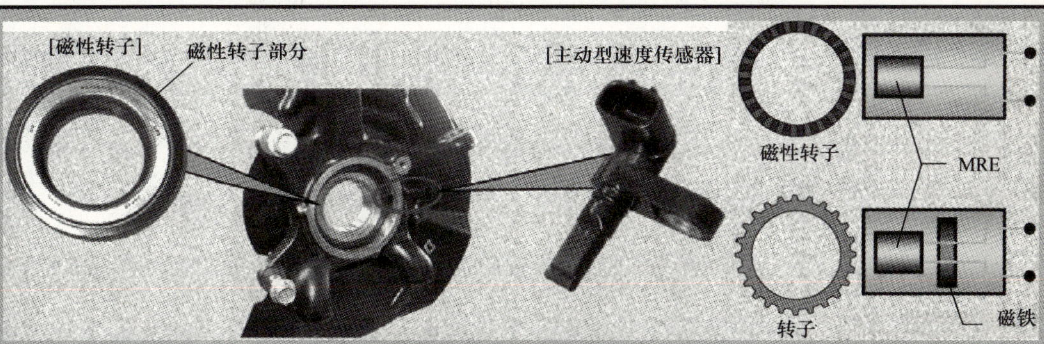

图 2-48　MRE 轮速传感器

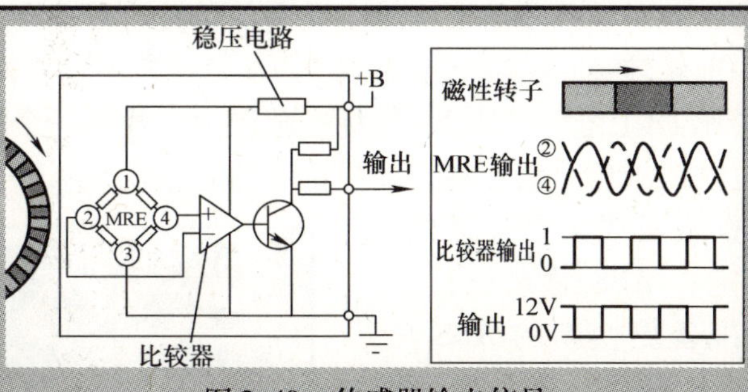

图 2-49　传感器输出信号

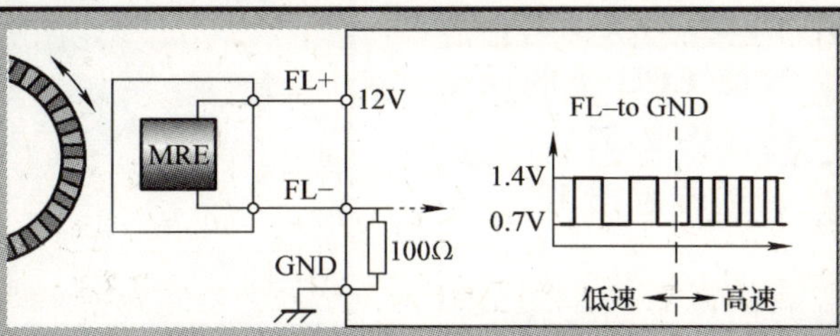

图 2-50　ECU 处理后的信号

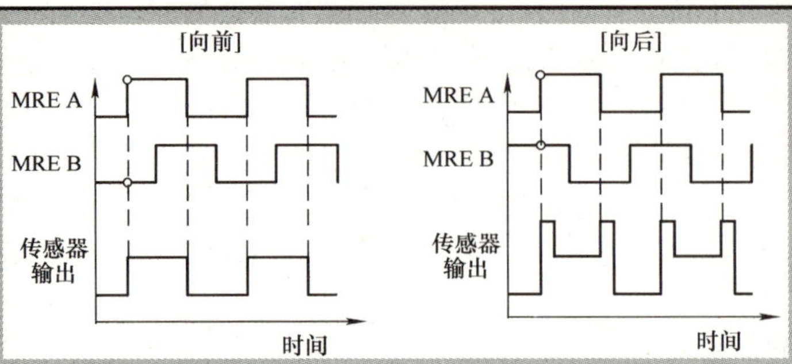

图2-51　前进、后退时的不同波形

○2-87　丰田凯美瑞ABS为什么工作异常？

一辆2009款丰田凯美瑞轿车，行驶里程6.5万km。该车事故维修后导致ABS故障灯经常点亮。

接车后确认，的确ABS故障灯是点亮的，试了一下制动，ABS系统不工作。用故障检测诊断仪IT－Ⅱ清除故障码后试车，故障灯再次点亮。询问驾驶人上次事故情况，得知当时事故撞到左前轮部位和右前纵梁。

首先使用故障检测诊断仪IT－Ⅱ读取ABS系统故障，检测到一个故障码：C1331——左前轮转速传感器电路。再次使用IT－Ⅱ读取正常行驶时ABS系统工作数据列表，的确显示左前轮转速传感器的信号始终为0。首先检查左前轮转速传感器的外观，外观良好且安装正确，齿隙间无异物。检查左前轮转速传感器连接器的连接状况，连接良好。确认ABS总泵外观，外观也是良好的！此时将故障的疑点锁定在左前轮转速传感器上，因为当时事故是撞在左前轮部位，并且左前轮转速传感器已被更换。

测量左前轮转速传感器阻值为1.5kΩ，在标准范围内。找来一个原厂的传感器，装复试车，故障灯依旧点亮。按照维修手册，检查转速传感器连接器至ABS总泵执行器ECU连接器的导通状况，经检查两根线束是导通的。将故障排查的目标锁定在ABS总泵执行器ECU自身的故障上，准备更换新的ABS总泵。在拆下ABS总泵执行器时，发现了问题的根源。原来，**该车在上次维修时，维修师傅在插接ABS总泵执行器ECU线插时，可能插接的方式不正确，致使ECU上的两个端子意外被折弯靠在一起**（图2-52），**而这两个端子恰恰是左前轮转速传感器FL＋和FL－端子**。修正两个端子，重新插上插接器，故障灯熄灭，而且制动异常的症状也得以排除。

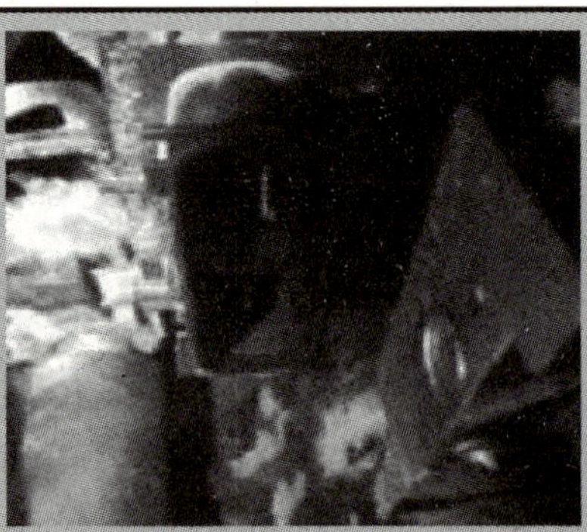

图2-52　被折弯靠在一起的端子

2-88　汉兰达防侧滑指示灯为何常亮？

一辆 2010 款丰田汉兰达越野车，行驶里程 4987km。该车防侧滑指示灯常亮。

用故障检测诊断仪 IT－Ⅱ检查到故障码：C1336——横摆率传感器未校准。先对横摆率传感器进行零点校准，但是不能完成。结合维修手册和电路图先对其线路进行检查和测量，结果一切正常。后按照此故障的维修步骤进行逐步检查，当检查到数据列表时发现其数据不在正常值范围内，如图 2-53 所示。

根据维修手册提示，当数据列表不正常时说明横摆率传感器有故障需更换。但更换一个良好的传感器后故障依旧。难道是 ABS ECU 有了故障而引起防侧滑系统有故障？如果 ABS ECU 有问题的话，应该 ABS 也有故障码，但是，DTC 没有 ABS 的故障码，说明和 ECU 没有关系。在无意间发现横摆率传感器的固定支架有点变形，抱着试试的心态对支架进行了整形后连接传感器（图 2-54），并再次对其进行校准，刚开始时防侧滑灯不闪烁，后来防侧滑灯开始闪烁了，校准完成后路试故障消失。

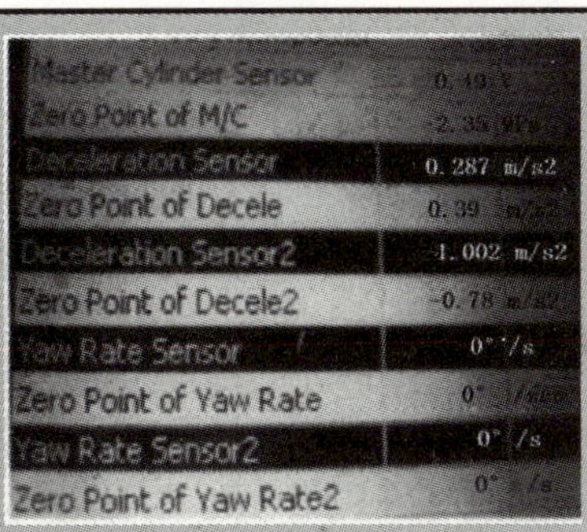

图 2-53　数据列表

图 2-54　支架整形后安装传感器

2-89　北京现代途胜为何出现“自制动”故障？

一辆 2007 款北京现代途胜 2.0L 手动挡 SUV，行驶里程 2 万 km。该车在正常行驶中有时会出现“自制动”现象，严重时下坡路况甚至无法空挡滑行，此故障通常在热车后出现。

该车配备 ABS 系统和 TCS 牵引力控制系统。首先使用故障诊断仪进行检测，各系统无故障码存储，发动机控制系统也正常，据此初步判断故障在机械或液压部分，也不排除电路原因造成 ABS 系统误动作的可能。接下来对制动系统进行基本检查，制动钳、制动总泵以及制动分泵动作灵活，无制动后释放迟滞现象，更换制动液并按要求排气，进行路试时偶尔还会出现自制动现象。

用举升机将车辆举起，挂挡使车轮转动，使用故障诊断仪观察 ABS 系统数据流。反复试车直到故障出现时，诊断仪显示的车速数据突然变为 0，4 个轮速信号也变为 0，偏摆率信号正常，此时发动机声音突然变化，车轮停止转动。由此判断，是输入 ABS 控制单元的车速信号不良引起故障的。对照如图 2-55 所示的相关电路图，对输入 ABS 控制单元的车速信号线路进行检查，在检查中发现当摇动右前侧 A 柱下的插头时，车速数据时有时无，故障也同时出现，看来由于此插头中车速传感器线路接触不良引起了故障。将相应插头挑出检查，发现插头接触弹片被压变平失去弹性，有时抖动会造成接触不良，车速信号中断。将插头弹片向上挑起，重新处理后插好插头试车，摇动插头时故障也不再出现。经过试车后故障现象没有再次出现，故障排除。

由于ABS控制单元的输入车速信号不正常，接触不良时输入信号为0km/h，车速信号大于轮速信号，滑移率超过设定值，控制单元判断车辆处于打滑状态，引起控制单元起动TCS系统工作。TCS系统工作时，根据滑移率控制车轮制动力，控制降低车轮速度，以便轮胎形成更大的附着力，从而增加牵引转矩，这样便形成一定的制动力。由于控制过程无逻辑和部件不良，且故障发生过程很短，未达到故障码存储的条件，这也给维修判断工作造成了困难。

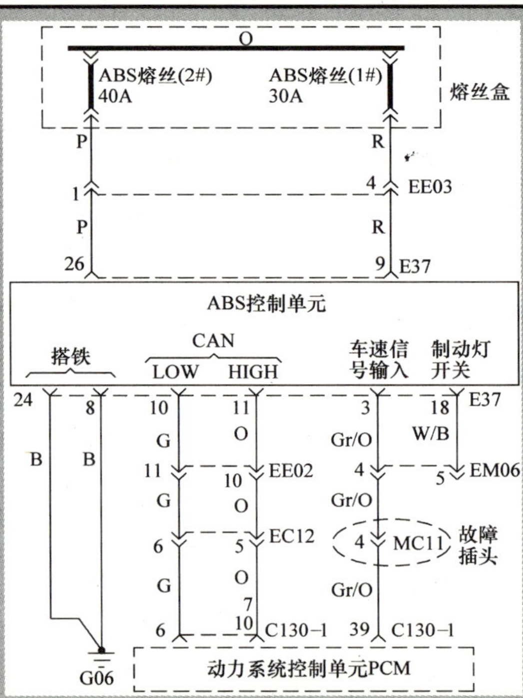

图2-55　ABS系统部分电路

◎2-90　日产颐达ABS系统故障警告灯为何常亮？

一辆2007款东风日产颐达1.6L轿车，行驶里程2.1万km。该车ABS系统故障警告灯常亮。

使用故障检测仪对车辆进行检测，检测仪显示在ABS控制单元存储了3个故障码：C1102——左后轮速传感器及其线路故障；C1106——左后轮速传感器信号弱，无法识别；C1105——右后轮速传感器信号弱，无法识别。其中C1102和C1106两个故障码可以清除，而C1105无法清除。

使用举升机将车辆举到一定高度，连接检测仪对 ABS 数据进行监控，然后起动车辆并挂入 D 位，检测仪显示两前轮数据偏差较大。然后将车辆熄火，用手转动两后轮（因为该车是前置前驱，车轮离地后后轮不会随前轮转动）并观察检测仪的数据流变化情况，发现左后车轮有数据输出，而右后轮无数据输出。拆卸并清洁各轮速传感器后装复试车，发现两前轮数据同步了，但右后轮依旧无数据输出。

为了验证右后轮速传感器是否自身有故障，更换了一个确定可用的轮速传感器，装好后试车，故障依旧，据此排除了传感器自身故障的可能。根据图 2-56 所示电路图，开始对相关线路进行检查。首先拔下右后轮速传感器插头，用万用表测量插头的 1 号端子，显示有 5V 电压输入，当转动车轮时测量轮速传感器也有信号输出，说明此条线路没有问题。然后拔下 ABS 控制单元插头对线路进行检查，测量插头 11 号端子（右后轮速传感器搭铁端）与搭铁之间电阻，发现它们之间是导通的。正常情况此搭铁端是由 ABS 控制单元控制的，现在 ABS 控制单元未工作的情况下就与搭铁导通，说明该条线路对地短路。

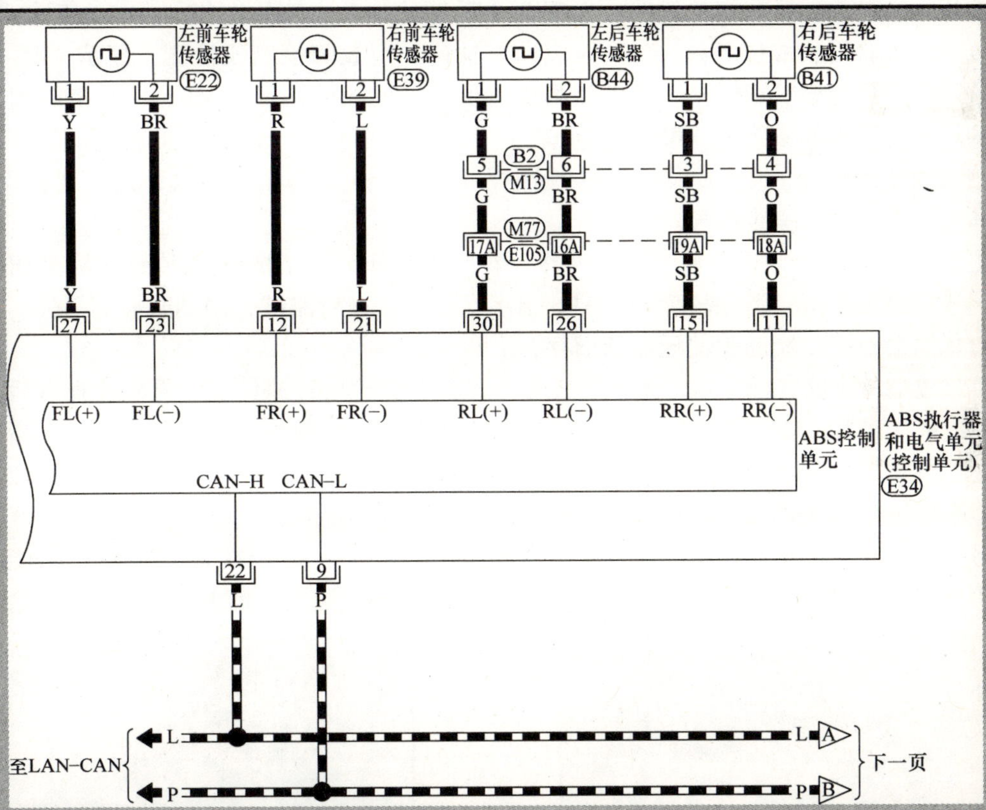

图 2-56　ABS 相关控制电路

查找短路点，对这条线路所经过的每个位置进行仔细检查，当拆卸右前 A 柱饰板时，发现乘客舱内有进水痕迹；继续沿线路向下检查，发现许多插头进水，包括连接两个后轮速传感器与 ABS 控制单元线路的线束插头 B2（位于前排乘客侧车门内饰中），拔下该插头发现插头已腐蚀，恰好与另一条搭铁线短路。对线路进行修复、清洁并风干，然后在 ABS 数据监控下，检查轮速传感器输出信号，发现右后轮依旧无数据输出，但此时测量 11 号端子与搭铁之间电阻，发现它们之间已经不导通了，说明该条线路已经不再对地短路。

既然线路不再短路，为何故障依然存在？分析认为ABS总泵内部线路可能存在故障，于是拆卸ABS控制单元电路板，发现连接右后轮速传感器插头的针脚因腐蚀而松动，造成虚接。

用电烙铁对虚接处进行修复并清洁干净后装复试车，此时C1105故障码可以被清除，4个轮速传感器输出信号均正常。进行路试发现ABS系统工作恢复正常，ABS系统故障警告灯可以正常熄灭，至此故障彻底排除。

◎2-91 日产颐达为什么制动时有异响？

一辆2006款东风日产颐达轿车，配置1.6L发动机和4速自动变速器，行驶里程7.5万km。该车刚开始制动时有异响，并且有制动跑偏现象，仪表盘上的ABS指示灯常亮。

连接故障检测仪进入清除故障码程序，当把故障码清除后再试车，发现制动时确实有异响，而且制动有跑偏现象，ABS指示灯常亮。用举升机把轿车举起后将轮胎拆下，检查制动摩擦片、底盘上油管和相关线路，发现两个后轮的制动摩擦片磨损严重，右后轮ABS传感器线束连接器用胶带包裹着，ABS泵表面有油迹。**用故障检测仪检测，显示ABS控制电磁阀故障和右后轮无转速信号。根据故障检测仪调取的故障内容，结合ABS控制阀体上有油渍的现象，可以初步判断ABS控制阀体**（图2-57）**损坏**。于是对ABS控制阀体和两个后轮的制动摩擦片进行了更换，在拆解过程中发现ABS控制阀体有裂纹，询问驾驶人得知，该阀体曾经在其他厂家维修过。

更换ABS控制阀体后，检查制动油路，然后排空气，重新把ABS传感器线束插接器插接好，连接故障检测仪清除故障码，ABS指示灯熄灭。进行路试，制动时异响消失，但ABS指示灯依旧会点亮，制动跑偏现象依旧存在。

连接故障检测仪进行检测，读取的故障内容为右后轮无转速信号。再次检查右后轮ABS传感器线束连接器，接触良好，更换右后轮ABS传感器，清除故障码后试车，ABS指示灯再次点亮。再次用故障检测仪检测，调取的故障内容依旧为右后轮无转速信号。接着读取数据流发现，右后轮转速数据时有时无，因该侧的ABS传感器是新换的，看来问题出在ABS传感器的信号发生器上，而该车的ABS信号发生器和后轮轴承为一个整体（图2-58），只能整体更换。更换右后轮轴承总成后清除故障码，试车发现，上述故障现象消失，故障彻底排除。

图2-57 损坏的ABS控制电磁阀体

图2-58 右后轮轴承总成

2-92　日产奇骏为何ABS故障灯亮？

一辆2011款东风日产奇骏6463VFCI越野车，装备QR2.5发动机，CVT变速器，行驶里程9400km。该车ABS故障灯亮。此车加装导航和保险杠灯后出现此故障，但还原原车线路后故障依旧。

使用检测仪读取故障码，显示故障码：C1145——横摆角速度/侧向/减速度G传感器故障。产生故障码C1145的原因有：①ABS执行器单元和横摆角速度/侧向/减速度传感器的线束接头故障；②ABS执行器和电器单元（控制单元）及线路故障；③横摆角速度/侧向/减速度G传感器及线束故障。

通过故障引导，对ABS控制单元到横摆角速度/侧向/减速度G传感器的线束接头进行检查，无任何变形、松动现象。对照ABS系统电路图（图2-59）检查横摆角速度/侧向/减速度G传感器和控制单元之间的线束导通情况，结果正常。检查横摆角速度/侧向/减速度G传感器线束接头端子和搭铁之间导通情况，结果各线路没有对地短路现象。

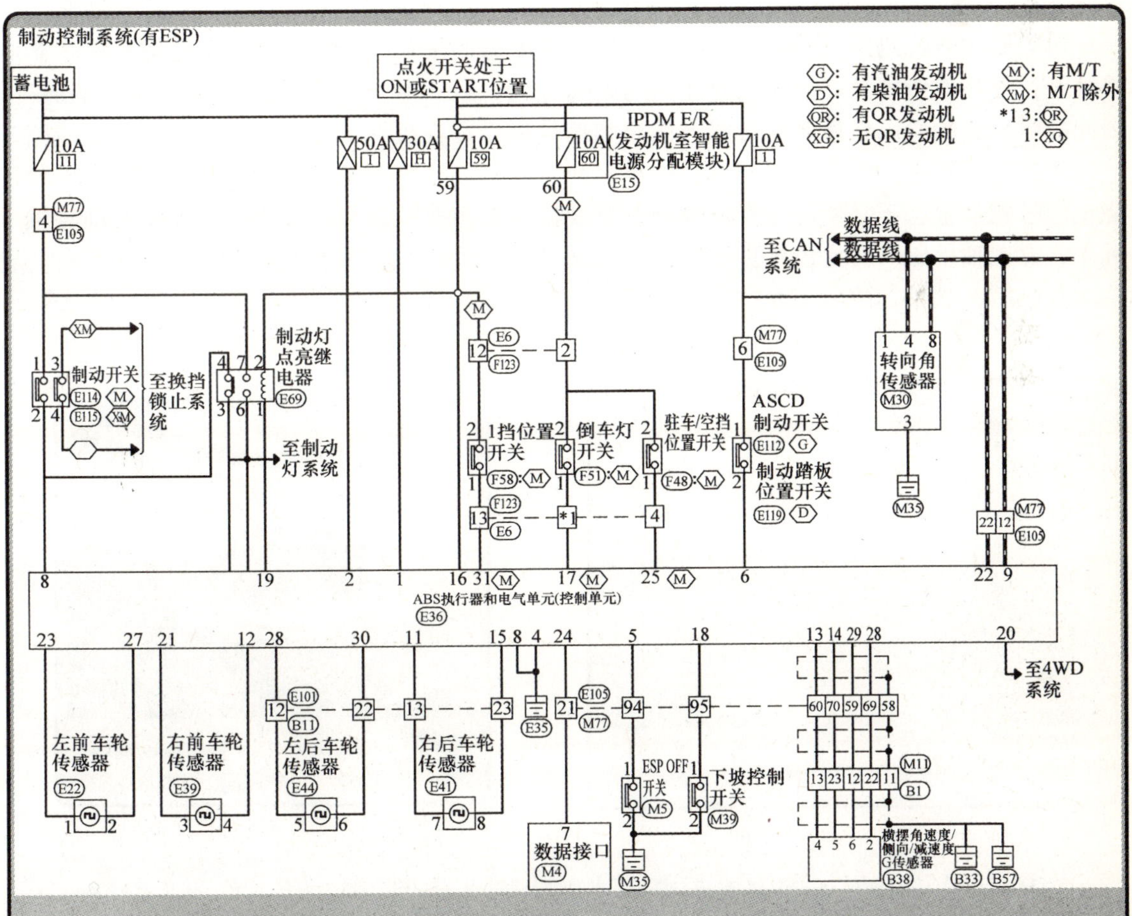

图2-59　日产奇骏ABS系统电路

测量横摆角速度/侧向/减速度G传感器线束端子之间的电压，发现端子6和端子2之间的电压为0.3V，正常值应是0.5～2.5V，比正常值略低，再加上故障码也报横摆角速度/侧向/减速度G传感器有故障，所以更换该传感器，但是传感器更换后故障码C1145依然存在。**将其他修理店改过的线路进行检查后发现，修理店将其横摆角速度/侧向/减速度G传感器4号线（Vcc+）与加装的保险杠灯负极线连接，导致ABS控制单元内部损坏。**更换ABS控制单元，故障排除。

○2-93　日产新天籁ABS故障警告灯为何常亮？

一辆2009款东风日产新天籁轿车，搭载VQ25DE型发动机和REOF10A型无级变速器，行驶里程9500km。该车仪表板上的ABS故障警告灯常亮。

首先使用日产专用故障诊断仪CONSULT－Ⅲ读取系统故障码，ABS控制单元内存储当前故障码C1107——右前轮速传感器－2，如图2-60所示。与驾驶人沟通得知，ABS故障警告灯是在行驶中的一次紧急制动之后点亮的。根据驾驶人的描述，怀疑是轮速传感器脏污或损坏引起的故障，便对轮速传感器和轮毂轴承上的信号磁盘进行了清洗，但清洗后故障依旧。

对存储的故障码进行分析，因为**“右前轮速传感器－2”的含义是右前轮转速传感器电路短路，或转速传感器与信号磁盘之间的距离过大，且ABS控制单元无法识别传感器脉冲，因此故障可能的原因包括轮速传感器线路和信号磁盘存在故障。**维修人员已经对相关线路和传感器进行了检查，没有发现问题，轴承表面有问题。这时在轮毂轴承里发现有一段毛线缠绕在信号磁盘里，于是使用工作灯检查，发现信号磁盘有缺口和磨损的情况。将右前轮轴承拆下，发现轴承磁环有比较严重的磨损，如图2-61所示，磁粉已经全部脱落。更换右前轮轴承总成后，试车，故障彻底排除。

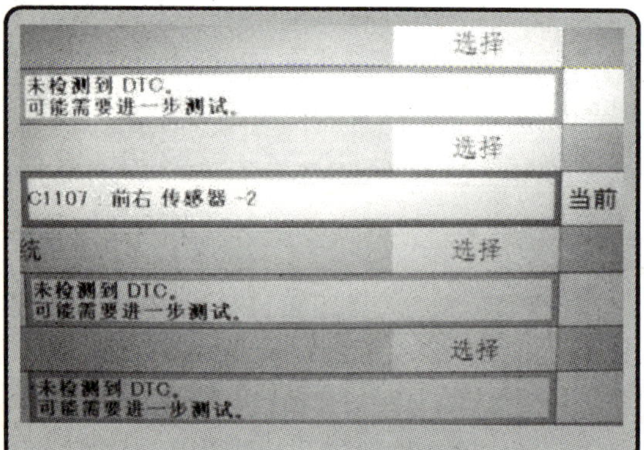

图2-60　故障码

图2-61　磨损比较严重的轴承磁环

2-94　蒙迪欧为何ABS指示灯间歇性点亮？

一辆2005款长安福特蒙迪欧轿车，装载2.0L直列4缸发动机和4速自动变速器，行驶里程8.7万km。该车ABS在自检时正常，但在行驶过程中，轻踩几次制动踏板后，ABS指示灯就会点亮，尤其是在颠簸路面上踩制动踏板；另外，无论车速多少，制动时制动踏板都会严重抖动且发出“嘎嘎”声，但在ABS指示灯点亮后，异响和抖动现象均消失。

接车后，接通点火开关，ABS指示灯不点亮。用故障检测诊断仪IDS进行检测，读取故障码：C1175——左后轮轮速传感器输入电路失灵。将车辆举升，用手转动左后轮，并用IDS查看相关数据流，发现左后轮轮速为5km/h，说明左后轮轮速信号正常。更换左后轮信号盘后试车，故障现象依旧。决定路试再现故障现象，并用IDS随车查看相关数据流。在路试中发现左后轮的数据流波形和其他3个车轮的数据流波形不同步，发生了突变，呈波浪形。由此判断左后轮轮速传感器到ABS电控单元的线路有故障。

依据相关电路图（图2-62），对左后轮轮速传感器的相关线路进行检查。用万用表测得C103端子13与C92端子2、C103端子14与C92端子1之间的电阻均为0.01Ω，说明这段线路正常。再测量C92端子1与C830端子2、C92端子2与C830端子1之间的电阻，电阻均为0.01Ω，但若晃动线束，电阻就会有几十欧姆，说明这段线路有故障。更换左后轮轮速传感器线束试车，ABS指示灯正常，故障现象消失，故障彻底排除。

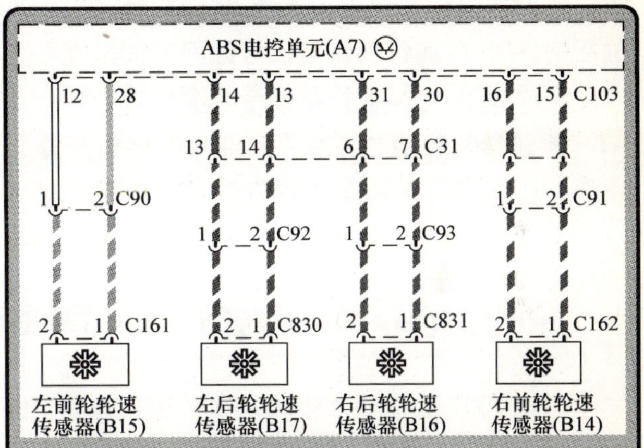

图2-62　蒙迪欧各车轮轮速传感器电路

该故障是因为左后轮轮速传感器线束中的某处铜线发生断裂，但是又不是完全断开，在举升机上轮速信号正常，而在车辆行驶中制动时，导线电阻变大使轮速信号不正常，当ABS电控单元检测到左后轮有很大的减速度时，ABS工作异常。

◎2-95　蒙迪欧为什么偶尔会出现ABS系统过早起动？

一辆长安福特蒙迪欧2.5L轿车，行驶里程1.6万km。该车在平坦路面制动时一切正常，但车辆在进行大角度转弯或在颠簸路面上轻踩制动踏板时，偶尔会出现ABS系统过早起动的现象，因为此时的车速才20km/h左右。

经确认，故障确实存在。连接故障诊断仪WDS检测ABS控制系统，一切正常无故障码，出问题时ABS故障警告灯也不会点亮。使用WDS的资料记录器功能随车检查4个轮速传感信号正常，举升车辆检查各轮传感器无污染和损坏。

此前曾经维修过一辆蒙迪欧轿车，该车当时行驶3.4万km，驾驶人报修ABS故障警告灯常亮。试车时发现该车在行驶中无论何时踩制动踏板ABS系统均会起动，用WDS对ABS控制系统进行检测，发现有与左前轮速传感器相关的故障码。用WDS资料记录器功能检查4个轮速传感器的信号，发现左前轮轮速传感器信号波形异常，其余3个轮速传感器的信号曲线则较为平滑。为此，当时更换了左前轮速传感器，但故障依然存在。最后怀疑ABS信号源有问题，拆下左前转向节检查，发现左前车轮轴承有移位现象，将轴承用压床压回原位后装车试车，ABS系统恢复正常。

考虑到此车的故障现象，怀疑该车的问题很可能也出在前轮轴承上。于是将该车左前转向节拆下检查轴承（图2-63），经观察，未发现轴承有明显移位现象，但用压床压轴承时轴承有轻微移动，再次装车后试车，ABS系统恢复正常。

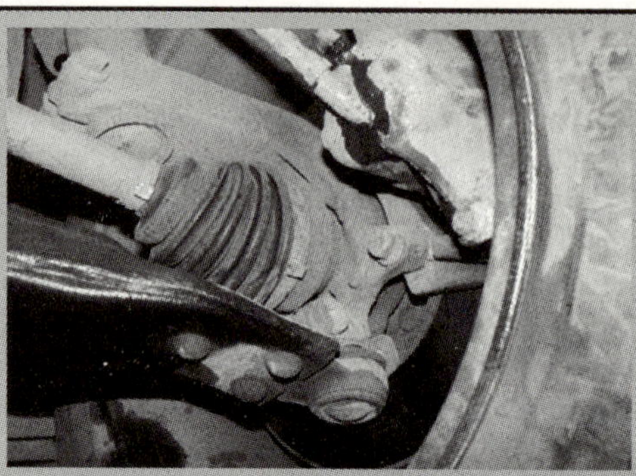

图2-63　左前轮转向节

综合该车的情况，分析认为此种故障应是由于**驾驶人驾驶时不小心使左前轮受到过较大的冲击，使轴承发生微量移位，轴承移位后使ABS轮速传感器与信号源间的间隙增大，从而影响到ABS轮速信号的准确性，使ABS系统异常起动。另外，如果轴承移位严重，还会导致前制动盘与制动分泵支架间发生摩擦。**此故障车ABS故障警告灯之所以未点亮，是因为发生的故障还未满足系统记录故障码的条件。

2-96　奇瑞A516为何ABS异常频繁工作？

一辆2007款奇瑞A516 1.6L轿车，该车ABS故障警告灯有时会点亮，且ABS在正常减速过程中会异常频繁工作。

接车后，经试车故障确实存在。连接故障诊断仪对车辆进行检测，设备显示系统内存储了故障含义分别为蓄电池电压过高和右后轮速传感器故障的故障码。在对故障码进行记录后，利用故障诊断仪清除故障码发现，前一个故障码清除后不再出现，后一个故障码偶尔还会出现。对于前一个故障码，考虑到该车还伴有前照灯灯泡经常烧毁的故障现象，因此怀疑发电机充电电压过高。后一个故障码产生的原因则可能是传感器损坏，传感器到ABS控制单元间的线路存在故障，轮速传感器信号发生器与传感器之间的间隙异常，以及ABS控制单元本身故障等。ABS在正常减速过程中异常工作，一般是由于ABS控制单元收到某个车轮轮速传感器的异常信号，ABS控制单元在接收错误信号后开始工作造成的。

先对右后轮速传感器至ABS控制单元间的线路和插接器进行处理，可以确保信号线路无故障。测量右后轮速传感器的电阻约为1320Ω左右，正常情况下，该电阻值应为1080Ω左右。另外还发现右后轮速传感器（图2-64）上有很多铁屑。替换了右后轮速传感器后用清洗剂清洗了信号发生器，试车故障病症仍没有好转。

如果信号发生器左右晃动或在轴承上打滑，也有可能产生上述故障。于是拆下右后轮制动盘（该车后轮为盘式制动器，驻车制动器为鼓式制动器），发现信号发生器中间部分几乎快被磨平了（图2-65）。这使得右后轮轮速传感器的信号在车速较慢时较弱或没有，而ABS控制单元则误认为右后轮有抱死的趋势，从而指令ABS液压泵提前介入。原来该车在以前的驻车制动器调整过程中出现了问题，由于过度调紧了驻车制动器拉索，导致拉索与信号发生器干涉。

鉴于该车右后轮速传感器电阻也超出正常范围，连同右后轮轴承（和信号发生器一体）一起更换。另外，由于充电电压过高为发电机故障所致，因此，更换了发电机。最后，经反复试车，故障排除。

图2-64 左后轮速传感器的位置

图2-65 磨损的信号发生器

这是一个综合故障，ABS故障警告灯点亮，主要是因为发电机间歇性电压过高和右后轮轮速信号不稳定所致。ABS频繁提前工作，主要是因为驻车制动器拉索调整不当，导致其与信号发生器干涉所致。正常情况下，驻车制动器调整应结合后轮制动底板上的驻车制动器调整孔和驻车制动器拉索共同调整，而不是一味地只调整拉线。该车右后轮轮速传感器在拆下检查时发现的铁屑正是信号发生器磨损产生的。

◎ 2-97 奇瑞风云为何ABS故障灯突然亮起？

一辆奇瑞风云SQR7160EX轿车，行驶里程7万km。该车经常出现ABS灯突然亮起的现象，此ABS系统（图2-66）由德国西门子公司生产。

首先用X-431解码器查看了存储的故障码，读出的故障码有3个：①ABS总泵工作电压超出公差范围；②31号线电压超出公差范围；③右前轮转速信号异常。

图2-66 ABS系统的安装位置

根据经验，认为"31号线电压超出公差范围"故障不难排除，因为只有ABS控制单元的搭铁线搭铁不良才会产生此故障。取下该线后经过除锈处理，故障排除。再对故障"右前轮转速信号异常"进行分析。**车轮转速传感器可能出现的故障有：①传感器内部短路、断路或接触不良；②传感器齿圈上的齿有缺损或脏污；③传感器固定不牢或磁极与齿圈之间有异物。**如果是短路或断路等故障，故障码可以直接显示，所以异常不可能是该故障引起的。对右前轮进行清洁处理以便清除异物或脏污。把与ABS系统相关的插件重新插接，清除ABS系统存储的故障码，进行路试后没有发现故障，于是将该车交与驾驶人。

两天后故障现象再次出现，再次读取故障码，发现一个故障"ABS总泵工作电压超出公差范围"。怀疑是ABS控制单元有故障，但是用解码器X-431进行动作测试一切正常。

为了能够排除故障，只有让故障现象再次出现。于是将故障车连接解码器 X－431 上路测试动态数据变化情况，在几次制动以后故障码出现了，但相关的数据正常，立即将车辆停下清除故障码，做动作测试。此时 X－431 显示 ABS 总泵没有反应，**总泵与控制系统是一个整体，如果总泵不工作，系统里没有油压，ABS 将不能执行动作测试**。查看 ABS 控制总成，其总泵电动机的电源线是从控制器内引出的，在电动机旁边有个插件（图 2-67），取下插件，其铜针与插件上的铜套都有些锈迹，简单处理以后，对插件内的铜套施压以便使其充分接触。最后再做动作测试，一切正常，试车也没有再出现此故障现象。

图 2-67　总泵电动机旁的插件

2-98　奇瑞 A3 ABS 故障警告灯为何常亮？

一辆 2009 款手动挡奇瑞 A3 轿车，行驶里程 4 万 km。该车当点火开关处在 ON 位时，仪表板上的 ABS 故障警告灯常亮。

经过验证，确实存在上述现象。连接故障检测仪读取 ABS 故障码，有两个故障码：C1102——ABS 电源电压低，C2402——ABS 泵电动机继电器或电动机电源故障。故障码可以清除，但是上述两故障码会再次出现。读取 ABS 数据流，发现 ABS 电源电压只有 9.3V，而测量蓄电池电压为 12.7V。正常情况下，上述两电压值应基本一致。

接着执行元件测试。将车辆举升，用故障检测仪进入 ABS，选择“执行元件测试功能”，一人在驾驶室内踩制动踏板并操纵故障检测仪，另一人试着转动车轮，按照故障检测仪的测试程序，依次检查 ABS 泵及 8 个两位两通电磁阀的工作情况。检查发现 ABS 泵不转动且 8 个电磁阀也均不能工作。

通过上述检查，说明该车 ABS 泵电动机及电磁阀已停止工作。蓄电池电压正常，而 ABS 电源电压过低，说明 ABS 电源电路存在较大的电压降，应重点检查 ABS 电源电路。

奇瑞 A3 轿车 ABS 控制电路如图 2-68 所示。拆下蓄电池负极，拔下 ABS ECU 线束侧插接器，装上蓄电池负极，检查发动机室熔丝继电器盒中的 SB4（40A）、SB5（20A）、FB24（5A）熔丝（常电源）及 FB8（点火开关 IG 电源）熔丝，均正常；用万用表的电压挡，将红表笔放在上述熔丝电源端，黑表笔与发动机机体搭铁，测得的电压值为 9.2V，而当黑表笔放在蓄电池的负极处，测得的电压值为 12.6V。上述测量值进一步说明蓄电池到 ABS ECU 电源之间存在较大的电压降。

用砂纸仔细打磨并紧固位于左前照灯处的 ABS ECU 搭铁点 G301、位于前排乘客侧仪表台下方的发动机电控系统搭铁点、位于副仪表台下方的左侧车身处的仪表搭铁点，故障依旧。

用一根电缆线的一端接蓄电池负极，另一端用钳夹直接接车身，ABS 故障警告灯熄灭，这说明蓄电池负极与车身搭铁不良。用砂纸更加仔细地打磨并紧固位于发动机室靠近制动真空助力器附近的蓄电池负极搭铁点 G601（图 2-69）后试验，故障排除。

该车故障排除并不复杂，故障源于**蓄电池负极与车身搭铁不良，造成接触电阻过大，形成分压，使 ABS 电源电压过低，造成 ABS 功能失效。ABS 系统为主动安全系统，基于可靠性考虑，对系统的电源电压要求很高，当系统的电源电压过低或过高时，系统具有过压保护功能，相关功能会失效。**

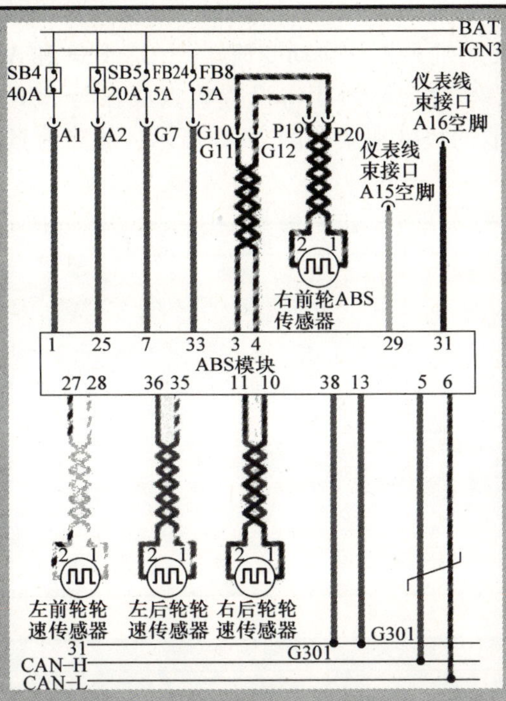

图 2-68 奇瑞 A3 轿车 ABS 控制电路

图 2-69 位于真空助力器附近的蓄电池负极搭铁点（G601）

2-99 奇瑞 QQ 为何 ABS 故障灯点亮？

一辆 2005 款奇瑞 QQ 轿车仪表上的 ABS 故障灯点亮。

连接故障诊断仪读取故障码，显示系统正常，无故障码存储。ABS 故障灯点亮是很常见的故障，按照经验检查了各车轮的轮速传感器、靶轮以及线束，甚至更换了新件进行了替换试验，但故障始终没有排除。

查阅该车之前的维修记录，发现该车曾经因为制动时经常出现车轮抱死的现象，在维修站更换过 ABS 控制单元，因此可能是更换控制单元时没有将制动管路内的空气彻底排干净，从而引起了 ABS 故障灯点亮的，但使用故障诊断仪重新排空气后还是不能解决问题。

使用故障诊断仪查询 ABS 控制单元的编码，显示 00000，这说明更换控制单元后没有进行编码。输入 ABS 控制单元编码 01901，试车，故障症状消失。

这是一起典型的更换 ABS 控制单元后没有编码而导致的故障。新的 ABS 控制单元没有编码，在更换后必须重新输入编码。

◎2-100　雪铁龙C5轮速传感器为什么会休眠？

一辆2010款2.3L雪铁龙C5轿车，行驶里程1.7万km。该车因事故造成左前轮胎爆胎，左前轮钢圈变形，左前照灯破裂，主线束受损等，更换部件后路试，发现ESP、ABS和STOP灯亮，同时组合仪表上车速信号显示为“---”。

使用故障检测诊断仪PROXIA检测，发现在发动机ECU、自动变速器ECU、ESP和ABS电控单元里面都有故障记录，记录都与ESP和ABS有关。为此将检查重点放在与ESP和ABS有关的项目上。ESP和ABS电控单元里面读取的故障记录如图2-70所示，故障背景如图2-71所示。

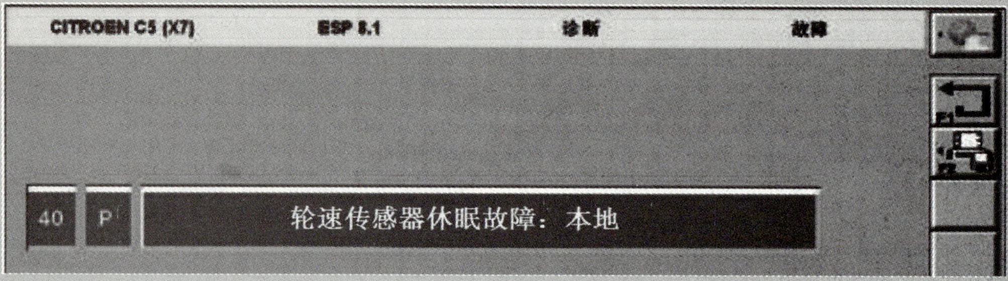

图2-70　故障码显示

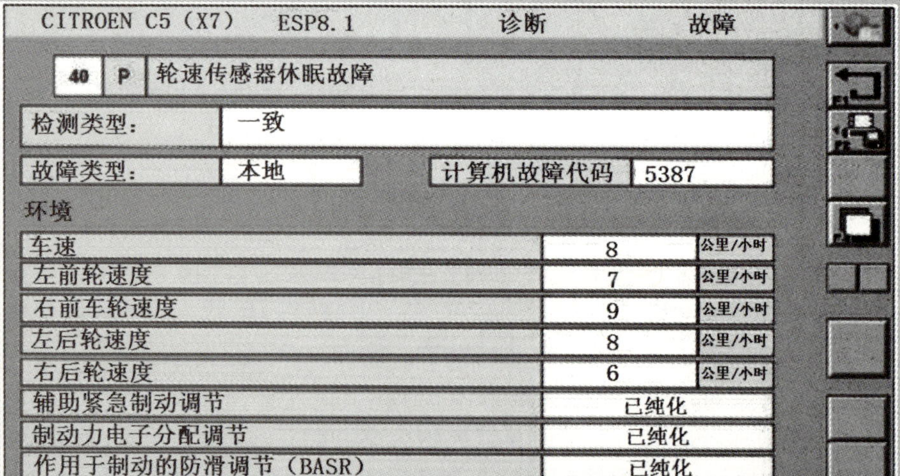

图2-71　故障背景显示

在以往的维修中，只碰到过网络休眠故障，从来没有意识到轮速传感器也会休眠。首先查询故障码 5387 的含义，发现对应的中文含义确实是“车轮轮速传感器休眠”，证明检测仪没有出现翻译错误。在举升机上，分别旋转 4 个车轮，通过检测仪监测，有车轮轮速信号。接着起动车辆，加速，减速，旋转转向盘，故障没有再现。再进行路试，直线路试 100m 故障没有再现。停车后重新起步，同时向左转向，故障再现，读取故障码与以前相同。考虑到 ESP 和 ABS 电控单元能够分别检测 4 个车轮的轮速信号、转向盘的旋转以及陀螺仪的数据，那么轮速传感器休眠、会不会是 ESP 和 ABS 电控单元参考各个传感器的数据后，发现信号之间存在逻辑关系错误，导致 ESP 和 ABS 电控单元主动采取轮速休眠措施呢？有什么原因导致 ESP 和 ABS 电控单元主动休眠呢？既然直行不出现，转弯才出现，会不会在这上面有文章？在直行和转向的时候，轮速信号有什么区别呢？

从常识上我们知道，直行的时候 4 个车轮的轮速信号应该大致相等；转向时，外侧的车轮车速应该大于同轴内侧的车轮车速。再次仔细观察故障背景，发现在车辆左转弯的情况下，右前轮车速为 9km/h，大于左前轮车速 7km/h，但右后轮车速为 6km/h，小于左后轮车速 8km/h，是不是两个后轮轮速信号的差异导致 ESP 和 ABS 认为数据逻辑错误，主动休眠？考虑到更换 10PR 主线束时，需要重新插接 4 个轮速传感器，是不是后面的两个接反了？检查两个后轮轮速传感器的插接器，果然与主线束接反（图 2-72）。将两个后轮轮速传感器正确连接后，删除故障码后路试，故障消失。

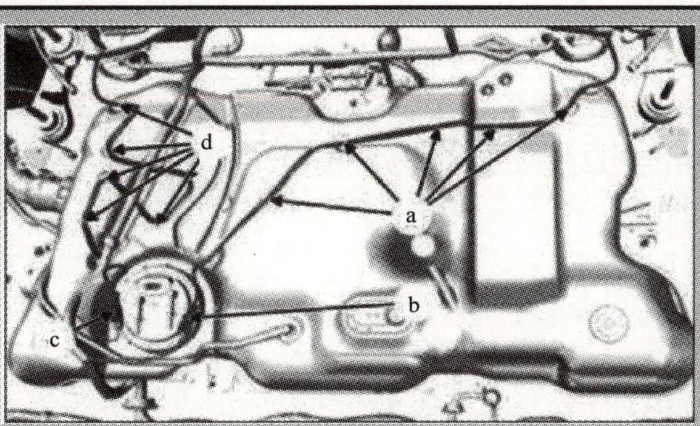

图 2-72　两后轮速传感器插接图

这个故障是典型的人为维修“修”出来的。两个后轮轮速传感器与主线束连接点都在汽油泵附近，没有防误插装置，可以相互插接。维修人员更换 10PR 主线束时，没有经验，一插了事，导致转向时两个后轮轮速与两个前轮轮速以及转向盘角度信号出现逻辑错误，致使 ESP 和 ABS 电控单元主动休眠。

雪铁龙 C5 的 ESP 和 ABS 电控单元不仅能够监测各个传感器的参数，也能在转向的时候进行逻辑判断，这也是为什么我们在举升机上旋转转向盘故障不再现的原因。**维修 ESP 和 ABS 故障时，必须注意故障出现的条件，比如 + APC、起动、车速、直行、转向、故障背景参数等条件，这能够帮助我们快速分析，少走弯路。当我们在举升机上旋转车轮读取参数的时候，不仅要注意有无轮速信号，还应该注意该信号与旋转的车轮是否一致。**

○2-101　长安铃木雨燕ABS灯为何报警？

一辆2005款长安铃木SC7132雨燕轿车，装配日本铃木1.3L电控汽油发动机和5速手动变速器，行驶里程8.8万km。该车出现ABS灯报警故障。

ABS故障灯一直报警，说明该车电控系统有问题。使用诊断仪对该车ABS系统读取故障码，故障码为C0125——左前轮速传感器电路故障，C1022——右前轮速传感器电路或传感器齿环故障。清除故障码，C0125故障码无法清除，怀疑左前轮速传感器损坏。

拆下左前轮，拔下左前轮ABS轮速传感器2P插接器，用万用表测其电阻，阻值无穷大（正常应在1.34kΩ左右）。更换新的左前轮速传感器装车，并对右前轮速传感器阻值进行了测量，其阻值在正常值范围内。打开点火钥匙至ON挡，清除故障码，故障码消失，ABS灯熄灭。接上诊断仪路试，当车速达到30km/h时，ABS故障灯又开始报警了，并且右前轮速信号中断，读取故障码为C1022，怀疑右前轮速传感器出现偶发性故障。对右前轮速传感器做进一步检查，测量其阻值在正常值范围内。用一把一字螺钉旋具轻轻拨动传感器齿环，传感器齿环在半轴上能够空转，拆下右前轮轴头螺母及制动盘，发现齿环已经有一处开裂，与半轴不能紧密配合。更换一只新的右前轮速传感器齿环装车，经反复路试，ABS故障灯不再报警。至此故障彻底排除。

原来该车两天前曾更换过两前轮轴承，更换之前，ABS故障灯并没有报警，更换后出现上述故障。**该车左前轮速传感器很可能是由于维修人员在更换左前轮轴承时，由于敲击过猛造成左前轮ABS传感器线圈断路。右前轮速传感器齿环开裂的原因可能是由于在安装制动盘时没有将齿环放正，强行将右前轮轴头螺母上紧，致使传感器齿环变形开裂，引起齿环在半轴上出现车速30km/h以上时右前轮速传感器信号中断。**

2-102　起亚赛拉图为何制动效果差？

一辆东风起亚赛拉图轿车，行驶里程2.5万km。该车制动踏板工作行程过大，制动踏板位置较低，制动效果差。

此车事故修复后出现此故障。根据故障现象分析，引起此故障的可能原因有：系统内有空气、制动总泵损坏、ABS电控系统故障、制动片与制动盘间隙过大或存在泄漏点等。

使用诊断仪对ABS系统进行检查，发现无故障存储。路试读取数据流也无异常。紧急制动，ABS工作正常。对制动系统进行外观检查，未发现有漏油现象。对系统进行排气，未发现系统内有空气。试车，故障依旧。检查4个车轮制动片与制动盘的间隙，间隙为自动调整，间隙正常。检查各分泵也无松动变形等异常现象。

拔下ABS控制器总成插头，使ABS失去作用，试车，故障依旧。拆下制动总泵，未发现异常情况。试着更换了制动总泵，系统排气，试车，故障依旧。故障维修工作陷入了僵局，于是重新把可能的故障原因又考虑了一遍。**ABS泵内部复杂，既有常开阀又有常闭阀，当某个常闭阀关闭不严造成非常轻微的泄漏（图2-73），制动时极少量高压制动油就会流入蓄压器，造成制动踏板低，从而造成制动不良；当抬起制动踏板，制动油又从常闭阀经制动总泵回到了制动油壶。**更换ABS控制器总成，排气试车，故障排除。

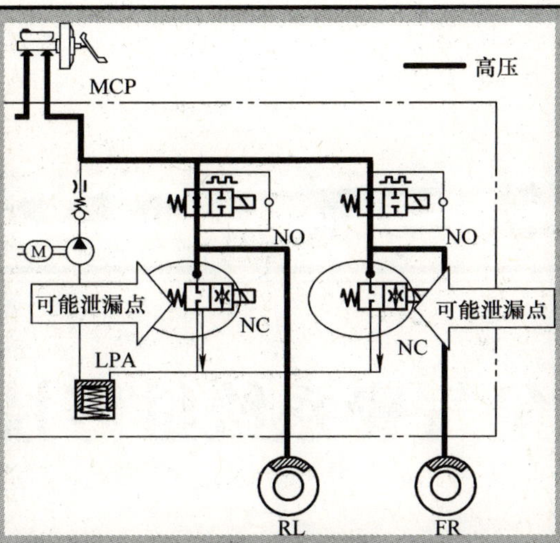

图 2-73 制动油路

第三章

安全气囊系统维修技能

◎ 3-103　宝马 525Li 为何安全气囊故障灯常亮？

一辆 2005 款宝马 525Li E60 轿车，行驶里程 15 万 km。该车仪表中安全气囊故障灯常亮。

接车后通过诊断仪读取安全气囊系统故障码：98E0 – SBSR——右前安全带拉紧装置引爆电路电阻太大。这里的 SBSR 为右侧 B 柱卫星式控制单元。E60 车型中沿袭使用了在 E65/66 中验证合格的光缆技术 byteflight。左侧/右侧 B 柱卫星式控制单元位于 B 柱车门槛区域下方，通过 byteflight 与 SGM（网关控制单元）相连。随着传感器和执行器不断地增加，极其迅速安全的数据交换就变得尤为必要。总线系统由中央安全和网关单元 SGM 和卫星式控制单元组成。卫星式控制单元呈星形通过塑料光缆与 SGM 相连。数据交换以极高的速度双向进行。为此，每个卫星式控制单元都具有发送/接收单元。SGM 针对每个卫星式控制单元设置一个单独的发送/接收单元。左侧/右侧 B 柱卫星式控制单元 SBSL/SBSR 通过 byteflight 与 SGM 相连。卫星式控制单元的供电同样通过 SGM 完成，并通过一个存储电容器缓冲。当 byteflight 处于休眠模式，SGM 会切断卫星式控制单元的供电。在卫星式控制单元中，各集成有一个采集纵向和横向加速度的加速传感器。该传感器提供一个电压值作为测量值。该电压值作为车辆正负加速度的尺度，在卫星式控制单元中进行分析。该传感器持续发送确定的数值。这个测量值通过 byteflight 传送给 SGM 和所有卫星式控制单元。当 SGM 识别出一个临界范围，就会发出同步脉冲起动报警模式。通过进入报警模式，使卫星式传感器转入可触发状态。根据碰撞严重程度和卫星式控制单元中存储的触发规则，控制所需的执行器。执行器的引爆电路与卫星式控制单元中的点火终极相连，并通过电容器放电而点燃。对于所有卫星式控制单元来说，在驾驶前检查和正常行车期间的引爆电路自检都是相同的。SBSR 监视控制下列引爆电路：

◆ 前排乘客前部安全气囊

◆ 右侧头部安全气囊（AITS II）

◆ 右侧后门侧面安全气囊（SA261）

◆ 右侧安全带拉紧装置

◆ 右侧后部安全带拉紧装置（SA261）

安全带拉紧装置为燃爆式安全带拉紧装置，其任务就是在发生碰撞时尽量减少背部和肩部出现的安全带拉长。安全带拉紧装置在驾驶人以及前排乘客座椅内部，与安全带自动回卷装置中的机械限力器配合，可达到减小乘员胸部负荷的效果。安全带拉紧装置的机械原理，包括引爆装置、发生器、柱塞和拉索，如图 3-1 所示。

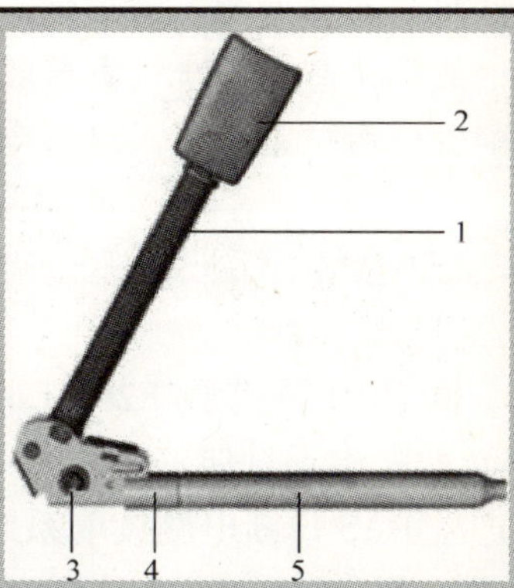

图 3-1 安全带拉紧装置
1—带支撑鞭 2—安全带锁扣及开关
3—定卡箍 4—气体发生器 5—紧管

发生足够严重的碰撞时，气体发生器被引爆，气体冲出并推动拉紧管的活塞。活塞上固定的线绳将安全带锁向下拉并将安全带的松弛部分拉住。

选择故障内容，简单地执行检测计划后，维修人员武断地判断为右前安全带拉紧装置故障。依据经验来看，一般安全带拉紧装置出故障的几率确实比较高，不过没有想到更换完右前安全带拉紧装置后，故障灯依然点亮，故障码无法清除，故障内容当前存在。回过头来回顾刚才检查维修的过程。诊断仪根据故障内容给出了 SBSR 右前安全带拉紧装置的电路图，维修人员执行检测计划时不是很认真，没有严格执行检测计划的检查项目，对于需要人工检查确认的项目，没有测量确认，靠人为感觉作出判断。故障码 98E0 – SBSR——右前安全带拉紧装置引爆电路电阻太大，也许是右前安全带拉紧装置引爆电路有问题，或者 SBSR 有问题，而不是安全带拉紧装置自身的问题。调出检测计划中的 SBSR 右前安全带拉紧装置的电路图，如图 3-2 所示，SBSR 对于安全带拉紧装置的控制电路其实是很简单的。如果 SBSR 的 X13630 端子和右前安全带拉紧装置的 X10217 端子之间的导线导通没有问题，就是 SBSR 本身有故障了。拆卸右侧 B 柱饰板，断开 SBSR 的 X13630 端子，刚把线束拉出来，就发现了问题：有两根导线已经严重地人为破坏了，并且有一根导线上还连接了一个电阻，如图 3-3 所示，电阻的另一端金属丝也断掉了。对照电路图，这两根线刚好是 SBSR 的 X13630 端子和右前安全带拉紧装置 X10217 端子之间的导线。

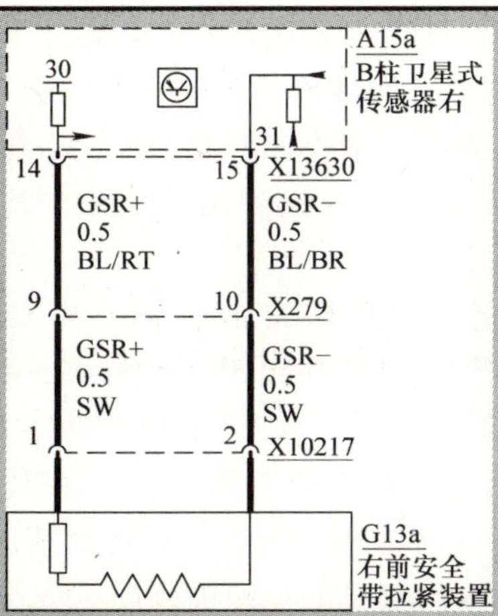

图 3-2 右前安全带拉紧装置电路

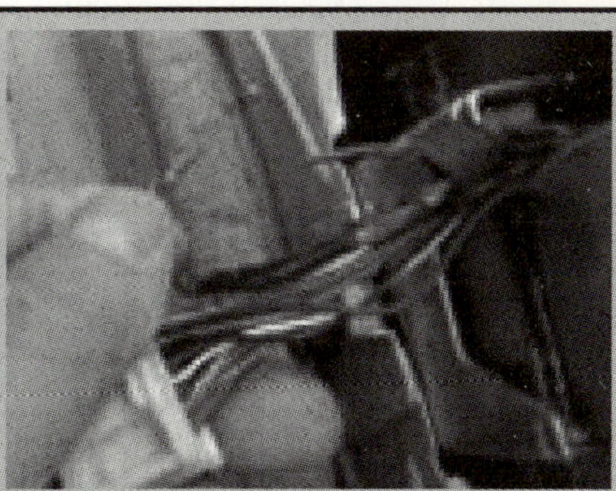
图 3-3 故障位置

拆下电阻，焊接好两根导线，故障排除。

这是一起典型的人为故障，猜测分析右前安全带拉紧装置以前可能出现过引爆或者出现过其他故障，造成安全气囊系统报警，所以就在SBSR控制单元前面直接连接了一个电阻替代右前安全带拉紧装置，结果电阻连接不牢固，造成断路，引起安全气囊系统报警。

◎3-104 奔驰E260 SRS故障指示灯为何偶尔闪烁？

一辆2010款奔驰E260 Coupe轿车，行驶里程1.7万km。该车仪表中辅助防护装置（SRS）故障指示灯偶尔闪烁。

连接DAS诊断电脑读取系统故障码：9C14——驾驶人碰撞响应式头枕，颈部保护头枕（NECK－PRO）断路；9C1A——前排乘客碰撞响应式头枕，颈部保护头枕（NECK－PRO）断路。故障出现频率均为一次，且在同一时刻出现。

由于辅助防护系统关系到驾乘人员的生命安全，为谨慎起见，决定进行仔细检查。按照DAS诊断电脑的故障引导功能，先检查驾驶人座椅插接板X55/3的插接是否良好，插针有无变形，插头是否受腐蚀，连接线束有无破损等，结果一切正常。接着，根据诊断电脑引导，检查驾驶人侧碰撞响应式颈部保护头枕（NECK－PRO）电气插接器X150/1，结果一切完好。之后检查头枕线束与安全气囊电脑之间的连接是否松动，结果正常。按照诊断电脑的引导，检查前排乘客座椅上的插接器X55/4和X150/2也未发现异常。为什么前排左右碰撞响应式头枕（NECK－PRO）电磁线圈的电路会同时断路？前排左右碰撞响应式头枕（NECK－PRO）电磁线圈的电气插头分别在驾驶人座椅和前排乘客座椅里面，不可能同时都松动了。

又查看了全部系统的故障码，后SAM（车身）电脑记录了故障码：B215F72——“接头15R”继电器（1）存在故障，促动器不关闭。故障频率也只有一次。但这个故障码与头枕线束断路又有什么关系呢？再次查看故障引导，诊断电脑要求关闭点火开关，用电脑激活“接头15R”继电器（1）N10/2KB和“接头15R”继电器（2）N10/2KG，结果一切正常，但是感觉“接头15R”继电器（1）N10/2KB相比其他继电器有点热。拔下两个继电器，检查插头无锈蚀，继电器与后SAM插接良好。初步怀疑，该继电器内部存在接触不良或者工作时间太长导致自身过热的现象。刚才的疑问再次浮现，此故障码与头枕线束断路之间有什么关系呢？除非两前碰撞响应式头枕电磁阀有共同的结点，才能解释清楚为何它们同时断路。为了验证刚才的猜测，通过WIS（车间信息查询系统）查询到两前碰撞响应式头枕（NECK－PRO）电磁线圈的电路图（图3-4）。

由图3-4可以看出，两前头枕电磁阀各自有一根线连接到后SAM的3I插头的63I插头上的6号针脚，如果该针脚松动，便可以自圆其说了。拆开后SAM找到3I插头检查，并未发现6号针脚（图3-5）有松动的迹象；后SAM上对应的插针无变形，也没有发现有锈蚀之处。

故障码的出现是偶然还是必然呢？所做的这些检查似乎都不能说明是什么原因导致辅助防护装置（SRS）故障指示灯偶尔闪烁的。再次研读一遍故障码列表，没有找到其他系统内存储的故障码。总是觉得在同一里程数下产生的故障码B215F72与两前预防式安全头枕电磁阀之间有内在的联系。沿着电路图向上查线路走向，点开3I电路图（图3-6）的文件号PE54.21－P－2108EAF。

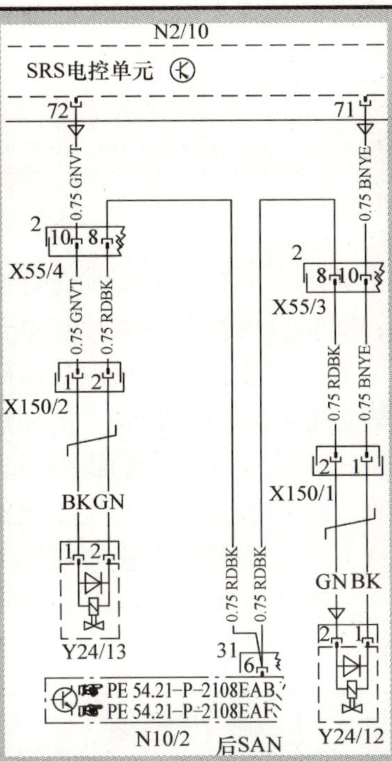

图 3-4 头枕电磁阀电路

Y24/13—前排乘客碰撞响应式头枕电磁阀

Y24/12—驾驶人碰撞响应式头枕电磁阀

图 3-5 后 SAM 的 3I 插头

电路图表明 3I 插头 6 号针脚是由后 SAM 上的第 37 号 5A 熔丝供电，熔丝之前的线路是由 KB 继电器控制，也就是由“接头 15R”继电器 1（N10/2KB）控制。到此一切豁然开朗。由于 KB 继电器内部故障，工作不稳定，导致其控制的线路偶尔断路。原来两者的内在联系在此，KB 继电器为两前碰撞响应式头枕电磁阀供电，其存在故障，导致两前头枕同时报断路。

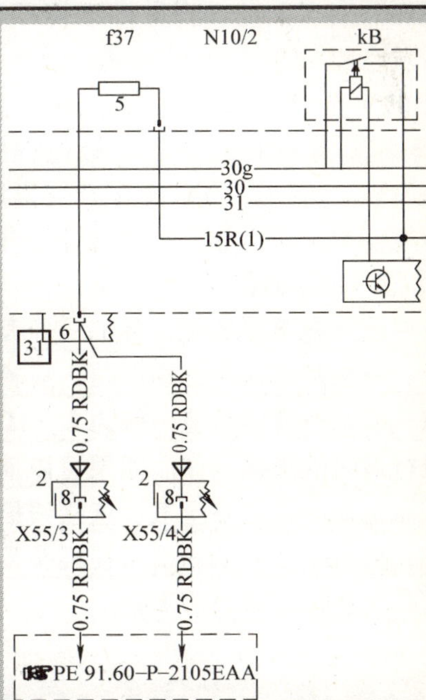

图 3-6 3I 插头 6 脚电路

该故障里所出现的故障码虽然在近期内只出现了一次，但不能由此就判定只是偶发性故障，而不引起足够重视。现在的车载系统越来越复杂，各系统间的联系也越来越紧密，可以说是牵一发而动全身。在考虑解决思路时，不能只根据所在系统报的故障码或两次故障引导，就以为可以找出故障原因。一个故障码并不能说明所有的问题，应该与其他系统存储的故障码联系起来，分析它们之间的内在联系。不要放过任何一个信息，也许它们正是解决问题的关键。不要轻易忽视驾驶人所报修的项目，这是工作态度，也是对驾驶人负责的表现。在理不出头绪时，查找相关的电路图，是不可缺少的。

◎3-105　奥迪A6安全气囊灯为何报警？

一辆2004款奥迪A6 1.8T轿车因侧翻事故来厂维修。事故造成驾驶人侧座椅气囊爆开，安全带抱死。在更换气囊控制单元、新驾驶座椅以及安全带后，发现仪表板气囊灯报警。该车事故只造成了驾驶人侧座椅气囊引爆，并且已经更换，同时也更换了气囊控制单元。

首先连接故障诊断仪VAS5052进行自诊断，选择15－安全气囊系统，读取故障码，发现控制单元内存储了故障码：01219——驾驶人侧后排侧面安全气囊引爆装置N201对地短路。

因为该车在钣金维修时拆装过室内线束，因此怀疑后排座椅安全气囊的线束插头没插牢固，于是关闭点火开关，拆下后排座椅对其插头进行检查，经检查该插头无松动现象。然而打开点火开关后发现气囊灯仍然报警，于是索性关掉点火开关，拔掉后排座椅左侧气囊线束的插头，继续读取故障码，此时显示的故障码是01219——驾驶人侧后排侧面安全气囊引爆装置N201引爆装置阻值过大。看来安全气囊或者其连接线束有问题。

为了进一步确认故障点，将后排座椅的两个气囊连接线束插头对调了一下，继续读取故障码，此时显示故障码：01220——乘客侧后排侧面安全气囊引爆装置N202对地短路，由此排除了气囊连接线束故障因素，看来后排座椅左侧的气囊确实有问题。将后排座椅靠背拆下后发现里面的气囊已经爆开了一点，只是没有全部爆开，气袋没有爆出来（图3-7），导致在之前的维修过程中没有被发现。更换新的座椅安全气囊以及气囊控制单元后，试车，气囊报警灯熄灭，故障彻底排除。

图3-7　未完全引爆的后排座椅左侧的气囊

对于气囊报警故障，我们一般要用自诊断检查其故障范围，如果遇到气囊引爆装置阻值过大，一般则可认为出现断路，应检查其连接插头。如果气囊引爆装置对地短路，则可重点检查气囊，气囊的阻值一般为2~3Ω，可以找一个同阻值的电阻，替换安全气囊引爆装置，再进行清除故障码操作。如果可以清除掉故障码，则说明该气囊有问题，必须予以更换。特别注意电动座椅的安全气囊连接线插头，由于拆装座椅稍不注意就会把座椅下线束固定卡子弄坏，而且前后移动座椅可使插头受力，从而造成插头松动或脱落，出现座椅电动功能失效或者是气囊报警等故障现象。

◎3-106　大众途锐气囊灯为何常亮？

一辆大众途锐SUV气囊灯常亮。用诊断仪读故障码为乘客侧安全带开关E25，更换乘客侧安全带开关（原厂配件），检查线路没有发现异常，但故障码还是清除不掉。

接车后用诊断仪读取到故障码：00529——乘客侧安全带开关 E25（图 3-8）。因为使用的不是专用诊断仪，所以可能有误报的情况。新更换的安全带开关虽然是全新并且是原厂的，但也可能有问题。另外，安全带开关线束或气囊 ECU 可能有故障。接下来检查重点就是怎样排除以上可能性。要想知道诊断仪的报告是否有误，可以拔掉相应气囊的插头，然后再用仪器读取故障码，如果仪器读取的故障码与所拔掉的气囊插头不符，说明诊断仪的报告是错误的；如果仪器读取的故障码与所拔掉的气囊插头相符，说明诊断仪读取的故障码是正确的。

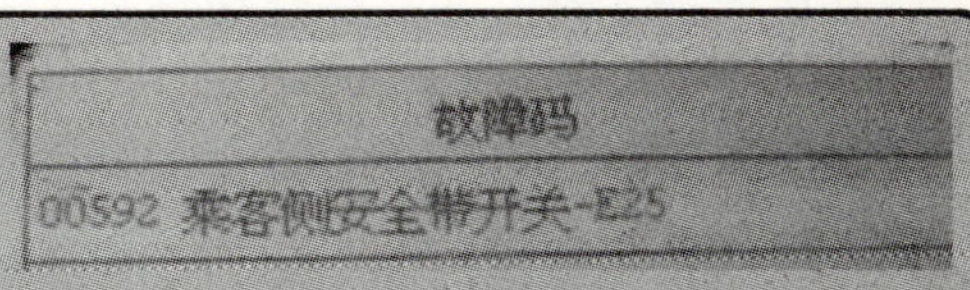

图 3-8　故障码

拔下乘客侧气囊点火器插头和安全带开关插头，位置如图 3-9 所示，诊断仪里面显示的故障码与所拔插头相符（图 3-10）。说明诊断仪显示的故障码是准确的。**新更换的安全带开关是否有问题，可以通过测量电阻来判断。当没有插安全带时，测量安全带开关的电阻为无穷大。当插好安全带后，测量安全带开关的电阻为 0。通过两次测量数据，可以判断出新安全带开关的工作电路，**如图 3-11a 所示。

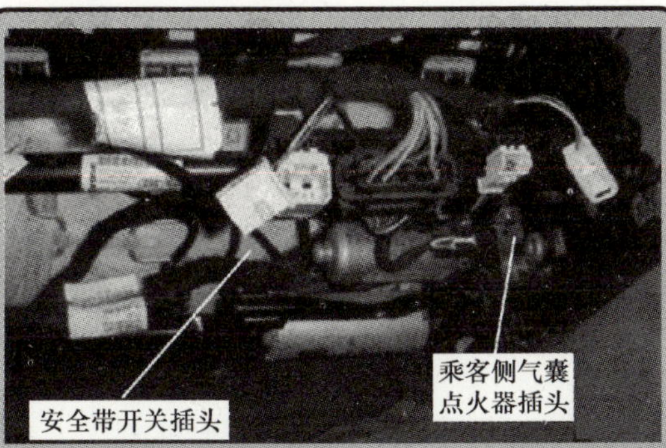

图 3-9　插头位置

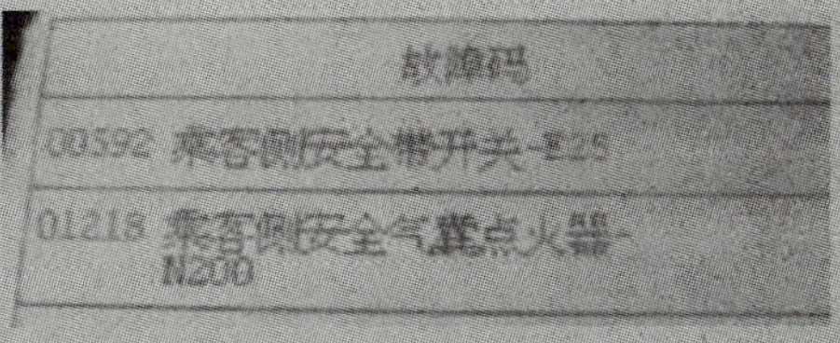

图 3-10　读取故障码

通过测量，感觉安全带开关工作正常，质量应该没有问题。继续测量原车换下来的安全带开关，当未插安全带时，测量安全带开关的电阻为 400Ω。当插好安全带后，测量安全带开关的电阻为 300Ω。通过两次测量，可以判断出原车安全带开关的工作电路，如图 3-11b 所示。通过对新更换的安全带开关和原车换下来的安全带开关的电阻测量，发现这两种开关的工作电路应该是不一样的。也就是说，新更换的安全带开关虽然没有质量问题，但可能与本车不匹配。查询零件号，新换的安全带开关上面的编号是 716 857 778 E，原车的安全带开关上面的编号是 716 857 778 B。编号不一样，两个零件不能通用。

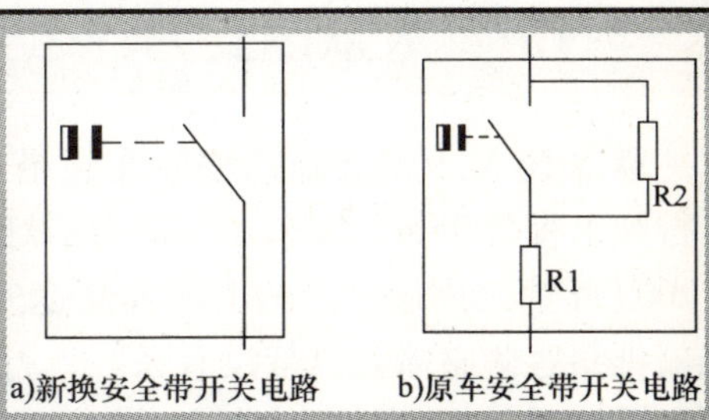

图 3-11　安全带开关电路

测量驾驶人侧安全带开关的电阻，当未插安全带时，电阻为400Ω；当插好安全带后，电阻为99Ω。通过驾驶人侧安全带开关与乘客侧安全带开关电阻值的对比，现在可以肯定，换下来的原车安全带开关的故障码清除不掉，是因为其工作电阻值不正常造成的。同时通过电路图可以发现故障可能是因为开关内部触点接触不良造成的。

查阅维修资料，安全带开关电路如图3-12所示，发现同一种车型会因为配置不同而使用两种工作原理不相同的安全带开关。更换相同型号的安全带开关之后故障排除。

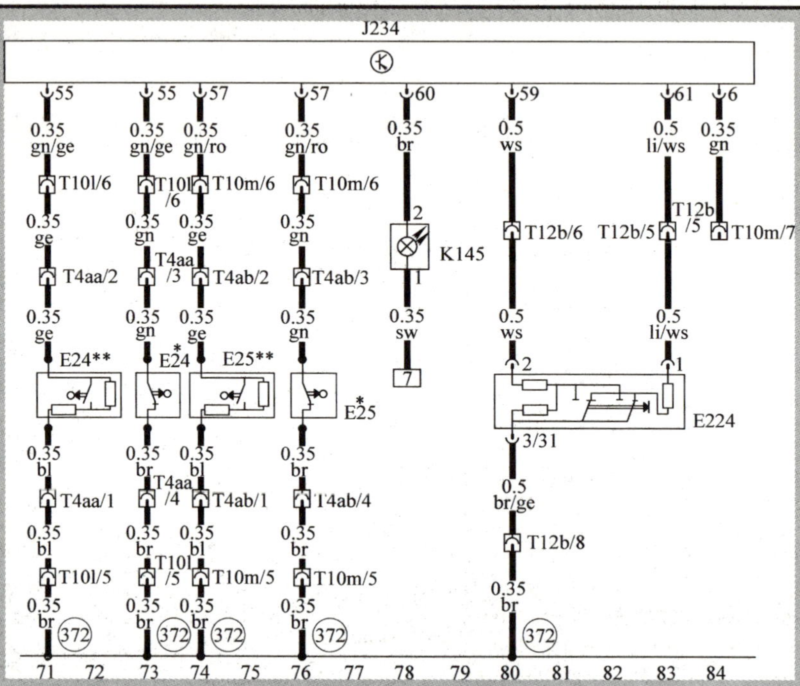

图3-12　安全带开关电路

J234—安全气囊控制单元　E24—驾驶人侧安全带开关　E25—前排乘客侧安全带开关
E224—前排乘客侧安全气囊关闭钥匙开关　K145—前排乘客侧安全气囊关闭指示灯

◎3-107　大众途安为什么安全带指示灯报警？

一辆2010款上海大众途安轿车，搭载1.8T涡轮增压发动机，匹配6挡手自一体变速器，行驶里程300km。该车安全带指示灯报警。

2009年第三周后生产的上海大众途安轿车，安全带报警系统的控制过程如下：驾驶人侧或前排乘客侧座椅安全带没有系好，打开点火开关时，仪表板上的安全带报警指示灯K19亮起；系好时，仪表板上的安全带指示灯熄灭。同时，前排乘客侧座椅还有一个座椅占位传感器，当前排乘客不系安全带时指示灯K19亮起，车辆在行驶过程中会出现“滴滴”的报警声，提示乘客系上安全带，防止车辆在行驶过程中出现交通事故时，乘客因不系安全带而带来伤害。

在不系安全带的情况下打开点火开关，仪表板上的安全带指示灯K19正常亮起；系上驾驶人侧安全带，安全带指示灯K19熄灭。当前排乘客侧座椅有人时，安全带指示灯K19

没有亮起，无人时安全带指示灯 K19 反而亮起，亮起时系上安全带，指示灯也没有熄灭（正常情况下，前排乘客侧座椅有人但不系安全带时，指示灯 K19 亮起，系上安全带时指示灯熄灭）。查电路图得知，安全带指示灯受安全气囊控制单元控制。

用 VAS5051/B 车辆诊断仪对安全气囊控制单元进行故障查询，未发现故障码，进入读取测量数据块功能，检查座椅占位传感器和安全带开关的功能是否正常，其数据在第三显示组。第三显示组有四区含义，由上到下依次为：第一区，前排乘客侧座椅占位传感器显示正常状态；第二区，驾驶人侧座椅占位传感器显示未安装；第三区、第四区，分别是驾驶人侧和前排乘客侧安全带开关的状态。驾驶人侧和前排乘客侧安全带系上或解开，屏幕上分别显示“是”或“否”；驾驶人侧安全带系上或解开，第三区安全带开关的状态将分别变为“是”或“否”，通过观察第三区含义，可以判断驾驶人侧安全带开关没有故障。前排乘客侧安全带系上或解开时，第四区都显示“否”。

导致安全气囊控制单元认为没有系安全带的原因，可能有安全带开关损坏，或线路有短路的情况。检查座椅占位传感器的功能是否正常，当前排乘客座椅有人时，座椅占位传感器的数据没有变化；前排乘客侧座椅上没人时，第四区的“否”竟然变为“是”。考虑到途安车线束布置的规范性，排除安全带开关的线束被座椅挤压的可能。这时想到**故障是在该车加装完地胶后才出现的，有可能在加装地胶拆装座椅时安全带开关的线束插头和座椅占位传感器的线束插头插错位。将座椅调节到最高位置检查线束的插头，查看电路图得知，安全带开关和座椅占位传感器的插头都是连接安全气囊控制单元和搭铁连接线的，两个插头插错不会给安全气囊控制单元造成故障，但会影响对安全带的控制**。将两个插头调换，检查安全带指示灯和读取车辆数据块中的功能，均正常。至此故障完全排除。

3-108 帕萨特安全气囊警告灯为何常亮？

一辆上海帕萨特 B5 1.8T 自动挡轿车，该车安全气囊故障警告灯点亮，维修后未彻底解决此故障。

接车后，连接故障诊断仪 VAS5052 进入安全气囊控制系统进行检测，设备显示故障内容——控制单元阻塞（偶发性）。在对故障码进行记录后，清除了故障码，经试车故障码没有再次出现。对安全气囊系统的相关线路及线路插接器进行了检查，但并没有发现任何问题。怀疑安全气囊控制单元（图 3-13）损坏，使得系统不能正常工作。因驾驶人急于用车，故暂时先更换了安全气囊控制单元了，并让驾驶人继续观察。

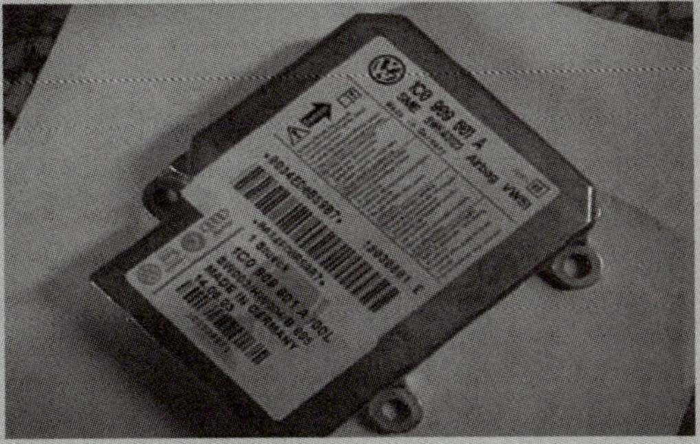

图 3-13 安全气囊控制单元

3 天后驾驶人返厂，称安全气囊故障警告灯仍旧点亮。连接故障诊断仪进行检查，发现故障码依然显示控制单元阻塞（偶发性）。看来控制单元本身并没有损坏，故障点应该不在这里。之后对该车安全气囊系统所有电源线和搭铁线进行了测量，并对各个线路的插脚进行了紧固，并没有发现异常。长时间不间断试车，车辆在行驶过程中突然出现轻微的犯闯现象。随着试车时间的延长，故障发生得越来越频繁，伴随着一次较明显的犯闯，安全气囊警告灯随即点亮。对安全气囊控制系统进行了检测，相同的故障码再次出现。

难道该车安全气囊系统的故障是由自动变速器系统的故障引起的？此时考虑到该车装有CAN总线系统，其中**发动机控制单元、自动变速器控制单元、ABS控制单元及安全气囊位于同一系统（图3-14）中。这些控制单元间是互相通信的，一旦某个控制单元出现问题，那么很有可能对其他系统进行干扰。**为此，随后对该车的各个控制系统进行了全面的检查，终于在网关系统中发现了一个故障码：变速器控制单元没有响应（偶发性）。再次试车过程中，安全气囊故障警告灯再次点亮，且在安全气囊警告灯点亮前确实伴随着一次较为明显的车辆犯闯现象。

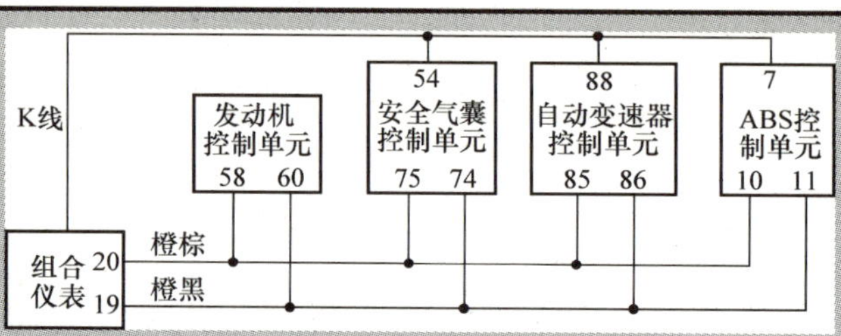

图3-14 驱动总线连接示意图

根据以上试车和检查结果，对变速器控制单元的线路进行了全面检查，但并未发现异常现象，为此决定更换变速器控制单元（图3-15）。在更换控制单元后，进行了长时间的试车，气囊警告灯一直未点亮。至此，确定该车气囊警告灯点亮的故障原因是，变速器控制单元在通信过程中发出的信号不可靠，干扰了气囊控制单元的正常通信，所以气囊控制单元误认为气囊控制单元本身出现故障，从而显示“气囊控制单元阻塞”故障码并使气囊警告灯点亮。

图3-15 变速器控制单元

◎3-109 帕萨特B5为什么起动后熄火？

一辆2005款上海大众帕萨特B5轿车，搭载1.8T发动机。该车发生交通事故进行修复后，发动机出现了起动后熄火故障，认为与防盗系统有关，但是仪表板上的防盗指示灯并没有点亮，而只是安全气囊指示灯点亮。

用故障检测诊断仪VAS5051进行故障码查询，发现有两个故障码：00588——驾驶人侧安全气囊电阻过大；18056——驱动数据总线损坏。因为驾驶人侧安全气囊还没有安装，所以并没有将检查重点放在安全气囊上。驱动数据总线损坏是指CAN－H总线或CAN－L总线出现了问题，使用VAS5051的示波器功能检查CAN－H总线和CAN－L总线的波形，通过观察波形图可以发现，两条数据总线已经对地短路。

考虑到该车刚发生过交通事故的实际情况，认为造成数据总线对地短路的最可能原因是在数据总线上连接的控制单元受到撞击后损坏或相关线路出现了问题。依次拆下 ABS 控制单元、发动机控制单元、安全气囊控制单元以及仪表控制单元上的线束插头，但是故障并没有消失。

通过上面的检查可以确定，故障点应该在相关线路上，即线路本身搭铁。**ABS 控制单元、发动机控制单元、安全气囊控制单元以及仪表控制单元是由数据总线按照星形方式连接在一起的，因此可以用断线排除法诊断故障。**找到仪表板后面的数据总线中心连接点，将各控制单元的线路逐一断开，当断开安全气囊控制单元的连接线路时，故障消失，这说明问题就在安全气囊控制单元线束上。

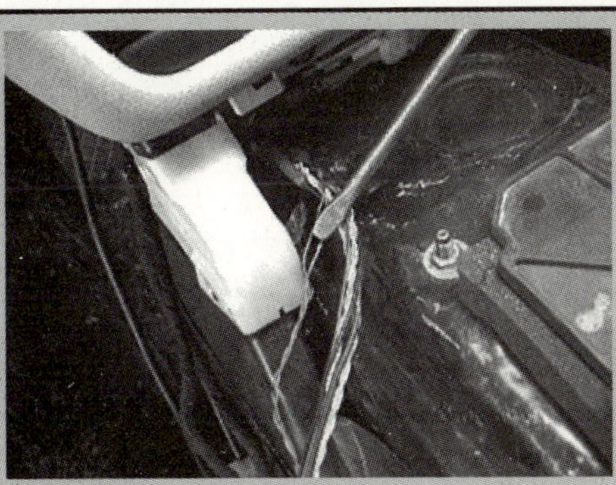

图 3-16　气囊控制单元线路外皮损坏

顺着安全气囊控制单元线束查找，最后在变速杆旁发现了有外皮破损的线路（图 3-16），将线束处理好后，试车，故障彻底排除。安全气囊控制单元线束损伤后，导致数据总线直接搭铁，各控制单元之间数据无法传输，所以发动机起动后就会熄火。在发生事故时并没有损伤到变速杆处的安全气囊线束，但该处线路的外皮却呈现挤压破损的痕迹，这应该是在修理过程中不小心损伤的，从而导致了发动机起动后熄火的故障。

◎ 3-110　帕萨特领驭为何安全气囊故障警告灯常亮？

一辆 2007 款帕萨特领驭 V6 轿车，交通事故后安全气囊引爆，维修更换气囊系统所有部件，但气囊警告灯仍然常亮。

图 3-17　安全气囊控制单元

连接车辆故障检测诊断仪 VAS5052 进入安全气囊系统，查询系统内有两个故障码：01224——控制单元与车型不匹配，00588——驾驶人侧气囊引爆装置 N95 电阻太小。对于第一个故障码，怀疑是安全气囊控制单元型号与原车控制单元（图 3-17）型号不一致造成的，可原车控制单元不在身边，无法进行比较，只得另外找了一辆相同配置的轿车，用 VAS5052 调取两车气囊控制单元的有关参数，包括配件号、版本号、控制单元编码等，经比较发现两个控制单元的配件号、版本号一致，但是控制单元编码不同，一个为 12854，一个为 12851，看来故障可能就出在这里。于是查找相关资料，原来**帕萨特领驭轿车气囊系**

统根据车型配置不同，气囊控制单元的编码也不相同，配置手动变速器、普通转向盘及主副气囊的车型，控制单元编码为12854；而配置手自一体变速器多功能转向盘、主副气囊、前排乘客侧气囊及后排燃爆式安全带车型的控制单元编码为12851。根据该车配置，气囊电脑编码应为12851，经驾驶人同意，重新更换控制单元并调正编码，但是问题还没有完全解决，00588故障码依然存在。根据维修经验，气囊螺旋电缆出故障的可能性较大，于是决定更换该电缆。在拆卸该电缆的过程中，偶然发现该电缆至气囊一端线束的插头有些异样，原来是插头上的短路环变形，导致气囊前的线束短路，因而出现了气囊N95电阻太小的故障码。试着将短路环金属片恢复原样，插上气囊，重新清除故障码，气囊灯终于熄灭了，至此故障排除。

◎3-111　帕萨特领驭2.8 V6为何安全气囊警告灯常亮？

一辆2008款帕萨特领驭2.8 V6自动挡轿车，行驶里程2.34万km。该车仪表板上安全气囊警告灯常亮。

接车后连接VAS5052故障诊断仪查询安全气囊控制单元J234，发现有一个存储的故障码：00588——驾驶人侧气囊点火器N95阻值太大，偶发。读15-08-001组1区的测量值为过高（正常值应为正确）。根据维修经验，出现00588故障码一般都是安全气囊螺旋电缆组件有接触不良之处，于是决定更换带转向角传感器G85的安全气囊螺旋电缆新组件。

更换完成后，当点火开关处于ON时，安全气囊警告灯、ABS警告灯以及ESP警告灯同时点亮。使用故障诊断仪进入安全气囊控制单元，清除00588故障码，气囊警告灯熄灭。进入ABS/ESP控制单元J104查询故障信息，发现有两个故障码：00778——转向角传感器G85未进行基本设定，设定错误；01044——控制单元错误编码。

根据奥迪、帕萨特ABS/ESP控制单元的特点，在更换转向角传感器G85或ABS/ESP控制单元J104后，ABS/ESP控制单元的编码数自动变为0，需要重新对ABS/ESP控制单元进行编码并对转向角传感器G85进行补偿标定。值得注意的是，此时不能直接对控制单元编码和对G85进行基本设定，必须执行登录功能成功后方可进行。

将车辆置于水平直行位置，用VAS5052故障诊断仪执行操作的具体路径如下：进入自诊断功能，点击ABS控制单元进入功能选项界面，此时观察屏幕右上方编码栏显示的编码数为0。选择10进入测量值选项，查看数据块005组1区G85的测量值，应在±5.0°范围内，若数值绝对值大于5.0°，微量转动转向盘使数字处于公差范围，然后退回功能选项界面。选择15进入访问许可选项，显示屏出现软键盘，键入9597登录码，按确认键Q，屏幕左上方提示成功执行该功能，退回功能选项界面。选择09进入编码选项，出现软键盘，输入ABS/ESP控制单元的编码数4297，按确认键Q，屏幕右上方编码栏显示4297（0），左上方提示正在执行编码。退回功能选项界面，编码栏显示控制单元的编码为4297，表明编码成功。

再次选择15进入访问许可，显示屏出现软键盘，键入40168登录码，按确认键Q，屏幕提示成功执行该功能。退回功能选项界面，选择06进行基本设定，出现软键盘，输入通道号1，按确认键Q，屏幕出现基本设定的界面，点击基本设定激活按钮，屏幕显示设定成功。重新查询ABS/ESP控制单元的故障信息，00778和01044故障码已自动清除。退出自诊断，ABS与ESP灯熄灭，路试后故障不再出现，结束维修，将车交回驾驶人。

由于转向角传感器集成在安全气囊螺旋电缆组件上，排除安全气囊系统故障与对ABS/ESP控制单元的编码和对转向角传感器进行初始点标定的工作联系在一起，表明了现代轿车各电子控制系统之间的关系日趋紧密。如编码后对G85补偿标定不成功，应再次检查测量值005组1区G85的数值应处于公差范围内。2009年上市的新帕萨特领驭1.8T轿车装备的BOSCH 8.0 ABS系统也具有ESP功能，该控制单元的编码为273/263（自动/手动），更换转向角传感器G85后，ABS/ESP灯亮起，查询时只有00778的故障记忆，故无需执行编码程序，仅激活G85的补偿标定即可。

3-112　帕萨特领驭2.8L为何安全气囊警告灯常亮？

一辆上海大众帕萨特领驭2.8L轿车，该车仪表板上安全气囊警告灯常亮。

连接故障诊断仪VAS5051进行检测，发现故障码：00654——驾驶人安全带张紧装置引爆装置N153电阻过大。根据故障码的提示查阅电路图，发现N153就是后部安全带拉紧器引爆装置N196，位于行李箱内左后轮罩上。一般出现这种问题的原因要么是该装置损坏，要么是线路或连接插头出现问题。为了判断该装置有无问题，将N153的插头插到另一侧安全带拉紧器引爆装置N154上，再次查询故障码，发现故障码显示成了N154的故障码，说明该装置没有问题，故障应在线路或插头连接上。那么为什么该车会出现上述故障呢？原因在于，**该车后安全带是由安全气囊控制单元进行控制的，由于插头虚接，导致接触电阻过大，从而使得控制单元记录了故障码。**重新连接该插头并清除故障码，故障排除。

◎3-113　2008款帕萨特领驭安全气囊灯为何报警？

一辆2008款帕萨特领驭轿车，配备BGC 1.8L涡轮增压发动机和01V 5挡自动变速器，行驶里程15万km。该车安全气囊灯报警。

接车后试车，故障确实存在。安全气囊指示灯K75位于仪表板上，接通点火开关后，诊断单元对安全气囊整个系统进行自检，系统正常时K75 4s后自动熄灭，当检查到有故障时点亮K75，提示驾驶人需要对系统进行维修。连接专用诊断仪VAS5051B进入地址码15安全气囊读取故障码：00589——乘客侧安全气囊引爆装置1－N131电阻值过低，静态；01217——驾驶人侧侧面安全气囊引爆装置－N199电阻值过低，静态；01218——乘客侧侧面安全气囊引爆装置－N200电阻值过低，静态（图3-18）。发动机仪表及舒适系统工作正常，没有故障码。3个故障码均是静态，表明有硬性的故障存在。

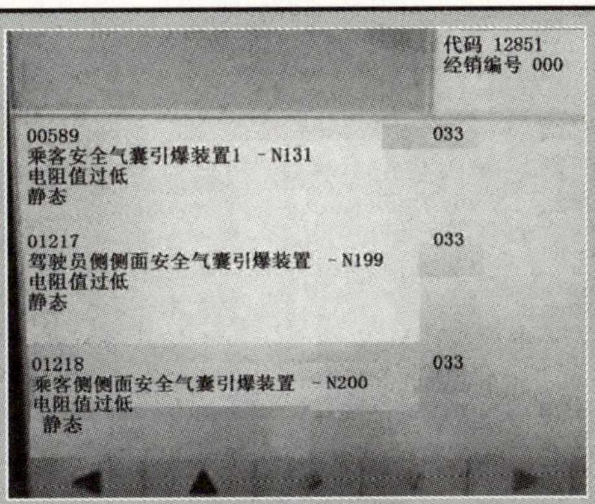

图3-18　故障码

利用自诊断读取数据流（图3-19），显示乘客侧、乘客侧侧面和驾驶人侧面安全气囊引爆装置电阻值太小，和故障的含义相吻合。结合图3-20～图3-22安全气囊系统相关电路，出现上述故障的原因有安全气囊故障、线路故障和安全气囊控制单元故障等。一般情况下领驭轿车因为驾驶人侧安全气囊复位环损坏或者安全气囊插头接触不良出现驾驶人侧安全气囊

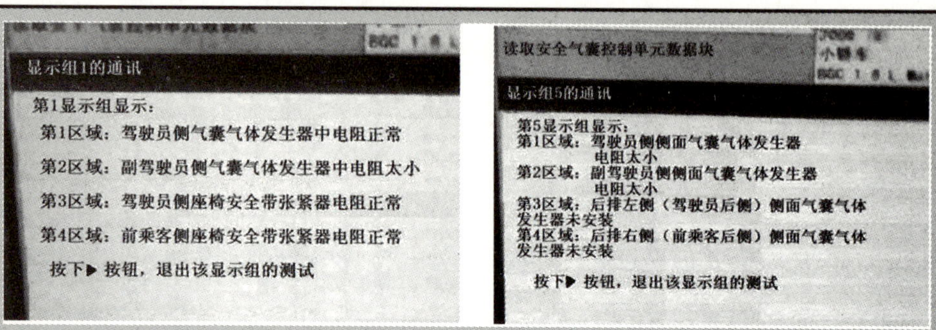

图3-19　数据流

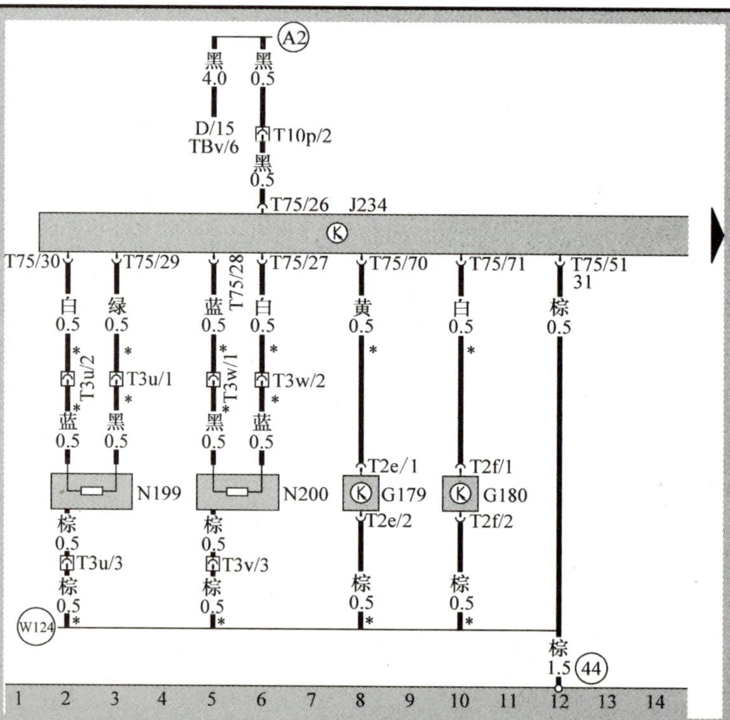

图3-20　安全气囊系统电路1

D—点火开关　G179—侧面安全气囊撞击传感器，驾驶人侧，在驾驶人座椅地毯下左侧　G180—侧面安全气囊撞击传感器，乘客侧，在右前座椅地毯下右侧　J234—安全气囊控制单元，在中央控制台的前下方　N199—侧面安全气囊气体发生器，驾驶人侧，在驾驶人座椅靠背左侧　N200—侧面安全气囊气体发生器，乘客侧，在右前座椅靠背右侧

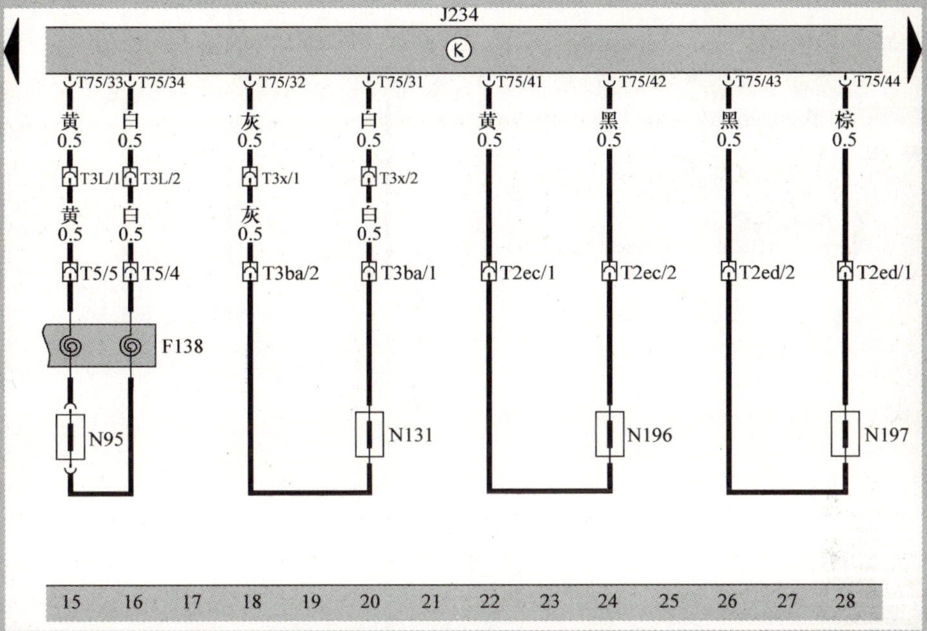

图 3-21 安全气囊系统电路 2

F138—安全气囊螺旋形电缆插接器，在转向盘下面 J234—安全气囊的控制单元，在中央控制台的前下方 N95—气囊气体发生器，驾驶人侧，在转向盘中间 N131—气囊气体发生器，右前侧，在仪表板右侧 N196—后部安全带拉紧器引爆装置，驾驶人侧，在行李箱内左后轮罩上 N197—后部安全带拉紧器引爆装置，前排乘客侧，在行李箱内后轮罩上

电阻值过高的故障码比较常见，但是现在的 3 个故障码都是电阻值太低，难道 N131、N199、N200 3 个引爆装置全部损坏了？3 个原件同时损坏的可能不大。由于安全气囊不能使用一般的万用表测量，所以无法知道 3 个安全气囊的电阻到底低到什么程度。如果 N131、N199、N200 全部损坏，拔掉 3 个引爆装置的插头后，3 个静态的故障就同时变为偶发，并且会存储 3 个引爆装置电阻值过高的静态故障码。将 N131、N199、N200 的插头全部拔下，读取故障码和数据流，发现还和原来的一样。看来问题真的是出在线路和安全气囊控制单元 J234 本身。在线路方面从 J234 到点火器之间的插接器，采用了**防止气囊误爆的短路片机构，该短路片为铜质弹簧片，又称为短路弹簧片。当插接器拔开时（插头拔下或插头与插座未完全结合），短路片将自动靠近气囊点火器一侧的插头或两个引线端子短接，防止静电或误通电造成气囊误爆，对安全气囊点火器起到保护作用**。有很多电阻过大的故障是由于插头接触不良引起的，经检查 3 个插头连接良好，不存在虚接现象。现在就只剩下线路和 J234 了，找到 J234 在准备测量线路时，发现连接 J234 的插头已经松开。将插头重新装配好，故障排除。

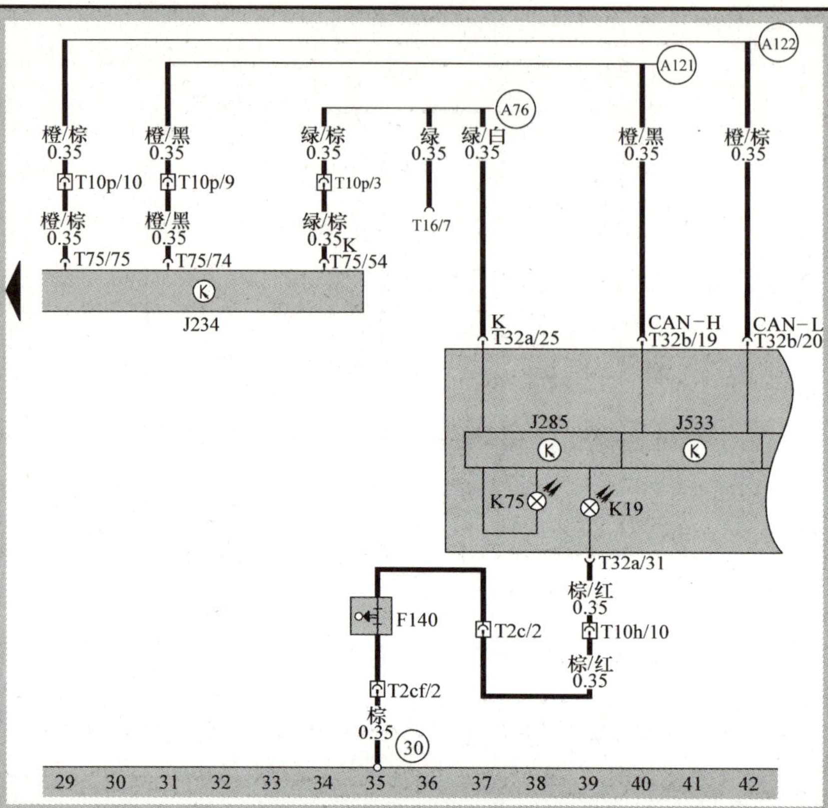

图 3-22　安全气囊系统电路 3

F140—驾驶人安全带接触开关，在驾驶人侧安全带开关上　J234—安全气囊的控制单元，在中央控制台的前下方　J285—组合仪表控制单元，在仪表板左侧　J533—数据总线的诊断接口　K19—座椅安全带警告灯－报警系统　K75—安全气囊警告灯

◎ 3-114　新速腾安全气囊故障警告灯为何常亮？

一辆 2012 款一汽—大众新速腾轿车，配备 1.4L TSI 发动机，行驶里程 5149km。该车发生事故后驾驶人及前排乘客气囊引爆，在 4S 店更换了安全气囊（SRS）控制单元、驾驶人及前排乘客安全气囊、驾驶人及前排乘客安全带及引爆器，对新 SRS 控制单元进行编码后，SRS 故障警告灯依然常亮。

接车后，首先用车辆故障检测诊断仪 VAS5052 进行诊断，查询 SRS 系统存储有故障码：B10071A——前座乘客安全带张紧引爆装置电阻过低，发生时间是安装组件的时间，因此怀疑该故障是组件安装出现问题所致。拆下乘客安全带引爆装置，检查未发现有安装问题，重新装复后故障仍然存在，于是怀疑前排乘客安全带装置有故障。拆下驾驶人及前排乘客安全带引爆装置，互换安装后重新查询故障码，故障码 B10071A 仍然存在，故障没有发生转移，因此可以判断故障并不在于安全带引爆装置。

使用大众专业万用表 VAG1526E 对前排乘客安全带引爆装置插接器到控制单元的线路

进行通断检查，两根线均导通正常、对地绝缘良好。于是怀疑SRS控制单元针脚或控制元件本身有故障，抱着试试看的心理，将另一正常车辆配置相同的SRS控制单元更换到故障车辆，重新进行控制单元编码，读取故障码仍为B10071A，从而排除了控制单元有故障的可能性。

考虑到SRS系统装置较多，系统间联系紧密，尝试拔开驾驶人安全气囊和安全带引爆装置插头，以及前排乘客安全气囊插头，查询故障码，系统中存储4个故障码：B10071A——前排乘客安全带张紧引爆装置电阻过低；B100A1B——前排乘客侧面安全气囊引爆装置电阻过高；B10001B——驾驶人侧安全气囊引爆装置电阻过高；B10021B——前排乘客安全气囊引爆装置电阻过高（图3-23）。

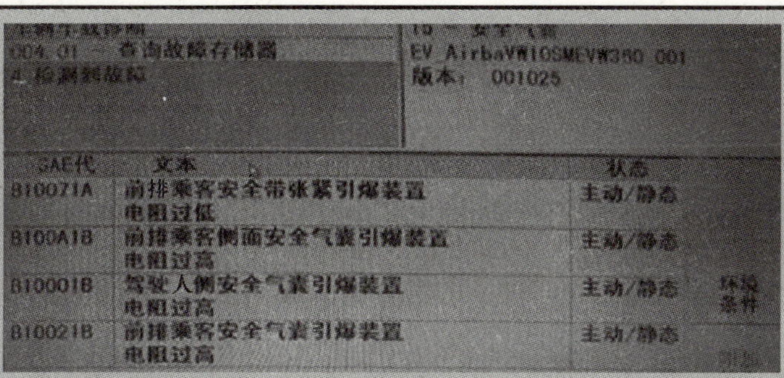

图3-23 拆除驾驶人及前排乘客气囊后显示的故障码

从诊断结果分析，故障码B100A1B、B10001B、B10021B均为断开相应组件所致，这3个故障码在连接相应组件后均可清除，可以判断故障点仍然在前排乘客安全带引爆装置及线路上，所以决定重新检查前排乘客安全带引爆系统线路。

由于安全带引爆装置不能使用万用表直接测量电阻值和通断情况，于是用电阻连接法，即用一只2Ω左右的电阻短接在引爆器连接插头上，试验是否可以清除故障码。**当将2Ω电阻往插接器上插接时，发现插接器的金属针脚向后退缩，用引爆器插头接插时，金属针脚也会退缩，这样就造成了插接器塑料外观连接正常，而金属针脚不能接触的后果。随后还发现卡箍金属针脚的塑料锁卡断裂**（图3-24），**不能卡住金属针脚，插上插头时，金属针脚就往后退缩，而拔开插头，金属针脚又恢复原位。所以断开插接器检查时，不会发现问题。**

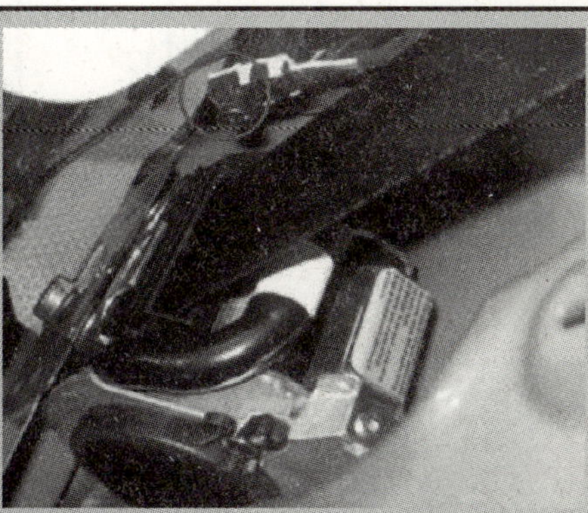
图3-24 卡箍金属针脚的塑料锁卡断裂

将插接插头锁卡重新焊接，固定金属针脚，重新装复插接插头，清除故障码，SRS故障警告灯不再点亮，故障排除。

○3-115 朗逸安全带灯为何不灭？

一辆2010款上海大众朗逸1.6轿车，行驶里程3万km。该车因加速踏板及相关线路故障更换了全车线束，全新线束安装完成后，出现安全带灯不灭的故障现象。

首先连接故障诊断检测仪VAS5052对该车进行了故障码读取，显示所有系统正常。进入15安全气囊对安全带扣数据进行读取，显示驾驶人侧安全带扣未连接；前排乘客侧安全带扣未安装。检查前排乘客座椅安全带扣没有连接线束，说明该车前排乘客侧没有安全带未系报警功能。接着反复插拔驾驶人侧安全带，数据流始终显示未连接，仪表安全带灯常亮。

由于该车线束更换的是全新的，那么存在故障很可能就是型号不匹配造成的，于是比对了旧线束的配件号，两线束配件号完全一致。关键部位的线束针脚会不会有插错的可能呢？又将安全气囊控制单元插头，以及仪表插头上每一针脚和原车所更换下来的线束进行了逐一对比，结果完全吻合。

为什么安全气囊控制单元会始终显示驾驶人侧安全带未连接呢？难道是安全带扣输入信号没有传递到控制单元？拆掉安全气囊控制单元（未拔下插头），根据图3-25所示电路图测量驾驶人侧安全带开关E24的信号。

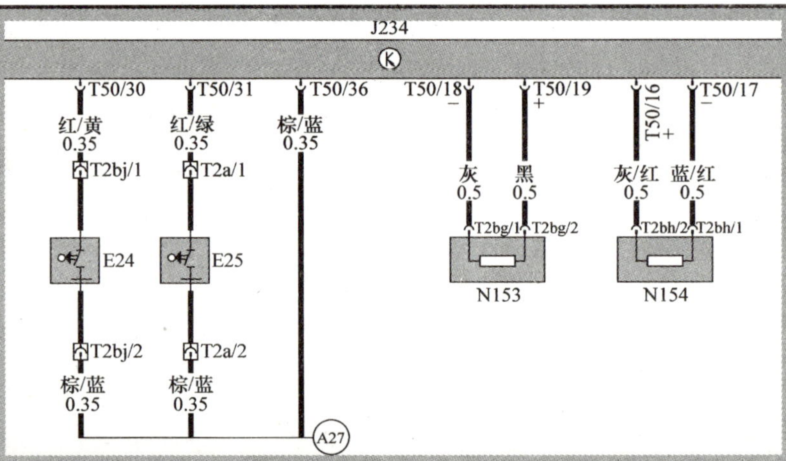

图3-25 安全带相关电路

E24—驾驶人侧安全带开关，在驾驶人座椅右侧安全带锁扣内 E25—前排乘客侧安全带开关，在前排乘客座椅左侧安全带锁扣内 J234—安全气囊控制单元，在变速杆前方的中央通道上 N153—驾驶人侧安全带拉紧器引爆装置，在左B柱下方安全带拉紧器内 N154—前排乘客侧安全带拉紧器引爆装置，在右B柱下方安全带拉紧器内 T2a—2针插头，黑色，前排乘客侧安全带开关插头 T2bg—2针插头，黄色，驾驶人侧安全带拉紧器引爆装置插头 T2bh—2针插头，黄色，前排乘客侧安全带拉紧器引爆装置插头 T2bj—2针插头，黑色，驾驶人侧安全带开关插头 T50—50针插头，黄色，安全气囊控制单元插头 (A27)—连接线，在仪表板线束内

测量驾驶人侧安全带开关E24输入信号只需要测量T50/30（导线颜色红/黄）和T50/36（导线颜色棕/蓝）的导通情况即可。而就在此时戏剧性的一幕出现了，仪表上安全带指示灯熄灭，安全气囊灯点亮了，拔掉驾驶人侧安全带，安全带指示灯正常点亮。经反复几次

试验，指示灯都能正常熄灭和点亮，这初步说明安全带开关及线路是完好的。为什么这个时候安全带指示灯功能变正常了呢？难道是安全气囊控制单元插头接触不良？在拆装的时候由于有拉动，使其现在接触上了？带着这些疑问决定把安全气囊控制单元的插头拆开对针脚检查。该插头针脚细密紧凑很难凭肉眼看出问题，于是把旧线束的T50/30和T50/36针脚与新线束进行了调换，包扎完好后试验，安全带指示功能正常。但好景不长，一会安全带指示灯又点亮了。再次拆下安全气囊控制单元，未拔下插头，打开点火开关，指示灯熄灭。经试验，指示功能随安全带插上和取下正常指示，再次安装上安全气囊控制单元，安全带指示灯常亮。现在的问题变成了只要安装上安全气囊控制单元，指示灯便常亮，拆下控制单元，指示灯指示正常。

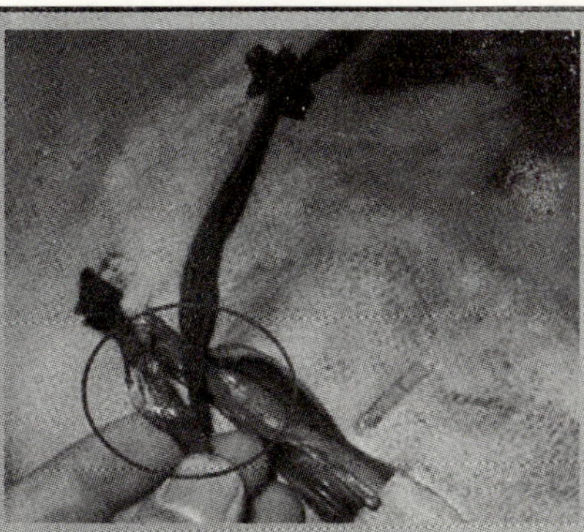

图3-26 短路部位

仔细查看了电路图，**安全气囊控制单元J234是没有单独的搭铁线的，控制单元J234所有的控制回路搭铁是靠自身底板安装后搭铁的，那么，当拆掉控制单元J234试验时，由于没有搭铁，J234本身就处于一种不正常状态，所以必须将控制单元底板搭铁才能进行正确的测试。**将J234底板搭铁后，安全气囊灯熄灭，安全带指示灯常亮。拔掉安全气囊控制单元J234连接插头，用万用表测量T50/30（导线颜色红/黄）和T50/36（导线颜色棕/蓝）之间的输入信号，插拔驾驶人侧安全带，该信号正常变化，T50/30与T50/36之间正常接通和断开。再测试两条线与负极是否短路时，发现T50/30（红/黄线）与地线短路。分段检测短路部位，很快查出在安装驾驶人座椅时，不小心将导线压住，如图3-26所示。

由于安全带开关E24下端线路与地线短路，但E24开关输出端与T50/36之间并没有问题，所以测量T50/30与T50/36两端测不出问题，无论安全带是否插上，气囊控制单元接收到的始终是一个搭铁信号，所以认为安全带未连接，指示灯常亮。将线处理好后故障排除。

◎3-116 朗逸安全气囊灯为何报警？

一辆2010款上海大众朗逸轿车，搭载1.4TSI发动机，匹配DSG自动变速器，行驶里程10km。维修人员为该车做PDI（售前检查）时发现安全气囊灯报警。

经过检查，除气囊灯报警以外，其他用电设备都工作正常。首先利用故障诊断仪VAS5051B对安全气囊控制单元J234进行故障查询，发现J234中存储了一个故障码：B10001A——驾驶人侧安全气囊引爆装置电阻太小（非偶发）。选择读取车辆数据块功能，查看驾驶人侧安全气囊引爆装置N95的电阻值为0.9Ω（正常值应为3.0Ω）。

通常出现故障码B10001是由于车辆在使用过程中安全气囊复位环F138内部短路造成的，但考虑到该车是新车，安全气囊复位环出现故障的可能性不大。还有什么原因会导致J234报此故障码呢？在点火开关打开的情况下，J234对安全气囊引爆装置电阻值进行监控，如果检测到的电阻值超出规定范围，J234会在内部的故障存储器中存储相应的故障码，并激活仪表板上的安全气囊警告灯。

数据块中驾驶人侧安全气囊引爆装置 N95 的电阻值偏低，表明连接 N95 的相关线路及插头可能有故障，同时不排除安全气囊控制单元存在故障的可能性。既然 J234 能检测到 N95 电阻值过低，而且能激活仪表板上的安全气囊警告灯 K75 并能准确无误地报出故障码，还可以通过故障诊断仪正常读取测量数据块，因此初步判定 J234 工作正常。

如果不考虑安全气囊复位环及安全气囊控制单元有故障的可能性，故障很有可能发生在驾驶人侧安全气囊点火装置的线束插头和气囊复位环的线束插头上。如果任何一个插头没有插到位，就会导致安全气囊复位环插头内部的短路连接片起作用，使得 J234 检测到 N95 电阻过低，于是存储故障码并激活气囊警告灯 K75。依据图 3-27 所示相关电路图，F138 与 J234 之间的插头 T41（复位环侧）和 F138 与 N95 之间的插头 T2bf（引爆装置侧）各有一个短路连接片，**短路连接片的作用是在拆下安全气囊和气囊复位环时防止安全气囊意外引爆。**当拔下任何一个插头时，短路连接片自动连接引爆装置线束的两个端子，形成闭合回路。如果插头完全插到位，插头内部的结构设计会将短路连接片分开。

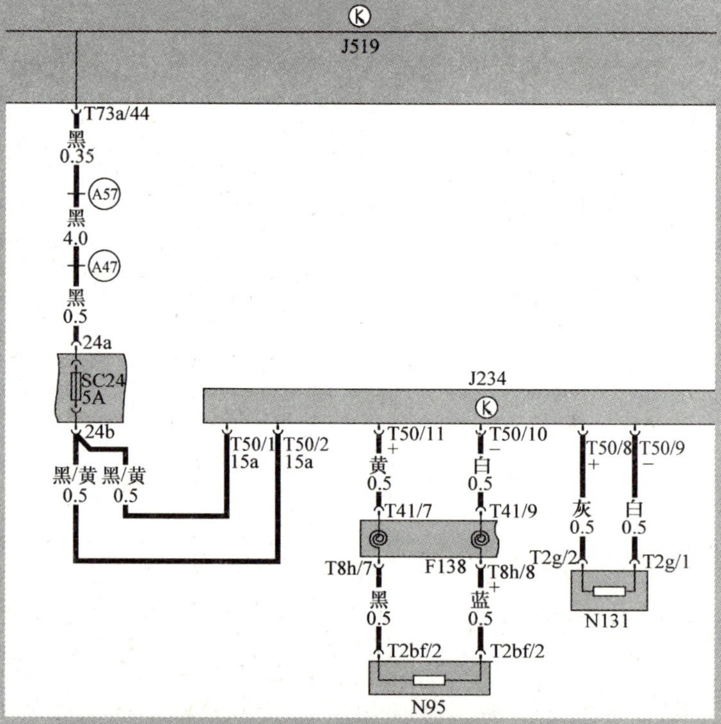

图 3-27 安全气囊相关电路

J234—安全气囊控制单元，在变速杆前方的中央通道上 F138—安全气囊螺旋弹簧，带滑环的复位环，在转向盘下面 J519—BCM 车身控制器，在仪表板左侧下方 N95—驾驶人侧安全气囊引爆装置，在转向盘内 N131—前排乘客侧安全气囊引爆装置，在前排乘客侧杂物箱上方 SC24—熔丝 24，5A，安全气囊控制单元熔丝，在仪表板左侧熔丝支架上 T2g—2 针插头，黄色，前排乘客侧安全气囊引爆装置插头 T2bf—2 针插头，黄色，驾驶人侧安全气囊引爆装置插头 T8h—8 针插头，黄色，安全气囊螺旋弹簧/带滑环的复位环插头 T41—41 针插头，白色，组合开关插头 T50—50 针插头，黄色，安全气囊控制单元插头 T73a—73 针插头，黑色，BCM 车身控制器插头，在 BCM 车身控制器 A 号位 Ⓐ47、Ⓐ57—连接线，在仪表板线束内关闭点火开关，拆下驾驶人侧安全气囊，然后打开点火开关并连接故障诊断仪VAS5051B，再次读取故障码，故障码还是B10001，读取测量数据块中N95的电阻值还是0.9Ω，这说明故障点不在驾驶人侧安全气囊及其线束上。这是因为，如果驾驶人侧安全气囊及其线束存在短路故障，则从气囊复位环上拆下气囊后，J234中存储的电阻值过低的故障应由非偶发转变为偶发，同时会存储一个含义为“驾驶人侧安全气囊引爆装置的电阻值过大”的非偶发故障码，在读取测量数据块中的数据时，N95的电阻值数据会变得过高。

将点火开关关闭，拆下安全气囊复位环。然后连接故障诊断仪并打开点火开关，读取J234的故障存储，发现驾驶人侧安全气囊引爆装置电阻值过低的故障码变为偶发，同时出现了一个故障码：B10001B——驾驶人侧安全气囊引爆装置电阻过大，读取测量数据块中N95的电阻值数据变为“过高”。

难道安全气囊复位环真的损坏了？根据电路图可知，连接安全气囊控制单元J234和复位环的插头是组合开关上的41针白色插头T41，该插头一方面给转向开关、刮水器开关供电，另一方面给安全气囊复位环所连接的用电器供电。拆下组合开关将插头T41直接连接在安全气囊复位环上，在不装安全气囊的情况下再次读取故障码和数据块。此时存储的故障码为B10001B，数据块中的N95电阻值数据显示过高。这表明问题并非出在安全气囊复位环上，因为在之前未动组合开关时，拆下安全气囊后的故障码为B10001，数据块中N95的电阻值过低。据此，分析认为此故障是由于组合开关安装不到位所致。为了验证这一想法，将组合开关拆下并重新安装到位，插上插头T41，然后将安全气囊复位环和安全气囊装回，清除故障码，故障灯熄灭，故障码也不再出现。经反复试车，故障未再出现。

至此故障原因查明。由于组合开关没有安装到位，造成41针白色插头T41没有完全插到组合开关中，安全气囊复位环是装在组合开关上的，当气囊复位环完全装到位时，其针脚却没有完全插到插头T41中，这就导致了气囊复位环内组合开关一侧的短路连接片没有被分开，使N95上的两根导线处于短路状态，从而导致安全气囊控制单元J234检测到了N95电阻过低的故障，控制单元判断为驾驶人侧安全气囊引爆装置电阻过低，于是存储了故障码并激活了气囊警告灯。

对于安全气囊报警故障的排除总结经验如下：①如果安全气囊控制单元存储安全气囊引爆装置N95电阻过低的故障码，则通常是由于线束的插头虚接或没有完全插到位，造成安全气囊引爆装置的两根导线被短路连接片短路；另外气囊复位环内部短路也会引起N95电阻过低的故障。②如果安全气囊控制单元存储N95电阻过大的故障码，则通常是由于安全气囊引爆装置的两根导线断路引起的；气囊复位环损坏更容易引起N95电阻过大故障。

○ 3-117　新赛欧组合仪表上气囊故障灯为何常亮？

一辆2010款上海通用新赛欧轿车，配置1.4L LCU发动机，Y4M手动变速器。该车组合仪表上安全气囊故障灯常亮。

连接车辆故障检测诊断仪，读取气囊系统的故障码，有故障码B0048——碰撞输出电路对地短路，故障状态为当前故障。首先怀疑插接器接触不良，断开蓄电池负极线，等待1min。拆开中央控制台，断开气囊控制单元插接器，检查插接器和气囊控制单元针脚，无异常。再次将插接器插回气囊单元，连接好蓄电池负极线，故障依旧。查阅维修手册，根据维修手册对故障码B0048处理的指导，再次断开蓄电池负极线，等待1min后断开气囊控制单元插接器，测量插接器5号脚和搭铁线之间的电阻，没有短路。根据电路图（图3-28），断开转向柱右侧的中控锁控制单元插接器，测得中控锁控制单元有一路线和气囊控制单元5号脚相通。再继续测得中控锁单元另有一路线和气囊单元相通，且这路线也没有对地短路。最后用故障检测诊断仪对气囊控制单元进行配置与设定，组合仪表气囊故障灯熄灭。

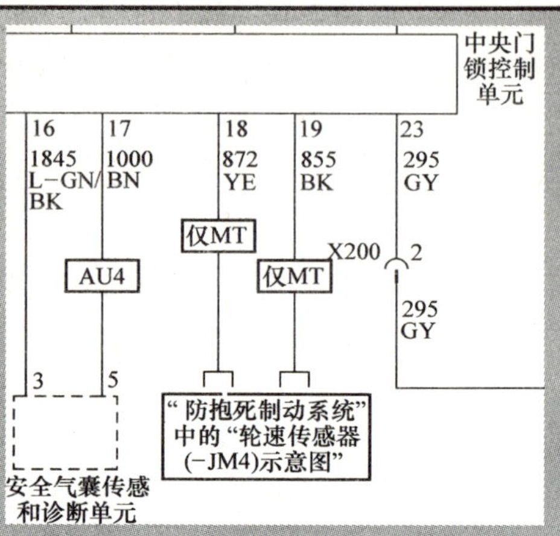

图3-28　中控锁控制单元电路

3-118　雪佛兰乐风为何组合仪表气囊故障灯亮？

一辆2010款上海通用雪佛兰乐风轿车，配置1.4L L95发动机，D16手动变速器。该车组合仪表上安全气囊故障灯亮。

连接车辆故障检测诊断仪TECH2，读取气囊系统故障码，有故障码B0600——无法获得。这个故障码的含义一般是指诊断程序里没有该故障码的相关说明。用其他年款车型的诊断程序再次诊断，同样是“无法获得”。查阅维修资料，也没有提到这个故障码。根据乐风轿车气囊系统的维修经验，先断开蓄电池负极，等待1min，然后插拔前排乘客座椅底下的白色两针安全带开关插接器，再接上蓄电池负极线，打开点火开关，组合仪表上气囊故障灯依旧点亮。接下来又断开蓄电池负极线，检查转向盘下面的时钟弹簧插接器，插拔插接器后接上蓄电池负极线试验，故障依旧。

在同行的建议下更换时钟（图3-29），气囊故障灯熄灭。经检查发现换下的时钟配件号为96945863，配件系统中并无此配件号，新换上的时钟配件号为9041342。询问驾驶人得知，此车以前发生过事故，在其他维修厂做过修理。**气囊系统和时钟之间的联系如图3-30所示，当前排乘客未系安全带时，会由位于时钟上的安全带未系指示灯提醒。**B0600的含义是前排乘客安全带未系检查回路电路故障。

图 3-29　时钟

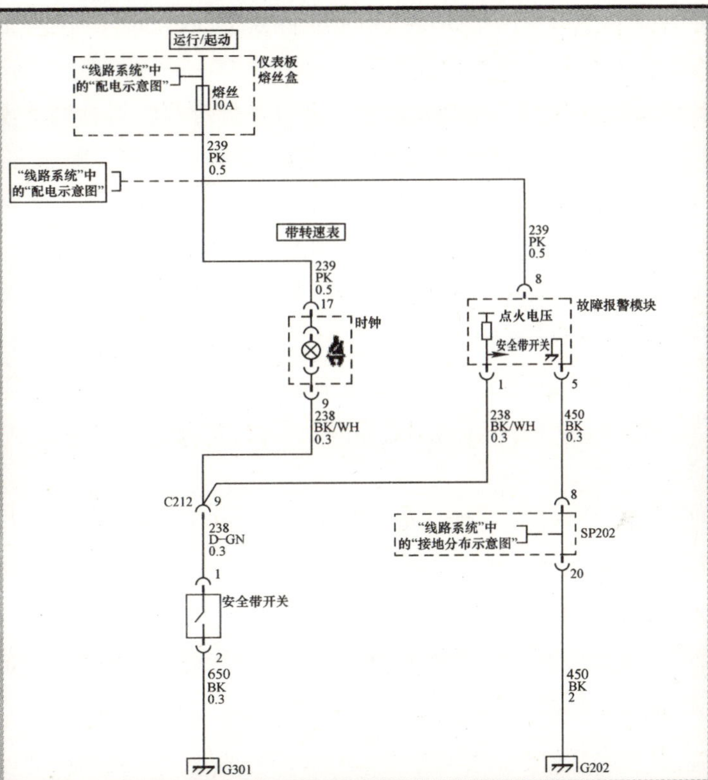

图 3-30　安全气囊和时钟电路

◎ 3-119　雪佛兰科鲁兹为何气囊故障灯亮？

一辆上海通用雪佛兰科鲁兹轿车，行驶里程 1351km。该车仪表板上的气囊故障灯亮。

科鲁兹轿车安全气囊系统包括：安全气囊系统传感和诊断单元（SDM）、驾驶人正面气囊单元、乘客正面气囊单元、正面碰撞传感器（1 个，位于前大框中央）、驾驶人安全带卷收器预紧器、乘客安全带卷收器预紧器、驾驶人侧面气囊单元、乘客侧面气囊单元、侧碰撞传感器（两个，分别位于左右两侧 B 柱内）、转向盘单元线圈及线束等。

安全气囊系统传感和诊断单元根据位于车辆关键点的各碰撞传感器输入信号来判断碰撞的严重程度。如果检测到冲击力足够大的碰撞时，传感和诊断单元将会展开正面气囊和预紧器。如果碰撞力不足以使充气单元展开，传感和诊断单元仍可以展开安全带预紧器。传感和诊断单元对安全气囊系统的电器部件进行连续诊断监测，当检测到电路故障时，传感和诊断单元就设置一个故障码，并点亮仪表板上的安全气囊故障警告灯，以通知驾驶人。

此车因事故碰撞，驾驶人正面气囊单元、乘客正面气囊单元、驾驶人安全带卷收器预紧器、乘客安全带卷收器预紧器都已展开，更换上述4个部件及安全气囊系统传感和诊断单元（SDM）、正面碰撞传感器、转向盘单元线圈等。用通用车辆诊断系统、诊断仪GDS MDI检查，SDM存储有十几个故障码，对SDM进行维修编程后，检查有两个故障码：B0012 OE——驾驶人正面气囊1级展开回路电阻过小；B1019 00——系统配置错误。

根据维修经验，如果有某个展开回路元件，比如安全带卷收器预紧器没有更换的话，会设置展开回路电阻过大的故障码，在数据清单“Deployment Loop Resistance（展开回路电阻）”中相应参数会显示25.5Ω，而正常值应在2.1～4.0Ω。还有一种情况是如果某个展开回路元件的线束插接器没有插到底，则会设置展开回路电阻过小的故障码，在数据清单中显示0.3Ω的阻值。这是因为在SDM、展开回路元件和转向盘单元线圈的插接器上都装有一个短接棒，短接棒可使电路在插接器断开的情况下短路，以防止展开回路元件意外展开，如果插接器没有插好，短接棒没有顶开，电路仍处于短路状态，所以显示的电阻值低。只要上述故障码存在，则无法完成SDM的配置与设定程序，同时会存储B1019系统配置错误的故障码，仪表上的故障灯会一直亮。

查看此车的数据清单，驾驶人正面气囊显示电阻为0.3Ω，而正常值应为2.7Ω，分析可能是线束插头的短路棒没有顶开，但是用导电胶处理从驾驶人正面气囊→转向盘单元线圈→气囊线束→SDM各插接器，并重新连接后，驾驶人正面气囊显示电阻仍为0.3Ω；更换转向盘单元线圈仍然无效，分析可能是气囊线束插接器损坏了或线束内部短路了。

更换新的气囊线束后，驾驶人正面气囊显示电阻恢复为正常值2.7Ω，连接GDS MDI进行安全气囊系统传感和诊断单元（SDM）配置与设定编程以后，气囊故障灯熄灭。

3-120　新凯越组合仪表上气囊故障灯为何常亮？

一辆2009款别克新凯越轿车，配置1.6L L91发动机，D16手动变速器。该车组合仪表上气囊故障灯常亮。

连接车辆故障检测诊断仪TECH2，读取气囊系统故障码，有故障码B0022——驾驶人安全气囊阻值过低。断开蓄电池负极，等待1min。检查地板中央控制台气囊控制单元插接器，无异常。与其他车辆互换了一个转向盘气囊，接上蓄电池负极线，打开点火开关，组合仪表上气囊故障灯仍常亮。根据气囊系统线路图（图3-31），考虑到时钟弹簧相比其他气囊系统部件经常处于运动状态，损坏的几率较大，更换后，气囊故障灯熄灭。

气囊控制单元使用极小的电流来检查各气囊及其线路的电阻，当测得驾驶人气囊电阻小

于 2.0Ω 时会设置故障码 B0022。

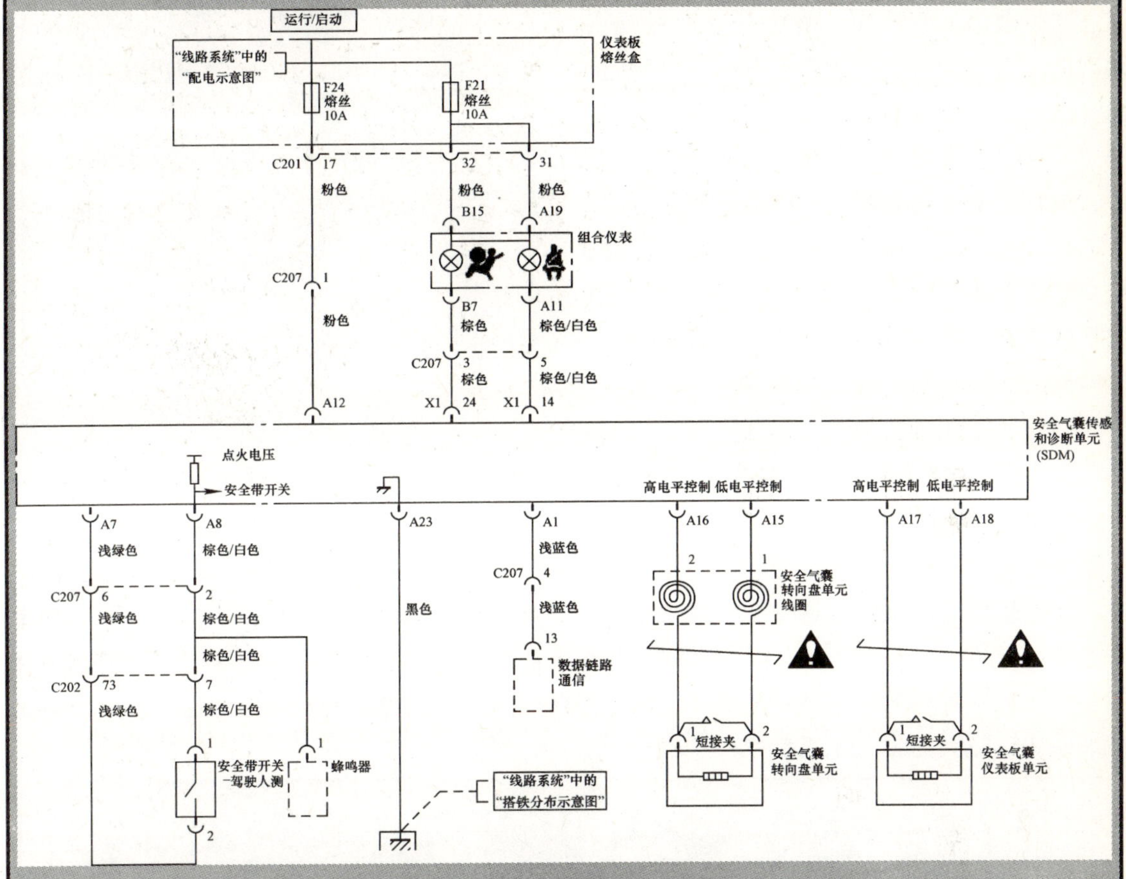

图 3-31 新凯越气囊系统线路

◎ 3-121 凯越当打开点火开关时，组合仪表上的气囊警告灯为何不亮？

一辆 2007 款别克凯越轿车，配置 1.6L L91 发动机，81 -40LE 自动变速器。当打开点火开关时，组合仪表上的安全气囊警告灯不亮。

根据凯越气囊系统线路图，先检查了仪表板熔丝盒的 F24 和 F21 熔丝，均没有熔断。连接车辆故障诊断检测仪 TECH2，试图进入气囊控制单元读取故障码，但不能进入；再进其他控制单元，均能进入。断开蓄电池负极线，等待 1min，拆卸地板中央控制台，断开气囊控制单元插接器，连接蓄电池负极线，打开点火开关，组合仪表气囊警告灯依然不点亮。考虑到即使不连接气囊控制单元组合仪表上气囊警告灯也能点亮，于是先排除气囊控制单元故障。故障点应该在气囊控制单元的电源、搭铁线路或组合仪表上。

断开蓄电池负极线，等待 1min，然后断开气囊控制单元插接器，用万用表测量气囊控制单元 A23 脚和车身之间的电阻，为 0.8Ω，正常。用试灯连接 A12 脚和 A23 脚，试灯不能点亮。由于气囊线束不算太长，通过观察发现位于转向柱旁的 C207（图 3-32）插接器没插到位，将插接器插好，连接好气囊控制单元插接器的蓄电池负极线，打开点火开关，组合仪表上气囊警告灯闪烁后熄灭。

C207 插接器 3 根线均为电源线，分别向气囊控制单元 A12 脚、组合仪表气囊警告灯和驾驶人安全带未系指示灯供电。

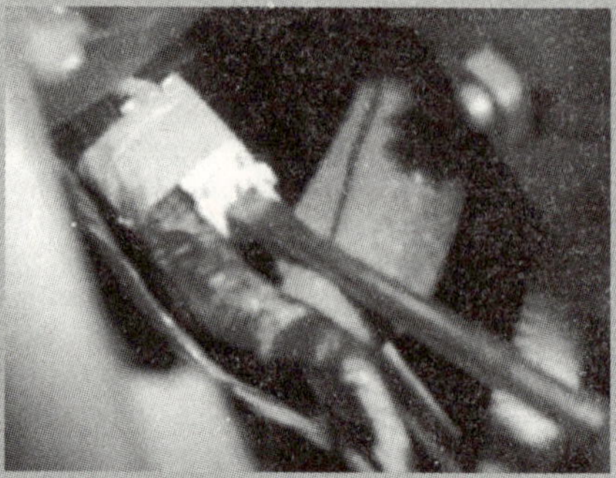

图 3-32　C207 插接器位置

3-122　福特福克斯安全气囊警告灯为何有时会常亮？

一辆 2009 款长安福特福克斯 1.8 两厢轿车，行驶里程 2.5 万 km。该车仪表板上的安全气囊警告灯有时会常亮。

连接故障诊断仪对车辆安全气囊系统进行检测，设备显示安全气囊系统正常。对车辆进行路试，约 20min 后故障再次出现。利用故障诊断仪进行检测，显示故障码为 B1881－20——安全气囊控制单元（图 3-33）。鉴于**设备提示安全气囊控制单元存在故障，那么故障点可能在控制单元本身、张紧器及相关线路**。先检查了前排乘客张紧器接口，检查结果正

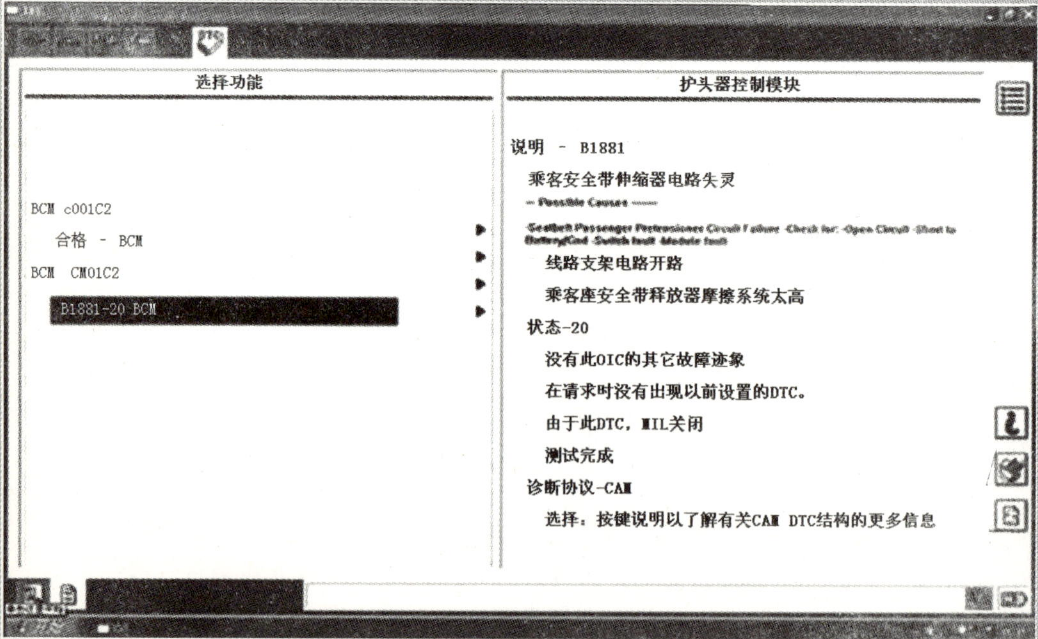

图 3-33　读取系统故障码

常。根据如图3-34所示电路图，检查安全气囊控制单元插接器C429的第9、10针脚至张紧器插接器C31的第7、8针脚间的线路，正常。跨接张紧器线路后，试车发现安全气囊警告灯不再点亮。长时间试车后，安全气囊警告灯又点亮了。后来利用故障诊断仪观察相关数据流，发现驾驶人张紧器的电阻是2.4Ω，前排乘客张紧器的电阻是3.8Ω。根据维修经验，前排乘客气囊的电阻值显然是错误的。在更换前排乘客张紧器后，观察数据流，设备显示其电阻为2.4Ω，试车，故障排除。

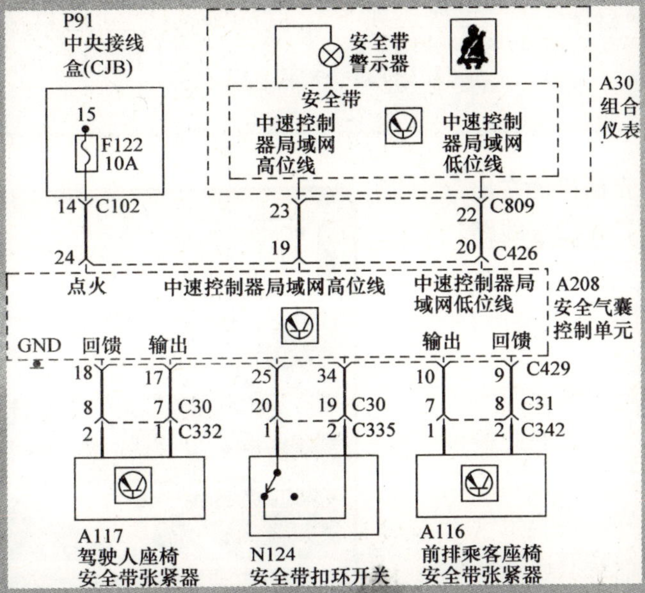

图3-34 安全气囊相关控制电路

◎3-123 蒙迪欧致胜安全气囊警告灯为何点亮？

一辆2008款长安福特蒙迪欧致胜豪华型轿车，点火开关打开后安全气囊警告灯点亮，有时闪一下就常亮，有时会自动熄灭。

经确认，故障属实。连接故障诊断仪对系统进行检测。经检测，安全气囊系统控制单元中存储有故障码：B0700——驾驶侧安全带张紧器触发控制。产生此故障码的原因大致有3个：①安全带张紧器故障；②张紧器线路故障；③安全气囊控制单元故障。

利用一个模拟器替代安全带张紧器，看安全气囊警告灯是否依然点亮。在将车辆断电后，拆开左A柱饰板，将原安全带张紧器插头断开插上模拟器，通电后打开点火开关，安全气囊警告灯仍然点亮，说明张紧器本身没有问题。

对照图3-35所示电路图对安全带张紧器的线路进行了测量。驾驶侧安全带张紧器插头1、2脚对地电阻均是∞，没有搭铁。在拆下中间扶手箱拔下安全气囊控制单元的黑色插接器C3R114准备测量时发现，此插接器的1号脚已脱出插接器（图3-36）。此故障产生的原

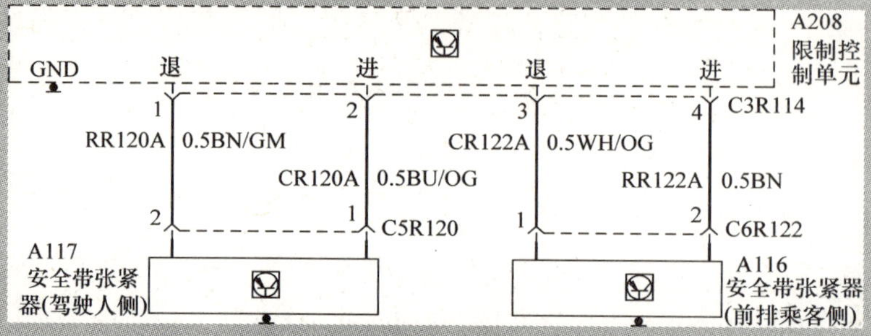

图3-35 安全带张紧器电路

因是安全气囊控制单元插接器在出厂时存在隐性故障，导致相应线路出现偶发性断路，从而致使安全气囊控制单元检测不到张紧器电阻，最终点亮故障警告灯。

正常情况下，应该更换此段线束，但因暂时无配件，只能对此插脚进行修复。在对该插脚进行处理后，测量线路导通良好，将安全气囊控制单元、张紧器插接器连接好后，恢复线路，打开点火开关几秒后，安全气囊警告灯熄灭。

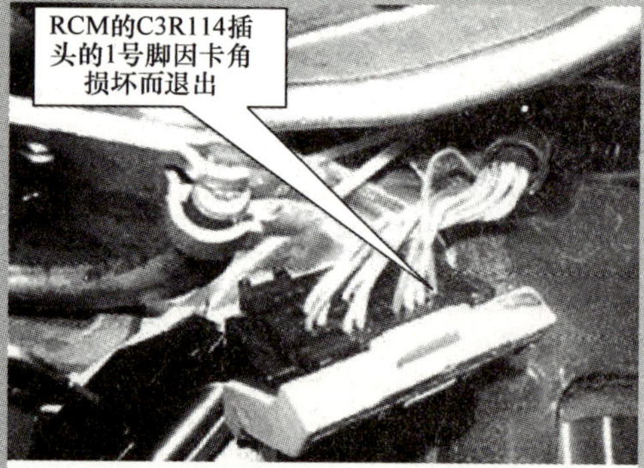

图3-36 插接器

3-124 伊兰特安全气囊警告灯为什么会点亮？

一辆2007款北京现代伊兰特1.8L轿车，行驶里程8.3万km。该车正常行驶中仪表板上的安全气囊警告灯经常点亮，有时将发动机熄火后再重新起动，安全气囊警告灯可以自然熄灭，但最近一次行驶中安全气囊警告灯突然点亮后再也不能熄灭。

安全气囊在车辆的配置中是比较特殊的重要部件，当车辆发生碰撞事故导致气囊引爆后，必须要按照维修要求更换气囊控制单元和转向盘游丝等相关配件，否则很可能会出现气囊警告灯点亮的现象。该车并没有碰撞事故维修记录，仔细检查实车也没有发现维修过的痕迹，这说明安全气囊警告灯点亮与碰撞事故没有关系。

首先使用故障诊断仪检查安全气囊系统，存储有故障码：B1462——感知乘客侧无装置电路开放，即乘客座椅PPD传感器断路或短路。PPD传感器（图3-37）是安装在前排乘客座椅上的压力传感器，它的作用是检测座椅上面的负载质量，当负载质量达不到标准要求（≥15kg）时，在碰撞事故中副气囊将不会被引爆，这样可以避免气囊对儿童的伤害并减少车辆的维修费用。

根据故障内容，进行如下操作。

1）相关端子和插接器的检查。**电气系统中的许多故障是由接触不良的线束和端子引起的，也可能是由其他电气系统的干涉以及机械或化学损坏导致的。**彻底检查 PPD 传感器线束的插接器（图 3-38），没有发现松动、连接不良以及损坏等情况。

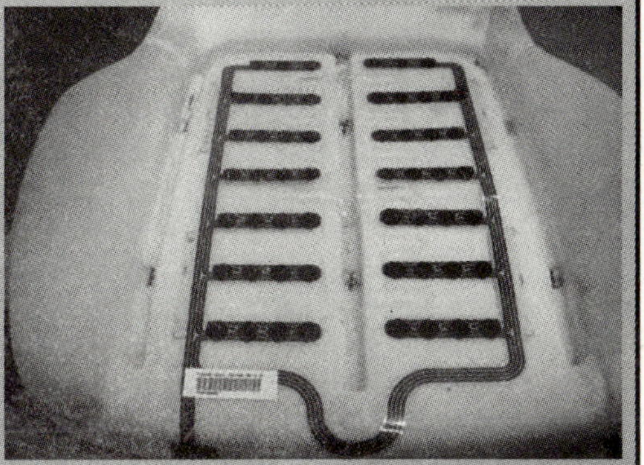

图 3-37　PPD 传感器

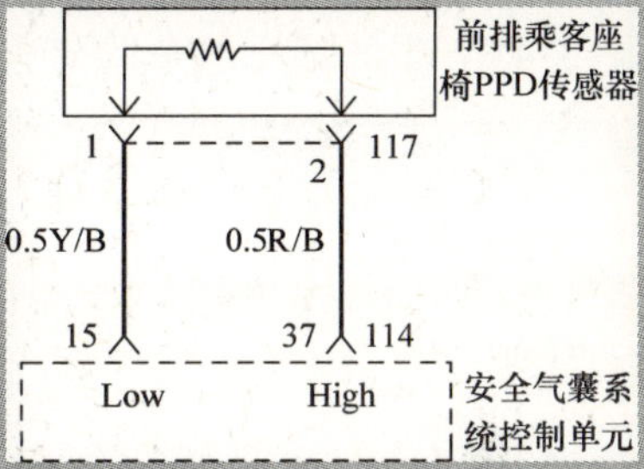

图 3-38　PPD 传感器线路连接

2）PPD 传感器的检查。检查 PPD 传感器内的短路及断路情况。点火开关置于 OFF 位置，从蓄电池上分离蓄电池极桩线束并至少等待 1min。从安全气囊控制单元 SRSCM 处分离 PPD 传感器插接器，将质量约 15kg 的物品放到座椅上，以便验证 PPD 传感器的功能。测量 PPD 传感器插接器的端子 1 和端子 2 之间的电阻（图 3-39），电阻显示“1”无穷大，而标准规定座椅上没有物品（小于或等于 0. 6kg）时电阻为 50kΩ 以上，座椅上有物品（大于或等于 15kg）时电阻为 5 ~45kΩ。因此，测量结果说明 PPD 传感器部件本身电路断路。

分解前排乘客座椅拆卸座套，发现 PPD 传感器线束中的蓝色线断路，见图 3-40 所示。因为座椅是海绵材料制作而且弹性非常好，前部经常受到乘客挤压而翘起，再加上线束过紧没有足够的活动空间，从而造成 PPD 传感器线束折断。更换 PPD 传感器并清除故障码，安全气囊指示灯熄灭，使用故障诊断仪检测，系统正常。

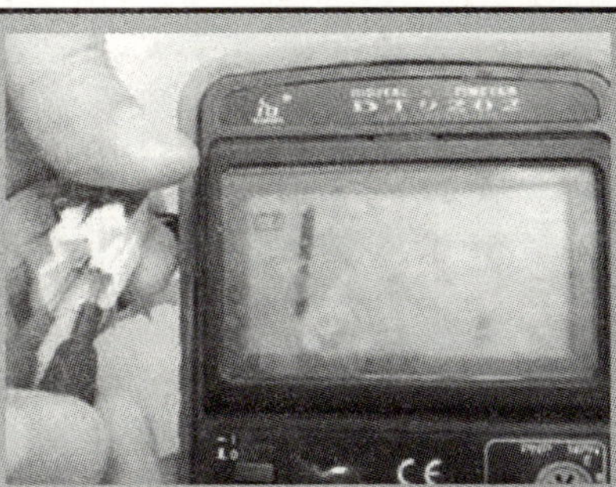

图 3-39　测量 PPD 传感器的端子 1 和端子 2 之间的电阻

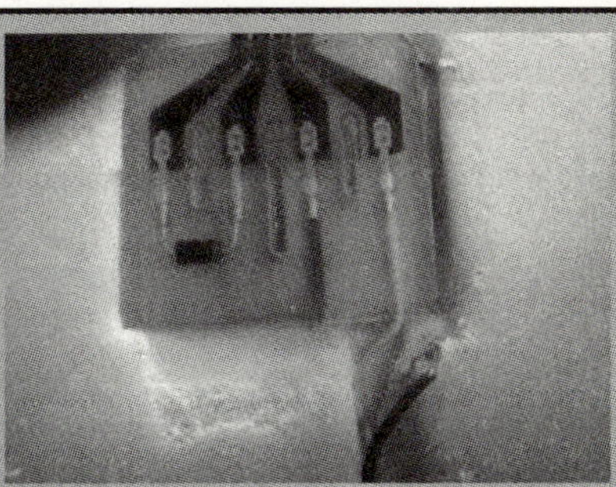

图 3-40　PPD 传感器蓝色线断路处

◎3-125 名爵5气囊故障为何会引起危险警告灯异常闪烁？

一辆2012款1.5L上海汽车名爵5轿车，行驶里程3000km。该车危险警告灯在刚打开点火开关的时候就开始闪烁，但是用危险警告灯开关能正常控制其闪烁。

反复关闭和打开点火开关，发现在点火开关打开的同时，该车的所有转向灯都开始闪烁，仪表里面的转向指示灯在通过自检后，也随之一起闪烁。经检测，按一下危险警告灯开关，危险警告灯正常熄灭，再按一下开关又正常打开，也就是说开关能够正常工作，根据电路图（图3-41）得知该车的危险警告灯开关共4根线，一根是一直有电的熔丝过来的12V

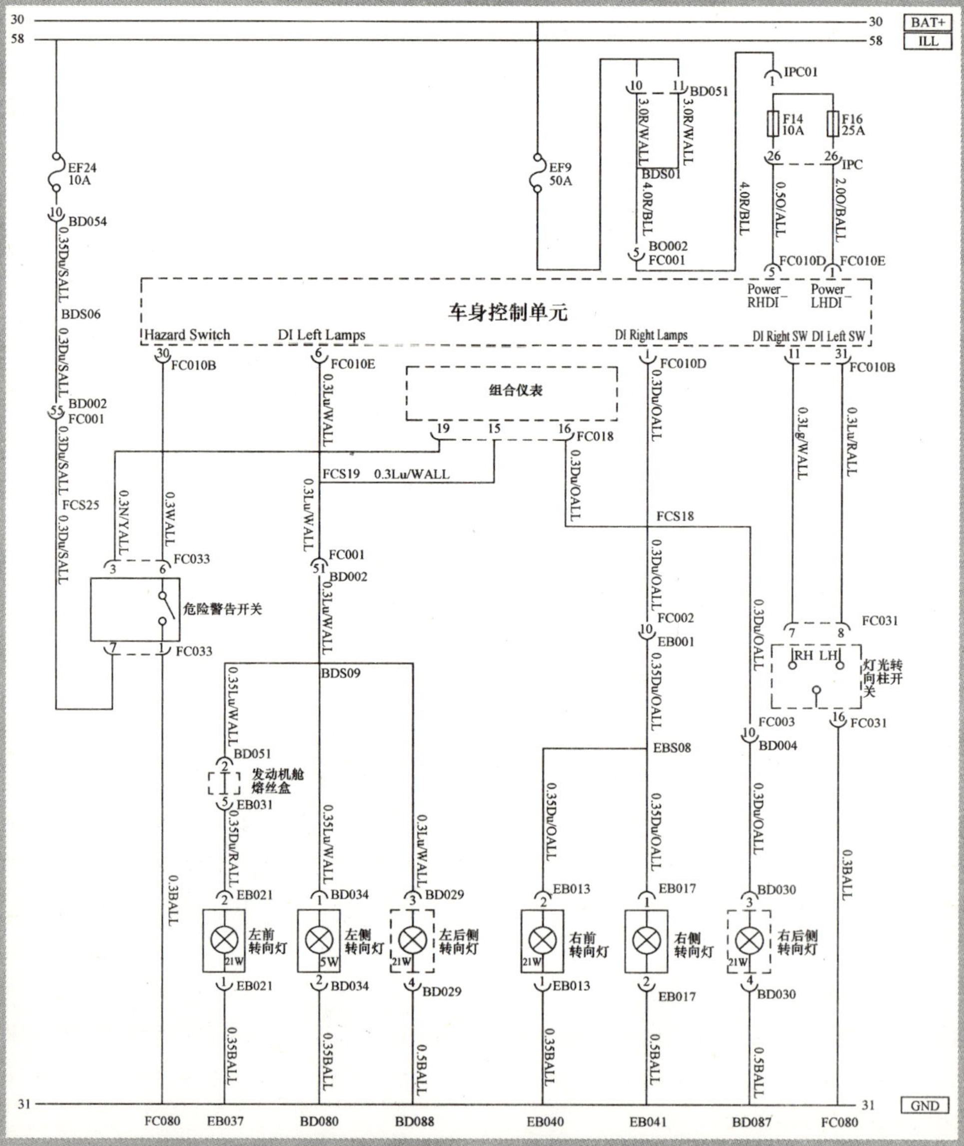

图3-41 名爵5转向灯、危险警告灯电路

电源线，一根搭铁线，一根通往仪表的线，还有一根通往车身控制单元的信号线；转向灯开关有 3 根线，其中一根是搭铁线，另外两根通往车身控制单元，所有的转向灯的电源都是来自车身控制单元，并且没有单独的闪光继电器。

由此可以看出，此车转向和危险警告灯的控制模式（包括灯光、摇窗机等）有别于传统车型，它的灯光开关输出的不再是电流通断信号，而是开或者关的信号，车身单元就像一个大脑，接收到开关或者其他传感器的各种信号，经过运算，然后做出相应的动作，控制各用电器工作。当然，大功率执行器的控制需要经过相关的继电器来卸荷。在这里首先需要考虑的是，在点火开关刚打开时候，是什么影响车身单元使其错误地发出了让危险警告灯闪烁的指令。

首先连接名爵专用检测仪 T5，检查车身控制单元，没有故障码。在实时显示中（数据清单）检查危险警告灯的实时状态，开关可以用手正常控制，在反复开关点火开关的时候，危险警告灯的开关状态没有发生改变，因此开关这部分的问题可以排除。那么还有什么会引起危险警告灯异常闪烁呢？**门锁开关的状态、燃油惯性开关的状态和车身防盗是否激发以及车辆运行处于其他非正常的状态都可能影响到危险警告灯的闪烁，**当然，这些都只在特定的情况下才能引起危险警告灯的闪烁，用 T5 的实时显示功能可以轻松地将这些情况排除。

在想不到其他可能影响危险警告灯闪烁的因素的情况下，开始怀疑车身控制单元异常，于是着手检查车身控制单元的线束接触性能，根据电路图检查了跟车身控制单元相关的所有熔丝和搭铁点，都没有发现问题。难道是车身控制单元自身损坏了？可是车子才做完首次保养，累计行驶了 3000km，会不会在其他系统出故障的情况下，车身控制单元以危险警告灯闪烁的形式提示驾驶人注意呢？于是在维修手册中寻找资料，但是没有找到其他影响危险警告灯异常工作的相关说明，将试乘试驾车与本车的控制单元对换，但故障依旧没有解决。

于是决定采用最原始的方法，挨个拔掉熔丝，希望相关系统熔丝被拔掉后而退出工作，危险警告灯不再随着点火开关的打开而闪烁，从而判断是该系统有问题干扰了车身控制单元的运行。在拔到第 5 个熔丝（气囊）以后，再打开点火开关的时候危险警告灯不再闪烁，这时发现一个奇怪的现象，气囊熔丝都拔掉了，说明其存在故障，但是气囊故障警告灯不亮。仔细检查仪表板，发现在气囊故障警告灯的位置被人贴了一小块黑胶布，再加上每次看仪表时注意力都被转向指示灯所吸引，所以忽视了气囊故障灯实际上也是点亮的，也就是说，气囊控制单元存在故障码并且不能被清除。

把第 5 号熔丝装复，用车辆故障诊断检测仪 T5 检查该车气囊系统，发现一个含义是“模块使用次数超过极限”的故障码。这是一个修复的气囊控制单元，换句话说，这是一辆在其他地方维修过的事故车。仔细检查该车车身和装饰后，发现车子曾经出过比较严重的事故，原来的单元虽然被有关技术人员做过修复处理，但是并不成功，在气囊单元中记录了气囊已经起爆过的信息，进行修复作业的时候这个信息没有被清除掉，在每次刚打开点火开关的一瞬间把这一信息通过 CAN 线传出，而车身控制单元在通电后的第一时间通过 CAN 线得到气囊传出来的信息后，错误地认为刚刚发生了事故，立即控制危险警告灯闪烁，以提醒驾驶人和后来的车辆注意避让。询问驾驶人后，他承认了上述猜测，于是更换该车和气囊相关的所有附件，故障被彻底排除。

○3-126 长安羚羊为什么行驶中SRS警告灯有时点亮？

一辆2008款羚羊SC7130（CDB－B）轿车，装备日本铃木1.3L全铝16气门电控汽油发动机和5速手动变速器，行驶里程11万km。该车安全气囊SRS警告灯点亮故障时有时无，也没有及时维修，车辆在行驶过程中未见其他异常现象。

接车后，借助诊断仪对该车安全气囊系统进行了检测，在诊断仪进入安全气囊系统时，仪表板内的AIR BAG（安全气囊）警告灯能够点亮，如图3-42所示，说明安全气囊控制单元SDM能够与诊断仪进行通信；读取故障码：B1021——驾驶人座椅前气囊电阻太大，历史故障；B1032——蓄电池电压太低，历史故障；B1015——乘客座椅前气囊电阻太大，当前故障，如图3-43所示。清除故障码，故障码B1015仍然存在，说明安全气囊系统确实存在问题。读取安全气囊系统相关数据流，数据流一栏内乘客引爆器电阻7.40Ω（偏高），如图3-44所示。

图3-42 仪表板内的AIR BAG警告灯常亮

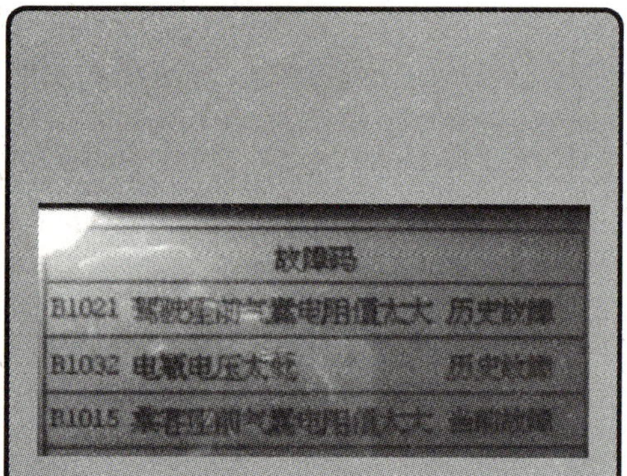

图3-43 读取的相关故障码

通过故障码的读取以及数据流的检测，基本上可以锁定该车故障出在乘客侧气囊这部分，而且“乘客座椅前气囊电阻太大”也是当前出现的故障。驾驶人反应该车曾因暖风散热器漏水换过暖风散热器。**这种车型换暖风散热器必须要拆装仪表工作台，这就必然会动到安全气囊线束插接器等。**拆下杂物箱后，发现乘客侧安全气囊插接器是与气囊线束进行连接的，但插接器上的定位卡片没有卡到位，如图3-45所示，用手轻轻一碰乘客侧气囊插接器就掉下来了。

为了确保安全，也为了一次性排除故障，将点火开关置于OFF位置，并将蓄电池负极电缆拆下，对驾驶人侧、前排乘客侧安全气囊及气囊控制单元插接器与气囊线束搭铁点全部进行了检查，并将其一一插牢，接上蓄电池负极电缆，再次打开点火开关至ON位置，仪表板内的安全气囊警告灯闪烁6次后自动熄灭，再次清除故障码，B1015故障码消失。读取系统数据流，乘客侧气囊引爆器电阻值恢复到正常值。安全气囊SDM安装方位如图3-46所示。经反复路试，该车故障没有再出现。

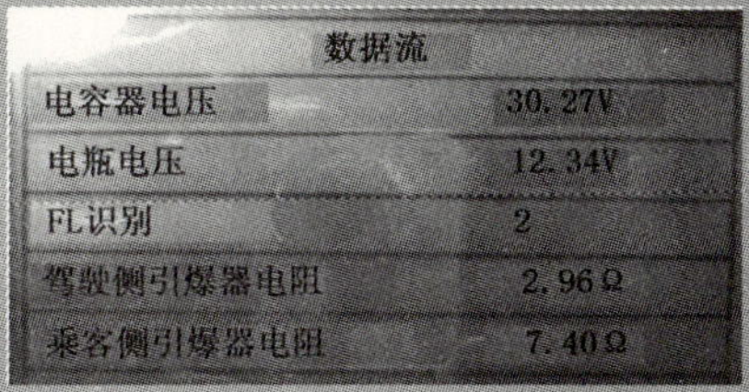

数据流	
电容器电压	30.27V
电瓶电压	12.34V
FL识别	2
驾驶侧引爆器电阻	2.96Ω
乘客侧引爆器电阻	7.40Ω

图 3-44　检测时的安全气囊系统相关数据流

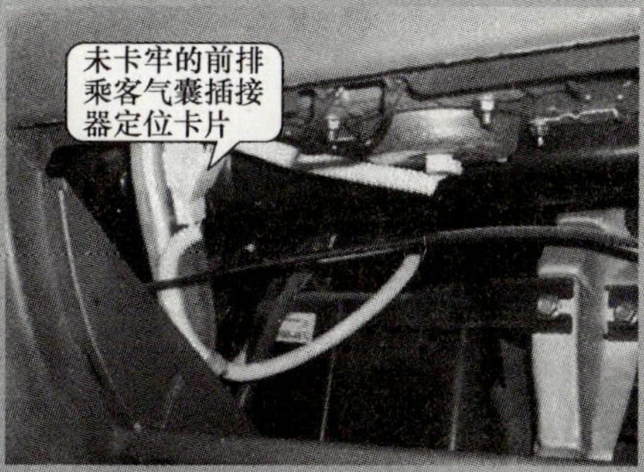

图 3-45　故障位置

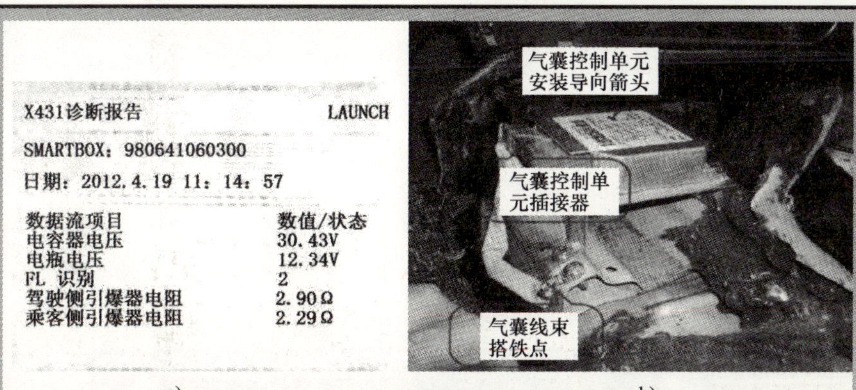

X431诊断报告　LAUNCH

SMARTBOX：980641060300

日期：2012.4.19 11：14：57

数据流项目	数值/状态
电容器电压	30.43V
电瓶电压	12.34V
FL 识别	2
驾驶侧引爆器电阻	2.90Ω
乘客侧引爆器电阻	2.29Ω

a)　　b)

图 3-46　安全气囊控制单元 SDM 安装方位

◎3-127　马自达安全气囊警告灯为何常亮？

一辆 2006 款一汽马自达 M6 CA7230 AT 轿车，行驶里程 3 万 km。该车发生事故后安全气囊引爆，更换过相关线束、气囊、安全带和相应传感器等，但着车后安全气囊警告灯一直点亮。

用马自达 M6 专用检测仪 WDS 进行检测，读出 3 个故障码：B1993——驾驶人侧安全气囊系统对地短接；B1994——驾驶人侧安全气囊系统对地电阻大；B1995——驾驶人侧安全气囊系统电阻小。

首先检查线束，驾驶人侧安全气囊与安全气囊控制单元之间线束无断路或短路现象，安全气囊本身亦无异常。怀疑线束的端子接触不良，仔细一检查，果然如此（图 3-47a）。**马自达 M6 线束端子，特别是安全气囊的线束端子设计非常精巧，拆装时需要特别小心，卡扣（图 3-47b）很容易断裂，装不好又容易引起接触不良。**非常小心地把安全气囊线束重新安装了一遍，把端子卡扣扣好，用故障仪 WDS 清除故障码，故障完全消失。

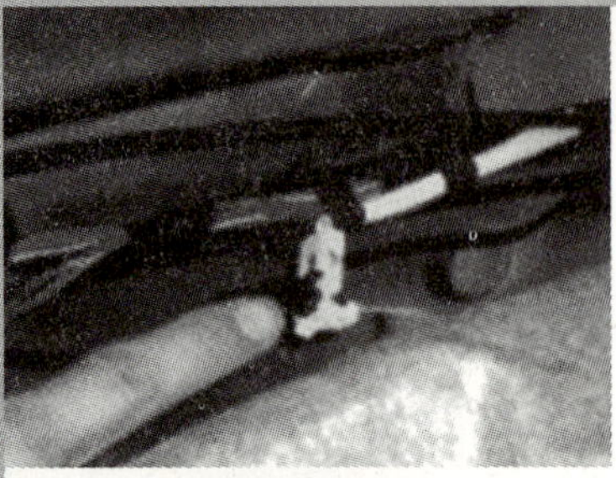

a) 未插好的线束端子

b) 卡扣

图 3-47 安全气囊的线束端子

3-128 海马王子安全气囊警告灯为何会报警？

一辆海马王子轿车，型号为 HM7110AB2F，配置 1.051L LJ465Q－2ANE6 发动机，行驶里程 4500km。该车安全气囊故障指示灯常亮。

接车后现场检查发现，安全气囊故障指示灯显示在仪表板上（图 3-48），而安全带未系指示灯则显示在多功能显示屏上（图 3-49）；该车安全带未系指示灯亮时同时伴随有声音报警，说明该车的安全气囊系统出现了故障。

图 3-48 仪表板上显示的情况

连接车辆诊断仪，进入该车的大陆安全气囊系统读取到故障码：B1035——驾驶人正向气囊电阻值过小，B1039——驾驶人预紧式安全带电阻值过小，B1091——警告灯故障。对故障码进行清除，发现 B1035 这个故障码无法清除（图 3-50）。

通过诊断仪数据诊断功能读取数据流，发现该车的安全气囊内没有碰撞记录，不存在因为安全气囊工作后导致线路或者元器件烧损的故障现象。同时通过诊断仪的数据流功能读取驾驶人正向气囊电阻值均为 0，数据流里面的数据值和故障码的含义相吻合。该车为一体式单气囊设计，问题应该出现在驾驶人安全气囊、安全气囊相关线路或气囊控制单元等部位。

但是该车的故障码提示为“驾驶人正向气囊电阻值过小”，由于安全气囊不允许使用一般的万用表直接测量，因此无法直接测量该电阻值到底小到什么程度。更换驾驶人正向安全气囊，更换后故障依旧。然后又更换了一块正常的安全气囊控制单元，更换后故障依旧。

图 3-49　多功能显示屏显示的情况

图 3-50　无法清除的故障码

“驾驶人正向气囊电阻值过小”，驾驶人正向气囊电阻值本来就只有 2Ω，并且插接器采用了导电性能和耐久性能良好的镀金端子，电阻值小到什么程度才是所谓的小呢？短路状况下应该为 0，此时应该为最小。难道是安全气囊的防误爆短路片出现故障了？再次拆下驾驶人正向安全气囊，并检查相关插接器，经过检查发现安全气囊上的短路片安装正常，但是当检查到气囊插头时，发现黄色的小卡子的凸起断裂，如图 3-51、图 3-52 所示。难道是这个不起眼的小卡子导致的问题吗？经过检查发现，正是由这个卡子来控制安全气囊短路片的开与关。**安全气囊插接器部位设计有短路保护片，当插头拔掉时，短路保护片接通安全气囊点火器的两个插脚，此时安全气囊点火器被短路，起到保护作用。当插头插好后，该短路保护片正好被这个黄色的小卡子上的两个小凸起给顶开恢复到正常状态。**由于该卡子的凸起出现断裂，导致卡子的插脚强度不足，无法顶开短路保护片。由于该卡子无单独配件，因此更换气囊游丝，故障排除。

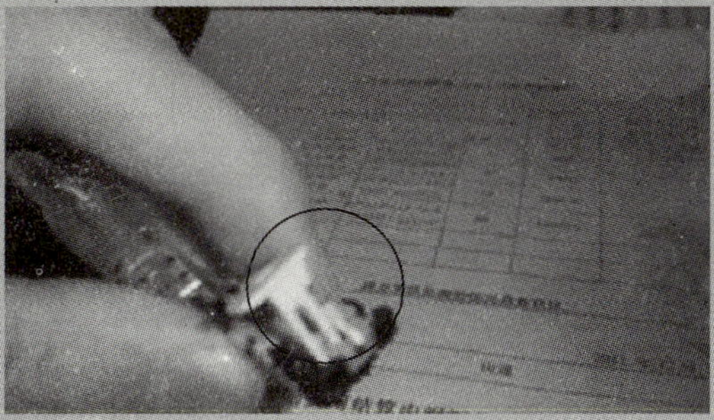

图 3-51　断裂的卡子

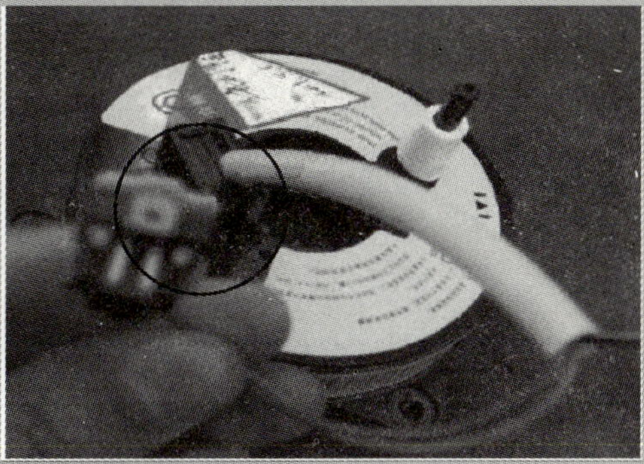

图 3-52　正常的卡子

○3-129 长城哈弗为什么气囊SRS系统警告灯有规律闪亮？

一辆长城哈弗SUV车，型号为CC6461KM05，行驶里程3万km。该车当点火开关位于ON位置时，安全气囊系统SRS警告灯一直有规律地闪亮。

接车后，发现当点火开关位于ON或ST位置时，气囊系统SRS警告灯始终有规律地闪亮，路试时发动机工作正常。点火开关位于ON位置时，用长城汽车专用诊断仪X-431读取气囊系统故障码，无故障码；读取该系统的数据流，驾驶人侧气囊的电阻值为2.7Ω，前排乘客侧气囊的电阻值为2.2Ω，均正常。参考如图3-53所示哈弗气囊系统SRS电路图（局部），分别拔下气囊ECU与组合仪表插头，用万用表电阻挡检查气囊ECU到组合仪表SRS警告灯之间的电阻值，正常。作为对比，更换了同类车型的SRS系统ECU，故障依旧。

将点火开关置于ON位置，仔细观察SRS警告灯的闪烁情况，发现很有规律，其输出故障闪码好像为12。查阅维修手册，发现**该款哈弗车安装了西门子SRS系统，该SRS系统具有读取闪码功能。**当将诊断插座的2#端子搭铁2s以上时，气囊ECU的37#端子接收到该搭铁信号后，气囊ECU控制7#端子，使SRS警告灯闪亮，通过组合仪表上的SRS系统警告灯闪烁情况输出气囊系统的故障闪码。当气囊ECU没有存储故障码时，诊断请求线搭铁2s以上时，安全气囊警告灯闪一下，灭1s后，再持续闪两下，则输出的故障闪码为12，其含义为没有存储错误，即无故障码，但是不会影响诊断仪读取气囊系统的数据流（通过K线通信）。

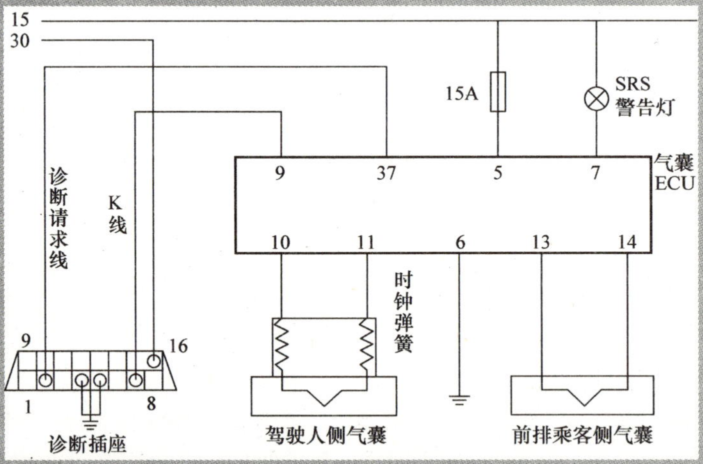

图3-53 气囊系统部分电路

通过上述描述，结合该车的故障现象，可以推断出该车点火开关位于ON位置时，气囊系统警告灯闪亮，可能是气囊ECU自动进入了手工读取闪码模式。诊断请求线是从气囊ECU的37#端子到诊断插座2#端子的，若该段导线搭铁，气囊ECU进入了手工读取闪码模式。拔下气囊ECU的插头，用万用表测量该连接线的电阻值，其电阻值近似为零；将万用表的一个表笔搭铁，另一个表笔接触诊断插座的2#端子，电阻值也近似为零（应该为无穷大)。上述检查说明该段导线确实搭铁了。检查发现该导线被仪表横梁上的金属毛边磨损而搭铁，如图 3-54 所示，重新连接并包扎、固定处理后，故障排除。

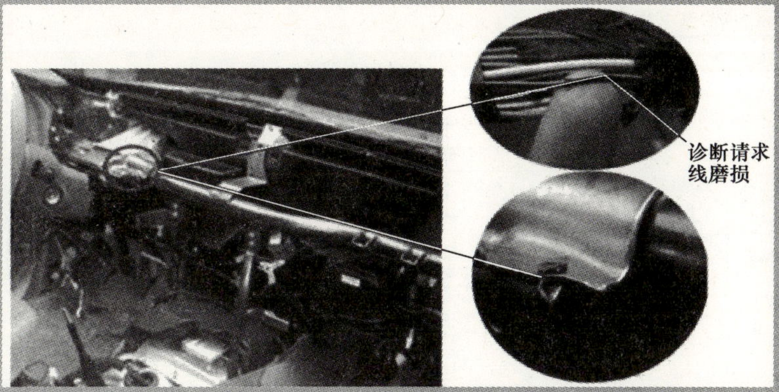

图 3-54 诊断请求线因磨破而搭铁

3-130 东风本田 CR－V 为何 SRS 警告灯亮？

一辆东风本田 CR－V SUV，配置 2.4L 发动机。该车安全气囊 SRS 警告灯亮，安全带指示灯不亮。

首先用本田诊断仪 HDS 进行诊断，但是诊断仪与 SRS 控制装置无法连接，一开始以为是诊断插头接触不好，重新连接 HDS，但是还是与 SRS 控制装置无法通信，与其他的控制装置可以进行通信。这说明 SRS 控制装置可能出了问题，为了进一步确定故障点，用 HDS 诊断仪先进行车身的全面故障诊断。在仪表控制单元发现一个故障码：与 SRS 控制装置失去通信。

根据故障码判断故障的可能原因有：①SRS 控制装置失去电源，无法工作；②车身通信线路出现故障，短路或断路，使其无法通信；③SRS 控制装置内部故障。

根据线路原理图提示，首先检查 SRS 控制装置电源熔丝和线路与车身的搭铁点，并同时检查有关线束是否有破损。检查无异常后断定 SRS 控制装置内部故障，借一块新的 SRS 控制装置装好后试车，SRS 故障灯在起动发动机后数秒内熄灭，同时安全带指示灯也工作正常，故障排除。

现代汽车各个控制单元都有数据线进行通信，电路如图 3-55 所示，上述类似故障发生后，我们在故障排除时可以从有联系的控制单元入手进行诊断，检查是否有相关的故障码出现。

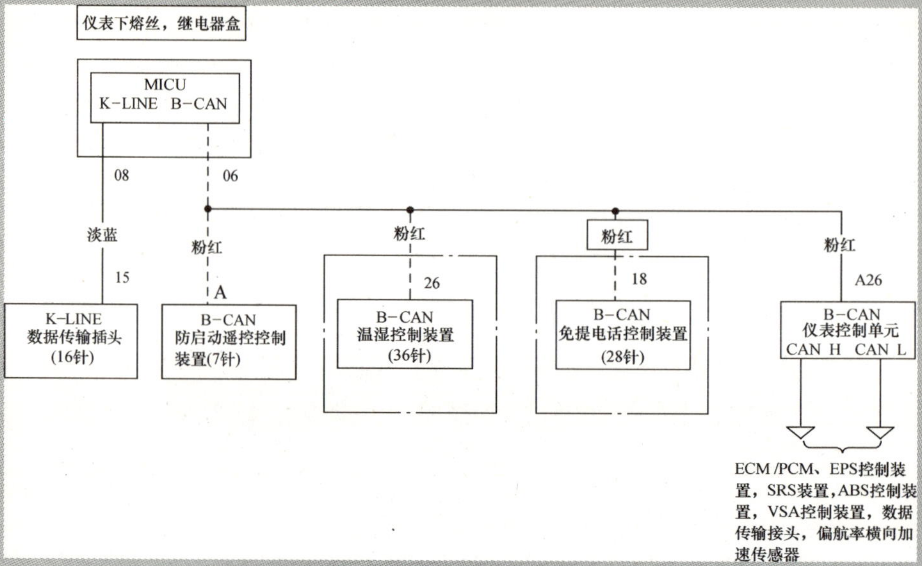

图 3-55 数据通信电路

◎3-131 雪铁龙新爱丽舍气囊灯为何闪亮？

一辆 2009 款雪铁龙新爱丽舍轿车。该车 9 个月前出过严重的事故，维修完以后一切正常，一周前气囊灯突然闪亮起来。用诊断仪检查，故障为驾驶人正面安全气囊故障，且为永久性不可删除故障，故障背景为 9021 电阻过高，如图 3-56、图 3-57 所示。

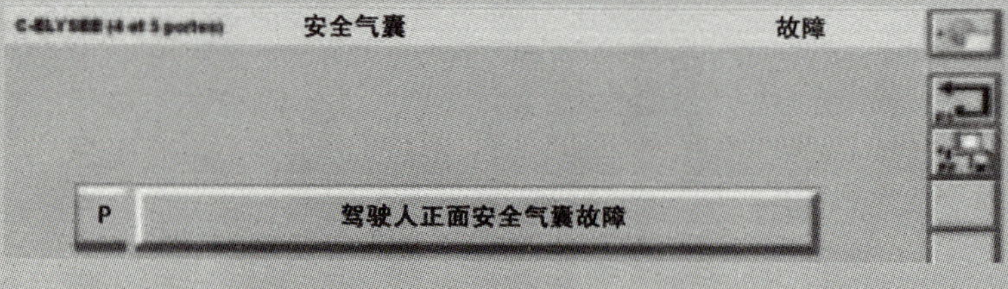

图 3-56 故障码（1）

故障背景显示电阻过高，有以下两种原因：①气囊控制单元内部故障；②气囊控制单元连接线路之间有虚接现象。检查主气囊后的插接器没有虚接现象，旋转开关连接线也没有虚接现象，逐步排查检查到气囊控制单元插接器时，发现插接器处有喷漆用的一点纸胶带缠在插接器的插口处，而且已经氧化，如图 3-58 所示，判断故障点可能在此。清理气囊控制单元插接器后，用诊断仪检测，P（永久）故障变成 F（偶发），故障码可以删除。清除故障码以后起动车辆，故障排除。

此故障明显是维修时粗心造成的。车辆在出大事故以后，维修工在维修时可能怕弄坏线

路或插接器，而把它们用纸胶带包裹起来，在安装时没有清理彻底留有一点残余。该车气囊控制单元在地板下安装，冬天比较冷，车辆频繁出入暖库和室外，有潮气产生，时间长了以后造成氧化。

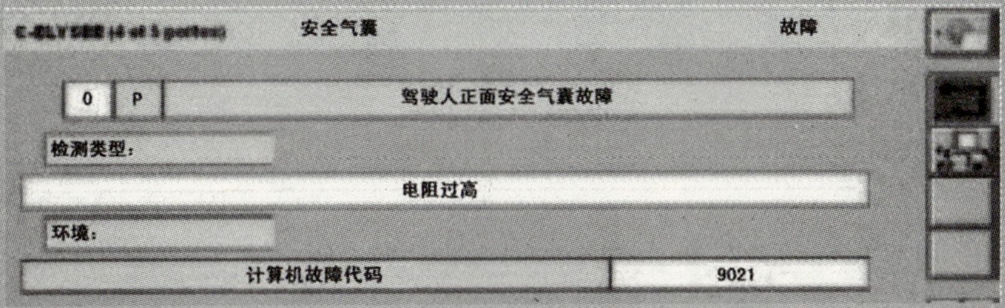

图 3-57　故障码（2）

图 3-58　故障点

第四章

电控悬架系统维修技能

◎4-132 宝马X6为何车身左右两侧高度不一致？

一辆2009款宝马E71 X6 SUV，行驶里程4万km。该车因车身左右两侧高度不一致，仪表中出现车身高度的报警提示。

接车后从车辆外观上可以发现，车身左侧明显偏高而右侧偏低，这种情况在车身后部则更明显，这应该是车身后部悬架空气弹簧出现了问题。连接故障诊断仪读取故障信息，故障信息提示EHC控制空气压缩机给空气弹簧充气的时间过长，需要更换空气弹簧（EHC是指空气弹簧的控制单元），此时发现，打开点火开关后空气压缩机（安装在车辆右侧底盘下）一直在响。结合车身左侧高而右侧低的故障现象，显然是右后空气弹簧出现了问题。空气压缩机虽然一直在充气，但右侧车身就是无法升高，这很可能是空气弹簧漏气了。

按照标准操作流程，使用诊断仪释放了空气管路和空气弹簧中的压缩空气，然后拆下右侧空气弹簧，发现空气弹簧已经破裂。看来故障点已经找到了，这与故障现象和分析结果都相符，似乎没有什么疑问。更换右侧空气弹簧，打开点火开关后空气压缩机开始工作并给两侧的空气弹簧充气，自行进行高度调整后车身慢慢升起。测量两侧的车身高度，明显与标准数据相差太远，测量结果是左侧高754mm，右侧高714mm，而标准高度是左右（708±10）mm，显然左侧车身的高度已经超出了正常范围很多，而且左侧车身还在继续升高。如果再继续充气，左侧空气弹簧很有可能发生爆裂，于是立即通过诊断仪的服务功能进行车身两侧高度的匹配。进行高度匹配时需要输入实际车身高度，这样才可以与标准值作比较，达到调整匹配的目的。在调整匹配时右侧车身停止了升高，而左侧车身还在继续升高，已经达到了769mm，于是立刻停止了操作。由此看来空气弹簧系统仍然存在问题，正常情况下两侧的空气弹簧可以进行高度自我调整，如果曾出现过车身高度报警，还需要再通过诊断仪进行高度匹配。

就目前的情况来看，是不能再继续进行高度匹配了，只有通过诊断仪的控制功能进行单个空气弹簧的控制（图4-1）。通过诊断仪对左侧空气弹簧进行排气或充气控制的时候，左侧车身的高度没有变化，右侧的车身高度却在随之变化。而控制右侧空气弹簧时，左侧车身却在明显变化。会不会更换空气弹簧时把空气管路接反了呢？更换空气弹簧时是从空气弹簧连接口处松卸连接管路的，那么空气弹簧侧是不会连接错的，要错也只能是在其他连接位置出现错误，只有检查底盘中的空气管路连接情况了。举升车辆，拆卸底盘护板检查，发现该车因为碰撞事故曾经对底盘进行过大范围的维修，底盘中的各种管路有明显的拆卸和安装痕迹，而且固定得很不规范。当检查到空气压缩机时，发现管路连接异常。

在空气压缩机的电动控制阀（图 4-2）下方贴有蓝色标记，上方连接的却是红色空气管路，另一个出口连接的是蓝色管路。这个蓝色标记应该是原厂的连接指示标记，依常识，很有可能是这里的管路接错了。为了保险起见，还是找来相同车型比较，果然是这里的管路连接错误。将红色和蓝色的两根管路对调后，利用诊断仪的控制功能将后部车身高度都调整到 700mm 左右，然后进入服务功能进行高度匹配，左右两侧车身高度达到一致，至此故障排除。

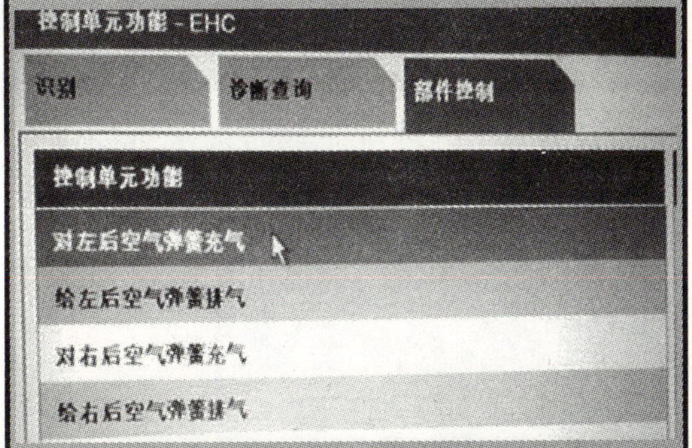

图 4-1 通过诊断仪进行单个空气弹簧的控制

图 4-2 空气压缩机的电动控制阀

图 4-3 高度传感器的安装位置

车身高度是由安装在后桥两侧的高度传感器来检测的，其安装位置如图 4-3 所示，**EHC 控制单元从两个高度传感器获知车身左侧和右侧的高度信息，然后会根据车速和路况等各种情况进行调节。**更换完空气弹簧后，EHC 控制单元会对两侧的空气弹簧充气，由于控制单元内保存着之前的车身右侧低而左侧高的记忆，所以会首先对右侧进行充气，结果由于管路接错，压缩空气被充到左侧的空气弹簧，造成车辆实际左侧偏高。而此时安装在后桥上的高度传感器则会将检测到的实际高度传送到控制单元，控制单元将以理论值为标准尽量调整两侧的高度基本达到一致，无奈管路接错，越调整误差越大，直到超过标准值很多。而通过诊断仪服务功能的匹配功能调整高度时，是需要输入实际测量高度的，此时输入的两侧高度要与标准值“多退少补”，还是**因为管路接错的问题，控制单元无法自行调节了，所以就会越调整误差越大，而此时最好的方法就是利用诊断仪的控制功能单个操作，把每侧的高度调整到标准值附近，然后通过服务功能进行匹配，这样就会使 EHC 控制**

单元恢复正常的调整两侧高度的功能。

◎4-133 奔驰 E350 为何车身悬架升降系统报警？

一辆奔驰 W21 E350 轿车，搭载 M272 型发动机，行驶里程 100km。该车仪表板内经常出现车身悬架升降系统报警的现象。

接车后起动车辆进行路试，车辆行驶一段距离后未发现故障报警。停车后，反复按动悬架系统升降按钮，车辆开始正常升降。几次操作后，仪表板上突然出现悬架升降系统白色报警现象。连接故障诊断仪对悬架升降系统进行检查，悬架升降系统控制单元内存储了故障码：5142——B22/9 右前水平高度传感器信号失真。根据诊断仪的故障诊断指导指示，先测量 B22/9 的实际信号电压。当悬架升降系统可以正常升降时，信号电压显示为“信号 1 为 2.02V、信号 2 为 2.81V”。当升降失败后，测量信号 1、信号 2 的电压均显示为 0V。根据诊断指导应测量 B22/9 右前水平高度传感器（图 4-4a）的供电电压。当拔下 B22/9 传感器插头（图 4-4b）时发现，插头处已经严重锈蚀，初步判定锈蚀是因冲洗车辆时进水所致。

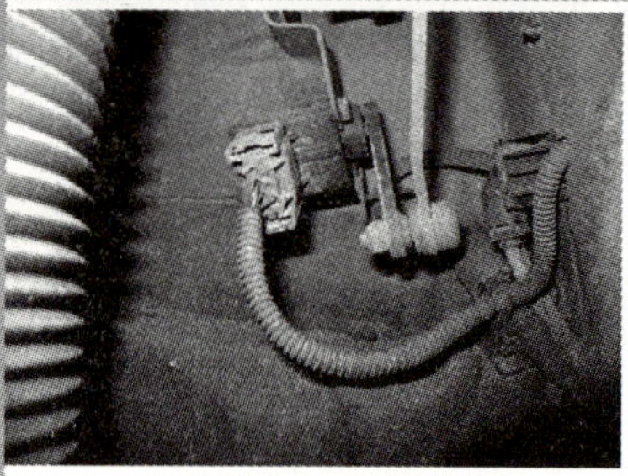

a) 右前水平高度传感器

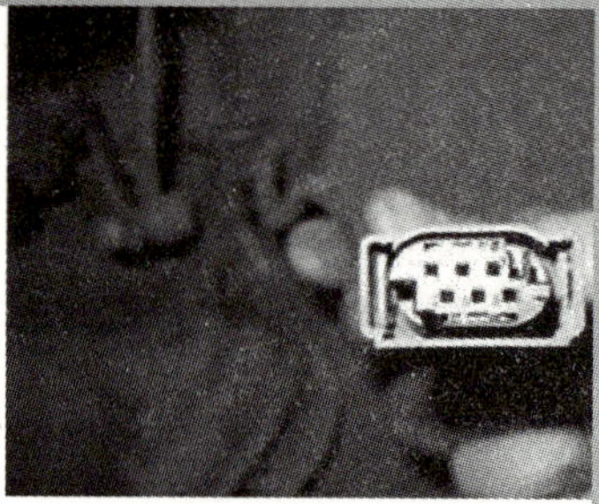

b) 传感器插头已严重锈蚀

图 4-4 B22/9 传感器及插头

准备处理锈蚀的插头不经意间用手拽动插头时，突然一股清水流出，且从线管内不断流出清水，看来插头处的锈蚀是线管内积水造成的。导线因“毛吸”作用导致插头进水，最终造成插头氧化锈蚀。随后用压缩空气从线管一端吹入使脏水排出。为防止插头再次被水锈蚀，在线管最低处开了一个小槽，这样若线管内再次进水，水可从小孔处排净，不会再次使线管内积水，从而避免插头再次锈蚀。处理完插接器线头及线管后，装复试车，故障再现，且故障码由原先的存储故障变成了当前故障，故障码仍指向 B22/9。

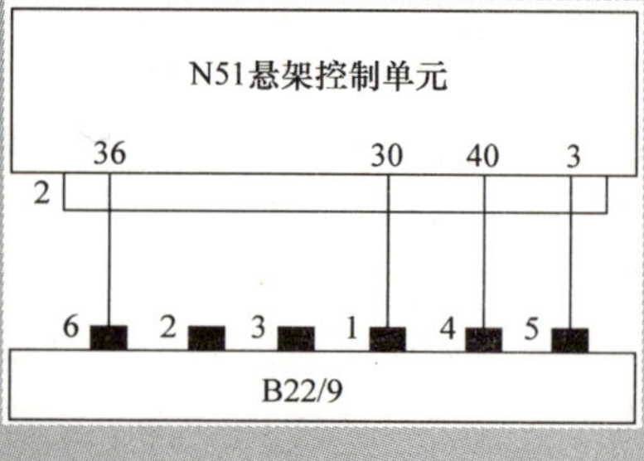

图 4-5 悬架控制单元的相关电路

那么究竟是线束插头处理不当还是 B22/9 损坏呢？于是从传感器插头后部测量 B22/9 的供电电压是否正常。如果电压正常，说明传感器损坏。根据如图 4-5 所示电路图，从 B22/9 线后部测量了传感器的供电，发现传感器供电电压为 0V。由传感器插头后端测量发现，N51 第 2 插座 30 脚与第 2 插座 3 号脚间供电电压为 0V。继续测量 N51 第 2 插座 3 号脚与传感器 5 号脚间的连线阻值为无穷大，证明此段连线断路。通过对该车相关线路的检查，可以确定该车出过事故。经对碰撞处仔细检查发现，线路断开，连接导线的线皮已破损，导线已完全断开。重新连接导线后，试车，故障消失。

在检测该车故障码时，故障码显示右前水平高度传感器信号失真，由于此款车传感器供电由控制单元提供，如果传感器供电源出现故障，左前、右前及后部水平传感器及车身加速度传感器均会报警，这一点在维修该车悬架升降系统故障时需要引起注意。

◎ 4-134　兰德酷路泽 4700 为何液压控制悬架不工作，升降指示灯闪烁？

一辆 2005 款丰田兰德酷路泽 4700 SUV，该车液压控制悬架不工作，升降指示灯闪烁。

接车后试车，故障确实存在。指示灯闪烁，表明系统出现故障。随后连接故障诊断仪对悬架控制系统进行检测，存储了一个故障码：C1751——AHC 泵电动机持续电流。在对故障码进行记录后，故障码可以被清除。试车操纵升降开关，AHC（高度调节系统）泵运转，但车身动作很慢。约 1min 后，AHC 泵停止工作，悬架系统指示灯点亮。利用故障诊断仪检测悬架控制系统，故障码 C1751 再次出现。此时用手触摸 AHC 泵（图 4-6），发现 AHC 泵非常烫手。怀疑悬架系统超负荷运转，为了防止 AHC 泵损坏，系统终止了液压泵电动机（图 4-7）的运转。

图 4-6　AHC 泵

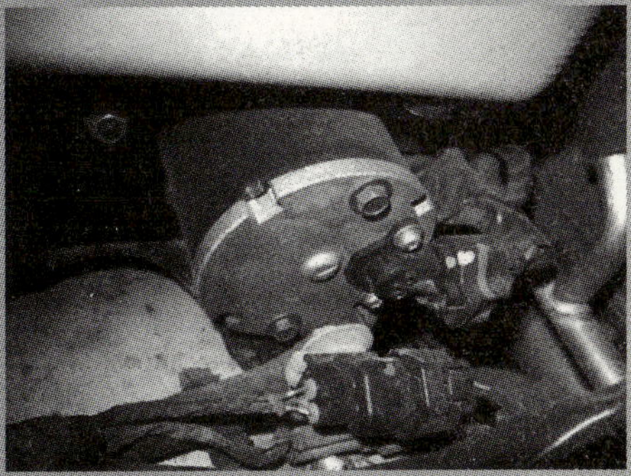

图 4-7　液压泵电动机

检查悬架系统储液罐的油位，液面高度正常；检查油质，颜色及气味正常。对液压系统进行了排气操作，彻底排气后试车故障依旧。观察液压悬架控制系统内的数据流，试图找到一些线索。先观察高度控制传感器的数据，数值正常且数值能够随着车身高度的变化而变化。继续观察蓄压器压力值时发现了问题，正常数值约为 10.5MPa，而该故障车的此项数值为 6.7MPa，因此可以确定该车液压悬架系统的压力偏低，问题应该出在液压泵上。**由于 AHC 泵过度磨损，导致蓄压器压力偏低，为了使悬架达到正常高度，控制单元指令液压泵继续工作，因液压泵超负荷运转，为了避免液压泵电动机损坏，控制单元指令液压泵电动机停止运转。**

查询EPC系统零件得知，AHC泵和电动机均可单独提供，因此只需要更换AHC液压泵即可。在更换AHC液压泵后，试车，故障排除。

◎4-135　路虎发现3为何空气悬架故障警告灯点亮？

一辆2006款路虎发现3 SUV，行驶里程7.6万km。该车仪表上的空气悬架故障警告灯点亮。

接车后检查发现，空气悬架可以上升但不能正常下降，下降到最低位置时又会自动回到最高位置。此车的空气悬架有3个高度，即一般道路高度、越野高度以及进出高度，可以通过如图4-8所示切换手柄改变悬架的高度。一般道路高度是指车辆的正常行驶高度；越野高度会比一般道路高度高出50mm，以方便越野；进出高度会比一般道路高度低出50mm，以方便车辆进出和承载。无论车辆的悬架高度处于哪个状态，当车速高于50km/h时，系统会自动控制悬架回到一般道路高度，空气悬架在上升的过程中，所有的车门必须关好且发动机处于运转状态。

使用故障诊断仪读取故障码，存储有3个故障码：C1A05－92——左后高度传感器故障；C1A06－92——右后高度传感器故障；C112F－72——空气悬架压力控制阀故障。使用故障诊断仪控制各车轮空气悬架工作，发现左后轮的空气悬架不能下降，其余3个车轮的空气悬架可以正常升降。对照电路图，测量左后轮高度传感器的供电和信号均正常，由此推断应该是后部空气悬架平衡阀有故障，因为后部空气悬架的充气和放气都要通过此阀来控制。

拆下后部空气悬架平衡阀，发现平衡阀的接头处有大量油迹，但是左后轮空气悬架管路内的空气完全没有释放，由此可以确定空气管路或空气悬架部件中的气道有堵塞情况。拆下左后轮空气悬架，发现空气管路的管口处堵塞，而且空气悬架部件内有大量油迹（图4-9），应该是**油压减振器的密封件性能变差导致的漏油。漏油污染了整个空气悬架系统，需要更换整个空气悬架系统的气泵、管路以及平衡阀。**更换相关部件后，空气悬架系统可以正常工作了。

图4-8　空气悬架高度切换手柄

图4-9　空气悬架内的大量油迹

◎4-136　别克君越电子控制悬架为何工作异常？

一辆上海通用别克新君越 3.0L 轿车，该车仪表板上有时会显示“请检修悬架系统”的提示。

接车后仔细检查确定该车未做过任何改装和改动。然后连接故障诊断仪对车辆进行检测，存储有历史故障码：C0600——右前加速度传感器电路电压过高/开路。

别克君越电子控制悬架系统的元件布置如图 4-10 所示，**该车电子控制悬架系统分别控制 4 支减振器的阻尼，从而控制车辆的行驶平顺性。减振器的变化可在几毫秒内完成，悬架特性可在运动模式或行驶模式起动时随时变化。**电子控制悬架系统包括悬架控制单元、3 个车身垂直加速度传感器（图 4-11）、两个前轮垂直加速度传感器及 4 个集成在减振器内的减振器执行器。悬架控制单元的作用是采集车速、转向盘位置、发动机转矩、制动压力及壳体和前轮垂直加速度的信号，以单独控制减振器的阻尼力的大小，从而在可能的最大工作状况范围内增强车辆行驶平顺性和舒适度。

图 4-10　新君越电控悬架系统元件位置图

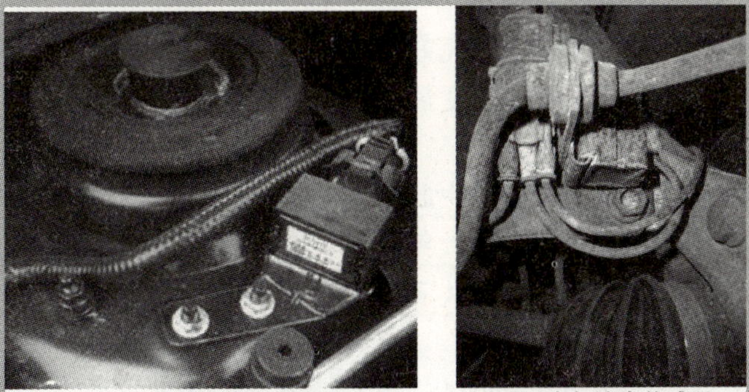

a) 上垂直加速度传感器　　b) 下垂直加速度传感器

图 4-11　垂直加速度传感器

悬架控制单元接收垂直加速度传感器或其他系统的串行数据线路输入信号，并向各减振器执行器输入可变电流。悬架控制单元分别向 5 个垂直加速度传感器提供一个公用的 5V 参考电压和搭铁电路，垂直加速度传感器则向悬架控制单元提供一个 0.5～4.5V 的信号。3 个车身垂直加速度传感器分别位于左前、右前和后侧，两个前轮垂直加速度传感器位于滑柱上。减振器执行器集成于减振器内。电子悬架控制系统使用一个控制执行器外部通道的比例阀，通过电流控制执行调节，电流消耗为 0～1.8A。执行器在几毫秒内回应悬架控制单元的指令。

电子悬架控制系统没有故障指示灯，但可使用仪表板组合仪表代替实现显示功能。**当悬架控制单元检测到故障时，会设置相应的故障码，并通过串行数据线路将信息发送至组合仪表，仪表将显示“请检修悬架系统”。**悬架控制单元能够将故障码存储为当前或历史故障码。大部分电子悬架控制系统故障会在仪表板组合仪表上显示信息并设置故障码。只要故障码存在，信息就会显示。悬架控制单元使用点火循环诊断方案，即使故障条件不再存在，系统仍然会维持已经采取的操作，直到点火开关置于 OFF 位置。如果故障不再存在，故障码将被存储为历史故障码，连续 41 次无故障点火循环后，故障码将被清除。

对故障码进行记录后执行清除故障码的操作，发现故障码能够被清除。进行路试发现，故障重现，仪表板上显示“请检修悬架系统”的提示。根据维修手册的提示，当右前加速度传感器信号电压低于 0.5V 并持续 1.5s 时，系统会记录故障码 C0600。根据以往经验，判定为电子悬架控制单元内部故障，于是替换电子悬架控制单元。但试车行驶一段时间后故障再次出现，难道是刚换上的电子悬架控制单元又损坏了？还是另有其他原因？接着更换右前垂直加速度传感器，试验结果依然令人失望。线路、传感器及控制单元均正常了，但故障依旧存在。

询问驾驶人获知，该车在向右大角度转向时故障出现的几率比较大。于是仔细观察车辆在向右大角度转向时对电子控制悬架系统什么部件产生影响。经仔细检查发现，只有减振器上的传感器和车身的连接线有位移产生。重新测量整个系统线路，先测量了减振器上的传感器和车身的连接线，通路完好。当将此线束模拟转向操作转动一定角度后，发现连接线断路了，如图 4-12 所示。

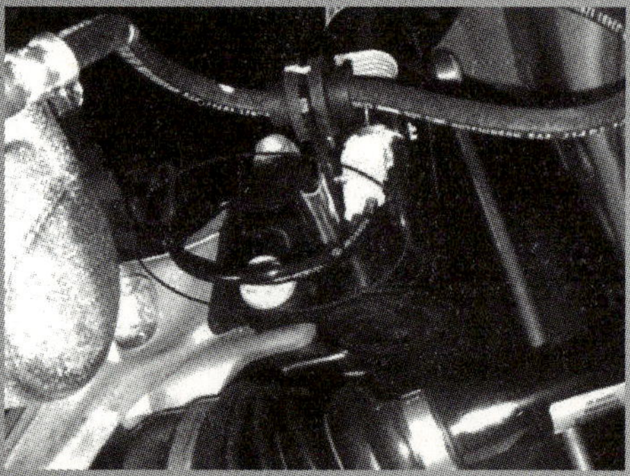

图 4-12　断路的连接线

那么此线束断路为何会导致该车发生此故障呢？当车辆正常直线行驶或小角度转向时，由于线束比较松弛，不会受到拉伸；当大角度转向时，线束扭曲得比较严重，因此导致线路受到拉伸变形，又由于未安装好，时间久了便出现了断路。在更换此线束后，故障排除。

○ 4-137　通用新君越为何仪表显示“检修悬架系统”？

一辆 2011 款上海通用别克新君越 3.0 轿车。该车仪表显示“检修悬架系统”。

接车后连接诊断仪 MDI，起动 GDS2 软件，进入电子悬架系统，显示故障码：C0870——控制单元参考电压输出电路电压过低。查看数据流，发现参考电压也确实只有

4.5V。新君越电子悬架系统的结构和工作原理见4-136。

从控制原理分析，应该是5个垂直加速度传感器本身或者其线路出了问题，导致5V参考电压被拉低，打开发动机盖，先拔下右前车身垂直加速度传感器的插头，数据流显示无变化，还是4.5V。插上插头，再拔下如图4-13所示左前车身垂直加速度传感器的插头，发现数据变成正常的5V了，其相关控制电路如图4-14所示，由此可以证明是左前车身垂直加速度传感器内部出了问题，导致5V参考电压被拉低，悬架控制单元检测到故障，通过CAN向仪表发送信息提示“检修悬架系统”。

更换该垂直加速度传感器，再看数据里参考电压已经显示为5V。起动车辆，一切正常，至此故障排除。

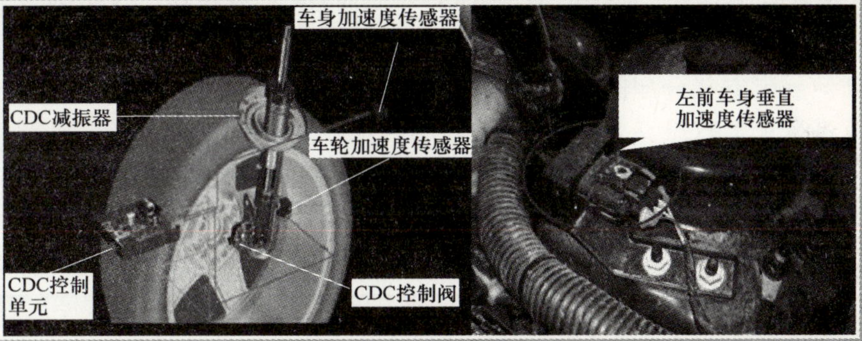

图4-13 左前车身垂直加速度传感器实际位置

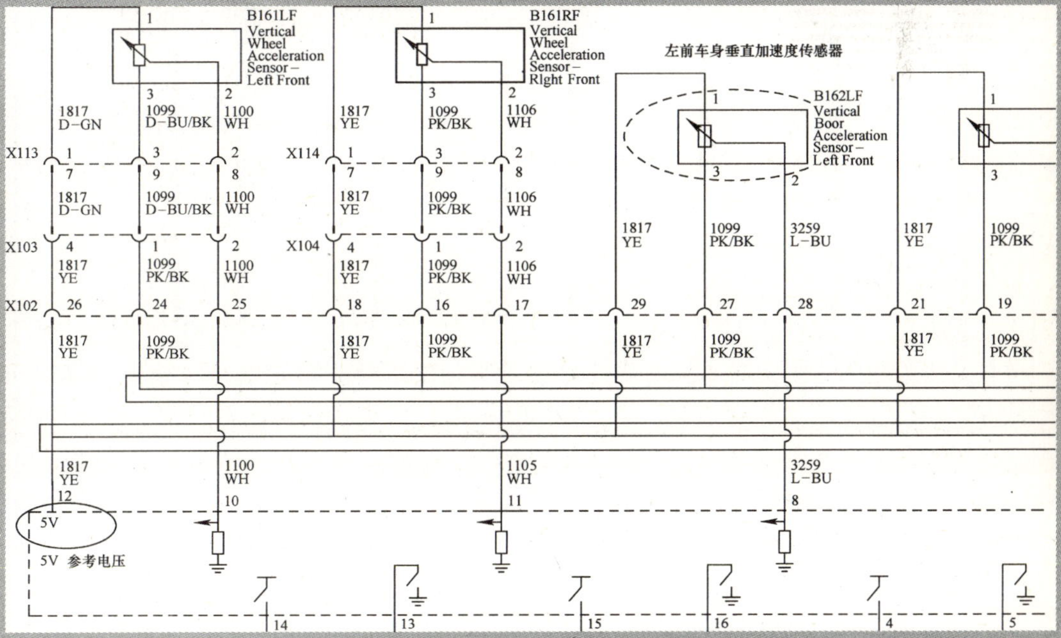

图4-14 左前车身垂直加速度传感器相关电路

◎ 4-138　如何排除奥迪 A6L 空气分配阀故障？

一辆 2006 款奥迪 A6L 轿车，配备 3.0L 发动机、09L 变速器、空气悬架，行驶里程 15 万 km。该车行驶中空气悬架黄色指示灯亮起，MMI（媒体交互界面系统）界面内的空气悬架选项变成灰色，模式无法选择，车辆可以正常行驶。

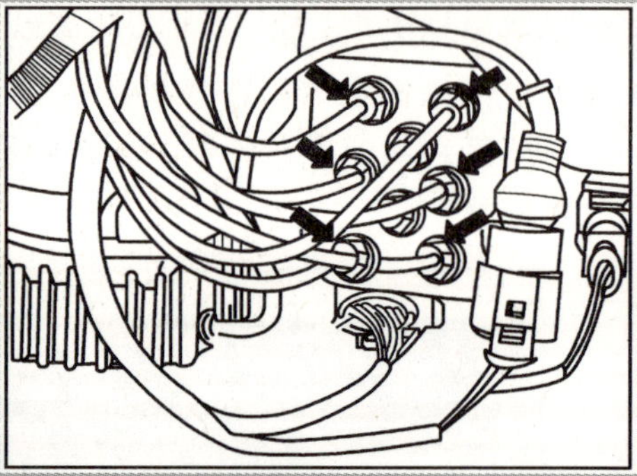

图 4-15　空气分配阀位置

接车后连接诊断仪 VAS5052 进入系统 34，该系统存储有多个故障码，经过分析发现，故障点都集中在位于右前轮前的空气分配阀区域，空气分配阀区域安装位置如图 4-15 所示。如何界定空气分配阀是否良好呢？用 VAS5052 进行 4 个减振器元件升降测试，失败。结合出现的故障码，决定拆下空气分配阀，空气分配阀相关控制电路如图 4-16 所示。

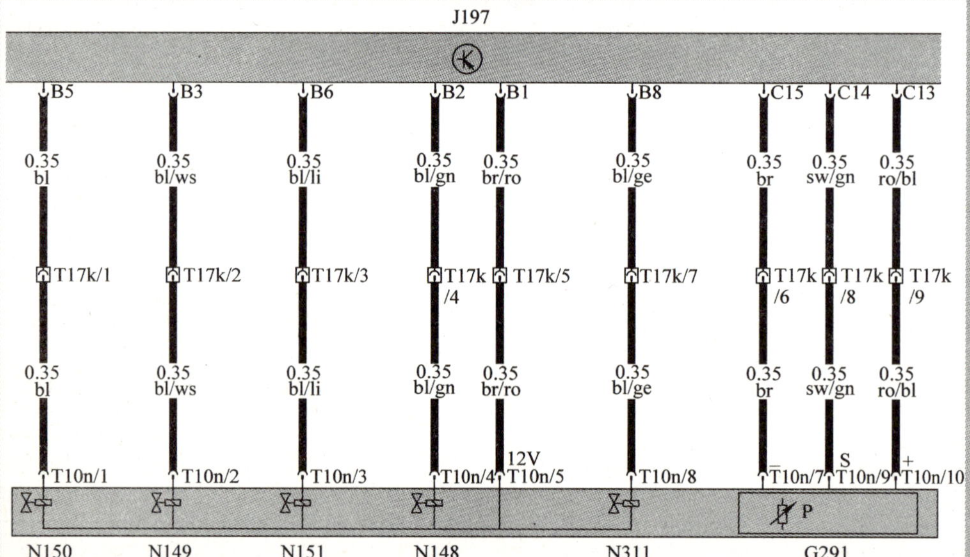

图 4-16　空气分配阀控制电路

G291—水平高度调节系统的压力传感器　J197—水平高度调节系统控制单元　N148—左前减振支柱阀门　N149—右前减振支柱阀门　N150—左后减振支柱阀门　N151—右后减振支柱阀门　N311—水平高度调节系统蓄压器的阀门　T10n—10 芯黑色插头连接，在阀体上　T17k—17 芯桔黄色插头连接，右侧 A 柱接线板

使用万用表测试空气分配阀的 5 号接脚同 1、2、3、4、8 脚间电阻，结果显示断路，正常情况下应该有 20Ω 左右的电阻，由此可断定空气分配阀损坏，更换后故障排除。

提示：更换空气分配阀是不需要进行高度重新匹配的。

◎ 4-139 丰田普拉多为何空气悬架工作异常？

一辆 2004 款丰田普拉多 SUV，行驶里程 27 万 km。该车后空气悬架系统无法正常调节和使用，在需要使用车辆高度控制功能时，系统无法正常工作，故障灯“HEIGHT CONTROL OFF”闪烁，车辆后部降至最低。

接车后试车，发现故障现象确实存在，用专用检测仪读取故障码（DTC）为 C1742。查阅相关资料，故障码 C1742 的存储条件如表 4-1，即在空气悬架继电器接通的同时，可检测到高度控制空气泵（以下称空气泵）电动机存在锁定、开路或短路的情况持续 4s 以上，而提示的故障部位可能是空气泵总成、空气泵电路或悬架控制 ECU。

表 4-1 DTC C1742 的存储条件

DTC	DTC 检测状况	故障部位
C1742	空气悬架继电器起动	高度控制空气泵总成
	可检测到 4s 或更长时间的高度控制空气泵电动机的锁定、开路或短路	高度控制空气泵电路 悬架控制 ECU

首先检查空气泵的电路，用检测仪对其进行主动测试，发现空气悬架继电器正常工作，但此时，空气泵电动机无法正常运转，对空气泵电动机处的电压进行测量为 12V，说明悬架控制系统的控制电路及相关继电器等均正常。因此，判断故障点应在空气泵总成上。将空气泵电动机拆解，发现已烧蚀（图 4-17），于是更换空气泵电动机。试车发现，空气泵持续工作，但车辆后部高度上升缓慢。仔细检查发现在高度控制主缸总成处发出“嗤嗤”响声，存在漏气现象，如图 4-18 所示，空气囊损坏。经检查发现，由于橡胶老化，左右两个高度控制主缸（空气囊）均有不同程度损坏，无法保持规定压力。

图 4-17 烧蚀的空气泵电动机

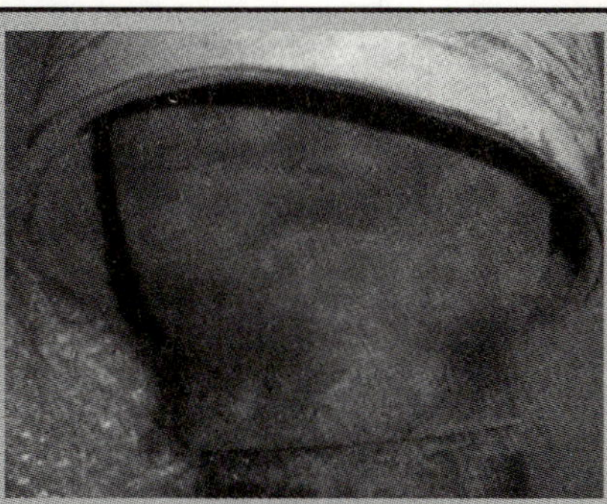

图 4-18 损坏的空气囊

推断故障原因可能是由于两侧高度控制主缸橡胶老化、漏气，致使悬架控制 ECU 判断车辆高度无法达到正常值，于是控制空气泵持续工作，将空气压入高度控制主缸，空气泵电动机长时间高负荷运转，最终导致过热烧蚀。更换两侧高度控制主缸后故障排除。

此故障初期，由于泄漏量不大，空气泵电动机可以随时加压予以补偿，从而维持悬架高度，而悬架高度传感器的数值也可以保持在正常范围内。但随着空气囊损坏程度加剧，为了补充泄漏的空气，空气泵电动机承受的负荷逐步增大，空气泵电动机寿命就受到了影响，最终不再运转。然而，在这个过程中，如果足够细心，是应该能够及时发现空气悬架系统的异常的，比如，行驶中颠簸加剧，车身上升缓慢，甚至车身降至最低，不再上升等。这是因为空气悬架 ECU 会对空气泵电动机的运转时间进行监控，当空气泵电动机连续工作时间过长时，即判定系统存在故障，同时会终止空气泵电动机的工作，悬架不再上升，以起到保护空气泵电动机的作用。此时，如果及时进行维修，通过更换后部空气囊，即可使系统恢复正常。如果驾驶人不能够及时进行维修，长期使用下去，最终会导致空气泵电动机由于负荷过大而损坏。

空气悬架系统电路故障相对较少，问题主要出在空气囊及其控制管路上。对于空气囊的检查，建议采取真空测漏的方法进行。可以将抽真空设备连接到空气囊管路中，对其进行抽真空操作，然后关闭阀门，观察仪表，以确认气囊是否泄漏。此外，可以首先清除系统故障码，起动车辆，将悬架设定为 HI（高）的位置，在车辆高度正常后，拆卸后部分配阀上部的导线插接器，然后进行路试，如稍一运动，车辆高度即下降（或者用检测仪观察后部悬架高度数据），即说明悬架气囊及其管路存在泄漏。此时，也可用手触摸后部两个气囊的外部，通过其硬度的不同判断漏气的严重程度。

○4-140　丰田皇冠空气悬架为何不工作？

一辆丰田皇冠 3.0 V6 Royal Saloon 轿车，配备 6 挡手自一体变速器。该车车身高度控制系统不受控制，车身离地面仅 100mm 左右，不能正常行驶，空气悬架系统故障指示灯闪亮。

该车空气悬架系统气路如图 4-19 所示。**空气经空气压缩机增压后进入干燥器，在干燥器中被过滤去水分后进入 1 号和 2 号高度控制阀，然后通过这两个高度控制阀分别控制前后 4 只悬架气囊。当压缩空气经高度控制阀给悬架气囊充气时，车身升高；当悬架气囊内的空气经高度控制阀及排气阀排入大气时，车身降低。当电控系统产生故障时，空气悬架系统故障指示灯闪亮，同时空气悬架系统停止工作。**

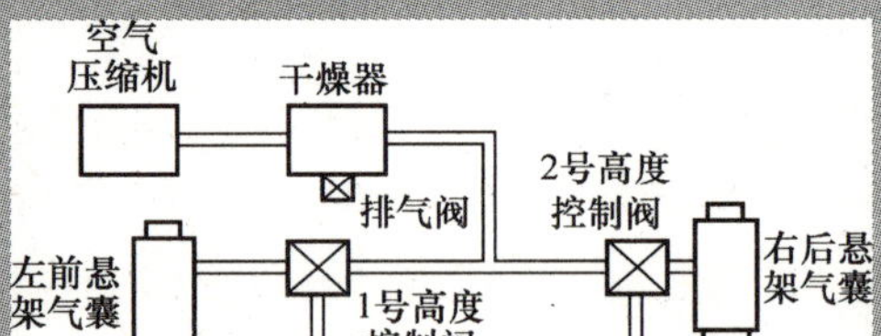

图 4-19　空气悬架系统气路图

跨接故障诊断仪插座的端子 TC 与端子 E1，空气悬架系统故障指示灯显示故障码 33 和 34，分别表示左后侧和右后侧的 2 号高度控制阀电磁阀线圈对地断路或短路。

如图 4-20 所示，丰田皇冠轿车上设有一个检测插接器，其各端子分别与两高度控制阀电磁阀的线圈和空气压缩机继电器线圈相连。用万用表依次测量检测插接器端子 4 和端子 5 与搭铁的电路均为 13Ω 左右，正常。用导线连接检测插接器的端子 1 – 5 及端子 7，使 1 号及 2 号高度控制阀和空气压缩机同时工作，这时车身可以升高到正常高度，并且在断开电源后可以保持该高度；用导线连接检测插接器的端子 1 – 5 及端子 6，使 1 号及 2 号高度控制阀和排气阀同时工作，这时车身可以降低。上述情况说明，空气悬架控制单元的外部控制线路、高度控制阀、排气阀、空气压缩机、空气管路和悬架气囊等都正常。

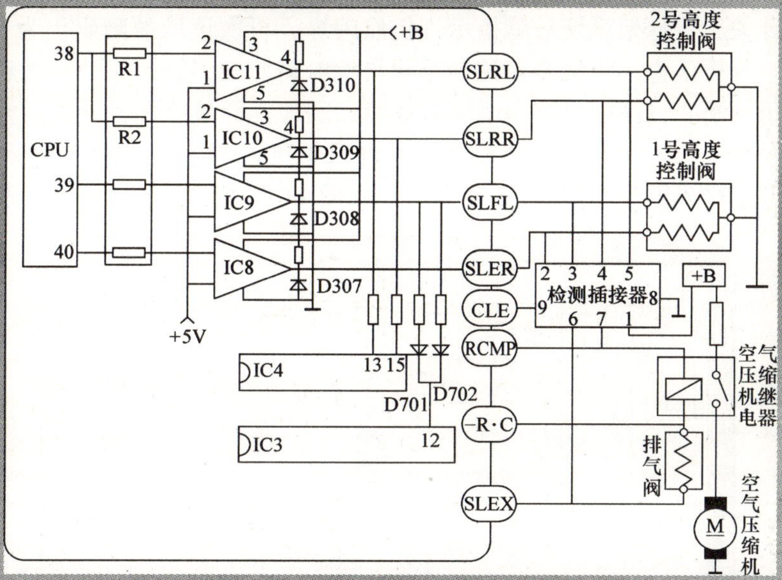

图 4-20　空气悬架控制单元电路

断电后故障码不能清除，因此怀疑空气悬架控制单元有故障。拆下并打开行李箱右侧空气悬架控制单元，发现电路板上有一处铜箔上的漆膜已经变色，说明空气悬架控制单元确实可能有故障。从图 4-20 空气悬架控制单元电路图中可以看到：当空气悬架控制单元要控制 2 号高度控制阀时，其 CPU（中央处理器）的端子 38 输出 5V 电压，然后分两路，分别经电阻 R1 和 R2 加到集成电路 IC11 和 IC10 的 2 号端子上，此时两集成电路的端子 4 均输出 12V 电压，分别经悬架控制单元的端子 SLRL（端子 26）和 SLRR（端子 35）的 2 号高度控制阀电磁阀线圈，使该阀内部的两个电磁阀开启，从而使压缩空气能进入悬架气囊和从悬架气囊排出。检测表明，通电时集成电路 IC10 的端子 4 无电压输出，IC11 严重发热，即两块集成电路皆已损坏。

上述两块集成电路型号为 T2838，用 TWH8751 替换。如图 4-21 所示，由于两者端子 3 的供电电压和端子 4 的输出方式不同，所以在 TWH8751 端子 3 上串联一只 680Ω 的电阻，并将 2 号高度控制阀电磁阀线圈的接搭铁端子改接到 12V 电源上，然后装车试验。在 CPU

端子38上加5V电压时，能听到2号高度控制阀电磁阀吸合声，说明TWH8751在CPU输出信号时可以正常控制2号高度控制阀电磁阀的工作。将全部电路回复后试车。

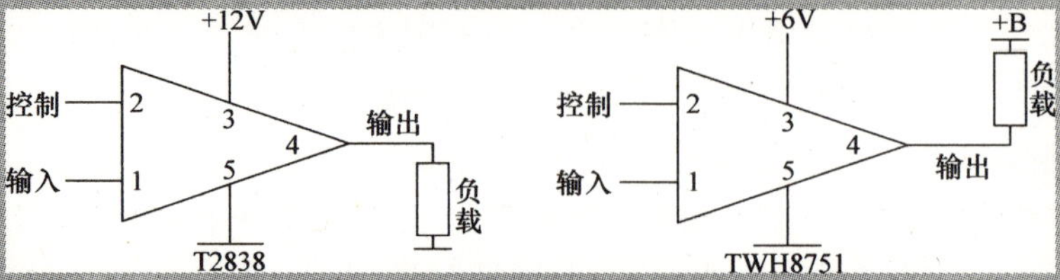

图4-21　集成电路T2838和TWH8751的电路连接

接通点火开关后，悬架系统故障指示灯仍然闪烁。再次读取故障码仍为33和34，且故障码不能清除。分析认为，空气悬架控制单元自检电路检测到修理后的空气悬架控制电路与原电路不同，仍判断2号高度控制阀电路有故障，随即存储故障码，并采用空气悬架系统保护程序，使其停止工作。在空气悬架控制单元电路中接入两个三极管（T1和T2）倒相器，并在其基极上分别接入限流电阻（R2和R4），如图4-22所示，然后再次试车。

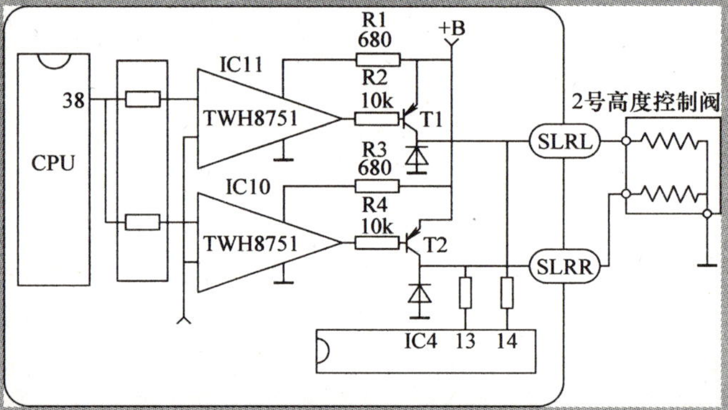

图4-22　空气悬架控制单元修复部分电路

接通点火开关后，悬架系统故障指示灯常亮；起动发动机后，悬架系统故障指示灯熄灭，空气压缩机工作，车身缓慢上升到正常高度后空气压缩机停止工作。将车身高度控制开关拨到HIGH位置，HIGH指示灯点亮，空气压缩机再次工作，车身再次升高。稍后，将车身高度控制开关拨到NORM位置，听到排气阀排气声，车身缓慢下降至正常高度，空气悬架控制单元彻底修复。

第五章

电控动力转向系统维修技能

◎5－141　宝马E70主动转向系统为何报警？

一辆2010款宝马X5 E70 SUV，行驶里程2万km。该车行驶中，有时出现转向、动态稳定系统DSC和四驱系统报警现象。中央信息显示屏显示“主动转向系统失灵！转向时请注意”，并且当出现上述显示时转向盘变沉。检测主动转向系统（AL），发现故障码：0X6137——伺服电机位置传感器故障，当前故障不存在。

宝马主动转向系统（AL）（图5-1）是在传统转向机构的齿轮与齿条间增加了双行星齿轮机构，用于给前轮提供叠加转向角。叠加转向角可以是正值，也可以是负值。主动转向系统（AL）根据车辆的行驶情况，在驾驶人转动转向盘时，主动增加或减小前轮的转向角。例如，在车辆低速行驶时，主动转向系统将增大前轮转向角，反之则减小。在车辆静止时，如果将前轮从左转极限位置转到右转极限位置，传统转向机构转向盘要转3圈以上，主动转向系统转向盘只需转动不到两圈，而高速行驶时又会适当降低转向盘的灵敏度。这样，在车辆低速及高速行驶时，都能更好地满足驾驶人的操作意愿。此外，在车辆进入非稳定行驶状态（如横摆率过高）时，主动转向系统还会主动进行干预，避免发生危险。用这种方式来对车辆的行驶状态进行调整，比DSC通过车轮制动方式进行调整反应速度更快。

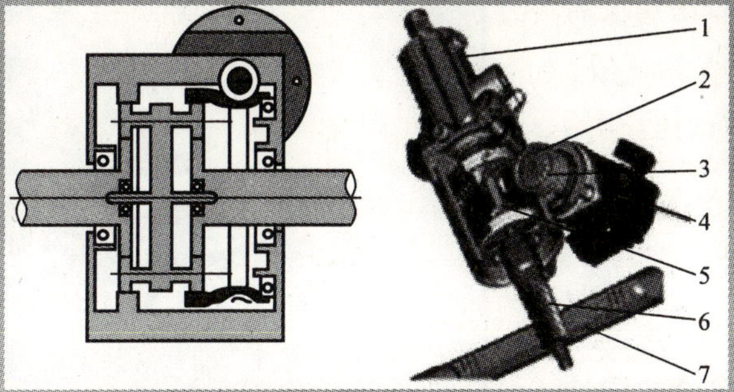

图5-1　宝马AL系统

1—转向阀（伺服机构）　2、5—行星齿轮机构　3—蜗杆　4—伺服电动机　6—小齿轮　7—齿条主动转向系统（AL）要与动态稳定系统DSC、四驱系统协同作用，才能更好地保证车辆安全行驶。如在超车急速并线时驾驶人不希望出现制动，这时主动转向系统便发挥作用；而当车辆的横向（离心）加速度过大时，由于前轮的横向抓地力有限，提供的转向力矩不够，这时要靠DSC和四驱系统通过对各车轮的不同减速来修正车辆的行驶状态。因此当主动转向系统有故障时，DSC和四驱系统也会连带报警。

查阅如图5-2所示AL控制单元电路图得知，伺服电动机位置传感器由3根导线通过插接器X13772和X14036与AL控制单元相连接。确定伺服电动机位置传感器的位置（图5-3）后，断开插接器X14036，然后分别测量每根导线与搭铁点的电阻，测量发现当晃动线束时，X14036的1号脚有时与搭铁点短路。沿着线束检查发现一块金属防护板与线束接触，线束胶带被磨破，白/绿、蓝/黄两根导线与金属防护板临界接触。

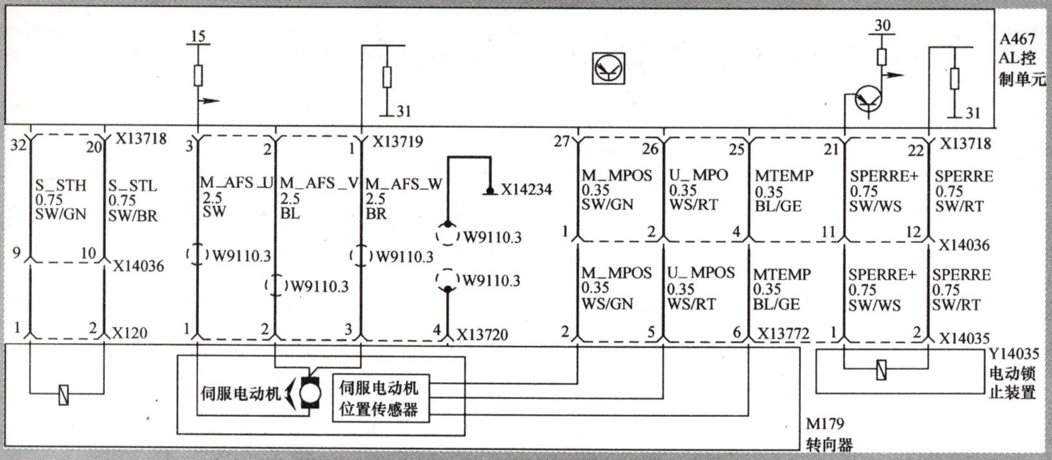

图5-2　AL控制单元电路

修理线束并合理布线后，查阅资料得知，当伺服电动机位置传感器信号丢失后，转向机齿条初始位置也将随之丢失，所以当信号恢复后，必须对AL系统进行初始化。于是用故障诊断仪对系统进行初始化设置，并清除故障记忆，试车，故障排除。

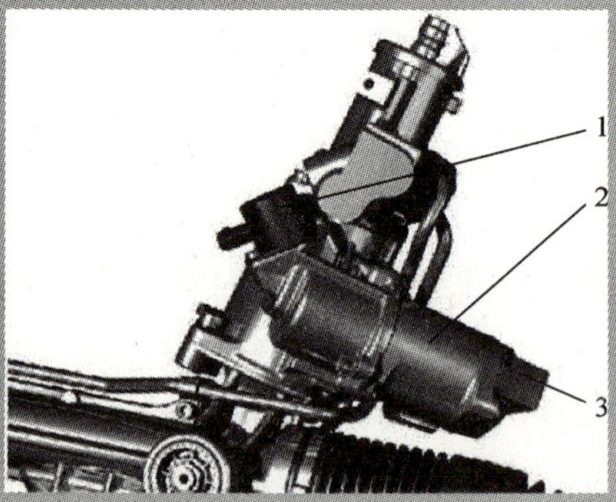

图5-3　伺服电动机传感器安装位置

1—电动锁上位置　2—伺服电动机　3—电动机位置传感器

对于电控系统的偶发性故障，我们可以按照线路、器件、控制单元的次序进行检查，这会使故障诊断工作更加快捷。

◎5-142 宝马 X5 为何主动转向失灵、故障灯亮、转向沉重？

一辆宝马 X5 SUV，配置 N52K 发动机，行驶里程 14 万 km。该车 DSC 灯、4×4 灯、主动转向灯亮起，主动转向失灵，转向较重。

试车验证故障，车辆行驶一段时间后组合仪表上面的 DSC 灯、4×4 灯、主动转向灯亮起，熄火后再起动故障现象消失，行驶一段时间后又会出现相同的故障现象。连接 ISID 诊断仪测得的相关故障信息为①DSC 主动转向接口；②DSC 车轮转速信号，故障当前不存在，频率为 2 次，逻辑计数器为 33，里程数为 141481km；③AL 电动机位置传感器，故障当前不存在，频率为 5 次，逻辑计数器为 40，里程数为 141477km。

反复进行故障测试，通过故障变化来进一步锁定故障源。多次模拟故障现象再次测得的故障码如下：①DSC 主动转向接口；②DSC 车轮转速信号，故障当前不存在，频率为 2 次，逻辑计数器为 28，里程数为 141515km；③AL 电动机位置传感器，故障当前不存在，频率为 8 次，逻辑计数器为 40，里程数为 141510km。

对上述两次的故障数据进行对比分析，共同点是都提示故障部位在 DSC、AL，并且它们各自存储的故障码都是相同的，不同的是它们的故障频率、逻辑计数器以及故障出现时的里程数。

1）故障频率分析。电动机位置传感器的故障频繁程度相比第一次检测呈现明显的递增趋势（由 5 变到 8）；而 DSC 没有变化。

2）逻辑计数分析。逻辑计数器计算方式，第一次出现某故障时逻辑计数器将设置为数值 40，控制单元识别出该故障不再出现时，逻辑计数器内的数值就会在控制单元关闭时减少 1 个数字。故障状态为“目前没有故障”时逻辑计数器内的数值就会在控制单元关闭时再次减少 1 个数字。但故障状态再次变为“目前存在故障”时，逻辑计数器内就会再次存储数值 40。

相比第一次故障码，DSC 车轮转速传感器的逻辑计数器数值呈明显的递减趋势（由 33 降到 28），根据逻辑计数器的计算方式，确定 DSC 故障记忆只是在主动转向不起作用时，进行干预产生的附加的故障码，这并不代表 DSC 有故障。电动机位置传感器的逻辑计数依然为 40，说明它在这段时间内又重复出现了。

3）最后从故障码出现时里程数的先后顺序进行分析。电动机位置传感器故障记忆的里程数要提前于 DSC 的故障记忆里程数（约为 5km），而且它具有故障的主动性。

由以上分析可知，AL 电动机位置传感器就是故障源。选取检测计划查找 WDS 电路图，测量电动机位置传感器线路，如图 5-4、图 5-5 所示。

当拔下插头 X13720，也就是 AL 电动机位置传感器，发现有进水腐蚀的痕迹，而后将该插头进行清洗，分别对其供电、搭铁、通信等端子进行测量，都正常。由此可见电动机位置传感器由于进水造成内部损坏。因电动机位置传感器不单独提供，所以只好更换了转向器，然后匹配传感器，进行主动转向试运行、示教、路试。一周后回访驾驶人，故障灯再也没有亮起，故障排除。

维修启示：一定要仔细分析故障码，善于从故障码中获得对维修有价值的信息。要善于分析这些故障码之间的关系，利用假设、反正、推理等综合分析方法大胆地对怀疑的模块、

传感器等电器元件进行验证，这样才能够快速准确地找出故障源解决问题。

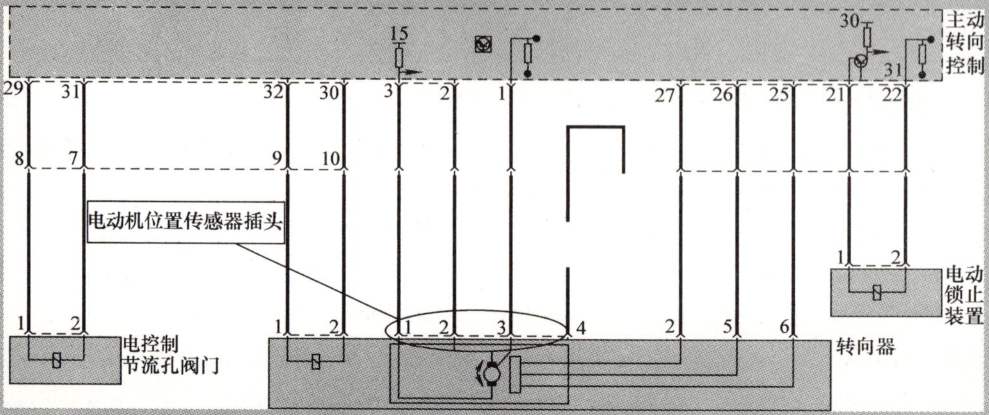

图 5-4　AL 电动机位置传感器电路

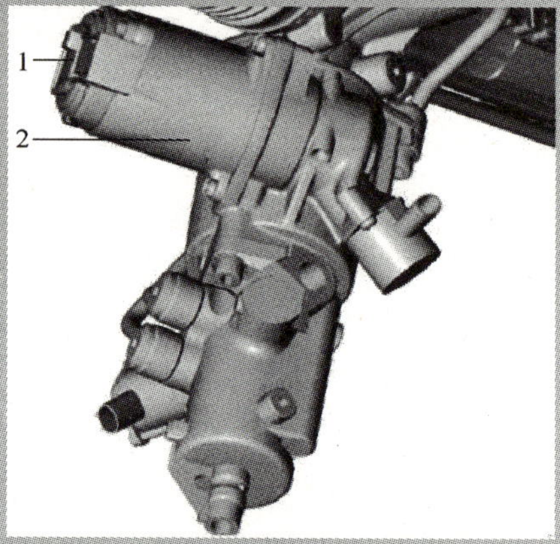

图 5-5　AL 电动机总成

1—电动机位置传感器　2—电动机

◎ 5-143　宝马 520i 为什么有时转向沉重？

一辆宝马 520i（E39）轿车，配置 M54 发动机，行驶里程 11.6 万 km。该车行驶中有时候转向会变沉重；当故障出现后遮阳板上化妆镜灯也会不亮；转向盘上喇叭不响；转向盘上多功能转向盘按键失灵；不踩制动踏板时制动灯会自动点亮等故障现象。

接车后验证故障确实属实，并且故障一直存在。首先用万用表测量化妆镜灯、喇叭，还有转向助力电磁阀上电源线与搭铁之间的电压，发现供电导线均没电压；测搭铁线与车身之间的电阻大约为 0Ω，搭铁正常。怀疑是不是公共电源出现了问题。连接 ISID 检测时发现 MFL（多功能转向盘）、SZM（转向柱开关控制中心）、RAD（收音机）、EGS（变速器控制单元）、ASC（稳定控制系统）等系统都检测不到。然后进入如图 5-6 所示的故障码存储。

看到这些故障码可以肯定是供电或总线故障引起的无法通信，另外之前测量的几个用电器均没电源，所以决定先从电源入手进行检查。

查阅 WDS 找出相关的电路图，逐一拔掉相应控制单元的熔丝，没发现有烧熔现象。之后怀疑是某个控制单元死机影响到其他控制单元的供电，于是直接断掉蓄电池线，过了 2min 再装复测试，发现化妆镜灯亮了，喇叭也响了，所有故障现象都消失了。又反复开关点火开关测试了几次，突然当再次打开点火开关到第 2 挡时，先前的故障又出现了，这时开始迷茫了，不知道从哪里查起。

起动发动机后看到仪表上报警的气囊灯和不能使用的多功能转向盘按键，转向盘上的用电器和气囊灯会不会和气囊游丝有关系？于是拆检气囊游丝，没发现有断路的情况。安装好气囊游丝，又重新把点火钥匙打到第 2 挡检查游丝上的供电，电源又正常了。检查化妆镜灯也亮了。当再次反复开关点火钥匙时化妆镜灯又灭了，此时感觉故障好像和点火开关有关。

拆掉转向柱上下护套开始检查点火开关上输入、输出导线的电源，在反复开关点火开关时发现有一根导线上有时没有电源。反复几次终于验证问题出在点火开关上。为搞清楚是点火开关内部什么问题引起的故障，分解了点火开关，如图 5-7 所示。

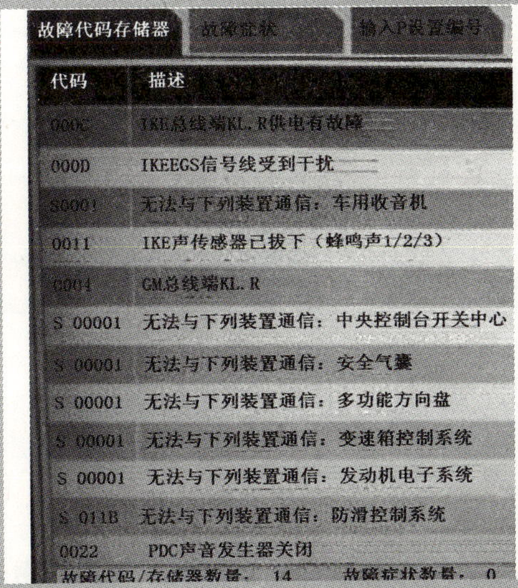

图 5-6 故障码

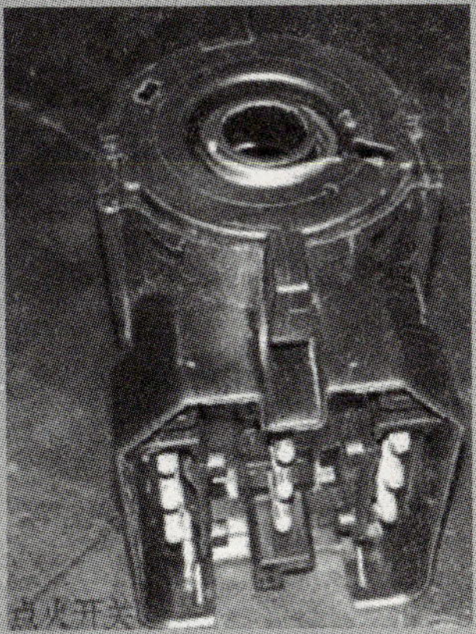

图 5-7 分解的点火开关

原来，点火开关内部有三个触点，其中有一个烧蚀很严重，看来所有的问题都是因为触点烧蚀后接触不良引起的。更换了点火开关，反复测试之前有问题的几个用电器，均正常，诊断仪检测也都正常了。

重新查看如图 5-8 所示点火开关电路图，可以看出点火开关打开 1 挡时，2 号导线所连接的恰好是出现故障用电器的电源，如图 5-9 所示。**由于点火开关 1 挡的触点烧蚀造成有时接触不良或断路，而点火开关的第 2 挡和第 3 挡触点正常，所以其他功能也正常。并且点火开关的 1 挡电源同时给基本模块、喇叭、化妆镜灯、制动信号灯、安全气囊模块、多功能转向盘、转向盘开关中心等供电，同时基本模块又给转向伺服电磁阀供电，因此当故障出现时**

以上用电器均不能工作。

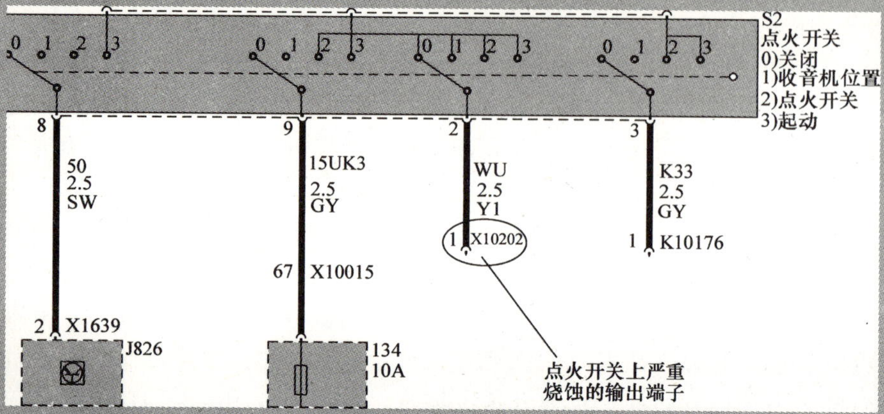

图 5-8　点火开关电路

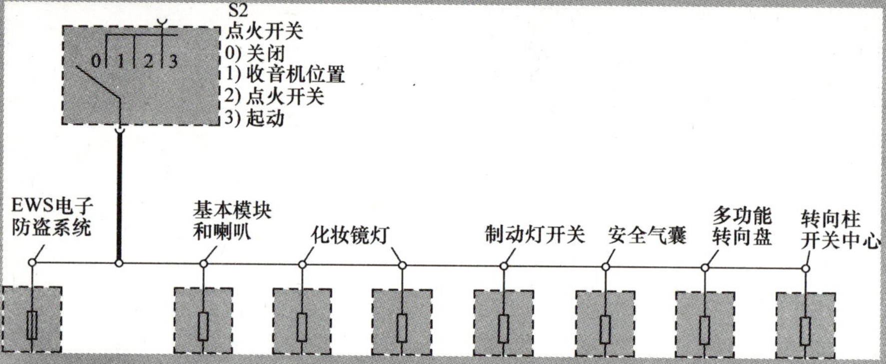

图 5-9　2 号导线电路

案例诊断过程中走了弯路，检查熔丝的时候只单单拔下熔丝检查通断，而没有用万用表或测试灯检查熔丝两端是否有电。如果没电就可以根据线路图直接检查点火开关；如果有电可以继续检查导线是否断路，以达到快速解决问题的目的。

◎ 5-144　宝马 E90 为何电动转向盘锁止？

一辆 2008 款宝马 320i E90 轿车，行驶里程 3 万 km。该车将钥匙插进钥匙槽，接通点火开关，听不到解锁电动机工作的声音，不能切换电源输出总线端，仪表板显示转向盘锁止。

正常情况应是钥匙插进钥匙槽的时候，转向盘会自动解锁，听到解锁电动机工作的声音。由于无法进入诊断界面，所以无法进行微机诊断。转向盘锁死可能是由于转向柱电动机不解锁或者损坏导致。电动机信号由 CAS（便捷进入及起动系统）单元提供，所以首先应检查电动机至 CAS 单元的线路有无短路或断路现象。检查 CAS 单元是否激活，电源、搭铁是否良好，若良好应更换 CAS。车辆电源输出总线端无法切换，说明 CAS 不能唤醒其他控制单元，应检查 CAS 单元是否被激活，电源、搭铁是否良好。CAS 接线图如图 5-10 所示。

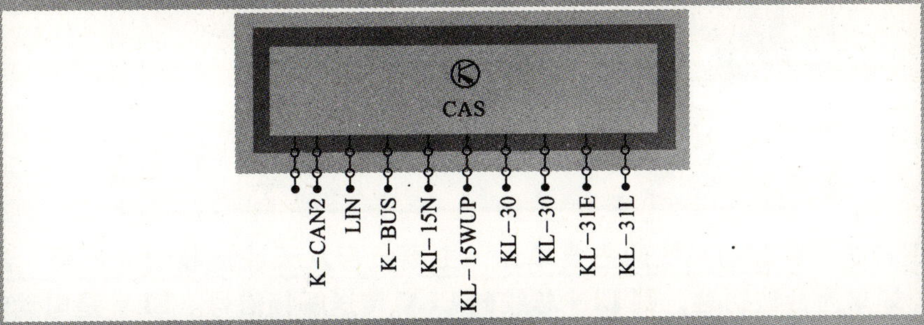

图 5-10　CAS 接线图

K－BUS—车身总线　K－CAN2—便捷进入及起动系统与车辆总线的通信　KI－15N—唤醒导线（总线端 KL 15 唤醒导线），使便捷进入及起动系统能够把连接的控制单元从睡眠模式（省电模式）置于正常运行模式　KL－15WUP—便捷进入及起动系统为接线盒中的配电器和后部配电器提供总线端　KL－30—常电源，经过熔断丝连接至蓄电池　KL－31E、KL－31L—模块的搭铁线束　LIN 总线—CAS 与 ELV 的通信线路

ELV 电子转向柱锁止是一个不连接在 K－CAN 总线上的控制单元，通过车身总线连接在 CAS 上，由 CAS 供电和控制，在 CAS 内部存储 ELV 的故障码。CAS 在对一把有效的钥匙进行验证后，对 ELV 进行通电解除锁止，并接通总线端 KL 15，如果 ELV 已经解除联锁并保险锁死，则可以通过按钮切换总线端或者起动发动机。

当 CAS 检查到有 ELV 发送的状态信息时，如果信息在某次解除联锁后不是 ELV 已解除联锁并已保险锁死的无故障信息，则 CAS 不输出任何总线切换和起动许可，不接通总线端 KL 15。ELV 只能在车辆静止和发动机静止的状态时联锁，在不执行解除联锁和联锁过程后，ELV 装置处于断电和锁死状态。

由以上分析得出结论：①ELV 有故障，导致 CAS 不能进行总线端切换和解除联锁；②CAS 控制单元内部故障。由于总线端不能切换，导致不能进行正常的微机诊断，因此采取如下非正常方式：如图 5-11 所示，短接 OBD 的 1 号与 16 号针脚，插上 I－COM 进行诊断。获取故障信息如下：A116——CAS ELV 临界状态；E59B——信息（总线端状态）缺失，FRM 接收器，CAS 发射器；C91E——信息（总线端状态）缺失，JB 接收器，CAS 发射器；A3B2——总线端信息有误，KOMBI 接收器，CAS 发射器。根据措施计划进行了 CAS 的复位功能，随后可以起动发动机，删除故障码后，故障现象消失。因为在 CAS 里面存储有 ELV 的故障，所以确认 ELV 控制单元损坏，更换新的转向柱控制单元（图 5-12），故障排除。

图 5-11　短接 OBD 接口

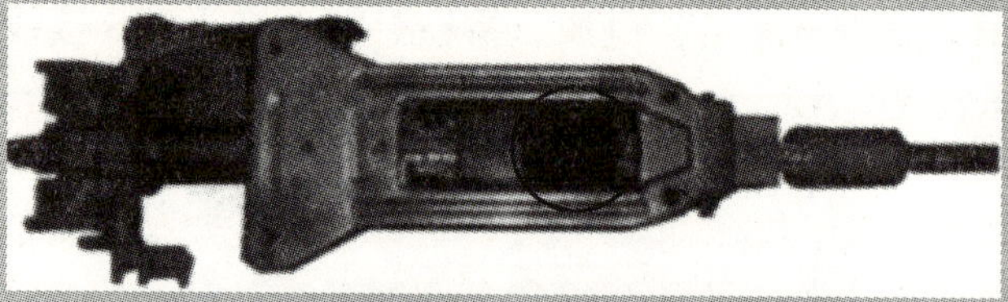

图 5-12 ELV 转向柱控制单元

CAS 是便捷进入和起动系统的主要单元，主要负责从天线接收钥匙信号，进而验证钥匙的合法性，如果为合法钥匙，则 LIN 总线向 ELV 传送解锁信号。ELV 是电动转向锁止的控制单元，接收到 CAS 发来的信号后，向 ELV 执行器（电动机）发出接通信号，控制正反转，进而控制解锁、上锁。在非正常状态下，如不能进行微机诊断，则短接 OBD 接口上的 1 号与 16 号针脚，然后再连接诊断微机，为防止车辆休眠可打开收音机。

◎5-145 宝马 530Li 为何低速行车时转向沉重？

一辆 2008 款宝马 530Li E60 轿车，行驶里程 6.5 万 km。该车近来低速行车时转向沉重，高速行驶正常。故障有时严重，有时又感觉不到。

接车后确认故障现象。试车过程中发现低速行车或原地倒车转动转向盘时，感觉转向确实比正常车辆要重，行驶一段距离后再尝试又感觉转向会稍轻一些。故障现象已明确，同时可初步判断问题出在油压或者是油压调节的控制元件及线路等方面。用车辆检测仪 ISID 诊断，并无相关故障码。

宝马 E60 驾驶人动力转向系统使用了常规齿条齿轮式液压助力转向机构。此外还可以使用两个选装装备：电子转向助力系统（SA 216）和主动转向系统（SA 217）。主动转向系统只能与电子转向助力系统一起使用。

宝马使用的动态行驶转向系统是主动转向系统（AFS）。这种电子控制的转向系统以助力转向系统的瞬时助力为基础，借助可变的转向传动比为驾驶人提供转向助力。该转向系统的核心件是重叠式转向器。**重叠式转向器是一个集成于分体式转向柱内的行星齿轮组。电动机根据车辆行驶速度通过蜗杆传动机构驱动行星齿轮组，这样该转向系统就会根据行驶状况，通过改变转向轴与齿轮之间的传动比使转向角增大或减小。在紧急状况下，该转向系统可以有针对性地改变驾驶人所转到的车轮转向角并因此使车辆快速稳定下来（与驾驶人本人操作相比）。**主动转向系统通过动力传动系 CAN（PT－CAN）和新款底盘 CAN（F－CAN）连接到车载网络内。该系统的优点是**主动转向系统可在车辆转向时为驾驶人提供助力，并根据行驶动力学参数主动在转向系统中累加一个附加转向角。**驻车时只需要略微转动转向盘，即可获得较大的车轮转向角。转向盘从一侧限位位置转到另一侧限位位置不超过两圈。速度较高时（例如在高速公路上），转向传动比会越来越大，直至达到常规转向系统的水平，甚至比其传动比更大。同时提高的转向力矩可防止出现不希望的转向移动，驾驶人感觉车辆比较稳定。

主动转向系统系统结构如图 5-13 所示。液压泵的体积流量可调，其调节通过一个电动调节阀（ECO）进行，如图5-14所示。其调节程度取决于发动机转速、行驶速度和转向盘转角。ECO处于最大开启状态时，液压泵可提供最大体积流量15L/min（取决于发动机转速）。电子转向助力系统阀门断电时，会切换到快速行驶特性线，转向助力会相应降低。ECO处于断电状态时，液压泵的体积流量为7L/min。用于控制电子转向助力系统阀门和液压泵内阀门内阀（ECO）的输出端位于SGM内。ECO用于调节液压泵的液体体积流量，这样即可根据当前需要为转向助力系统提供合适的流量。

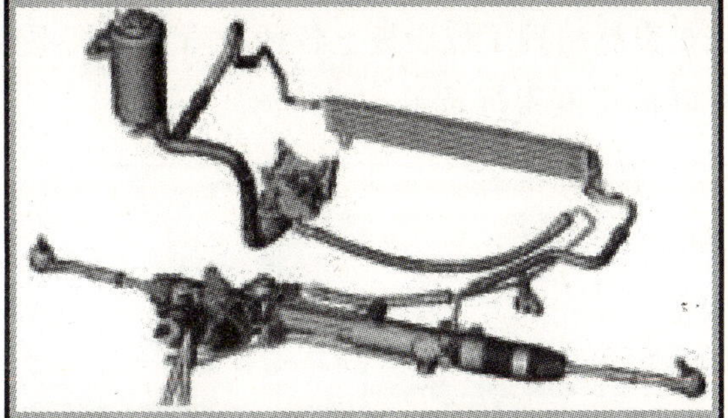
图5-13 主动转向系统部件

图5-14 电动调节阀

连接SGM接口适配器，测量液压泵内阀门（ECO）电阻值为7～8Ω，工作电压为9V，当转动转向盘时，工作电压会变化，升高到11V左右，而故障现象时有时无，故可基本判断故障点不在控制液体流量的电子转向助力系统阀门和液压泵内阀门上。基于液压泵内部还有一个限压阀，并且比较好拆检，于是决定检查液压泵内部的限压阀，其内部结构如图5-15所示。

a)

b)

图5-15 拆解限压阀

拆检过程中竟然发现限压阀的柱塞内有一小块胶质卡住，见图5-15b标记处，胶质的阻碍导致限压阀的柱塞处会出现液压油的泄压，因此不能提供正常的液压油流量，从而会出现低速行车打转向时转向沉重的现象。更严重的是胶质已经导致此处柱塞的金属磨损，所以故障现象时有时无也就不难解释了。去除黑色胶质物后，用小号砂纸打磨限压阀柱塞，并重新装复液压助力泵限压阀，加注液压油后主动转向助力系统工作正常。故障现象未再出现，故障排除。

◎ 5-146 大众波罗 1.4 为什么各种故障警告灯闪烁报警？

一辆上海大众波罗（POLO）1.4L 轿车，该车突然出现了仪表板上各种故障警告灯不停闪烁报警的现象，并且在进行转向操作时，感觉转向也变得沉重了。

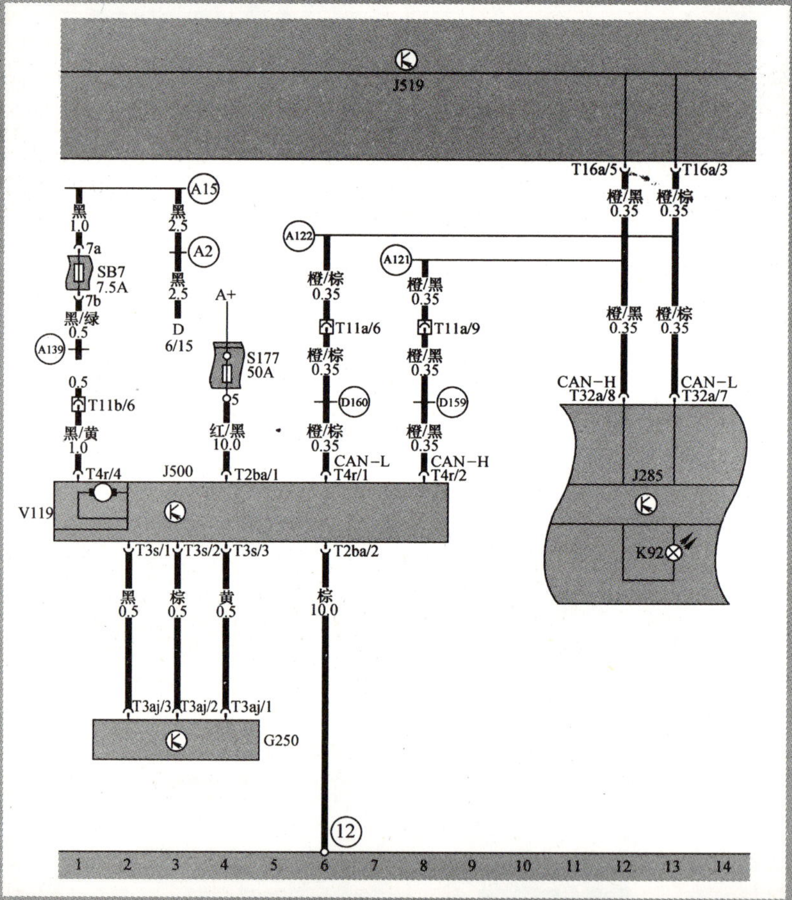

图 5-16 转向助力控制单元相关电路

A—蓄电池 D—点火起动开关，在转向柱上部右侧 G250—转向助力传感器，在转向柱左侧动力转向器壳体上 J285—组合仪表控制单元，在仪表板左侧 J500—转向助力控制单元，在左纵梁前部外侧 J519—车载网络控制单元，在仪表板左侧下方 K92—电控转向助力系统指示灯 V119—转向液压泵首先连接专用故障诊断仪 VAS5052 进行故障查询，结果发现诊断仪居然已经不能进入仪表（17）、安全气囊（15）、ABS（03）及助力转向（44）系统。后来利用诊断仪进入发动机电控系统（01）进行检测，结果该系统无故障记忆存储。进入车载网络控制单元（09）后，发现了两个故障码：01312——数据总线驱动损坏；01309——转向助力控制单元 J500 没有通信。继续进入网关（19），也发现了两个相同的故障码。根据故障码的提示，先测量了车载网络控制单元 J519 的 T16a/3 到组合仪表 T32a/7 的导线（见图 5-16），结果线路正常。接下来测量了 J519 的 T16a/5 到组合仪表的 T32a/8 之间的导线连接情况，也没有发现问题。根据检查结果，怀疑网关 J533 损坏。因网关 J533 安装在车载网络控制单元 J519 内，要想更换网关，只能连同车载网络控制单元 J519 一起更换。但在将 J519 进行替换后，故障依旧存在。根据前面故障码的提示，该故障也可能与转向助力控制单元（图 5-17）有关。于是将转向助力控制单元 J500 上的 T4r 插头拔下，并观察仪表板，结果发现除了转向助力警告灯点亮外，其余的警告灯都熄灭了。在将转向助力控制单元更换后，故障排除。

在上海大众波罗轿车采用的 CAN-BUS 系统中，系统内的控制单元之间采用了铜缆串行连接方式，即各控制单元都串行连接在一起，因控制单元之间的信息传播方式是广播式传输，这样在某个控制单元发出信息后，由接收控制单元自由选择是否接收信息。因 CAN 收发器安装在控制单元内部，它具备接收和发送的功能。该车的组合仪表、ABS、安全气囊及助力转向同属于驱动系统，都在一条数据线上。由于转向助力控制单元损坏，使得其他控制单元均无法通信，这种故障属于 CAN-BUS 系统在控制单元内线路的短路故障。

图 5-17 助力转向控制单元

◎5-147 宝来 1.8T 为何仪表警告灯 K155 点亮？

一辆 2004 款一汽大众宝来 1.8T 手动挡轿车，行驶里程 2.3 万 km。该车仪表警告灯 K155 点亮。

连接诊断仪 VAS5051，进入地址 03，查询到故障码：00778——转向盘转角传感器 G85 损坏。一般来说，转角传感器本身确实有损坏的可能性，但应不会太大。

首先对此车的转向系统进行基本检查。在检查过程中，发现此车的转向拉杆有一侧已经弯曲变形。将弯曲的转向拉杆更换，并经四轮定位调试后，用仪器清除故障码，结果故障码不能清除。决定采用更换转向盘转角传感器 G85 后进行零点平衡的方法，使用仪表直接进入 03－09－004 组 1 区，将转向盘转到 0.00 后，退出进入 11 登录。输入 40168 后进行基本设定 04－060 后退出，K155 警告灯熄灭。后经电话回访，车辆使用正常，故障彻底排除。

此车产生 00778 故障码的原因，是由于外力造成转向拉杆左右侧的单边前束不正确。**在直线行驶过程中，转向盘转角传感器偏向一侧，偏离 G85 初始化的零点位置。ESP 控制单元根据转向盘转角传感器横向加速度传感器反馈的数据始终不能对应，这时控制单元认为转向盘转角传感的位置存在问题，于是点亮 K155 警告灯，**并存储故障码 00778。

如果此车当时查不出转向拉杆弯曲，而直接更换 G85 并用仪器进行零点平衡，当时 K155 警告灯也会熄灭，但行驶一段时间后，警告灯会再次点亮，造成返修。在以后的工作中**如遇 00778 故障码，应首先检查转向系统本身是否有故障（如转向拉杆弯曲，两侧拉杆调整不当等）**，以免给驾驶人和自己都造成不必要的麻烦。

◎5-148　迈腾轿车为何电子转向柱锁出现故障？

一辆 2008 款一汽大众迈腾轿车，装配 1.8TSI 直喷发动机以及 09G 手/自一体变速器，行驶里程 9000km。该车仪表板中红色转向盘灯闪亮，并有电子转向柱锁故障的文字提示。该车此前在修理厂只是当作偶发性故障进行故障码清除后交车，但几天后故障重现。

接车时仪表板中的故障灯未闪亮，显然这是个偶发性故障。此时只能依靠控制单元对故障的存储功能进行诊断。连接故障诊断仪 VAS5052 查阅各系统的故障码，在防盗系统控制单元 25 里发现偶发性的故障码：02823——转向柱锁锁止要求未满足。

迈腾轿车电子转向柱锁锁止的过程如图 5-18 所示，迈腾轿车装配的是大众第 4 代防盗器，**转向柱锁和转向柱锁控制单元 J764 集成在一起安装在转向柱上。**转向柱锁锁止的过程为：**关闭点火开关并取出钥匙时，点火开关 E415 将 S 触点关闭信号和 P 触点接通信号传递给转向柱控制单元 J527。J527 通过一根单线将 S/P 触点信号转变为转向柱锁锁止请求信号，并传递给电子转向柱锁控制单元 J764 以激活转向柱锁。同时，J527 通过网关 J533 将另一个锁止信号传递给 J764 作为转向柱锁锁止的确认信号。网关主要是依据车速信号等来计算锁止确认信号的。只要车速不为零，ABS 控制单元 J104 就会将车速信号传递给网关，因此电子转向柱锁仍然不会锁止，即便是在 15 号线断开，动力总线处于“休眠”状态时，速度信号仍然可以传递给网关，因为在 ABS 控制单元与舒适系统控制单元 J393（内部集成了防盗器控制单元）之间有一根唤醒线，只有当网关 J533 的锁止确认信号和转向柱控制单元 J527 的锁止请求信号都传递给电子转向柱锁控制单元 J764 后，电子转向柱锁才被激活。**

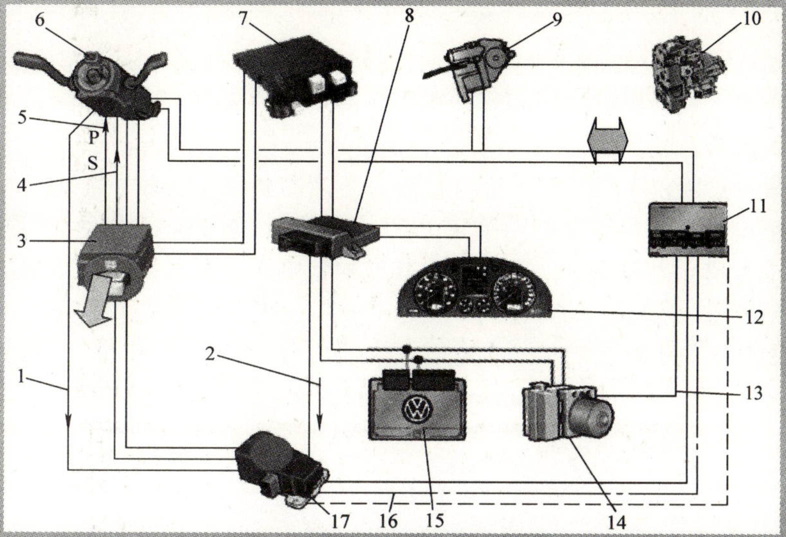

图 5-18 转向柱锁止过程

1—转向柱锁锁止请求信号 2—转向柱锁锁止确认信号 3—点火开头 E415 4、8—触点开闭信号 5—P 触点接通信号 6—转向柱控制单元 J527 7—中央电器控制单元 J519 9—左前门控制单元 J386 10—门锁 11—舒适系统控制单元 J393 12—仪表板 13—唤醒线 14—ABS 控制单元 J104 15—发动机控制单元 J624 16—串行总线 17—转向柱锁控制单元 J764

通过以上分析得知：在锁止过程中需要的信号包括 S/P 触点信号和车速信号。如果在锁止过程中某个信号未被满足，就形成了该车的故障码。连接故障诊断仪 VAS5052 读取转向柱控制单元 J527 中的 S/P 触点信号。反复插拔点火钥匙，发现数据块能很好地反映出S/P 触点信号，这样就排除了 S/P 触点信号故障的可能。接下来读取 ABS 控制单元 J104 内部的轮速信号。将车起动并低速行驶，查看 4 个轮速传感器的输出信号，并未发现异常。停车时却突然发现左后轮的轮速信号瞬间变为 8km/h，但此时其他轮速信号都是零，表明左后轮可能存在车速信号误报现象。拆开左后轮轴承，发现在轮速传感器的磁圈上有一块 2mm 大小的铁屑。可能是这一铁屑导致了错误的车速信号的产生。如果在车速信号不为零的情况下，驾驶人刚好将点火钥匙拔出，使得 J527 发送了电子转向柱锁止的请求信号，此时 J764 会因为没接收到锁止的确认信号，而未激活电子转向柱锁，因此造成了转向柱锁锁止需求未满足的故障。J764 属于防盗系统，所以此故障码就存储在防盗系统控制单元内部。至于错误车速信号的形成，可能是在停车的瞬间，铁屑会因为惯性而移动，造成传感器信号错误所致。而在正常行驶时其各轮速传感器的速度信号能够很好地传递，因此 ABS 控制单元也就没能识别出轮速传感器的故障。

拆开左后轮轴承，清理掉轮速传感器磁圈上的杂物，清除系统故障码，试车并再次读取轮速数据，未发现异常。几个月后回访，故障没再发生，故障彻底排除。

◎5-149 迈腾轿车转向助力功能为何失效？

一辆2007款一汽大众迈腾1.8TSI轿车，行驶里程6.3万km。该车停放一夜，第二天起动后出现了仪表上发动机故障灯和其他警告灯都点亮的现象，发动机起动正常，但是转动转向盘时感觉很沉重。

首先连接故障诊断仪VAS5052A进行检测，故障诊断仪显示多个系统的控制单元均存储有相同的故障记录，即“与转向控制单元J500无通信”。各控制单元之间采用CAN总线通信，如果某个控制单元出现问题，则会导致其他控制单元与之失去联系，而从读取网关列表中各系统故障信息可以看出，动力转向“无法达到”（图5-19），这说明动力转向系统控制单元与其他控制单元失去通信。

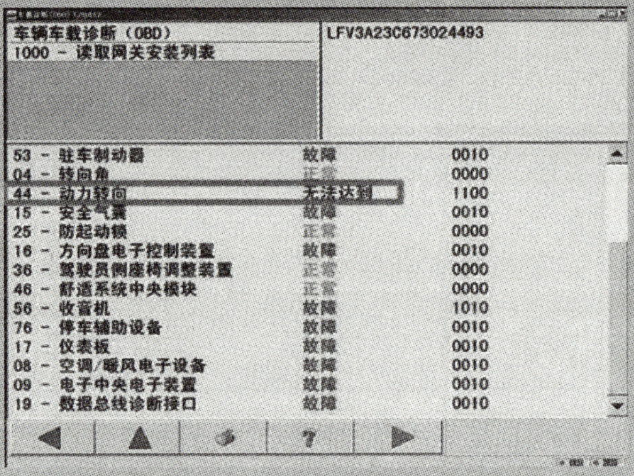

图5-19 读取网关列表中各系统故障信息

2007款迈腾轿车采用第二代电动转向系统，**转向控制单元J500组合在转向器总成上。电动转向系统控制单元连接在动力CAN总线中**，通过故障诊断仪的引导性功能，读取6组（转向盘电子装置）的数据流（图5-20），转向控制单元J500温度和传动齿轮状态等数据没有任何显示，而从数据125组（ABS系统控制单元J104）和126组（组合仪表）可以看到其他控制单元的CAN信息状态良好。

转向控制单元J500无法与其他控制单元通信的原因可能是CAN网络传输线或J500的供电线路出现问题。参考如图5-21所示J500供电电路图，可以看到由熔丝SA2为转向电机的T2fn/2脚提供电源，熔丝SC3为J500的T5s/4脚提供电源，T5s/1脚中间通过T6e/3连接到CAN－L，T5s/2脚中间通过T6e/2连接到CAN－H。J500的工作电源T5s/4同样经过T6e插头，同时T2fn/1为J500提供搭铁。经过检查，发现熔丝SA2和SC3正常，J500的T2fn/2脚电压正常，但T5s/4脚无电压。至此可以断定线路存在问题，检查最终发现T6e线束插头（车身左前侧空气滤清器壳体正下方）部分线路被老鼠咬断了，见图5-22。将断开的线路连接妥当，试车，故障排除。

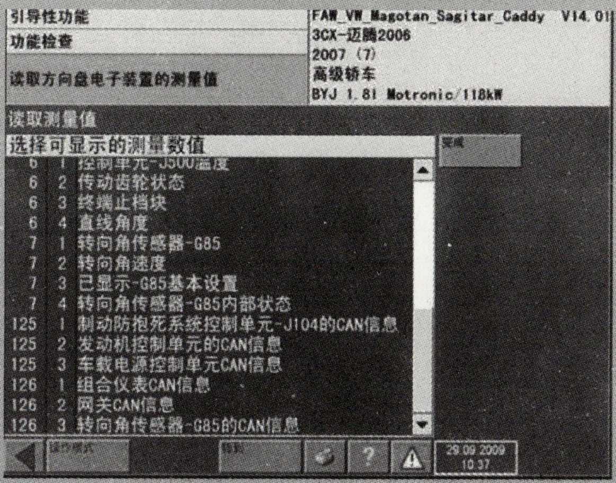

图 5-20　转向盘电子装置数据流

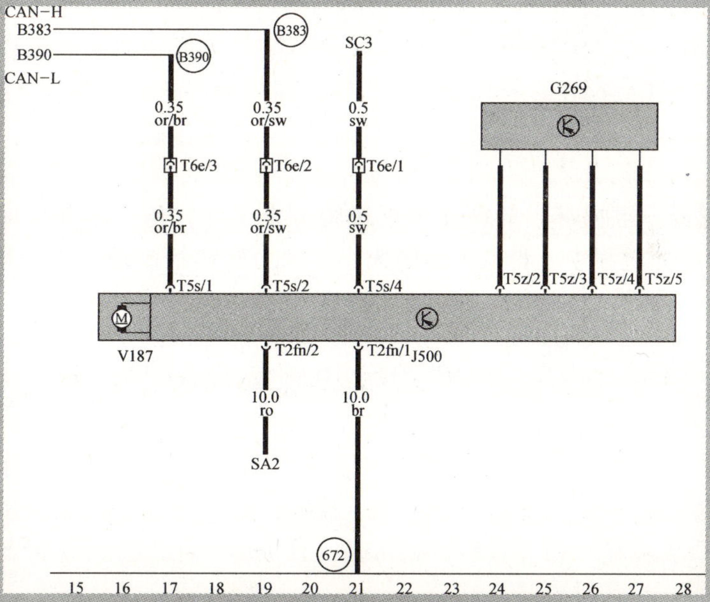

图 5-21　转向助力控制单元相关电路

G269—转向力矩传感器　J500—助力转向控制单元　SA2—熔丝架 A 上的熔丝 2　SC3—熔丝架 C 上的熔丝 3
T2fn—2 芯黑色插头连接　T5s—5 芯插头连接　T5z—5 芯插头连接，转向力矩传感器附近
T6e—6 芯黑色插头连接，接柱，电动转向系，在发动机舱内　V187—电控机械式助力转向器电动机

图 5-22　咬断的线路

◎ 5-150　速腾为何行驶中助力转向指示灯突然点亮？

一辆 2008 款一汽大众速腾轿车，行驶里程 9 万 km。该车行驶中助力转向指示灯突然点亮（红色），但有转向助力。

连接检测仪 VAS5051 读取故障信息，为转向力矩传感器故障。将故障信息清除后重新检测，发现故障信息仍然存在。起动发动机，转动转向盘，此时转向助力消失。与驾驶人沟通得知，前不久该车底盘曾被刮碰过，于是怀疑转向力矩传感器已损坏。更换转向器后试车，故障排除。

转向力矩传感器一旦损坏，转向助力系统将停止工作，但并不是立即停止，而是一个“软”停止过程。在此过程中，转向力矩的大小由助力转向控制单元根据转子转速传感器和转向角传感的信号来计算。

◎ 5-151　怎样排除途观转向辅助系统故障？

一辆 2010 款上海大众途观 SUV 前驱车，搭载 CEA 1.8L TSI 发动机和 09M 6 挡自动变速器，行驶里程 28km。该车尚未售出就出现了故障：转向辅助系统故障指示灯 K161 和电子车身稳定装置 ESP 故障指示灯 K155 同时亮起，且 K161 呈红色点亮状态，转向助力功能消失。

途观 SUV 采用的转向器是当今处于技术领先水平的电动助力转向器。转向辅助控制单元 J500、转向力矩传感器 G269、助力电动机转速传感器和转向器温度传感器集成在转向器内。转向辅助控制单元所需的其他信号，如转向盘转角（由转角传感器 G85 发送）、发动机转速（由发动机控制单元 J623 根据曲轴转速与位置传感器 G28 信号发送）和车速（由 ABS 控制单元 J104 根据轮速传感器 G44、G45、G46 和 G47 信号发送）等均经驱动系统 CAN 数据总线传输。

连接故障诊断仪 VAS5052 运行自诊断程序，打开网关列表，页面上显示转向辅助控制单元和制动器电子控制单元处于故障状态。访问 J500 故障存储器，读到两个故障码：00003 012——控制单元电路中电气故障；02546 005——转向限位挡块基本设置/匹配没有或不正确（图5-23）。查询J104故障存储器，故障码同为02546，表明这是由转向辅助系统导致的伴生故障。用U盘复制故障码页面后，执行清除故障码的操作。00003可以清除，但02546依旧存在，且出现另外一个故障码：00778——转向角传感器G85基本设定/匹配没有或不正确。查阅测量值2组（图5-24）、7组（图5-25）的数据。2组1区为控制单元30号线的常电供电电压，2区为15号线的供电电压，0.1V明显不正常。7组1区是G85信号的测量值，正常情况下转动转向盘时，该数值应随之同步变化，但该数据始终为“0”；2区是转向角速度的测量值，同样转动转向盘时，该数值也始终为“0”；3区为G85基本设定的状态，数据“是”表示已经做过基本设定；4区是G85初始化状态，数据“1”表示未初始化。

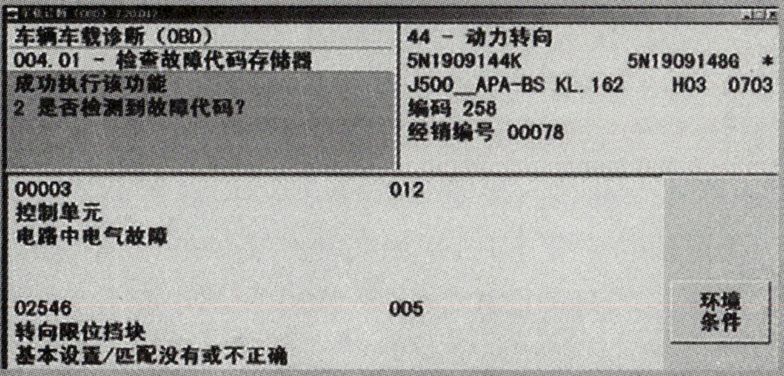

图5-23　故障码

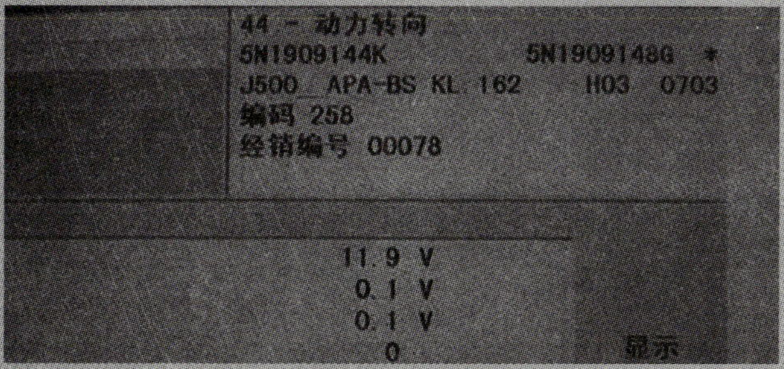

图5-24　测量值2组数据流

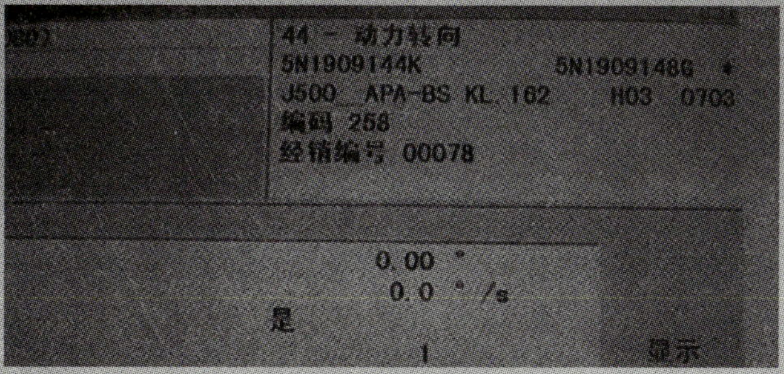

图5-25　测量值7组数据流

根据故障码和测量值提示，尝试重新进行G85的初始化和基本设定。点击015安全访问选项，屏幕出现软键盘，键入40168登录码，屏幕左上方显示该功能成功执行。退回到功能选项界面，点击基本设定功能，屏幕出现软键盘，键入基本设定组号60后退出，屏幕出现G85基本设定界面，设定成功后故障码00778自动删除，但故障码00003再次出现。分析故障码00003的含义及2组2区的测量值，决定先从J500的电源系统入手进行检查。J500的电源分为两路（图5-26）：30号线常电→熔丝SA2（80A）→J500的T2bx/2端子，主要为转向器助力电动机供电，测量值2组1区数据表明30号常电供电正常；15号线处于总线端KL15继电器J317和熔丝SC14（10A）的下游。由图5-26可知发动机控制单元J623和仪表控制单元J285也在熔丝SC14（10A）的下游，与J500共用同一路电源。仪表工作正常并且发动机可以正常起动证明该路电源没有问题。再查阅3组2区的测量值，端子15接通，说明15号线电源已送达J500，这与数据流的测量值 不符。为进一步证明这一判断，又做了最直接的检查：断开J500的2个插接器T2bx和T3am，将试灯的一端接在插接器T2bx线束侧对应搭铁线的端子T2bx/1上，另一端接在插接器T3am线束侧对应15号线电源的端子T3am/1上，打开点火开关试灯点亮，表明J500的外围电源电路完全正常。J500电源端可靠，而2组2区显示的测量值却为0.1V，这说明故障码00003所描述的“控制单元电路中电气故障”确有其事，也就是转向辅助控制单元J500内部电路故障，到此为止可以完全确定转向辅助控制单元失效。

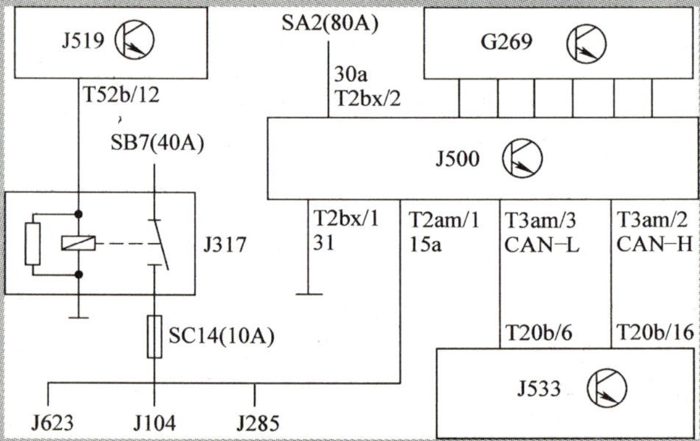

图5-26 J500相关控制电路

G269—转向力矩传感器 J104—ABS/ESP控制单元 J285—仪表控制单元 J317—总线端KL.15继电器 J500—转向辅助控制单元 J519—BCM车身控制单元 J533—网关控制单元 J623—发动机控制单元

更换集成了J500的电动机械式助力转向器（图5-27），点火开关置于ON位，未着车，仪表自检时K161呈黄灯点亮状态，查阅测量值2组2区15号线的测量值为12.1V，3区助力电机的控制电压为2.9V（图5-28）。起动发动机怠速运转，转向助力恢复正常。查询新控制单元的故障存储，故障码为00778和02546，表明新的控制单元与原车G85之间尚未匹配，需执行G85的初始化和基本设定操作。进入引导性功能选项，按照程序提示操作，对G85进行了初始化和基本设定，然后对转向器左右极限位置进行设定。设定工作完成后，K161与K155熄灭，故障码00778和02546自行删除。查阅7组1区转向角传感器G85的数据为 7.35°（图 5-29），转动转向盘时 1 区和 2 区的数值随之出现变化，3 区数据为“是”，4 区的数值为 0，表明 G85 的基本设定和初始化已完成。

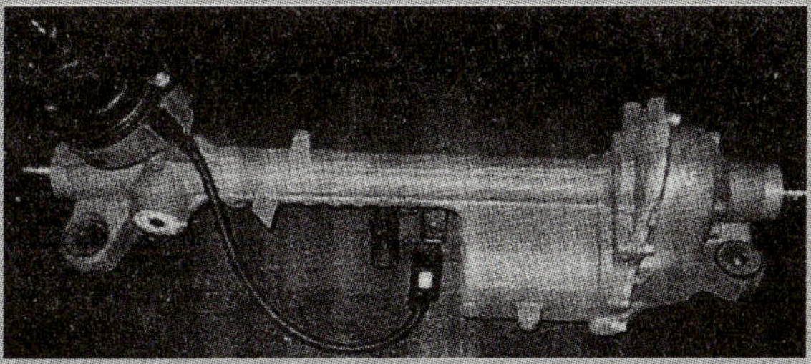

图 5-27　J500 的电动机械式助力转向器

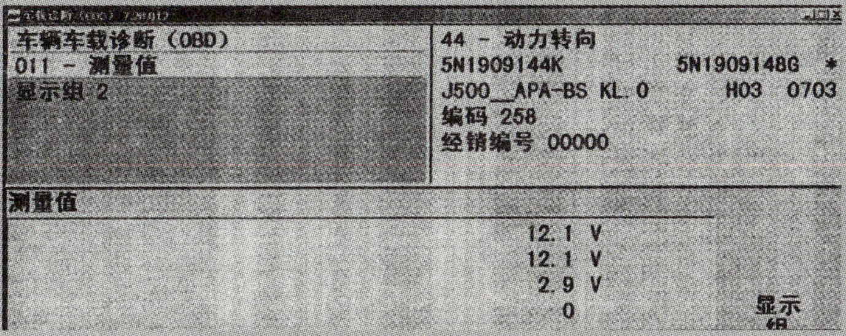

图 5-28　数据流

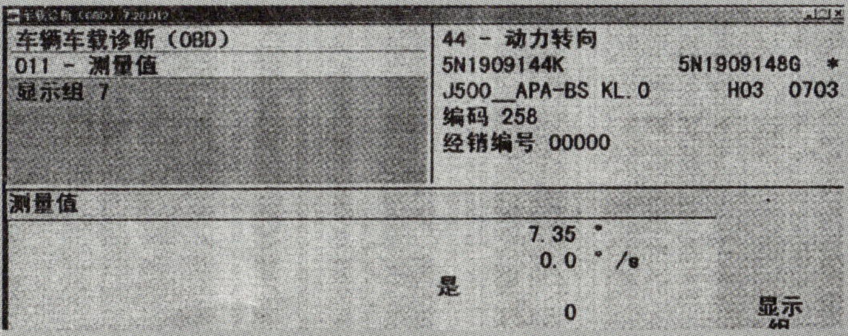

图 5-29　数据流

值得一提的是，此时虽然 ESP 灯自检后熄灭，但网关列表页面上列出的所有控制单元中，制动器电子控制单元仍显示为故障状态。访问 J104 故障存储，读到一个故障码：01309——动力转向控制单元 J500 不可靠信号，当前存在。执行清除故障码的操作，01309 无法删除。读取 03 - 010 - 127 组 3 区的测量值为 1，意味着 J104 与 J500 之间 CAN 数据总线通信正常。寻求上海大众技术支持得到回复称，**更换新的转向辅助控制单元后，需要与 ABS/ESP 控制单元匹配。匹配具体操作程序如下**：点击自诊断按钮进入转向辅助控制单元地址 44→选择功能选项 015 安全访问→屏幕出现软键盘，键入登录码 51514，退出→屏幕显示成功执行该功能→退回功能选项界面→点击012匹配选项→出现软键盘，键入通道号3，退出→出现匹配界面，滚动条显示通道3的原值为0，拉动滚动条或点击键盘按钮设置新值为1，点击接受和保存按钮→退出地址44→进入地址03→点击004查询故障存储选项，此时发现J104故障存储内01309的记忆已变成偶发，表明匹配成功。清除故障记忆，结束维修任务交车。

◎ 5-152　斯柯达昊锐为何转向助力时有时无？

一辆上海大众斯柯达昊锐轿车转向助力时有时无，胎压监测指示灯和防侧滑指示灯均点亮。

大众汽车装备的双齿轮式电动机械助力转向系统由转向盘、转向角传感器（G85）、转向柱、转向力矩传感器（G269）、转向小齿轮、助力转向控制单元（J500）、助力转向电动机（V187）以及传动小齿轮等组成（图5-30）。**当驾驶人转动转向盘时，转向角传感器检测转向盘的转向角度，转向力矩传感器检测转向盘的转向力矩，转子转速传感器（安装在助力转向电动机内）检测转向速度，然后这3个测量值被传送至助力转向控制单元，最后J500根据转向角度、转向力矩、转向速度、车速、发动机转速和J500中存储的转向特性曲线计算出必须的助力力矩，并且起动助力转向电动机。**

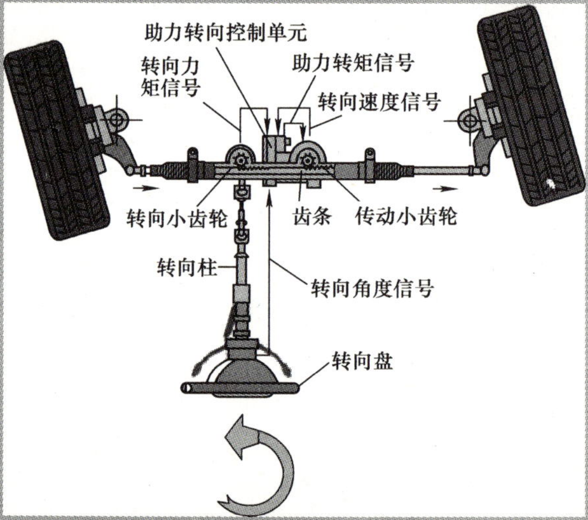

图5-30　双齿轮式电动机械助力转向系统的组成

首先试车。接通点火开关，发现胎压监测指示灯和防侧滑指示灯（黄色）均点亮（图5-31）；然后转动转向盘，有助力；最后连接检测仪VAS5051，读得偶发性故障码：00778——转向角传感器无信号或通信，01309——助力转向控制单元无信号或通信。对故障码进行分析，考虑到助力转向控制单元接收转向角传感器的信号，如果两者均无信号或通信，那么助力转向控制单元出现故障的可能性较大。按照由易到难的思路，先对助力转向控制单元的相关线路进行检查。当检查发动机舱左侧空气滤清器前方纵梁上的端子6导线侧插接器时，发现一根黑/蓝导线未安装到位。重新安装该导线后试车，胎压监测指示灯和防侧滑指示灯均熄灭，路试一段时间，转向助力一直正常，至此故障彻底排除。

查看相关电路图（图5-32）可知，那根黑/蓝色导线为助力转向控制单元的电源线。**车速信号和发动机转速信号是通过驱动CAN总线传送至助力转向控制单元的，若连接助力转向控制单元的驱动CAN总线或助力转向控制单元的电源线出现故障均会导致相关信号无法传送，车辆失去转向助力。**

图5-31 故障车仪表盘上的异常显示

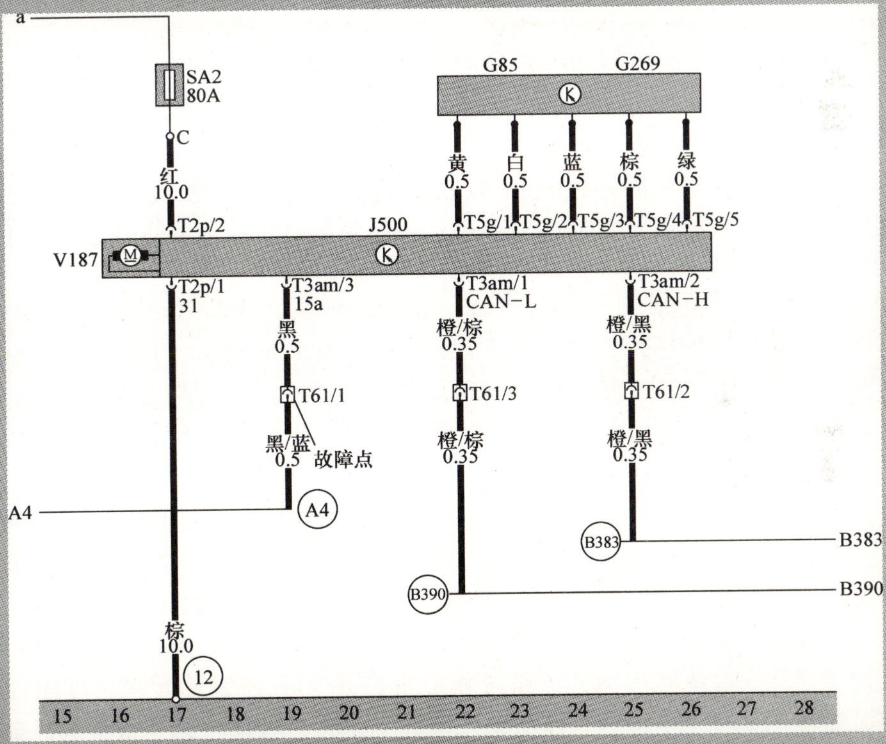

图5-32 昊锐电动机械助力转向系统电路

G85—转向角传感器，在发动机后部转向器上 G269—转向力矩传感器，在发动机后部转向器上

J500—转向辅助控制单元，在副车架中间上部 V187—电动机械式转向助力器电动机，在副车架中间上部

(A4)—正极连接线（15a），在仪表板线束内

◎ 5-153 斯柯达明锐为什么会出现向右跑偏的故障？

一辆上海大众斯柯达明锐轿车，行驶里程8万km。该车出现向右跑偏的故障。

试车发现车辆明显向右跑偏。对胎压、胎纹、悬架装置、车轮轴承以及转向拉杆等进行检查，均未发现异常。进行四轮定位后试车，车辆仍然向右跑偏。经过进一步地分析，推断问题可能出在双齿轮式机械电动助力转向系统上。把转向盘转到中心位置，用 VAS5051 读取转向角传感器的数据（44－08－007 区第 1 组数据）为－4.250；把转向盘向右转一定角度后，该数据为 00。进入 VAS5051 的功能引导程序，对转向角传感器作零点基本设置后试车，故障排除。

本次故障是由转向角传感器的零点位置失准造成的。**双齿轮式机械电动助力转向系统具有随速转向和主动回正的功能，当车辆直线行驶时，如果转向角传感器检测到转向盘不在中心位置（转向盘转角为 00），则助力转向控制单元会根据转向角传感器的信号控制助力转向电动机工作，通过转向器给转向盘提供一个回正转矩，从而使转向盘回到中心位置。**

◎ 5-154 日产轩逸为何转向沉重？

一辆 2007 款日产轩逸 2.0 轿车，装备 CVT 自动变速器、EPS 电子助力等，行驶里程 8.3 万 km。该车低速行驶中转动转向盘转向时感觉特别沉重，在倒车或者将转向盘转动到底时手感最明显，车速 80km/h 以上直行时不明显。

转向盘转向时力矩传感器发送转向盘转向力（传感器信号）给 EPS 控制单元，EPS 控制单元结合车辆转速信号等，执行数据的运算，然后根据车辆的行驶状况输出一个最佳的控制信号给 EPS 电动机。EPS 电动机提供辅助力矩使得转向变得轻松。

接车后试车。在 D 挡位或 R 挡位时将转向盘转动到底，车辆怠速几乎无法行驶，在沙石路上试车特别明显，踩加速踏板使发动机转速达到 1500r/min 以上车辆才能够移动，在平坦的路面上相对要好一些。该车转向器是齿条式，出故障一般是转向变轻或失控。转向柱是电子助力式（EPS）。由于用专用解码器检测无故障码，于是准备检查该车四轮定位参数，但该车在外面做了四轮定位，确定是正常的。

询问驾驶人相关情况得知，发动机起动时 EPS 灯亮的时间比以前要长，但没有故障码，说明控制单元自检测认为没有故障。再用专用解码器读取 EPS 部分数据流，在车辆运行中对比维修手册中的标准值，EPS 电动机运转参数值正常，其他参数也正常，初步怀疑还是 EPS 系统出了问题。

查看维修手册转向系统原理图，该系统核心部件是 EPS 控制单元，它可以控制转向助力，怀疑有可能存在某种不正常的工作状态，但控制单元自检却认为是正常的。如果持续过度地使用动力转向，会减少输出给 EPS 电动机的信号，以保护 EPS 电动机与 EPS 控制单元，因此认为是过度地使用动力转向，EPS 控制单元控制进入了保护状态。找一台新车进行数据对比，新车 EPS 电动机参数值在转动转向盘时，数据变化比故障车快许多，也就是说该车 EPS 控制单元控制未完全进入保护状态，因为进入安全－失效模式 EPS 警告灯会点亮。但是 EPS 控制单元的反应速度缓慢，造成该车转向助力缓慢，从而转向盘转向变重。

查看如图 5-33 所示 EPS 系统电路图，EPS 控制单元的第 17 脚有一个接电源的熔丝，将其取下，使其完全断电 15min 左右，以便完全清除 EPS 控制单元的内存记忆，重新接上后转向不再沉重，使用时一切正常，几天后回访未出现该现象，故障解决。

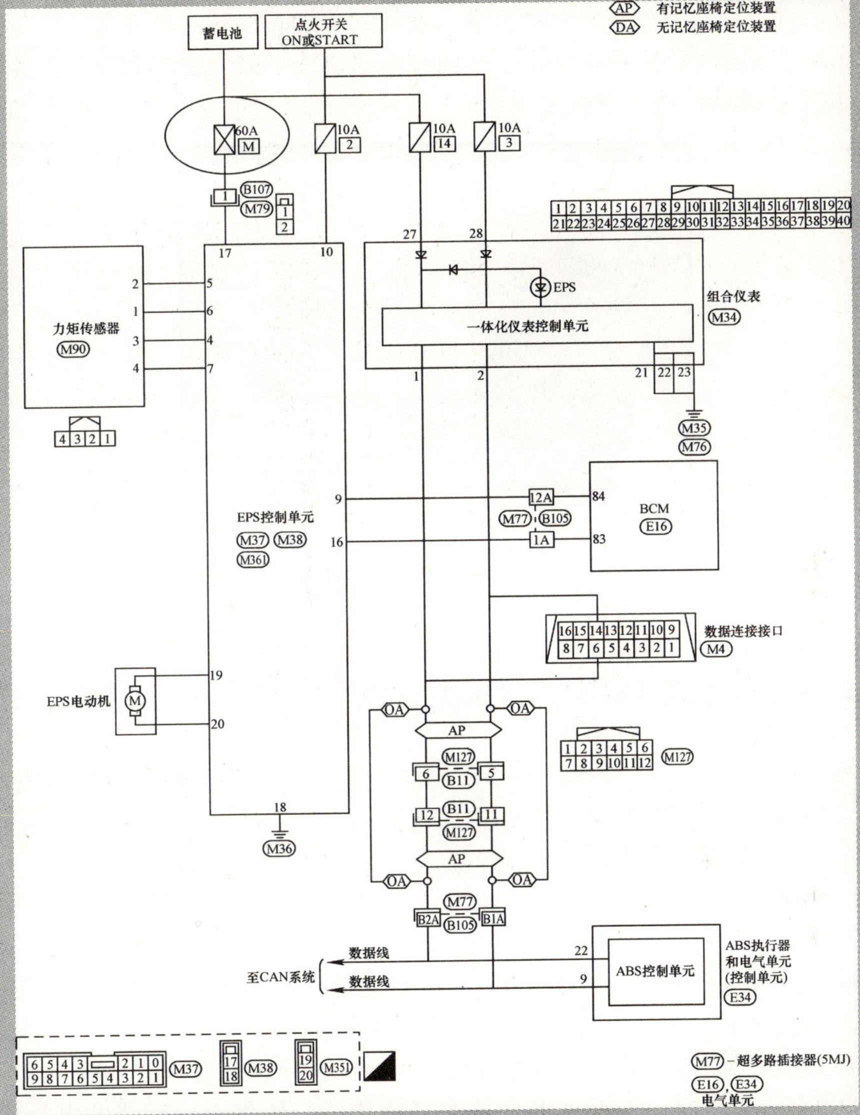

图 5-33　EPS 系统电路

◎ 5-155　日产新天籁为什么会失去转向助力功能？

一辆 2009 款东风日产新天籁轿车，搭载 VQ25DE 型发动机和 REOF10A 型无级变速器，行驶里程 982km。该车失去转向助力功能。

接车后验证故障现象，转动转向盘时感觉很沉重，但在踩加速踏板时有轻微的改善。该车采用 EPS 电子控制液压转向系统，对车辆做基本检查时发现转向助力油有泄漏，但是储油罐内的助力油还在标准范围内。连接日产专用故障诊断仪 CONSULT – Ⅲ 进行故障诊断，各系统没有故障码存储，数据流也未发现异常。测量转向助力电磁阀电阻为 4.8Ω，符合规定的4~6Ω标准，初步可以排除电磁阀故障。将故障车辆举升到工作高度后，让维修人员在车上起动发动机，在车下观察转向助力泵，发现随着发动机转速的升高，转向助力泵前部有明显的油滴落下。此时已经可以确定是转向泵泄压造成了助力功能失效。更换转向助力泵（图5-34），试车，转向助力功能恢复正常。

图5-34 转向助力泵

5-156 凯迪拉克CTS为什么会转向沉重？

一辆2008款凯迪拉克CTS轿车，装备2.8L发动机，该车在正常行驶时驾驶人信息中心（DIC）显示“SERVICE STEERING SYS（维修转向系统）”，并且出现转向沉重的现象，但将发动机熄火后再重新起动，上述故障现象就会消失。

接车后验证故障现象，确实存在。用检测仪TECH2进入EBCM（电子制动控制单元）内读取故障码，存储有一个故障：C0450 0B——转向助力控制执行器电路电流高于阈值，当时故障为通过。再次进入冻结数据内查看，发现此故障一共出现了8次，故障出现时车速都在40km/h以上。

EBCM通过位于转向器上的可变助力转向（VES）执行器控制电流，用于控制可变助力转向执行器的电流在0~1A。在低速和在停车场操作时，施加于执行器的电流使节流孔打开，以增加油液流动并降低转向助力效果；高速时通过降低执行器电流和抑制液体流动指令节流孔关闭以提高转向助力效果。EBCM监视并比较“指令电流和反馈电流”参数，以此来检测可变助力转向系统执行器或执行器回路的故障。任何检测到的故障将导致停用可变助力转向输出，并且执行器将返回到打开状态。EBCM将通过高速GM LAN串行数据电路指令驾驶人信息中心显示“SERVICE STEERING SYS（维修转向系统）”警告信息。

根据以上分析并结合图5-35所示可变助力转向控制电路，首先顶起轿车初步检查转向器上的电磁阀到EBCM线束，未发现有明显的破损现象；拆下转向器上的电磁阀用万用表检测，电阻为2.3Ω，在正常范围内。根据冻结数据内的车辆行驶状态进行路试，在路试时连接好故障检测仪并清除故障码，当路试了20min时轿车刚好经过一段颠簸路面，驾驶人信息中心突然出现“SERVICE STEERING SYS”，同时出现转向沉重的现象。用检测仪TECH2检测，故障码还是为C0450 0B，并且为当前故障。回厂后进行波形分析（图5-36），发现故障出现时可变助力转向执行器指令为 1.89A，该执行器反馈的电流明显降到 0.09A，从数据分析可以判断故障点有可能是该执行器的电路出现断路，或者 EBCM 本身出现故障。

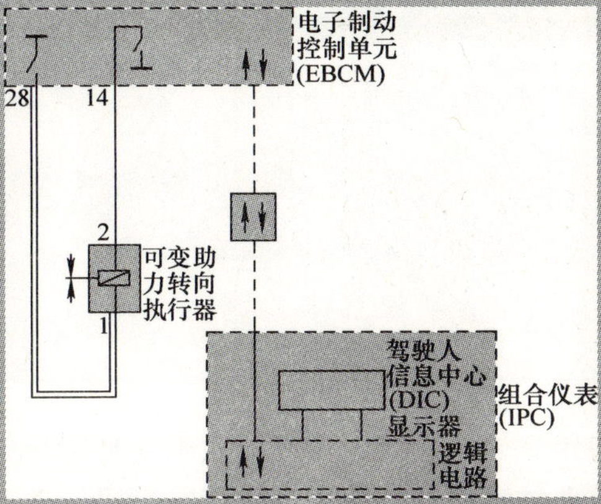

图 5-35　可变助力转向控制电路

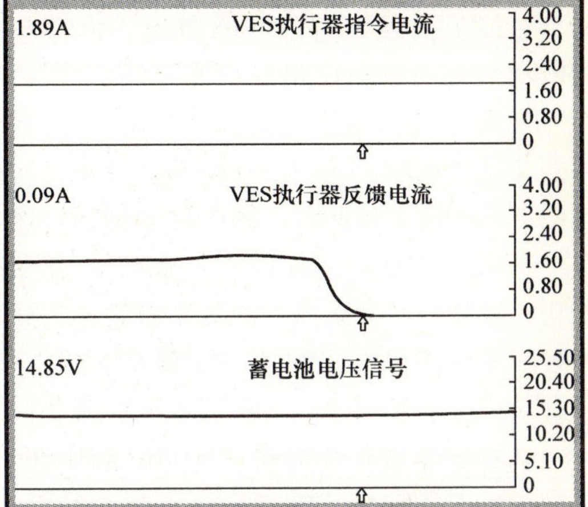

图 5-36　故障出现时的波形

再次顶起轿车，接上 TECH2 进行数据观察，**从转向器上的电磁阀导线插接器开始慢慢拉动线束，当拉到 EBCM 的插接器线束时，TECH2 上的执行器反馈数据有明显跳动**（图 5-37），**按照常规该数据应在 1.89～2.01A 跳动，0.23A 以下的电流不可能出现，那么只有一种可能性，那就是 EBCM 上的插接器有接触不良的现象。**

挑开 EBCM 插接器上的保护盖，取出 EBCM 插接器的端子 28 和端子 14 仔细检查，发现端子 28 的针孔过大，重新修理此端子后装复，再次进行拉动线束试验，可变助力转向系统执行器反馈电流没有出现明显的波动现象。该车经过 3 天的行驶后进行电话回访，上述故障未再出现，故障彻底排除。

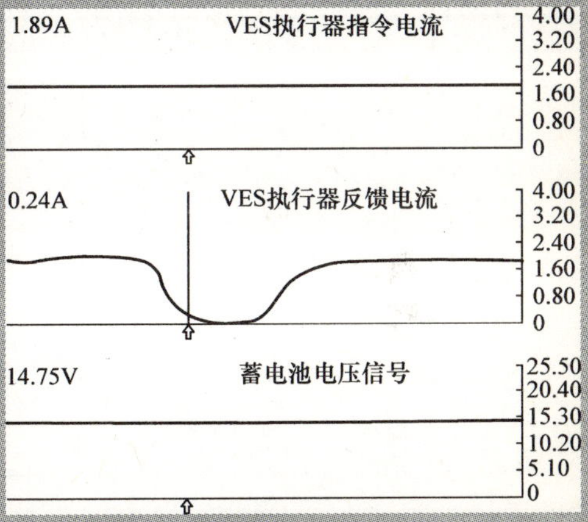

图 5-37　拉动 EBCM 插接器线束时出现的异常波形

◎ 5-157　雪佛兰迈锐宝为何驾驶人信息中心显示“请检修转向管柱”？

一辆雪佛兰迈锐宝 SX 旗舰版轿车，配置 2.4L 发动机、AT 变速器，行驶里程 1 万 km。该车有时起动时仪表上驾驶人信息中心显示“请检修转向管柱”，起动机不转，打不着车。

该车装配被动式进入起动系统（PEPS）和电子转向柱防盗锁止系统（常规选装件代码为 ULS）。转向柱锁单元（SCLM）代号 K60，控制转向盘防盗锁止功能，通过此功能可锁止转向柱，从而可以最大程度地减少被盗的危险。如图5-38所示，转向柱锁单元总成位于转向盘下方，通过一次性的螺栓固定在转向柱总成上，壳体为很厚的金属，内部包括转向柱锁电动机和控制单元等元件。

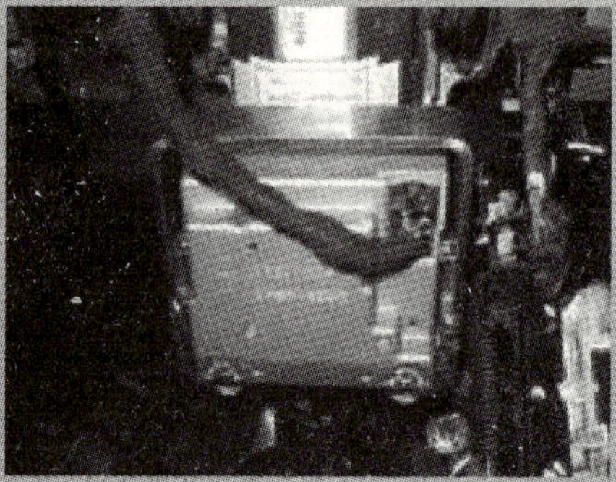

图5-38　转向柱锁模块位置

转向柱锁单元通过低速GM LAN与其他控制单元进行数据通信，当转向柱锁单元接收到以下3个输入信息时，转向柱将锁止：①车身控制单元电源模式为OFF（关闭）；②车辆静止，这基于所有防抱死制动系统轮速传感器报告的零速信号；③驾驶人或乘客车门打开，由被动式进入起动模块（代号K84）报告。

当锁定装置起动或释放时将听到声音。如果使用有效的钥匙起动车辆，则车身控制单元将会识别它并将加密密码发送至转向柱锁单元。转向柱锁单元会将自身存储的密码与车身控制单元发送的加密密码进行比较。如果数据匹配，存在已验证的驾驶人标志设备，并且当电源模式转换为非关闭模式，则转向柱锁止控制单元可以解锁。一旦转向柱解锁，将允许起动请求，转向柱锁相关控制电路如图5-39所示。

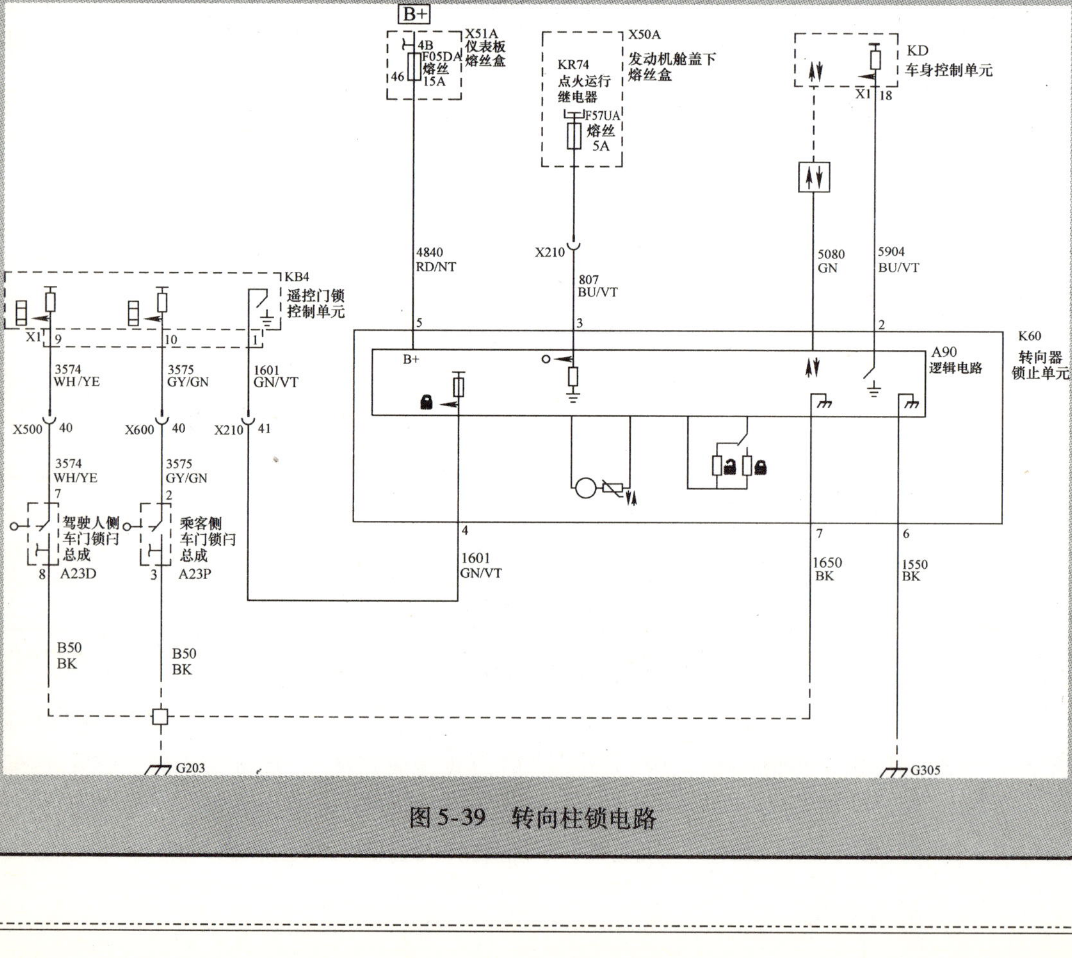

图5-39　转向柱锁电路

转向柱锁单元监测转向柱锁止系统，当控制单元检测到系统内有故障时，将设置故障码。当出现故障时，驾驶人信息中心（DIC）将显示“请检修转向管柱锁止”信息，表明转向柱锁单元内设置了故障码。

连接通用检测仪 GDS2 + MDI 检查，转向柱锁单元 K60 设置了一个故障码：B1023 00——集成开关故障。设置此 DTC（故障码）的条件是转向柱锁止单元检测到内部传感器故障，导致无效的锁止状态以串行数据传送。因为是偶发性故障，所以可能是插接器接触不良。用导电胶处理相关插接器端子，结果无效，仍然有时出现打不着车的现象。当故障再现时，尝试用热风枪或直接用打火机烘烤加热转向柱锁单元金属壳体，结果故障立刻消失，因此很可能是控制单元内部存在偶发性电气故障，导致有时禁止起动请求。更换 K60 转向柱锁单元总成（图 5-40），并进行维修编程和设置后故障排除。

图 5-40 转向柱锁单元总成

◎5-158 为什么雪佛兰迈锐宝转向沉重、转弯方向不回位？

一辆雪佛兰迈锐宝轿车，行驶里程 2012km。该车在原地转动转向盘时感觉比正常车辆稍沉一些，但是比没有助力转向时要轻得多；车速到 40km/h 时转动转向盘感觉很沉重，超过 60km/h 时转动转向盘感觉特别重，而且感觉没有一点自由间隙；转弯方向不回位。

迈锐宝采用德国采埃孚转向系统事业部的 Servolectric 电动助力转向系统，包括转向管柱和电动助力转向机。动力转向系统由以下部件组成：动力转向系统控制单元、动力转向电动机、动力转向电动机旋转传感器、力矩传感器、转向器（齿条和双齿轮）等，如图 5-41 所示。

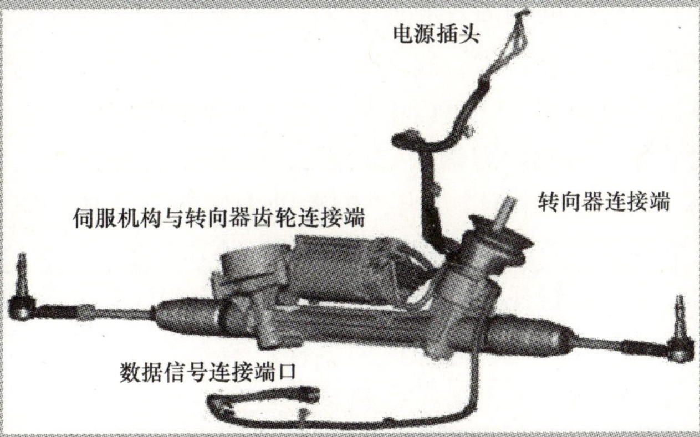

图 5-41 助力转向系统元件

动力转向系统控制单元将通过GM LAN串行数据电路监测来自发动机控制单元的车速和发动机转速信息，以确定车辆转向所需助力的大小。在低速情况下，提供较大的助力以便在驻车操作中进行转向；在高速情况下，提供较小的助力以便提高路感和方向稳定性。

动力转向系统控制单元使用力矩传感器、电动机转动传感器、车速和系统温度输入计算值的组合来确定所需助力的大小。动力转向系统控制单元连续监测数字力矩传感器的力矩并定位电流信号。随着转向盘转动和转向轴扭转，通过力矩信号电路监测转向输入和输出轴，然后用动力转向系统控制单元来处理，以计算转动力矩。由动力转向系统控制单元来处理电动机位置传感器的电压信号和数字力矩传感器的定位电流信号，以检测和计算转向盘角度。

动力转向系统控制单元通过指令动力转向电动机的电流，来回应数字力矩传感器信号以及电动机转动传感器电压信号的改变。动力转向系统控制单元控制脉宽调制电动机驱动电路，以驱动三相电动机。动力转向系统控制单元和电动机总成与转向器壳体基座连接并帮助转向器小齿轮根据转向盘的转动进行左右移动，如图5-42所示。

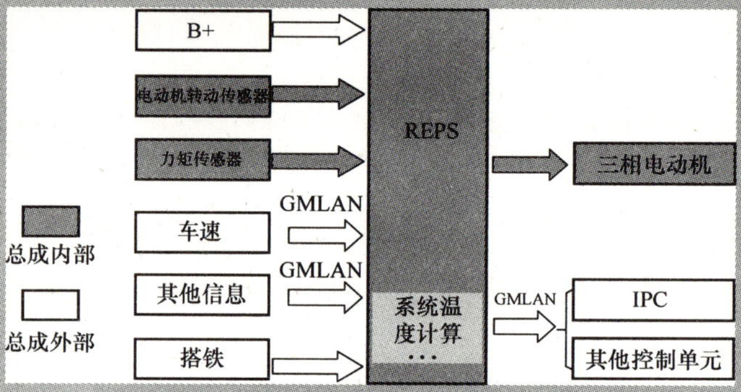

图5-42　电动助力转向系统控制框图

动力转向系统控制单元可以计算内部系统温度，以保护动力转向系统不受高温损坏。为了降低过高的系统温度，动力转向系统控制单元将减小流向动力转向电动机的指令电流，即减小转向助力的大小。

动力转向系统只有在实际转向时才消耗能量，与液压助力转向系统相比，可降低90%的能量消耗。该系统有以下特点：①直线行驶时通一定电压使方向更稳定；②助力大小随车速变化而变化，更符合安全需求；③可以更好地实现回正时获得助力；④可以分长期和短期进行学习（如一侧轮胎漏气造成的跑偏）；⑤路面高频振动低频振动的阻尼改变。

从如图5-43所示系统电路图可以看出，**电动助力转向器总成的电气连接只有一根电源线、一根搭铁线和一个通信插头；连接诊断仪GDS2+MDI进行车辆诊断，发现动力转向系统控制单元可以通信，没有设置任何故障码，和正常车辆对比各项数据，如车速信号等均正常；检查位于左侧减振器包上的搭铁点，接触良好；电源线接插件无异常，电压正常；尝试断电处理无效；尝试重新编程，提示已是最新程序，进行配置设定学习也无效。综上分析很可能是动力转向系统控制单元内部存在电气故障。**更换转向器总成（含动力转向系统控制单元）后进行维修编程和配置设定，故障排除。

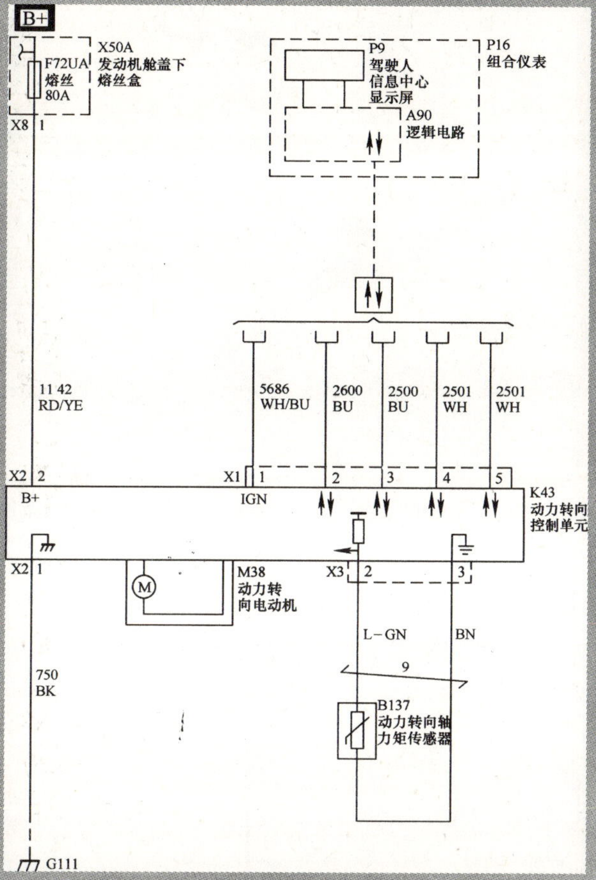

图 5-43　电动助力转向系统控制电路

◎ 5-159　雪佛兰爱唯欧为什么动力转向故障灯亮？

一辆雪佛兰爱唯欧轿车，配置 1.6L 发动机，行驶里程 1.8 万 km。该车仪表上的动力转向故障灯亮，方向沉重，没有转向助力。

爱唯欧采用 Nexteer 公司生产的柱载式电动转向助力系统，由如图 5-44 所示部件组成：动力转向控制单元、动力转向系统电动机、动力转向系统电动机转动传感器、力矩传感器、转向器（齿条和双齿轮）等。爱唯欧动力转向助力系统的工作原理同迈锐宝，见 5-158。

用车辆故障诊断检测仪 GDS2 + MDI 检查，BCM 设置有一个故障码：U0131——与动力转向控制单元失去通信，即诊断仪与动力转向控制单元（K43）无法通信。查看如图 5-45 所示电路图可知，动力转向控制单元和电动机总成（图 5-46）只有两个插头与外部线束连接，一共 5 根导线。X2 插头有两根线，分别是电源线和搭铁线；X1 插头共三根线，分别是两根高速 GM LAN 通信线和一根通向车身控制单元的高速通信启用线（唤醒线），三相电动机的电源线在总成的内部。

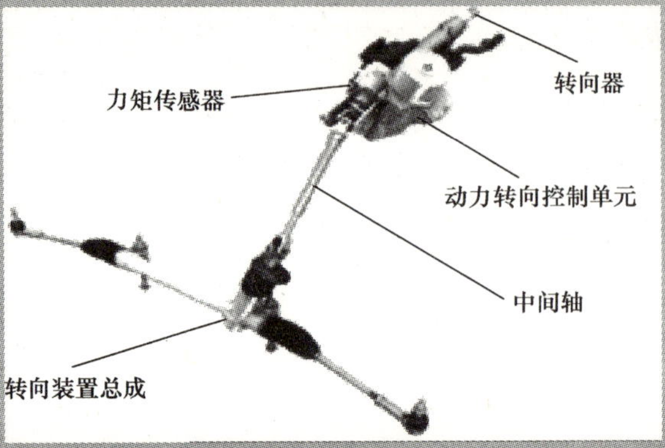

图 5-44 电动转向助力系统部件

拔下 X1 插头发现线束插头内的雌端子卡口间隙偏大，分析故障原因很可能是因为这个高速 GM LAN 通信插头接触不良，导致通信中断，电动助力转向系统无法正常工作，所以转向沉重，无助力。处理动力转向控制单元插头 X1 后故障排除。

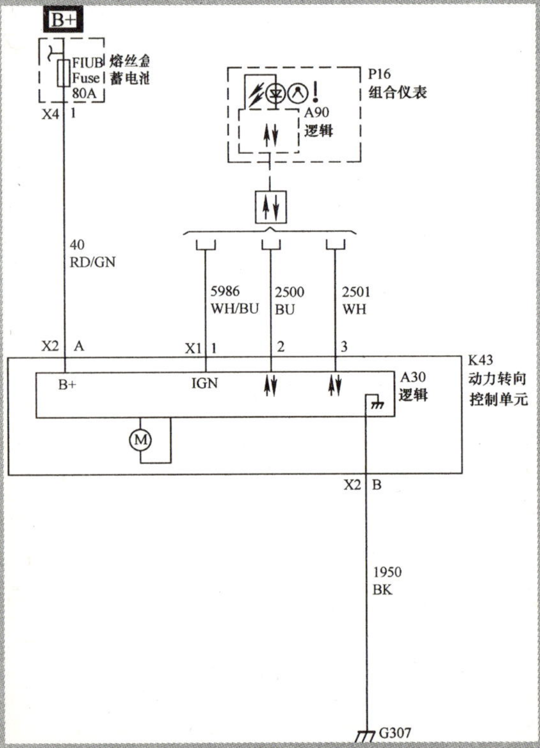

图 5-45 动力转向控制单元电路

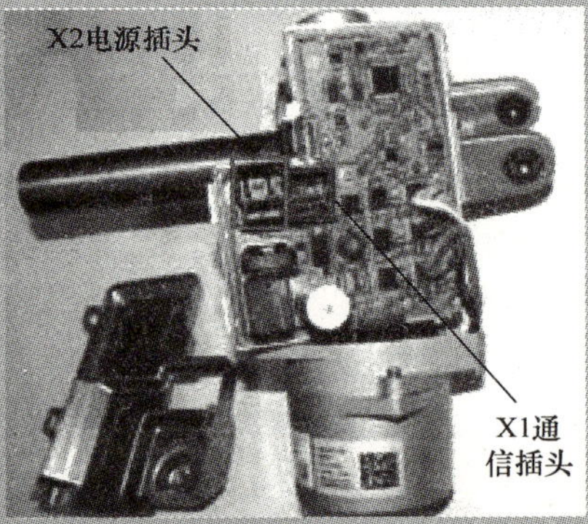

图 5-46 动力转向控制单元和电动机总成

5-160 科鲁兹为什么ABS故障灯和动力转向故障灯亮？

一辆2011款雪佛兰科鲁兹轿车，配置1.8L发动机，行驶里程5000km。该车仪表上的ABS故障灯和动力转向故障灯亮，转向沉重，无助力。

接车后验证故障现象确实存在。用检测仪GDS2 + MDI检查，电子制动控制单元（EBCM）里设置了两个故障码：C0035 5A——左前轮转速传感器回路；C0040 5A——右前轮转速传感器回路。电动助力控制单元设置了两个故障码：U0401——从发动机控制单元读取数据无效；U0415——从ABS控制单元读取数据无效。

查看维修手册的相关信息，故障码C0035 5A故障说明为左前轮转速传感器电路不合理；C0040 5A故障说明为右前轮转速传感器电路不合理。设置故障码的条件是车轮最快转速和最慢转速相差超过50%且持续30s。设置故障码时采取的操作有：在点火循环期间，电子制动控制单元停用防抱死制动系统、牵引力控制系统和稳定性控制系统；防抱死制动系统指示灯点亮；牵引力控制/稳定性控制起动指示灯点亮。

连接检测仪GDS2 + MDI路试，并观察4个车轮的轮速数据，未发现有明显差异。考虑到两个转速传感器同时出现信号异常的可能性很小，因此分析故障的原因很可能是电子制动控制单元（EBCM）内部损坏，但是尝试更换以后故障仍未排除。

科鲁兹转速传感器（WSS）为2线磁阻式转速传感器（MR传感器），属于有源、主动式传感器，它只有两根连线，一根接收来自电子制动控制单元（EBCM）的12V的电源电压，另一根向电子制动控制单元提供一个输出信号，车轮轴承内圈上粘贴的橡胶磁性编码器盘随着车轮转动，车轮转速传感器向电子制动控制单元发送一个7～14mA的直流方波信号，电子制动控制单元使用此方波信号的频率来计算车轮转速。

依维修经验，车轮轴承上的橡胶磁性编码器盘会出现因局部脱落而导致轮速信号异常的故障，于是拆检两前轮轴承，结果两个轴承上的编码器轮外观与新件对比没有异常；尝试同时更换两前轮转速传感器，结果故障依旧。

更换两个新前轮轴承总成以后，故障排除，电动助力系统也恢复正常了。原来，故障原因是两个前轮轴承同时失效了。分析很可能是因为某种原因导致了两个前轮轴承上的磁性编码器轮同时退磁或磁场紊乱而失效。**为什么两前轮转速传感器信号异常会导致电动助力系统失效呢？另找了一辆车进行试验，结果发现拔下一侧前轮转速传感器插头，电动助力控制单元会设置故障码：U0415——从ABS控制单元读取数据无效；如果同时拔下两前轮转速传感器插头，则电动助力系统立刻失效，转向沉重，无助力。**这种设计可能是出于安全考虑。

◎5-161 丰田汉兰达为何防侧滑指示灯亮？

一辆广汽丰田汉兰达SUV，行驶里程3万km。该车防侧滑指示灯点亮。

据驾驶人描述，此车事故维修后发现故障灯点亮。连接诊断仪IT－Ⅱ，对系统进行检查，发现系统中有两个故障码：C1513——转矩传感器偏差过度；C1528——电动机旋转角度传感器故障，如图5-47所示。

将故障码记录后，尝试清除，同时对转向角度传感器进行初始化。初始化后，这两个故障码不存在了，但出现故障码C1433——转向角度传感器内部电路，如图5-48所示。通过故障码分析问题可能出在转向角度传感器上。查询维修手册得知，此故障码出现，需要更换转向角度传感器，而且不允许维修。转向角度传感器位于气囊螺旋线圈下面，为了验证转向角度传感器是否损坏，查看相关系统数据流中转向角度传感器的数值，发现数值始终为 0，无论怎么转动转向盘都始终为 0，如图 5-49 所示，看来转向角度传感器确实损坏了。驾驶人要求尝试维修转向角度传感器，于是将转向角度传感器从车上拆下并分解。分解后的部件如图 5-50 所示，有两个小齿轮，一个大齿轮，两个小齿轮内部有磁铁，另外还有相关的电路板。检测电路板没有发现异常现象。怀疑两个小齿轮与电路板上的感应器件初始位置不同步，决定校对转向角度传感器的齿轮。

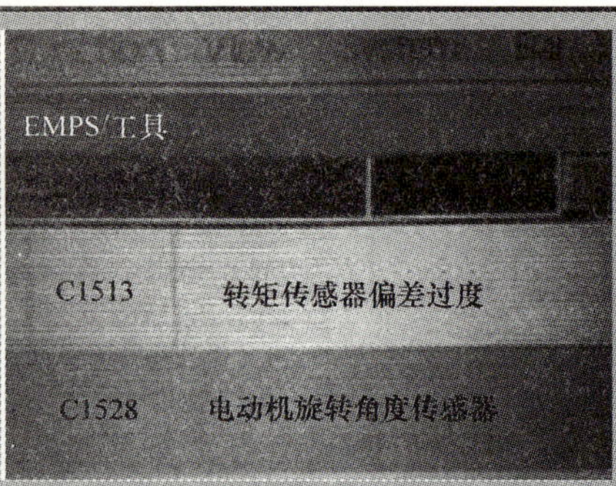

图 5-47　故障码 1

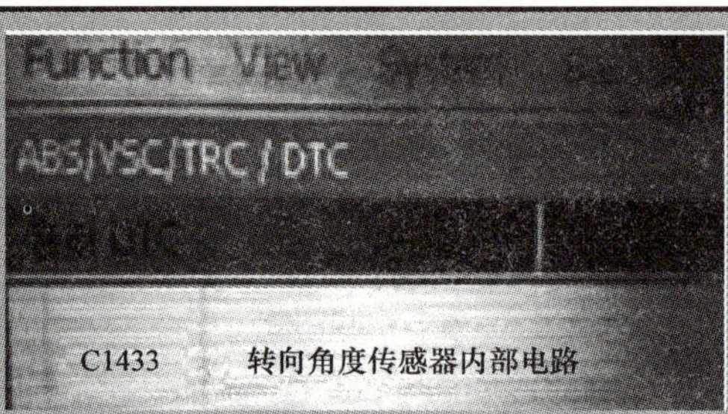

图 5-48　故障码 2

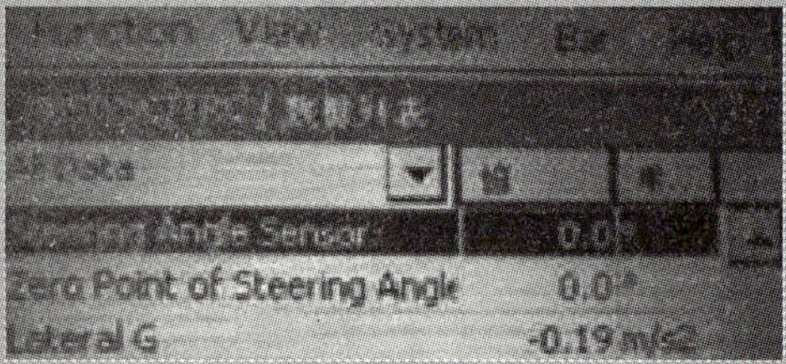

图 5-49　转向角度值

图 5-50　分解的转向角度传感器

经过几次尝试，最后完成转向角度传感器的齿轮校对，试车，故障指示灯熄灭，数据流也恢复，数据流能够根据转向盘的转向相应地变大和变小，试车正常。恢复正常的转向角度传感器内部的两个小齿轮如图 5-51 所示，恢复后的转向角度传感器的数据流如图 5-52 所示。

图 5-51　调整后的转向角度传感器内部结构图

从图 5-47 可以看出，**转向角内部小齿轮的对应位置，其中右侧的小齿轮为横向，而左侧的小齿轮相对右侧为纵向安装。此故障属于**

人为故障，造成的原因是维修人员对车辆不是很了解，将转向角度传感器分解后，没有查找到原因，也没有注意转向角传感器的正时齿轮位置就将传感器安装到车上，最终导致此故障的发生。

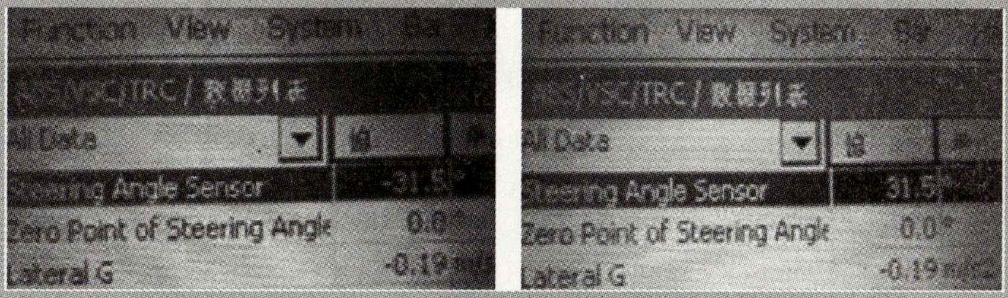

图 5-52 数据流

○ 5-162 丰田汉兰达维修后为何电动转向助力系统失效？

一辆广汽丰田汉兰达 SUV，配置 2.7L 发动机、智能钥匙、导航系统等。该车正常维修后电动转向助力系统失效，倒车影像系统工作时，屏幕下方出现“系统正在初始化中”，且一直显示系统正在初始化中，并且仪表的电动转向助力指示灯点亮，无法正常熄灭。

该车此前曾因事故维修更换过底盘部件以及转向器部件，但电动转向柱没有更换。由于故障指示灯点亮，首先连接检测仪 IT－Ⅱ进行检测，显示电动转向系统故障码：C1555——电动机继电器焊接故障。查阅相关维修手册得知，此故障码一出现，就需要更换转向助力 ECU 总成。从另外一辆同型号的汉兰达汽车上拆下转向助力 ECU 总成，装到事故车辆上，试车，故障指示灯熄灭，而且倒车时，多功能屏中也没有显示系统正在初始化中。尝试使用转向助力系统，工作正常。试车，故障没有再现。于是订购转向助力 ECU 总成，进行更换。拆装转向助力 ECU 总成时，需要拆装主车身 ECU 总成，才能够拆下位于左下护板内部的转向助力 ECU 总成，拆装时也比较费时费力，所以针对此故障，更换部件时，要谨慎对待。

此车助力为纯电动转向助力系统，转向助力系统工作时，需要电动机同时工作，此电动机为大功率电动机，工作时会需要很大的工作电流，由于长时间工作，转向助力 ECU 工作时间过长，造成其内部继电器的焊接点出现虚接或者接触点接触不良问题，厂家不允许对转向助力 ECU 进行维修，所以只能进行更换。

5-163 丰田锐志为何无转向助力？

一辆一汽丰田锐志轿车，行驶里程 15 万 km。该车交通事故维修后没有转向助力，不能正常行驶，而且转向助力系统故障警告灯（P/S 指示灯）常亮，如图 5-53 所示。经过了解得知，该车这次发生的交通事故对车辆的影响较大，发动机室内前部线束部分受损，在维修过程中对这部分线束进行了拆装及更换。

接车后首先使用丰田专用故障检测仪 IT－Ⅱ检测，没有故障码存储；使用故障检测仪的通信总线检查功能，却检测不到 EPS ECU（电控动力助力转向 ECU）。该车的转向系统使用的是多路通信的 CAN 通信连接，检测结果说明轿车和 EPS ECU 失去系统通信联系。查阅该车电控动力转向系统电路图。该系统有 3 个熔丝，分别为 10A 的 ECU－B 熔丝、80A 的

EPS熔丝和10A的ECU－IG LH熔丝，检查这3个熔丝，均正常。检查该系统的C1、C2、A2、A3搭铁点，搭铁电阻均为0.02Ω，正常。该车的EPS ECU在蓄电池下部，拆下蓄电池后检查，发现EPS ECU外部被大量电解液严重腐蚀，怀疑EPS ECU因事故损坏，所以就更换了EPS ECU，但故障依旧。

检查通信总线。断开EPS ECU导线侧插接器（A12），按电路图检查CAN通信系统线路时发现，CAN－L导线上的电压为2V左右，正常；在检查A12插接器端子2上黑色的CAN－H导线上的电压时，发现有12V的异常电压。继续测量CAN－H导线的另一端（A35插接器）的电压，发现有2V左右的正常电压，但按电路图中CAN－H的位置检查总线两端却不导通。现在的检查结果是黑色的CAN－H总线两端不导通，而且一端有12V电压，另一端的电压为2V左右，检查结果让人很费解。仔细分析，认为只有两种可能：一是CAN－H总线存在断路和短路问题；二是插接器中的线束端子连接存在错位的现象。

重新分析该车电路图，发现**EPS ECU的导线侧插接器（A12）上有两根黑色导线，一根是端子2的CAN－H线，另一根是端子10上的DLC3线。检查端子10上的DLC3线电压，为2V左右，测量端子与插接器A35端子7间导线的导通性，电阻为0.2Ω，反而是导通的。经过反复测量，最后确认故障点是EPS ECU的A12插接器内的端子2和端子10上的两个黑色导线位置颠倒错位（图5-54），从而造成上述故障。终于找到了故障的根本原因，修理人员在维修事故过程中把两根黑色线位置颠倒了。**确认故障后按电路图把A12插接器的端子2和端子10两根黑色的线束位置互换，把CAN－H线放到正确位置的端子2内，把DLC3线放到正确位置的端子10内，故障排除。

图5-53　锐志转向助力系统故障警告灯（P/S指示灯）

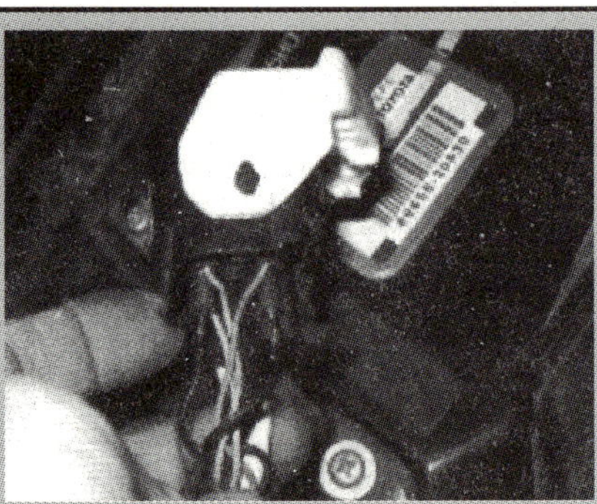

图5-54　A12插接器内两根安装错位的黑色导线

◎5-164　本田思铂睿为何电动助力转向不工作？

一辆东风本田思铂睿轿车，配置2.4L发动机、自动变速器，装备电动助力转向系统。行驶里程5000km。该车起动时，电动助力转向指示灯亮，且行车控制单元提示：检查转向助力系统；同时转动转向盘感觉很沉重，转向没有助力。

接车后起动发动机，仪表上的转向助力指示灯在闪烁，转动转向盘感觉很沉重，打开发动机室里熔丝盒查看EPS（100A）主电源熔丝没有损坏，然后在仪表台熔丝盒里查看EPS的点火开关电源熔丝没有损坏，一切正常。拆下EPS控制单元检查正极电源和负极电源正常，且线束插接器无任何接触不良现象。

用本田专用诊断仪 HDS 查看故障码，系统提示没有故障码，查看 EPS 数据流，看到有蓄电池电源电压显示为 9. 25V，正常情况下发动机在起动后蓄电池电压大于 13V。

使用 21W 试灯检查控制单元电源线。这里不能用万用表检查控制单元电源是否接触不良，因为用万用表检查蓄电池电压会不准，用万用表检查电压只是单纯的电压检测，而不能测出功率是否达到标准，所以用大功率试灯检测，看试灯的亮度够不够即可。用试灯从 EPS 控制单元插接件检测控制单元电源正常，试灯够亮。为了排除是控制单元插接件接触不良引起的故障，把控制单元电源插接件用旋具处理并检查 EPS 控制单元插接针脚是否有问题，该车的控制单元针脚无异常。

现在初步怀疑控制单元内部有问题。因为是新车，不能拆开控制单元检测，所以用 HDS 诊断仪查看另外一辆车的数据流，起动发动机后蓄电池电压为 14. 25V，为正常电压。更换 EPS 控制单元控制总成后一切正常。

在故障排除过程中，查看 EPS 工作原理图时（图 5-55），发现**在 EPS 控制单元内部有监测蓄电池电压的电阻，当监测到蓄电池电压小于 13V 时，控制单元内部有失效保护继电**

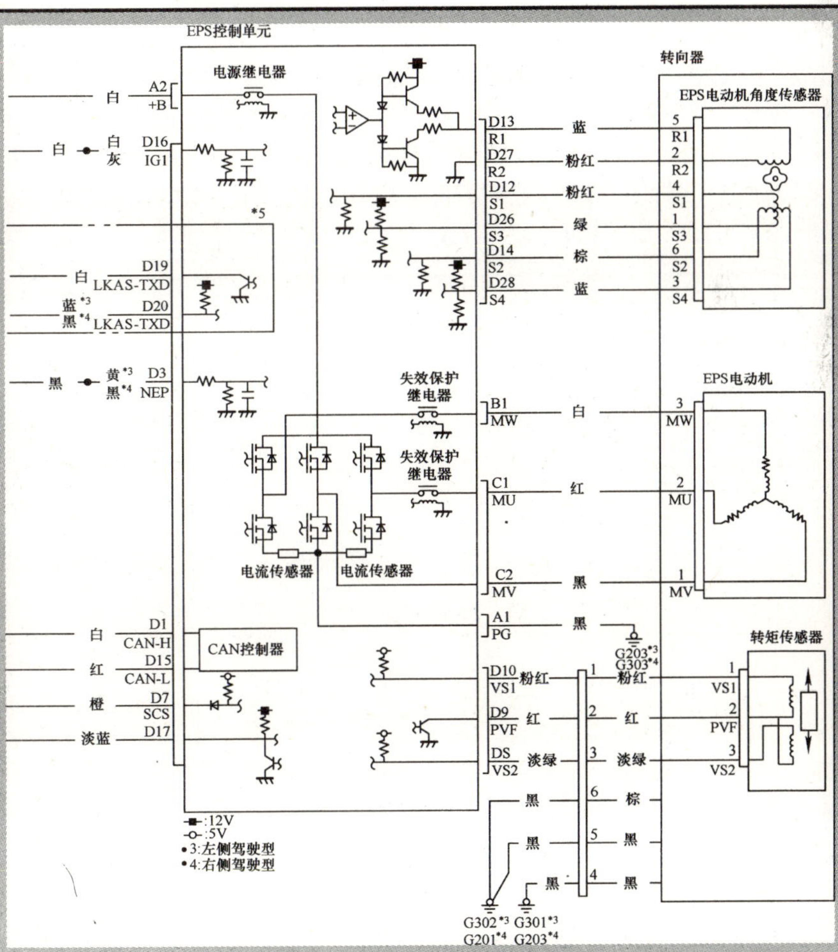

图 5-55　EPS 控制单元控制电路

器保护 EPS 电动机，防止损坏。该车的 EPS 控制单元监测到蓄电池电压不足 13V，电压不足，所以 EPS 内部工作失效。

◎ 5-165 本田锋范为何电动助力转向失效？

一辆 2009 款广汽本田锋范轿车，发动机起动后不管行驶还是原地转动转向盘均无转向助力。

锋范轿车的转向助力是靠转向助力电动机的工作获得的，转向助力电动机的工作受 EPS 控制单元的控制，EPS 控制单元根据转向力矩传感器的输入信号来控制转向助力电动机的工作，力矩传感器由两个线圈和一个铁心组成，铁心套在转向扭力杆的外侧，当向右转向时铁心上移，力矩传感器就产生一个转向信号发送到 EPS 控制单元，EPS 控制单元就指令转向助力电动机工作，这样转向时就感觉较轻松。

该车无电动转向助力，首先检查仪表板下 11 号 7.5A 熔丝和蓄电池端子熔丝盒内的 2 号 60A 熔丝，这两个熔丝均良好。用检测仪 HDS 检测，显示 ECM 有故障码：U0131——与动力转向控制单元失去通信，属于 F－CAN 故障，而且该故障码不能清除。分析导致产生故障码 U0131 的原因有：EPS 控制单元故障；CAN－H 线断路或短路；CAN－L 线路断路或短路；ECM 内部电路故障。

继续检测发现，HDS 不能与 EPS 和车身电器通信，为了使 HDS 的诊断插接器与车上的数据链路插接器（DLC）能可靠连接，将 HDS 与该车的数据链路插接器重新连接，但依旧无效。

既然 HDS 可以与 ECM 通信，根据如图 5-56 所示 EPS 相关电路图，DLC 的端子 C16 和端子 C5 线路就应该是正常的；用万用表分别检查 DLC 端子 6、端子 14、端子 9、端子 7 与 EPS 控制单元的端子 C10、端子 C9、端子 C5、端子 C16 间的导通性，均导通正常；又检查

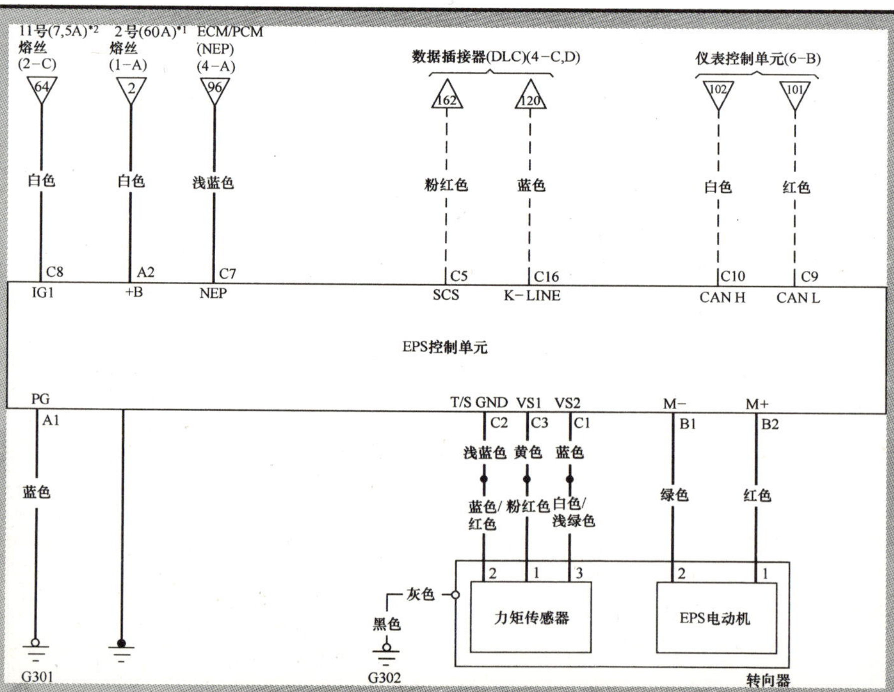

图 5-56 EPS 控制电路

EPS 控制单元插接器 C 与导线侧插接器端子的连接情况，结果发现端子连接良好。初步认为 EPS 控制单元有故障。为了进一步确认，测量 EPS 控制单元插接器端子 A2 和端子 C8 处的电压，均为蓄电池电压，正常；检查 EPS 控制单元插接器端子 A1 的搭铁情况，也良好；EPS 控制单元插接器端子 C7 上有脉冲电压，在发动机起动后用二极管测试灯在该处测量时，试灯有明暗变化，即有脉冲信号。至此，可以断定，故障就是由于 EPS 控制单元损坏导致的。

更换 EPS 控制单元后试车，故障现象消失；用 HDS 检查，故障码 U0131 可以清除，HDS 也能与 EPS 控制单元正常通信了，至此故障排除。

5-166　蒙迪欧致胜转向助力泵为何工作失效？

一辆福特蒙迪欧致胜 CD345 轿车，行驶里程 2 万 km。该车因事故而更换转向助力泵后，出现无转向助力的现象。

接车后连接检测仪 IDS 检查，没有调到故障码；检查转向助力油，也没有短缺的现象；再次换了一个新的转向助力泵后，故障现象仍然存在。此时怀疑转向助力油管变形或者堵塞，对转向助力泵供油管及回油管进行了更换，但试车时发现故障依旧。对转向助力泵进行分解，发现滤网并没有堵塞。装复转向助力泵的过程中发现，转向助力泵内部柱塞有卡滞的现象（图 5-57）。对柱塞部位进行润滑后装复转向助力泵，试车发现上述故障现象消失。

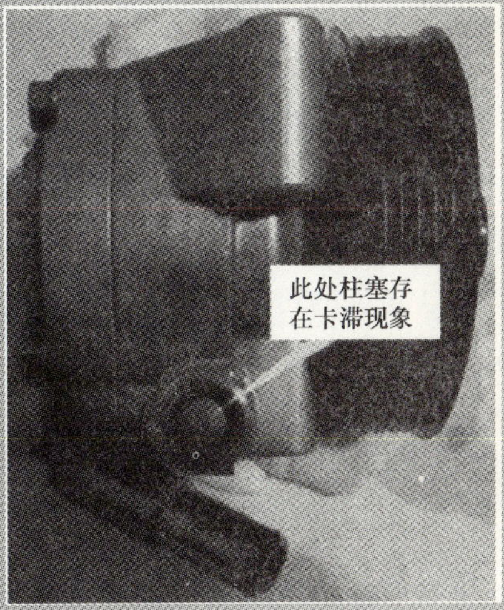

图 5-57　蒙迪欧致胜转向助力泵

造成此故障的主要原因是新的转向助力泵内没有油液，装车后短时间内无法建立油液压力，造成柱塞内的止回阀无法开启，转向助力泵因此也就无法正常工作。

◎ 5-167　福特福克斯为什么信息中心显示“助力泵未配置”？

一辆长安福特福克斯 1.8L 自动挡轿车，该车发生事故后电子转向助力泵（图 5-58）损坏，更换转向助力泵后，仪表板上的红色警告灯点亮，信息中心显示“助力泵未配置”，之后车辆还出现了行驶过程中易熄火的故障。

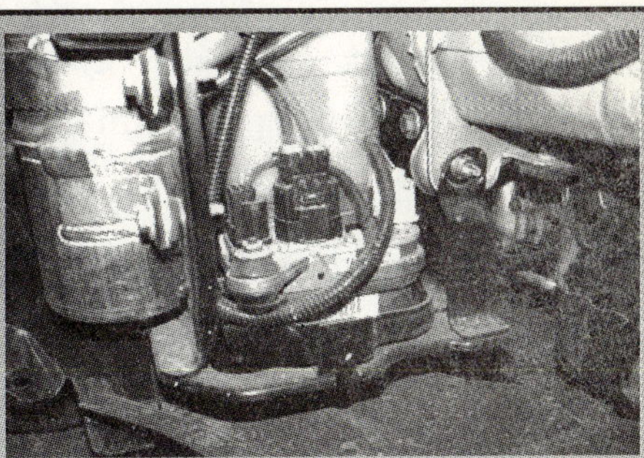
图 5-58　电动转向助力泵

由于该车更换过助力泵，按要求应对其进行设定。在完成设定后，红色警告灯熄灭，信息中心的提示消失。随后进行试车，没过多久该车在行驶中再次熄火，且红色警告灯再次点亮，信息中心显示“模组配置失灵”。连接故障诊断仪进行检测，发现了“模组配置失灵”的故障码。根据故障码的提示，怀疑该车未安装旧控制单元读取数据。经检查新控制单元的确未被写入数据，装复并重新进行设定后，故障警告灯熄灭。

继续试车，警告灯不再点亮，但发动机突然熄火。根据该车的故障现象，发动机熄火故障应另有原因。考虑到曲轴位置传感器直接影响着发动机的点火和喷油，对该传感器及相关线路进行检查发现，曲轴位置传感器插头的针脚存在虚接现象。取下插头对相应的针脚进行处理后，试车，故障排除。

5-168　雪铁龙凯旋为什么转向失灵，显示屏报警？

一辆雪铁龙凯旋轿车在行驶中偶发转向失灵，显示屏报警，诊断仪检测无故障记忆。几天后，该车在停车且再次起动后助力转向完全失灵。

接车后验证故障现象确实存在。连接诊断仪，发现助力转向系统无法通信，其他系统都可以正常通信，如图5-59所示。该车使用了油电混合的可变助力转向系统，结构同大众波罗相同。分析如图5-60所示助力转向电路图，在测量了电源、搭铁、数据线后，更换了助力转向泵，诊断仪可以通信，匹配正常后，助力转向刚开始工作正常，可没过多久又没有助力了。再次用诊断仪检测，还是无法通信。更换的配件是原厂提供的，质量很有保障。从线路图中可以看出，和转向泵相关的转向角传感器、ABS以及PSFI（发动机伺服盒）都是可以正常通信的，也没有故障码记录。**造成诊断仪和控制单元无法通信的原因有：电源搭铁不良、诊断线断路、诊断线与其他控制单元的数据线有干扰以及外部干扰等几个原因。**诊断线断路不会引起转向失灵，如果共用的数据线有干扰，不会只有助力转向有问题，其他系统也会受到一定的影响，而该车的其他系统工作是正常的；外部干扰应该不存在，因为该车没有加装任何电器；最有可能的还是电源、搭铁有问题，可是电源和搭铁已经检测过了。再次测量线路时，发现助力泵2针插头的电源线在拔下后是有电的（图5-61），可插上后助力泵轻微地动了一下就没反应了，同时电源也没有了。原来是线路接触不良！**刚开始时只是拔下插头测量了电源、搭铁情况，没有考虑到连接负载以后的情况。**对照线路图，此电源由PSFI发动机接线盒内的80A熔丝送出。拆下接线盒，拔下熔丝发现熔丝座弹簧片松动，熔丝也有烧蚀痕迹，如图5-62、图5-63所示，处理好熔丝座后，更换熔丝，故障排除。

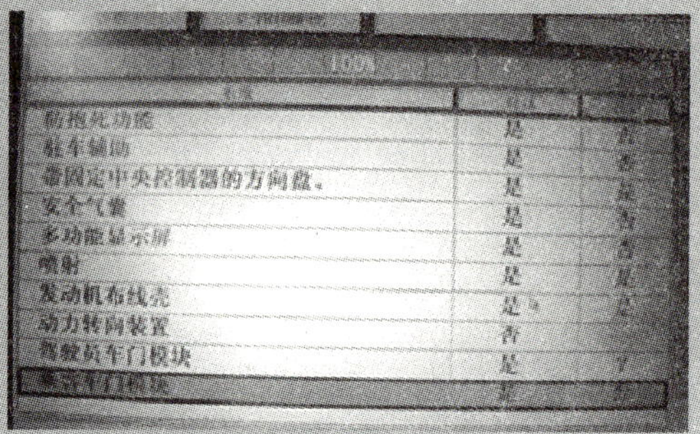

图5-59　诊断仪与助力转向系统无法通信

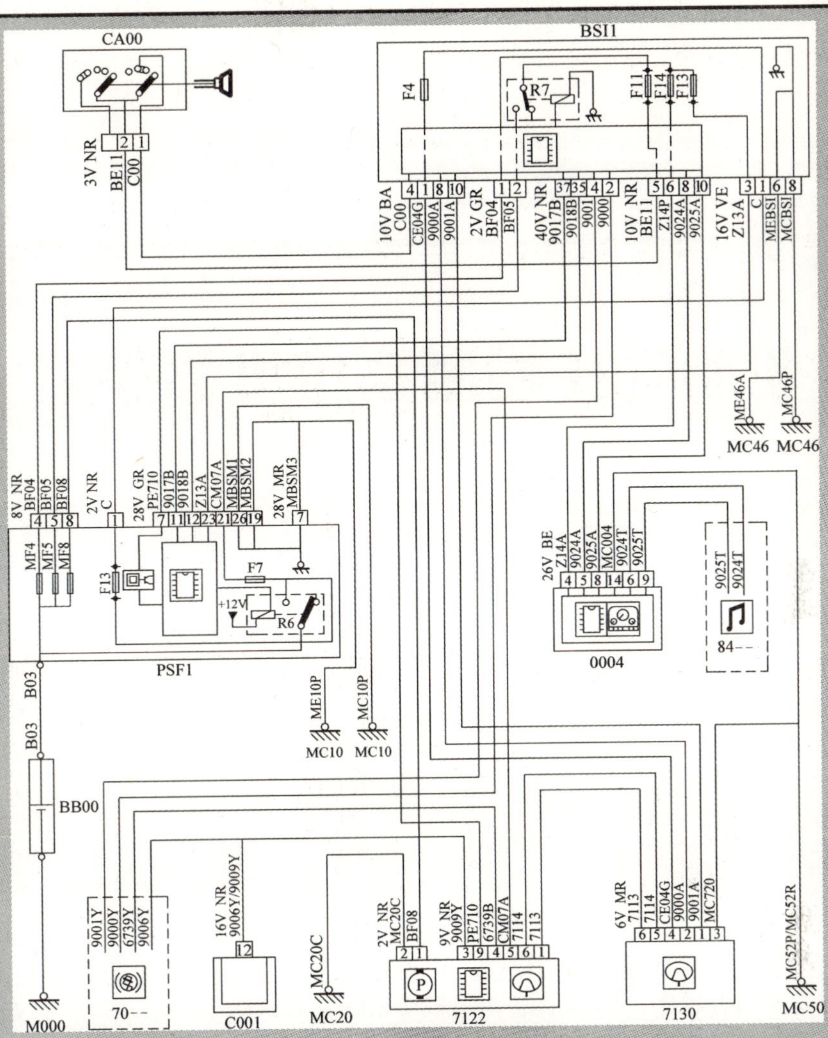

图 5-60　助力转向系统电路

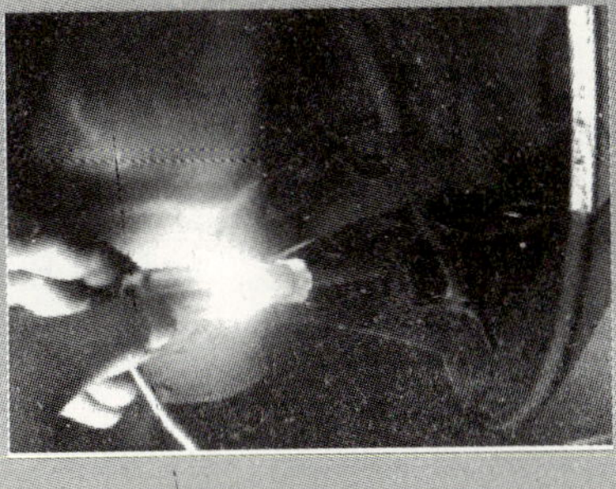

图 5-61　测量助力泵 2 针插头

图 5-62　接线盒

图 5-63　烧蚀的熔丝

第六章

轮胎气压检测系统维修技能

◎6-169　路虎发现3为何轮胎气压警告灯常亮？

一辆2006款路虎发现3SUV，行驶里程15万km。该车轮胎气压警告灯常亮。

路虎车辆上应用了轮胎气压监测系统（TPMS），其元件位置和工作原理如图6-1和图6-2所示。图6-1中4、6、8、10、12为5个轮胎气压传感器，这种轮胎气压传感器是一个独立单元，是安装在车轮胎腔内的有源轮轮胎气压传感器。该传感器测量轮胎内的空气压力和温度以及施加在传感器上的向心加速度，并将其转换为315MHz或者433MHz的频率信号，发送给位于头顶控制台后面的射频接收器。其中“3”为射频接收器，通过内部天线接收来自各个轮胎气压传感器的信号。然后，该信号通过专用局域互联网络（K总线）传给CJB（即Junction box－Central）**在路虎车辆中，CJB是一个很重要的控制元件，其上集成着车身控制单元等重要控制单元及继电器，很多系统的通信都有CJB的参与。这里CJB集成了一个车载诊断例行程序，用来监测轮胎气压系统，并且每个轮胎气压传感器信号里包含一个唯一的标识代码，CJB通过这个代码来识别车辆上的轮胎。CJB接到轮胎气压传感器的信号后，再将信号传递至中速CAN总线，实现诊断系统的连接，同时CJB还通过中速CAN向组合仪表发送TPMS状态和点亮警告指示灯或在信息中心显示信息的请求，即在组合仪表上有轮胎气压警告指示灯点亮。**

如果系统出现故障，则点亮琥珀色的警告灯，而且除了点亮琥珀色警告指示灯之外，还在信息中心显示信息“未监测××轮胎”。其中“5”为起动器，是一个无源低频发射器（LF），即小天线，用于辅助轮胎气压传感器向3—射频接收器发射低频信号，它由CJB供电。每次起动车辆时，CJB都会逐个向起动器发送一个低频（125kHz）信号。轮胎气压传感器收到此信号后，向射频接收器（RF）发送一个射频信号（315或433MHz）。该信号含有编码数据，分别对应传感器标识代码、空气压力、空气温度和加速度。该信号通过K总线传给CJB。当车辆以低于20km/h的速度行驶12min之后，系统会进入“驻车模式”。处于驻车模式时，轮胎气压力传感器会每隔13h向CJB发送一次编码信号。如果轮胎气压低于0.6bar直至压力消失，传感器会更频繁地发送信号，点亮轮胎气压警告灯，提示驾驶人系统出现故障，尽快维修。

打开点火开关，轮胎气压警告灯确实常亮，仪表信息中心显示“TPMS SYSTEM FAULT”，即 TPMS 系统故障。但仪表信息中心没有提示是哪一侧轮胎控制单元有故障，也就是说从组合仪表信息中心没有得到实质性的帮助信息。连接专用诊断仪 SDD，读取故障码，分别存储有左前、右前、左后、右后 4 个轮胎控制单元故障码。清除故障码后，再读依然存在这 4 个故障码。4 个轮胎检测传感器同时出问题的几率很小。用轮胎气压表测量发现，右后轮和左前轮轮胎气压有点低，把气压补足后轮胎气压警告灯还是常亮。正常情况下，如果是轮胎气压不正常造成警告灯常亮的，只要将轮胎气压补足了故障灯就会熄灭，故障灯没熄灭，说明问题并不在此。读取数据流，但数据流里并没有轮胎气压值这一项，选了几项与轮胎气压有关的项目读取，没有发现异常。用万用表测量诊断口的中速 CAN 端子，电压和电阻都正常，说明中速 CAN 没问题。另一方面，因为 CJB 是主要控制元件，如果 CJB 损坏整个 CAN 总线就瘫痪了，这种可能性不大。用万用表测量，为射频接收器供电的熔丝和为轮胎气压监测控制程序单元供电的熔丝都是没有问题的，供电电压正常，说明总的供电线路没有问题。会不会射频接收器（RF）坏了呢？又测量了射频接收器的供电端子电压及搭铁情况，都没问题。由于 RF 的位置拆装还算方便，索性到别的车上对调了一个 RF，匹配后还是不管用，警告灯仍常亮，这表明射频接收器也正常。难道是 CJB 里的控制程序有问题？由于 CJB 控制程序太多，涉及到钥匙的识别等，因此不能随便对调。

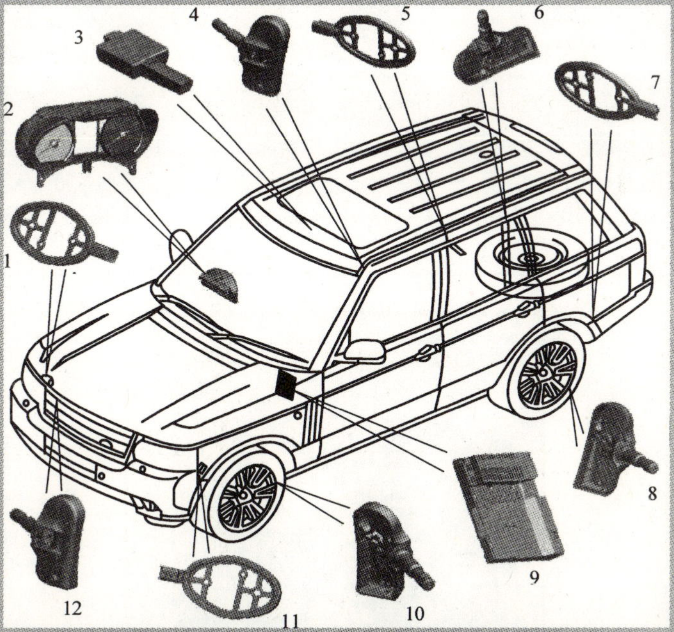

图 6-1　轮胎气压监测系统元件位置图

1—RH（right - hand）前起动器　2—组合仪表　3—TPMS 射频接收器　4—RH 后轮轮胎气压传感器　5—RH 后起动器　6—备轮轮胎气压传感器　7—LH 后起动器　8—LH 后轮轮胎气压传感器　9—集成主机（IHU）　10—LH 前轮轮胎气压传感器　11—LH 前起动器　12—RH 前轮轮胎气压传感器

决定断开蓄电池电源 10min，让控制单元重新识别，10min 后接上蓄电池电源，轮胎气压警告灯不亮了。路试，大约行驶 20km 后，轮胎气压警告灯点亮了。回厂及时用诊断仪

SDD读取故障码，故障信息为“右前轮模块”。故障原来只在右前轮上，拆下轮胎，发现右前轮胎气压传感器已经断成两截（图6-3）。更换新的传感器，重新匹配后试车，警告灯不再点亮。但这似乎有点不合理，一个轮胎气压传感器损坏，怎么会产生4个故障码呢？分析可能是车辆在其他维修厂修理过，维修人员可能把轮胎交换过位置，这样就产生了4个故障码。一周后回访驾驶人，警告灯没再点亮，故障彻底排除。

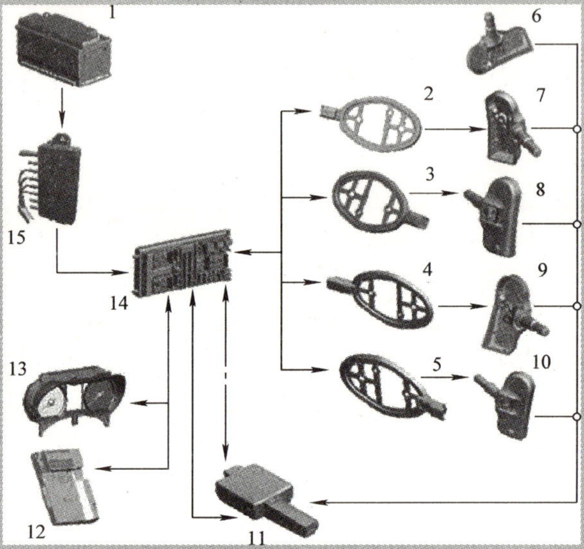

图6-2 轮胎气压监测系统原理示意图

1—蓄电池 2—RH后起动器 3—LH后起动器 4—RH前起动器 5—LH前起动器 6—备轮轮胎气压传感器 7—RH后轮轮胎气压传感器 8—LH后轮轮胎气压传感器 9—RH前轮轮胎气压传感器 10—LH前轮轮胎气压传感器 11—TPMS射频接收器 12—集成主机（IHU） 13—组合仪表 14—CJB 15—BJB（battery junction box）

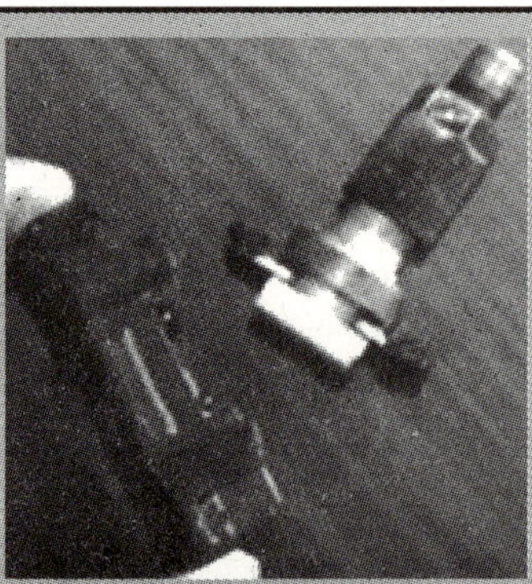

图6-3 损坏的轮胎气压传感器

◎ 6-170 捷豹为何轮胎气压警告灯常亮？

一辆2010款捷豹XF3.0轿跑车，行驶里程3.8万km，该车轮胎气压警告灯常亮。

捷豹 XF 通过 4 个轮胎气压传感器及一个备胎气压传感器感知轮胎内压力，如果轮胎气压低于限定值，轮胎气压监测系统就会报警，点亮轮胎气压警告灯。

连接专用故障诊断仪 SDD，读取故障码，显示故障码为“左前轮模块”。首先考虑是不是左前轮轮胎气压低于 60kPa。用气压表测量轮胎气压显示为 250kPa，压力正常，说明轮胎及轮胎气压没有问题。再通过数据流读取 4 个轮胎的轮胎气压数据流，发现只有左前轮轮胎气压为 0，其余 3 个轮轮胎气压均为 230kPa 以上。因实测左前轮轮胎气压是正常的，所以可能是左前轮轮胎气压传感器出了问题。拆下左前轮，放气至轮胎内没有压力，再用扒胎机扒开部分轮胎，发现轮胎气压传感器非常陈旧，但没有外部损伤。通过外表无法判断传感器是否损坏，更换新的轮胎气压传感器后，匹配并清除故障码，试车，发现轮胎气压警告灯不再点亮。连接 SDD 读取故障码，也没有任何故障码存储。由于该传感器外表没有损坏，那很可能是自身电池没电，发不出信号，导致轮胎气压警告灯常亮。事后询问驾驶人得知，该车一直没更换过轮胎气压传感器，这也证实了是由于传感器自身电量不足导致的此故障。更换轮胎气压传感器一周后回访驾驶人，故障没有再现，故障彻底排除。

TPMS 系统可提醒驾驶人将轮胎气压维持在最佳水平，从而保持车辆的行驶稳定和操作性能，并降低油耗。**由于轮胎气压传感器装在轮胎腔内，随着轮胎的运动而运动，工作环境相当恶劣，所以轮胎气压传感器是最易损坏的元件之一，轮胎气压传感器损坏大约占到该系统故障的 70% 左右。轮胎气压传感器本身的电池也容易亏电导致发不出信号，此时需要更换传感器。**

6-171　奥迪 A8L 为何轮胎气压警告灯亮？

一辆 2005 款奥迪 A8L 轿车，仪表上的轮胎气压警告灯亮。

在仪表板下方找到车辆数据接口诊断座，连接故障诊断仪，打开点火开关，选择奥迪测试程序对轮胎气压系统进行故障检测，读取故障码，故障码为“轮胎气压监视控制单元”，如图 6-4 所示。清除故障码，重新打开点火开关，再次读取故障码，上述故障码再次出现。

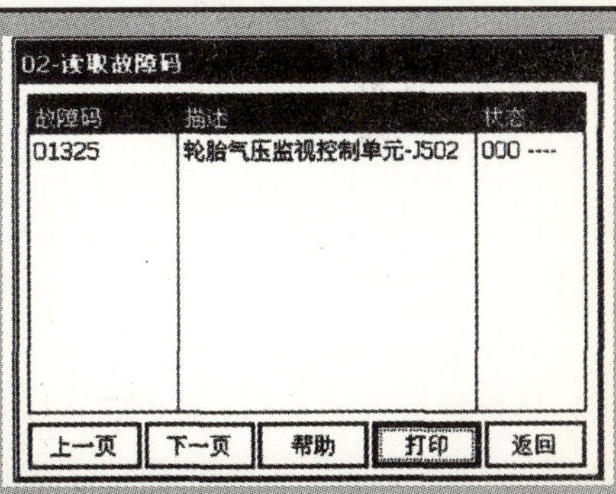

图 6-4　故障码

出现此故障码可能有以下原因：①轮胎气压监视控制单元内部故障；②轮胎气压监视控制单元编码故障。

检查轮胎气压监视控制单元编码。打开点火开关，发动机不运转，仪器进入读版本号功能，测试结果如图 6-5 所示。查看软件编码，正确。轮胎气压监视控制单元内部有故障，须更换。由于该配件定货周期比较长，可以先关闭轮胎气压监视系统。操作如下：选择“电脑编程”功能，输入新的编程码 0202428 后，仪表上的轮胎气压警告灯熄灭；再选择“匹配自适应”功能，如图 6-6 所示，查看匹配值 5454 的功能，系统测试为关时，仪表上的轮胎气压警告灯不再激活。轮胎气压监视控制单元到货后安装试车，仪表上的轮胎气压警告灯熄灭，故障排除。

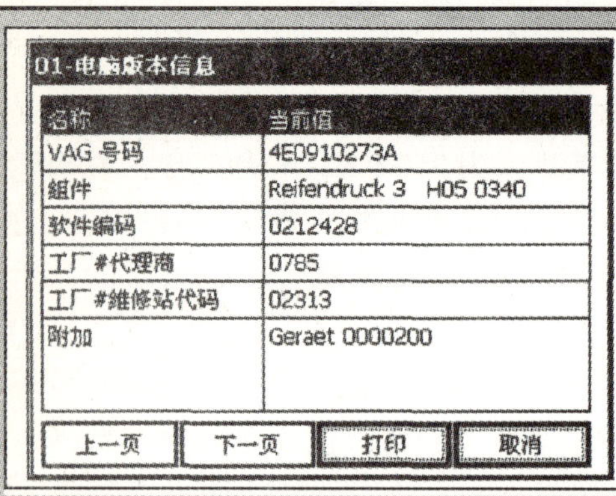

01-电脑版本信息

名称	当前值
VAG 号码	4E0910273A
組件	Reifendruck 3 H05 0340
软件编码	0212428
工厂#代理商	0785
工厂#維修站代码	02313
附加	Geraet 0000200

上一页 下一页 打印 取消

图 6-5 电脑版本信息

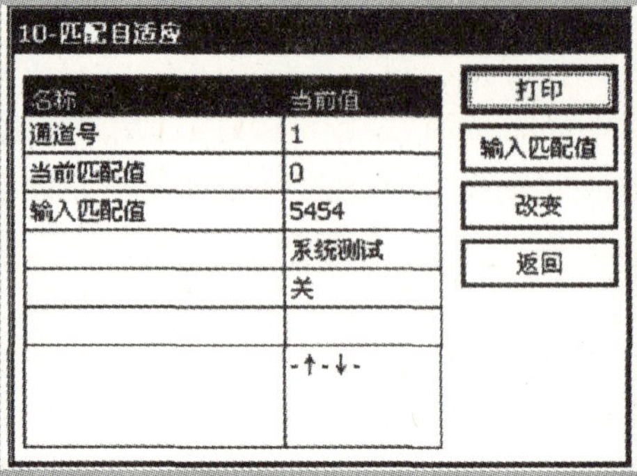

10-匹配自适应

名称	当前值
通道号	1
当前匹配值	0
输入匹配值	5454
	系统测试
	关
	-↑-↓-

打印 输入匹配值 改变 返回

图 6-6 匹配自适应

◎ 6-172 奥迪 A6L 轮胎气压监测系统为何异常报警？

一辆 2010 款奥迪 A6L 2.4 轿车，搭载 BDW 型发动机，匹配 01J 型 CVT 无级变速器，行驶里程 2.6 万 km。该车在行驶里程约 3000km 时出现过仪表板上 TPMS（轮胎气压监控系统）故障灯报警的现象，每次故障出现时，驾驶人自行检查各轮胎的气压并存储轮胎气压后警告灯会熄灭，但车辆行驶一段时间后又会报警。

新款奥迪 A6L 轿车采用间接测量的轮胎气压监测系统，在车轮中没有安装轮胎气压传感器。TPMS 控制单元 J793（图 6-7）通过舒适系统总线接收 ESP 控制单元 J104（图 6-8）传送来的 4 个轮速传感器的速度信号，通过分析来判断轮胎是否失压。TPMS 系统按照两种不同的监控分析方案同时进行分析，可以同时识别出多个轮胎上的气压损失。第一种方案是监控轮胎体积。当轮胎气压减小时，轮胎体积变小，要行驶相同的距离车轮必须比没有失压的车轮转得更快，车轮转速信号被 ESP 系统控制单元 J104 传递给 TPMS 控制单元 J793 进行分析。在 TPMS 系统中，各对角线的车轮转速被相加，然后进行比较，再比较同轴车轮和单侧车轮的转速信号，由此可以顾及到弯道行驶、离心加速度及转向角度等因素的修正。第二种方案是监控轮胎振动。由于行驶道路不平整，每个轮胎滚动时都会引起滚动振动，TPMS 通过测量各车轮转速分析该车轮的振动情况，如果气压降低，那么振动的方式就会发生改变。这种分析方式也可以同时测量出多个轮胎失压及轮胎缓慢漏气的情况。

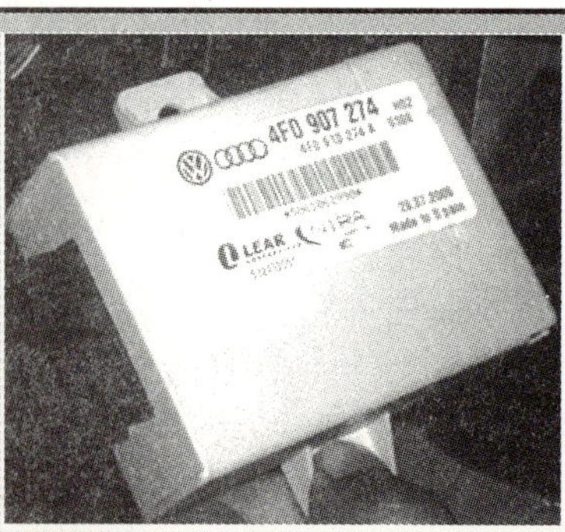

图 6-7 TPMS 控制单元 J793

图 6-8 ESP 控制单元 J104

接车后连接故障诊断仪 VAS5052 对车辆进行检测，发现轮胎气压监控系统控制单元中存储有“轮胎直径信号不可靠/偶发”的故障信息。首先进行常规检查，检查轮胎外观、尺寸及充气压力均正常；检查轮辋尺寸也没有问题。询问驾驶人，得知该车从未更换过轮胎，仔细观察各轮胎花纹磨损状况，磨损也很均匀。试车发现该车在存储胎压后行驶约几公里胎压监测系统就会报警（图 6-9）。观察数据流，报警时的各轮胎的报警状态均为 255，这说明各轮速信号无异常。依据维修经验，先试着更换了 TPMS 控制单元 J793，但试车故障依旧。又同时更换了 4 个相同的车轮，经长时间试车，发现故障消失了，由此可以判定问题就出在轮胎的尺寸差异上。

再次安装原车的 4 个车轮，在行驶到 4. 3km 时又出现了 TPMS 报警的情况。看来初步判断得到了验证。为了弄清究竟是哪个车轮导致系统报警的，决定用备胎分别替换 4 个车轮进行观察。首先将备胎安装在右前轮位置，试车行驶 5. 6km 后 TPMS 报警；然后将备胎安装在左前轮位置，试车行驶 4. 8km 后 TPMS 报警；将原车左前车轮安装在左后位置上，试车行驶 6. 5km 后 TPMS 系统报警；将原车左后车轮安装在右后位置上，试车行驶 50km 故障消失；将原车右后车轮安装在左前位置上（替换备胎），试车行驶 175km 故障消失；将原车右后车轮安装回原位，试车行驶 5. 3km 后 TPMS 系统再次报警。至此，可以确定故障就出在右后轮上。

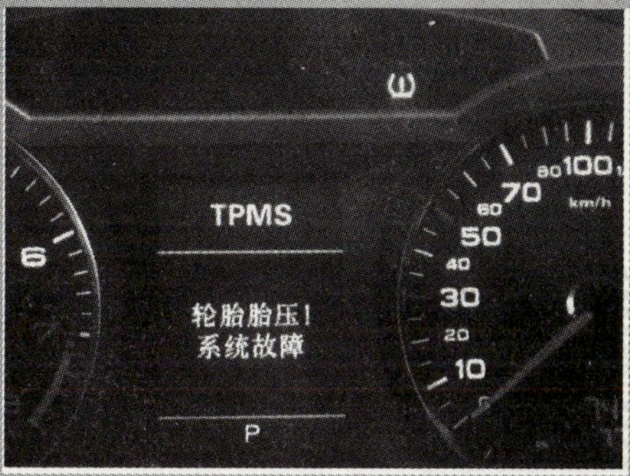

图 6-9　胎压监测系统报警

每次可通过车辆信息管理（MMI）系统对胎压监测系统进行初始化设定，每次设定系统会有一次气压值的学习过程，在其后的行驶过程中，控制器会记录下各种行驶状态下的车轮转速和车轮振动状态，并结合车轮速度的变化规律、转向角度、横向加速度及离心加速度等因素的修正加以分析，气压的学习值就是系统监控的标准值。在行驶 10min 后，系统就可以监测出轮胎快速漏气，对轮胎缓慢漏气的监测大约需要行驶 1h。如果判断出某个车轮气压过低，则报警信息会通过网关发送到组合仪表，发出声光报警，提示驾驶人某个车轮气压不正常。当一个车轮上由于轮胎损坏导致气压很快减小时，会亮起红色警告灯，驾驶人信息系统会有相关的文字提示说明漏气轮胎的位置。当一个或多个轮胎缓慢漏气时，也会亮起红色警告灯，但有可能没有文字提示说明是哪个车轮漏气，系统只是提示车轮气压低于最低气压。

对于该车的故障，通过多次轮胎换位试车观察分析，可以确定该车正是由于右后轮胎的制造或质量误差导致 J793 在巧合的轮胎对应关系下误认为轮胎直径不可信。当遇到相同故障时，可以采用的调换方法是，将任意一个车轮位置保持不变，再将其他 3 个车轮的位置按照顺时针或逆时针的方向调换安装，这样通过轮胎换位使各车轮间组成新的对应关系，消除了 J793 的误判断，故障即可排除。

◎ 6-173 奥迪A6L为何TPMS警告灯和燃油表警告灯异常点亮？

一辆2006款奥迪A6L 3.0轿车在做完维护后，仪表上的TPMS警告灯、燃油表警告灯点亮，且燃油表工作失灵。

接通点火开关，仪表中央显示器TPMS警告灯点亮（图6-10），燃油表指针往下摆动，紧接着出现燃油表警告灯点亮的现象（图6-11）。

TPMS即轮胎气压监视系统，如果轮胎气压不正常（与预先设定值不符），4个轮胎上的传感器会告知胎压监控ECU，胎压监控ECU再点亮中央显示器TPMS警告灯，通知驾驶人检查轮胎气压。胎压恢复正常后，可在车辆信息管理（MMI）系统中对TPMS警告灯进行复位清除。具体操作方法是：按一下变速杆旁的CAR键，MMI屏幕会显示车辆信息，通过旋钮选择轮胎气压监控系统，确定后再选择轮胎气压复位即可。按照上面的方法操作，TPMS警告灯熄灭，但起动发动机后，刚挂入前进挡，随着一声警报提示，TPMS警告灯再次点亮。使用检测仪对仪表进行故障诊断，调得故障码：01044——控制单元编码错误，并且故障码无法清除。查看仪表控制单元编码为2048143，再查阅资料也是2048143。

图6-10 仪表中央显示器异常点亮的TPMS警告灯

图6-11 异常点亮的燃油表警告灯

做下次维护里程数设定，进入菜单选择“重新编码，输入通道43……”，原来是对故障检测仪的误操作导致错误修改了仪表控制单元的编码，致使仪表工作不正常。故障码提示是正确的，那么正确的编码该怎么得到呢？刚好公司有一辆奥迪A6L轿车，配置年款也都相同，只是发动机排量不同（排量为3.2L）。读出该车仪表的编码为2065148，于是对故障车重新进行编码，发现TPMS警告灯熄灭，但燃油表警告灯再次点亮了，而且燃油表也不动作。再次读取故障码，依旧是010440。通过上网查询，**A6L 3.0轿车的仪表控制单元编码有3个，分别是：2048143、1015567和0022262，而且还特别注明0022262是可用的**。将仪表控制单元编码重新编码为0022262后试车，上述故障排除。

◎ 6-174 宝马X5轮胎气压监控系统为何无法复位？

一辆2011款美规宝马X5（E70）SUV，行驶里程2.7万km。该车轮胎气压无法完成初始化，仪表和中央信息显示屏显示“轮胎气压监控系统失效！”

接车后首先连接车辆故障检测仪 ISID 进行诊断检测，读取到故障码：RDC 6057——右后车轮电子系统。**轮胎气压监控（RDC）是一个在行驶模式下监控轮胎充气压力的系统。**此种轮胎气压监控系统一般安装在美规的车型上。系统由 RDC 控制单元（带集成接收天线的控制单元）和 4 个车轮电子系统共 5 个组件构成。

RDC 控制单元安装在靠近后桥处，负责处理车轮电子系统发送的信息。所有的车轮内，都在轮辋深槽内安装了车轮电子系统。车轮电子系统用螺栓连接在加注阀上（金属制造）。所有车轮电子系统的结构相同，有效工作温度介于 -40 ~ +125℃之间。车轮电子系统监控轮胎内的温度，当温度高于 115℃左右时，RDC 转为一个功能度有限的单元，可能会关闭硬件。车轮电子系统在静止状态下执行循环滚动识别，以便识别起动过程。在起动过程中，测量周期为 3s。在行车过程中，执行测量周期为 60s 的重复循环滚动识别，以便确认以及退出行驶模式。车速达到 20 ~ 30km/h 时，每个车轮电子系统会发出以下信息：①轮胎充气压力；②轮胎充气温度；③蓄电池剩余的使用寿命；④加速传感器数据和车轮电子系统的身份识别（ID），这个身份识别在每次数据传输中会同时传递。

这些信息将通过高频传输距离（433MHz）直接传输给 RDC 控制单元并在其中进行分析。这些信息的当前状态将发送至控制器区域网络总线（K-CAN）并在那里转换成可以从显示仪表中看出的形式。

在下列情况下必须对轮胎气压监控进行一次初始化设置：①更改轮胎充气压力；②更换整组车轮，更换的车轮必须装备了正确的车轮电子系统；③在车辆上更换同轴车轮。

诊断说明：进行初始化设置时，当前的轮胎充气压力将被接收为额定压力规定。驾驶人应自己负责在车轮处于冷态时根据操作说明调整轮胎充气压力。根据车型可以在不同操作点进行初始化设置：①中央信息显示器（CID）操作；②通过转向摇臂进行组合仪表（KOMBI）操作；③车用收音机操作；④按钮操作。

以上操作必须在车辆静止且总线端 KL. 15 接通时进行。RDC 通过组合仪表、车用收音机或 CID 中的显示确认初始化设置，直到初始化设置结束都能观看信息。在初始化设置结束时，所有的警告灯都熄灭。RDC 控制单元负责检查标准值的可信度（最小压力）。当所有车轮的轮胎充气压力至少达到 160kPa 时，才能进行初始化设置，当某个车轮的轮胎充气压力低于该极限时，将立即输出一条检查控制信息。

补救措施：将轮胎充气压力调整到正确值，然后重新进行初始化设置。如果在更换车轮或更新车轮电子系统后忘记初始化设置，系统将会要求驾驶人进行初始化设置。触发初始化设置（复位）后的内部过程：①识别安装的车轮电子系统；②车轮电子系统的位置识别；③通过将额定压力与最小压力进行比较，检查其可信度；④将规定压力接收为额定压力。

温度每升高 10℃，轮胎充气压力将升高 10kPa。当低于根据温度算出的极限值时，轮胎气压监控输出一条检查控制信息。初始化设置时，在车轮分配完成前，在控制单元功能中（车轮 1 至 4 的测量值）一直存在替代值（例如 640kPa 时 127℃）。为了能够成功完成车轮分配，必须以大于 30km/h 的车速行驶至少 12min。

通过诊断仪读取故障码的描述，如表 6-1、表 6-2 所示，故障类型为当前存在，左后车轮电子系统不能接收。查看数据流如表 6-3 所示，右后轮胎的温度和轮胎气压均为替代值 640kPa 和 127℃，说明轮胎一直没有初始化成功，查看其他 3 条轮胎都是这样。通过故障描述可以看出故障当前存在，所以轮胎气压初始化无法完成，可能的故障原因为右后车轮电子系统有问题。选择故障内容执行检测计划，分析也同样是右后车轮电子系统故障。更换右后车轮电子系统，把轮胎气压添加到规定值，然后对轮胎进行初始化设置，故障排除。

表 6-1　故障码环境条件

环境条件	故障码存储记录
频率	-1
逻辑计数器	40
里程数	27128km
速度	55km/h
温度	28.5℃

表 6-2　故障码 RDC 6057 右后车轮电子系统

故障描述	如果出现以下故障原因，将识别到故障： ◆RDC 控制单元中的内部诊断报告传感器故障。 ◆在 12min 行驶时间内连续接收不到右后车轮电子系统。单个故障原因将以相应的故障类型保存。相应故障类型的故障设置条件：车轮电子系统损坏；故障类型：RDC 识别到车辆的车轮，并且设置车轮转速传感器诊断位；未接收车轮电子系统故障类型：分配超时（最大 12min）已结束，车轮电子系统不发送信息。
故障识别条件	总线端 KL1.30 介于 9 ~ 17V 之间相应故障类型的行驶状态： ◆车轮电子系统损坏故障类型：无 ◆未接收车轮电子系统故障类型：车辆正在行驶
故障码存储记录条件	相应故障类型的故障消除： ◆车轮电子系统损坏故障类型：120s/270s ◆未接收车轮电子系统故障类型：120s/600s
故障影响和抛锚说明	无
保养措施	可能的故障原因：右后车轮电子系统 根据测试单元（ABL）进行故障查询
驾驶人信息	警告灯已激活 检查控制信息（149）：轮胎气压监控失灵！
服务提示	无

表 6-3　功能和状态显示

将车轮 4 的压力变化测量值设置为 50kPa
功能：车轮电子系统号码 状态：4028498404
功能：车轮电子系统蓄电池剩余使用寿命 状态：0.00 月
功能：车轮位置分配 状态：后右

（续）

将车轮4的压力变化测量值设置为50kPa
功能：车轮旋转方向 状态：未定义
功能：轮胎充气温度 状态：127.00℃
功能：规定的轮胎气压标准值（绝对压力→减去100kPa） 状态：398kPa
功能：最近有效的轮胎气压（绝对压力→减去100kPa） 状态：638kPa

◎6-175　第八代索纳塔轮胎气压警告灯为何点亮？

一辆2011款北京现代第八代索纳塔轿车，行驶里程11万km，该车在行驶的过程中轮胎气压警告灯突然点亮（图6-12）。

轮胎气压监测系统（TPMS）用于**监测轮胎充气压力，当压力低于规定压力时，TPMS的ECU控制警告灯打开，告知驾驶人。**轮胎气压监测系统（TPMS）包括TPMS的ECU（或TPMS接收器）和TPMS传感器，在TPMS系统部件中，TPMS传感器安装在各个轮胎里面，用于测量轮胎的充气压力及温度，并将信号发送到TPMS的ECU，以一定的频率通过RF（无线电）频率信号完成TPMS传感器的通信。

接车后，连接北京现代原厂诊断仪HI－DS读取TPMS轮胎监控系统有3个故障码：C1334——传感器3硬件故障；C1662——自动学习失败；C1314——传感器3无线电通信（RF）故障（图6-13）。看来这3个故障码为同一故障。系统存储的故障码C1314含义为左后传感器无线电通信不良，只有当TPMS控制单元没有接收到左后轮气压传感器的RF信号时，才会记录此故障码。

图6-12　警告灯点亮

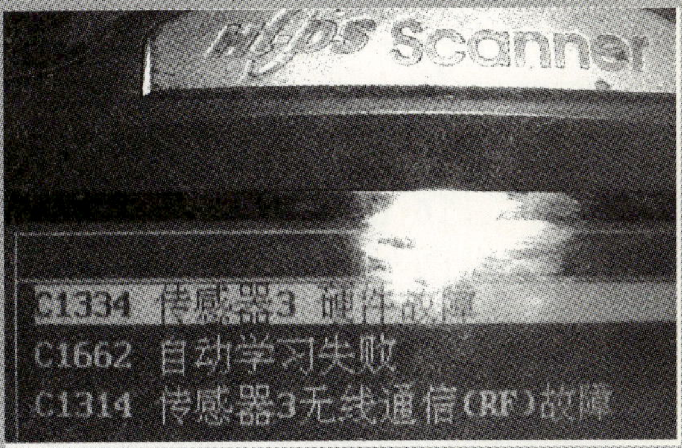

图6-13　故障码

由此推断，该车的故障原因可能是左后轮传感器本身的故障或是TPMS控制单元故障。用原厂诊断仪HI－DS读取了轮胎监控系统的数据流，在HI－DS诊断仪所显示的数据流中，该车的3号传感器（左后轮气压传感器）关于传感器的输出类型和传感器都显示为“UN-KNOWN”（不确定的或是未知的），而正常的压力传感器数据流在传感器输出类型上应显示为“INITIATED”（触发），传感器电压应显示“NORMAL”（正常）。

通过对传感器数据流的对比，判断该车的故障原因为左后轮气压传感器故障。TPMS相关电路如图6-14所示。

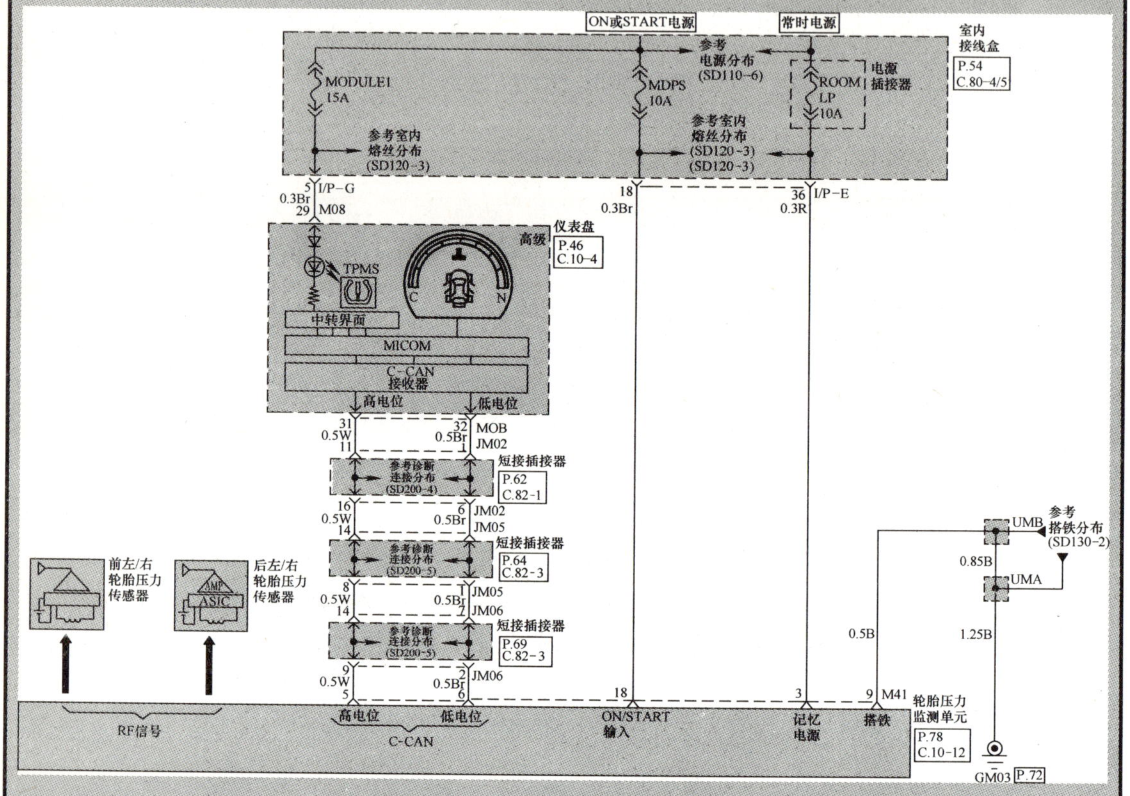

图6-14 TPMS相关电路

询问驾驶人得知，该车的左后轮胎曾经扎漏过，在其他补胎店补过胎后，没几天就出现了轮胎气压警告灯点亮的现象，将左后轮胎完全拆下后，发现轮胎气压传感器已经断裂并且完全分开了（图6-15、图6-16）。由此确定该车的故障原因是由于补胎店没有按照规范操作导致了故障的发生。更换新的压力传感器后，发现轮胎气压警告灯还是点亮。查阅第八代索纳塔维修手册，**在更换新的气压传感器后需要对气压传感器进行注册，注册的方式有两种，一种是自动注册，另一种是利用原厂控制单元GDS注册。**

自动注册的方法是在更换新的气压传感器之后，驾驶车辆以20km/h以上的速度行驶7min，就能完成自动注册。于是将车以平均30km/h的速度行驶5min后轮胎气压警告灯自动熄灭，更换左后轮压力传感器后故障排除。

此案例应该引起我们注意的是，**对于安装配备轮胎监控系统的车辆，在拆装轮胎的过程中，一定要避开气门嘴（压力传感器），必须规范操作，以免带来不必要的麻烦。**

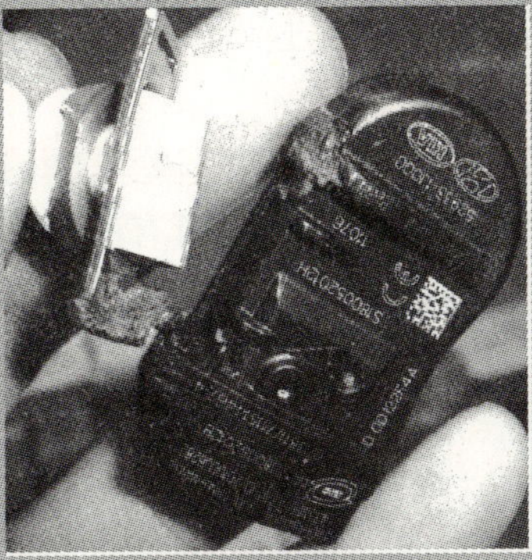

图 6-15 已经分开的轮胎气压传感器

图 6-16 损坏的轮胎气压传感器在轮胎的位置

◎ 6-176 如何诊断新君威轮胎气压监测系统？

别克新君威的轮胎气压监测系统由轮胎气压传感器、遥控功能执行器（RFA）、车身控制单元（BCM）、驾驶人信息中心（DIC）、组合仪表（IPC）和串行数据电路组成。轮胎气压监测系统的工作原理如图 6-17 所示。

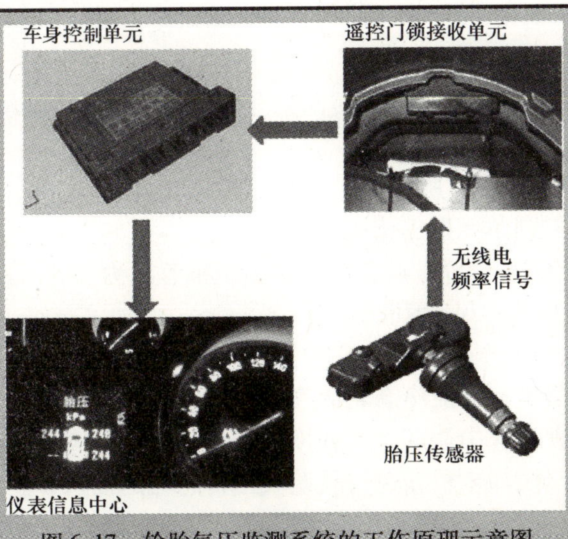

图 6-17 轮胎气压监测系统的工作原理示意图

车辆静止时，由于轮胎气压传感器内部加速传感器未起动，轮胎气压传感器进入静止模式，每 30s 采集轮胎气压 1 次，如果轮胎气压不变，则不发射数据信号。当车速增加至 20km/h 以上，离心力起动轮胎气压传感器内部加速传感器，轮胎气压传感器进入滚动模式，每 10s 采集轮胎气压 1 次，每 60s 发射 1 次数据信号，如果在轮胎气压中监测到 8. 3kPa 的变化，将立即发射数据信号。

(1) 胎压传感器的读入程序

胎压传感器的读入程序分为专用控制单元读入方法和手动读入方法两种。

1）专用控制单元的读入方法

① 使用J-46079，起动轮胎气压监测读入模式。若听到喇叭发出两声唧唧声并起动转向信号灯，表示读入模式已经起动。左前转向信号也将点亮。

② 从左前轮胎开始，将J-46079的天线朝上顶住气门芯位置，紧贴车轮轮辋的轮胎侧壁，以起动传感器。按下然后松开起动按钮并等待喇叭发出唧唧声。一旦所有的转向信号灯起动持续3s并且喇叭发出唧唧声，已读入传感器信息并且下一读入位置的转向信号将点亮。

③ 喇叭发出唧唧声并且下一读入的转向信号点亮后，按以下步骤重复步骤②以起动其余3个传感器：右前、右后、左后。

④ 当已读入左后传感器时，所有的转向信号灯被起动持续3s并且喇叭响起两次唧唧声，读入过程完成并且车身控制单元退出读入模式。

⑤ 将点火开关置于OFF位置，调整所有轮胎至推荐的压力。

2）手动读入方法

① 将点火开关置于ON位置，按下和释放手柄开关上的“INFO（信息）”按钮，或者按下里程表按钮（取决于驾驶人信息中心等级）直至“TIRE LEARN（轮胎读入）”信息出现在驾驶人信息中心屏幕上。按住“SET/RESET（设置/重置）”按钮直至所有的转向信号灯被起动持续3s并且喇叭响起两次唧唧声，显示读入模式已被起动。左前转向信号也将点亮。

② 从左前轮开始，增大或减小轮胎气压8.3kPa，然后等待喇叭发出唧唧声。喇叭唧唧声可出现在压力增大或减小前或最多30s后。一旦喇叭发出唧唧声，读入传感器信息，要读入的下一个位置的转向信号灯将点亮。

③ 喇叭发出唧唧声并且下一读入的转向信号点亮后，按以下步骤重复上述步骤②以起动其余3个传感器：右前、右后、左后。

④ 当已读入左后传感器时，所有转向信号灯被起动持续3s并且喇叭响起两次唧唧声，读入过程完成并且车身控制单元退出读入模式。

⑤ 将点火开关置于OFF位置，调整所有轮胎至推荐压力。

（2）轮胎气压监测系统常见故障

1）DIC上显示某轮胎气压过低或过高。可能的情况有：轮胎被扎或缓慢漏气；在过去的6个月内未检查轮胎气压；当前冷态轮胎气压处于系统需要警告驾驶人的状态，然而该轮胎的温度和压力会在行驶过程中逐渐升高并恢复正常；在前后轮胎气压标准不同的车辆上，轮胎换位后调整了轮胎气压却未重新进行轮胎气压传感器的读入；轮胎充气压力过高，超过系统过高警告限制压力。

2）DIC上显示的4个轮胎气压全部被“—”替代。可能的情况有：车辆蓄电池被断开过，此时不需任何维修工作，正常行驶（车速大于20km/h）20min后，轮胎气压显示会恢复正常；轮胎气压传感器的读入过程未正常完成，需重新进行轮胎气压传感器的读入即可。

3）DIC上显示的4个轮胎气压部分（1个、2个或3个）被“—”替代。可能的情况有：相应的轮胎气压传感器损坏或在更换相应的轮胎气压传感器后未重新进行轮胎气压传感器的读入；在进行轮胎气压传感器的读入过程中，读入错误的轮胎气压位置或者车辆改装电器系统干扰了RFA接收轮胎气压传感器的数据信号。

◎6-177　丰田塞纳为什么轮胎气压警告灯闪烁？

一辆2010款进口丰田塞纳（Sienna）轿车，该车因为轮胎漏气，在外修补了轮胎，从此轮胎气压警告灯开始报警。

接车后首先根据使用手册中的操作步骤，进行轮胎气压警告灯的初始化操作，方法是按住转向盘左侧仪表板左下方的轮胎气压“SET”（设定）按钮，打开点火开关至ON挡，保持5s以上，然后松开，当听到3声“蜂鸣器”的报警后，设定完成，如系统正常，则仪表盘上的轮胎气压警告灯熄灭。但进行如上操作后，故障灯依旧闪烁。

使用专用检测仪，选择底盘/轮胎气压检测系统/DTC，检测发现故障码：C2123——接收不到发射器ID3的数据。查看如图6-18所示数据流信息，ID3发射器的代码数字编码信息

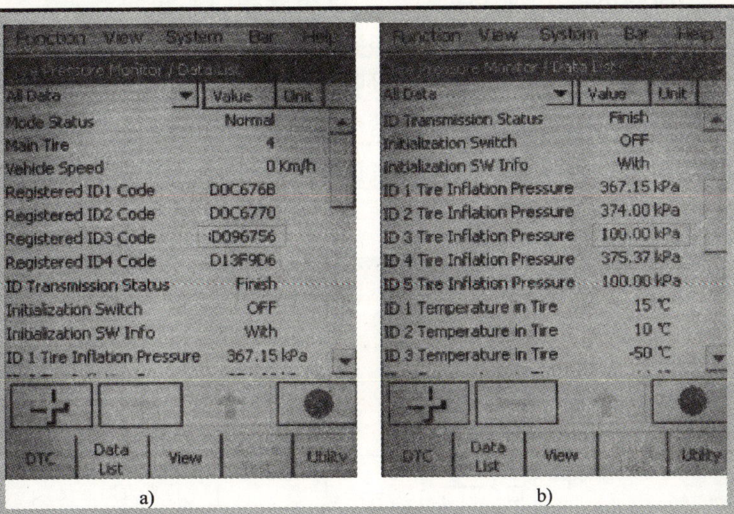

图6-18　故障数据流

前面带有一个“i”号。查看4个轮胎气压传感器的数值，发现ID3的数值为100kPa，而其余3个轮胎气压传感器的数值为370kPa左右。

确定哪个轮胎是ID3发射器所在的车轮。从左前轮开始，边观察数据流，边排放轮胎中的空气，如轮胎气压数据随轮胎气压减少而降低，则说明此气压传感器工作正常。当检查到右后轮胎时，发现轮胎气压无论如何变化，ID3的数据也不变，而其余几个传感器ID1、ID2、ID4的气压数据均与3个轮胎的压力变化成正比。这说明，问题发生在右后轮胎上。拆检右后轮，发现传感器ID3已损坏。

更换新的轮胎气压传感器，安装到轮辋上。将新换上的ID3传感器编码写入到轮胎气压检测ECU中。

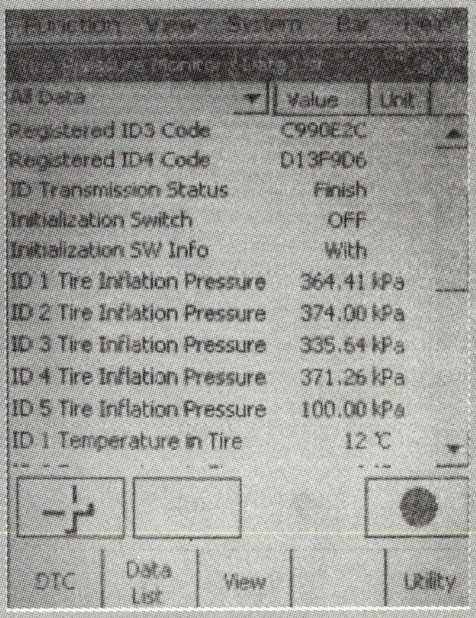

图6-19　正常数据流

在完成轮胎气压传感器认证以后，还需要对轮胎气压传感器的数据进行初始化操作，未进行初始化操作，ECU 就不会接收来自传感器的信息，同时 ECU 会记录 C2126 未收到主发射器信号的故障码信息。此时，只要按下轮胎气压设定按钮并保持 5s，则 ECU 将记录其中任一发射器代码，再依次按下轮胎气压设定按钮，ECU 将记录所有发射器发送的轮胎气压数据。图 6-19 是所有 4 个发射器轮胎气压数据记录完成的情况，此时，仪表盘上的轮胎气压指示灯熄灭，系统恢复正常。

◎6-178　丰田红杉为何轮胎气压警告灯常亮？

一辆 2008 款丰田红杉（Sequoia）SUV，轮胎气压警告灯常亮。

该车的轮胎气压监测报警系统（图 6-20）可以直接测量轮胎气压。每个轮胎内装有同气门嘴组合在一起的自备锂电池的轮胎气压无线发射器，它将检测到的轮胎气压、温度及发射器的识别码通过无线电波发送至轮胎气压接收器，然后轮胎气压接收器将接收到的轮胎气压值发送至轮胎气压报警控制单元，最后轮胎气压报警控制单元将接收到的轮胎气压值同标准值对比，若实测轮胎气压值过低，则轮胎气压报警控制单元就会点亮轮胎气压警告灯，以提醒驾驶人进行及时处理。

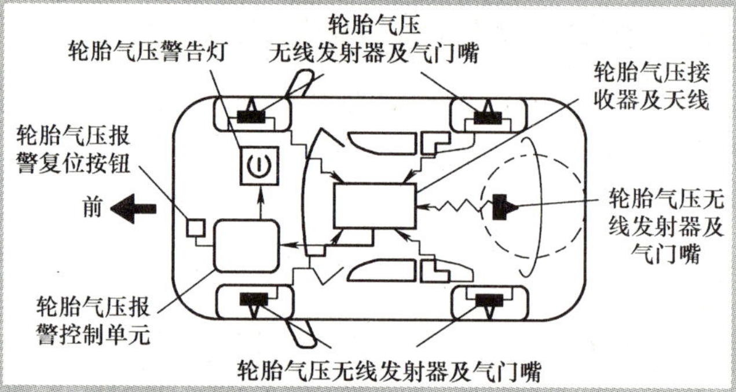

图 6-20　红杉轮胎气压监测报警系统

按下该车组合仪表板右下方的轮胎气压报警复位按钮，无法消除报警。用检测仪 IT－Ⅱ进行检测，读取到故障码：C2124——4 号轮胎气压发射器无信号。查看轮胎气压监测报警系统的数据流，发现 4 号轮胎气压发射器无轮胎气压和温度数据（表 6-4）。通过与驾驶人沟通，得知轮胎气压警告灯是在更换了右后轮轮胎后才点亮的，拆检右后轮发现右后轮的轮胎气压无线发射器已损坏。更换如图 6-21 所示新的右后轮胎气压无线发射器，并进行轮胎气压无线发射器的注册及轮胎气压的初始化后，轮胎气压警告灯熄灭，故障排除。在更换装有轮胎气压无线发射器的轮胎时，一定要小心，不能像更换普通轮胎一样操作，这样可避免给驾驶人带来不必要的经济损失。

表 6-4　故障车轮胎气压报警系统的数据流

registered id 1 code（已注册的 1 号轮胎气压发射器识别码）	8c6e01cd
registered id2 code（已注册的 2 号轮胎气压发射器识别码）	8c6f0b8e
registered id3 code（已注册的 3 号轮胎气压发射器识别码）	8c6e0bdh
registered id4 code（已注册的 4 号轮胎气压发射器识别码）	8c6e3044
idl tire inflation pressure（1 号轮胎气压发射器胎压值）	326. 05kPa
id2 tire inflation pressure（2 号轮胎气压发射器胎压值）	319. 20kPa
id3 tire inflation pressure（3 号轮胎气压发射器胎压值）	320. 57kPa
id4 tire inflation pressure（4 号轮胎气压发射器胎压值）	100. 00kPa
idl temperature in tire（1 号轮胎气压发射器温度值）	13℃
id2 temperature in tire（2 号轮胎气压发射器温度值）	11℃
id3 temperature in tire（3 号轮胎气压发射器温度值）	11℃
id14 temperature in tire（4 号轮胎气压发射器温度值）	-50℃

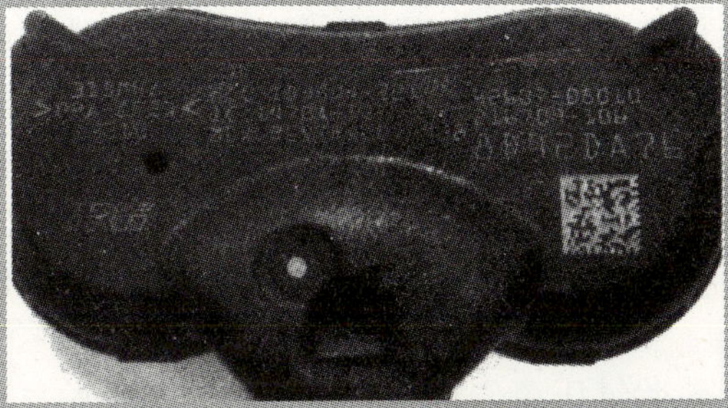

图 6-21　新的轮胎气压无线发射器

6-179　丰田皇冠为何轮胎气压警告灯不亮？

一辆丰田皇冠轿车，行驶里程 8400km。该车长途行驶轮胎亏气后，气压警告灯并没有点亮，导致轮胎在无气的情况下行驶，直至报废。

接车后检查更换下的轮胎，已碾压得非常厉害，胎面有两处扎伤的痕迹，说明轮胎在无气的情况下行驶了一段距离。检查轮胎气压警告灯，在进行初始化设定时，可以正常闪烁，说明气压警告灯泡正常，并且可以进行初始化设定。

一汽丰田皇冠采用轮胎气压警告系统，车辆在行驶过程中，轮胎气压警告系统监控车轮转速信号的波动。该信号由控制系统的速度传感器输出。如果检测到轮胎气压低，系统会通过点亮组合仪表上的轮胎气压警告灯通知驾驶人。

轮胎气压警告系统采用两种方法工作。**一种是相对车辆转速差方法，**利用轮胎气压低实际车轮半径减小时车轮转速相应发生变化的原理，根据速度传感器输出的车轮信号，系统计算在预定时间内 4 个车轮的平均车轮转速和每个车轮的平均车轮转速，然后，系统根据每个车轮的转速和 4 个车轮的平均转速间的相对差异判断轮胎气压是否过低。另一种是共振频率法，通过轮胎内气压变化的同时轮胎的扭力弹簧系数也发生变化的特性，根据车辆行驶过程中检测到的车轮转速信号，当弹簧系数变化时轮胎的共振频率变化也被计算出来，与轮胎气压监控器 ECU 内的频率数据进行对比，进而检测出轮胎内气压的变化。

注意下列情况下系统可能不会点亮警告灯：①采用紧凑型备胎、雪地轮胎或车轮防滑链时。②轮胎气压远大于规定值时，或由于爆胎或其他原因轮胎气压突然降低时。③车辆在光滑、粗糙或结冰的路面上行驶时。④车辆速度低于 30km/h 或高于 100km/h，并且行驶持续时间少于 5min 时。⑤轮胎花纹不同、尺寸不同或非原厂尺寸，或者制造商不同时。⑥安装的各轮胎磨损差别太大时。⑦在急加速、减速或急转弯时。⑧牵引拖车或超载时。⑨更换轮胎或车轮及调整轮胎气压后初始化未完成时。⑩车外温度低于 0℃或高于 40℃时。

由于存在以上原因可能导致不报警的情况发生，因此对轮胎警告系统进行功能测试，判断车辆本身是否有故障。

（1）系统初始化。为保证该系统检测到低的轮胎气压，车辆通常使用的车轮正常轮胎气压存储在轮胎气压监控器 ECU 的存储器中，如果更换轮胎或车轮，则必须初始化，否则警告灯点亮后不能熄灭。

初始化步骤如下：①根据标准轮胎气压调整所有轮胎，车辆停止时打开点火开关。②按住轮胎气压警告灯重置开关 3s 以上，直至轮胎警告灯以每秒为间隔闪烁 3 次。③车辆以 30km/h 以上的速度行驶 20min 以上。

（2）轮胎气压泄漏测试。轮胎气压泄漏测试步骤：①预先找一只能用的备用轮胎或小型气泵（充气用），以备使用。②松开 4 个车轮中某一条轮胎的气门芯少许，让其缓慢漏气。③车辆以 30～100km/h 的速度行驶。车辆在路试过程中，随时用胎压表检测漏气轮胎的气压，以免轮胎碾坏。

经过近 1h 的路试后，轮胎气压警告灯点亮，此时检测轮胎气压为 150kPa。至此测试完成，证明轮胎气压警告系统能够正常报警。

造成此次轮胎亏气不报警的原因可能是以下一个或几个：①轮胎气压突然降低。②由于车辆放置一段时间造成某个车轮亏气，但行驶未满 5min 已碾坏轮胎。③由于冬季外界温度低于 0℃，造成车辆行驶时不报警。

○ 6-180　昊锐 1.8T 为何 ABS、防滑和轮胎气压警告灯常亮？

一辆 2012 款上海大众斯柯达昊锐 1.8T 轿车，采用 09G 自动变速器和 CEA 发动机，行驶里程 500km。该车出现仪表盘上 ABS、防滑和轮胎气压警告灯常亮的现象。

接车后连接故障检测仪 VAS5051B 查询车辆控制单元中的故障信息，除了多个控制单元中存储有关于断过电的故障码之外，在电子制动系统里存储有 4 个故障码，分别为：01279——纵向加速传感器（G251）没有进行基本设定/匹配或基本设定/匹配不正确；01435——制动压力传感器 1（G201）没有进行基本设定/匹配或基本设定/匹配不正确；00778——转向角传感器（G85）没有进行基本设定/匹配或基本设定/匹配不正确；01423——横向加速传感器（G200）没有进行基本设定/匹配或者基本设定/匹配不正确。

检查 ABS 熔丝，未发现异常；检查 ABS 泵线束插接器，也没发现插接器有连接松动、接触不良等现象。分析故障码的相关信息，4 个故障码都提示基本设定/匹配未完成，或完成得不正确，而且故障码无法清除。再进入引导性功能查询，显示此故障需要进行设定，不过无法利用 VAS5051B 进行设定。虽然在 VAS5051B 的引导性功能里无法进行匹配，但可以查到具体的匹配方法。具体的设定/匹配方法如下。

1）转向角传感器（G85）基本设定必须满足的条件如下：电子制动控制单元（J104）必须进行正确编码；车辆处于静止状态；车辆识别号在驱动总线是现有的；转向角传感器、仪表和电子转向柱控制单元的软、硬件必须互相匹配。

转向角传感器进行基本设定的方法如下：接通点火开关，向左或向右转动转向盘至少 30°，然后再回正，一直到前轮处于直线、转向盘处于水平位置为止（偏差在 ±4.5°内）；连接故障检测仪在车辆自诊断中进入 03—电子制动系统，输入“40168”进行编码；返回到 03 界面，然后选择基本设定选项，输入“060”进行激活（为了转向角传感器初始化最终有效，必须进行一个短程的直线行驶，直到 ESP/ASR 指示灯熄灭）。

2）制动压力传感器 1（G201）基本设定步骤如下：连接故障检测仪，进入 03—电子制动系统，输入“40168”进行编码；返回到 03 界面，选择基本设定选项，输入“066”进行激活。

注意：在更换液压单元 N55、J104 及制动压力传感器时，必须进行该项基本设定。

3）横向加速度传感器（G200）基本设定步骤如下：连接故障检测仪，进入 03—电子制动系统，输入“40168”进行编码；返回到 03 界面，选择基本设定选项，输入“063”进行激活。

注意：在更换液压单元 N55、J104 及 ESP 传感器总成 G419 后，必须进行该基本设定。

4）纵向加速度传感器（G251）基本设定步骤如下：连接故障检测仪，进入 03—电子制动系统，输入“40168”进行编码；返回到 03 界面，选择基本设定选项，输入“069”进行激活。

分析认为，因为该车是新车，可能是其在停放的过程中曾长期断开蓄电池负极电缆，导致了 ABS 控制单元自动更改了传感器的设定值，当重新接通电源后便在 ABS 控制单元中记忆了各传感器未正确设定的故障码。按照上述方法，对相关传感器进行重新设定后试车，故障排除。

6-181　朗逸为何轮胎气压警告灯点亮？

一辆 2009 款上海大众朗逸 1.6 自动挡轿车，行驶里程 8235km。该车仪表板上轮胎气压警告灯点亮。

接车后发现，该车无轮胎气压 SET 按钮，系不带轮胎气压监控系统的车辆。查阅维修档案发现，该车曾因遭洪水没顶，更换了仪表、发动机控制单元和 BCM 控制单元及全车线束。交车后很长一段时间里，驾驶人并没有因轮胎气压警告灯点亮的问题来站检修。查阅 03 内的 ABS 控制单元的编码为 4385（系带轮胎气压监控系统的 ABS 控制单元编码），不知该车的 ABS 控制单元编码为何会自动被修改。

根据上海大众提供的资料，**间接式轮胎气压监控系统可通过 ABS 控制单元编码屏蔽。**点击编码选项，修改编码为无轮胎气压监控的编码数 20769，屏幕显示成功执行该功能，轮胎气压警告灯熄灭。

第七章

底盘控制系统电路维修技能

◎7-182　奥迪 A6L 驱动防滑灯为何报警？

一辆 2011 款奥迪 A6L 轿车，排量 2.4L，行驶里程 7 万 km。该车在行驶过程中驱动防滑灯报警。

连接故障检测仪 VAS5052A，选择“03”进入制动电控系统中，调得如图 7-1 所示两个故障码，根据引导故障查询功能，需要更换 ESP 传感器单元（G419），更换后故障依旧。怀疑线路有问题，于是查阅如图 7-2 所示电路图，G419 与 ABS 控制单元（J104）之间通过插接器 T17f 连接。用万用表检测 G419 与 J104 之间线束的导通情况：G419 线束上的端子 2 搭铁正常；G419 线束上的端子 3、端子 4、端子 5 分别与 J104 线束上的端子 37、端子 24、端子 32 之间的线路均断路。初步判断 G419 与 J104 之间的插接器 T17f 腐蚀或者其他原因造成线路断路。

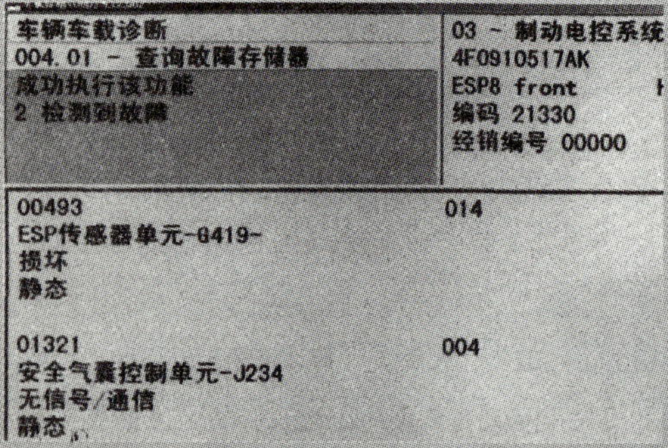

图 7-1　故障码

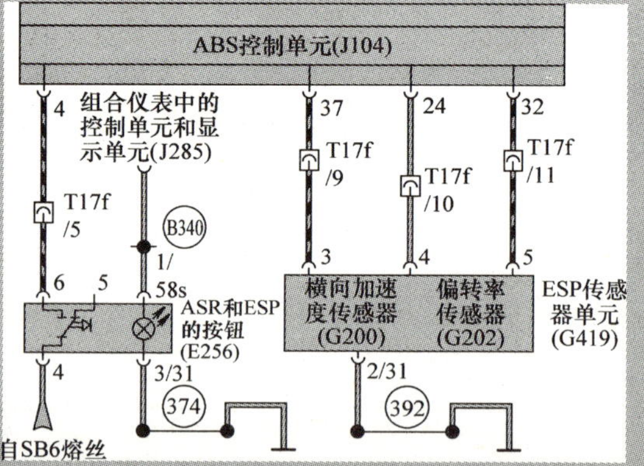

图 7-2　ABS 控制单元部分电路

插接器 T17f 为 17 芯绿色插接器（图 7-3），拆检插接器 T17f，没有发现进水和腐蚀的痕迹。用万用表测量 G419 线束上的端子 3、端子 4、端子 5 与插接器 T17f 上的端子 9、端子

10、端子 11 之间线束的导通情况，正常。插接器 T17f 上的端子 9、端子 10、端子 11 与 J104 上的端子 37、端子 24、端子 32 之间的线路均断路。检查该线束，发现线束断裂（图 7-4）。修复断裂的线束后，故障排除。**该车的横向加速度传感器（G200）、偏转率传感器（G202）集成于 G419 内，当 G419 发生故障时，驱动防滑灯报警。**

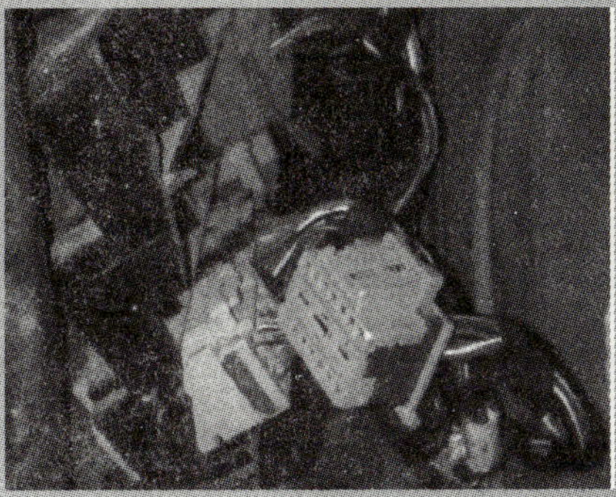

图 7-3 插接器 T17f

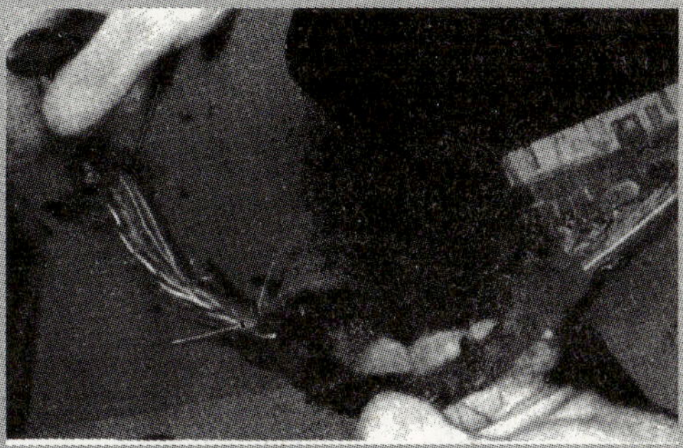

图 7-4 断裂的线束

◎7-183 奥迪 A6L 为何 ESP 指示灯常亮？

一辆 2007 款奥迪 A6L C6 轿车，发动机型号为 BDW 2.4L，变速器为 01J，行驶里程 3758km。该车仪表板上 ESP 指示灯常亮。

接车后用故障检测仪 VAS5052 检测发现在“03”项里有故障码：00493——ESP 传感器单元无信号/通信，故障码为静态无法清除。由于该车行驶里程很短，初步分析故障的可能原因有：①ESP 传感器单元插接器虚接；②传感器控制单元到 ESP 控制单元 J104 线路存在断路或是虚接现象；③ESP 传感器单元内部故障；④ESP 控制单元故障。

根据维修经验，该车 ESP 控制单元很少出现故障，重点应检查传感器至控制单元 J104 的相关线路。拆下中控台的加长件，取下传感器单元 G419 的插接器详细检查，该插接器不存在虚接现象，然后取下 ESP 控制单元 J104 的插接器，测量其至 G419 的相关线路（图 7-5）。经检查发现，J104 的 24 号针脚至 G419 的 4 号针脚存在断路现象。

查阅相关电路图，该线（or/br 橘黄色/棕色）是 J104 至 G419 的 CAN 数据线，中间还经过 T17f/10 插接器。该插接器是 17 芯绿色插头连接，位于左侧 A 柱接线板。找到该插接器后发现该线已经从插接器中脱出（图 7-6），修复该插接器后故障排除。

奥迪车辆线路和插接器出现故障的几率较小，该车应该是在线束生产时没有压装到位导致线束从端子中脱出所致。本案例再一次说明，无论是低端车还是高端车，排除故障按正确的逻辑分析，由简入繁进行检查，故障就会水落石出。

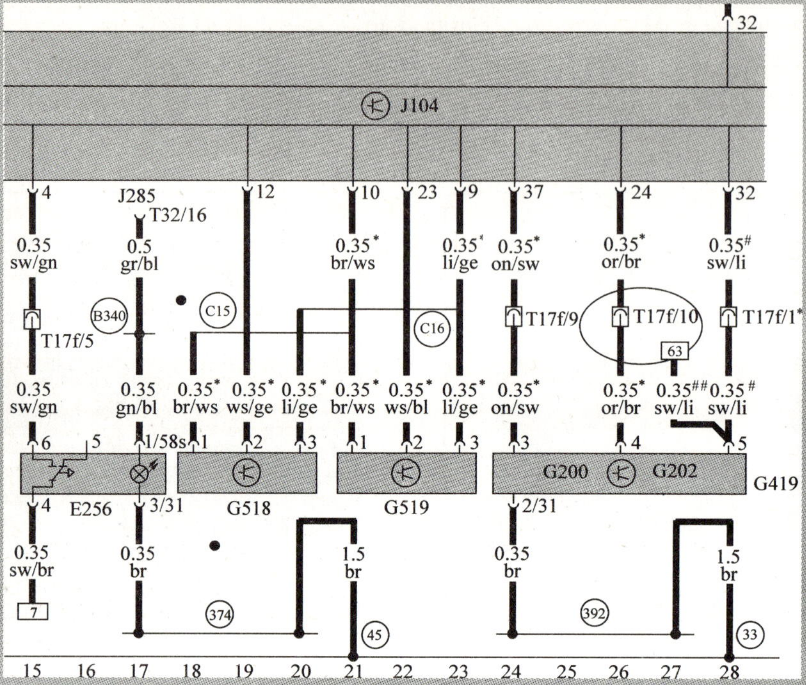

图 7-5　J104 相关线路

J104—ABS 控制单元　E256—ASR 和 ESP 的按钮　G518—左前制动压力传感器　G519—右前制动压力传感器　G200—横向加速度传感器　G202—偏转率传感器　G419—ESP 传感器单元

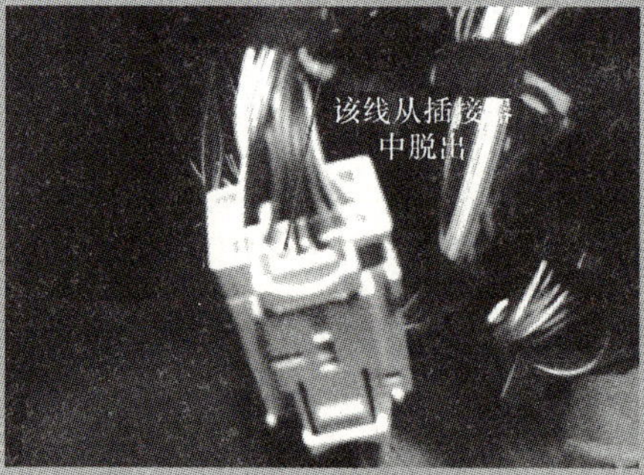

图 7-6　线束脱出位置

◎7-184　迈腾为何 ABS、ESP 故障灯亮？

一辆一汽大众迈腾轿车，配置 1.8L TSI 发动机，行驶里程 3.2 万 km。该车 ABS、ESP 故障灯亮。

接车后用故障检测仪 VAS5052A 检查，ABS 控制单元中存储有故障码（图 7-7）：00301——ABS 回流泵 V39（静态）。ABS 回流泵 V39 是在 ABS 泵内部，说明此车型 ABS 泵与控制单元组合在一起。据故障码分析能够造成此故障的原因有两点：ABS 泵故障及 ABS 泵供电搭铁线路故障。

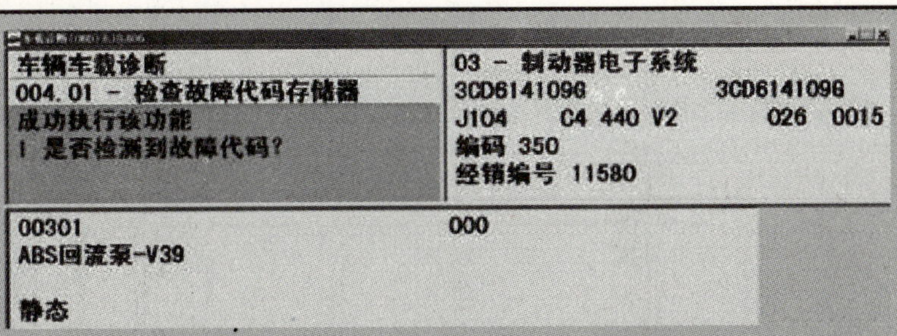

图 7-7 故障码

根据如图 7-8、图 7-9 所示电路图，对 ABS 泵供电线路进行测量。拆下 ABS 泵插头，使用万用表测量 T38/1 与搭铁之间的电压为 12.6V，测量 T38/25 与搭铁之间的电压为 12.6V，测量 T38/15 的电压为 12.6V，测量 T38/14 与搭铁之间的电压为 12.5V（此条线路在点火开关打开的状态下测量），以上测量的供电线路供电电压正常（标准值为蓄电池电压，不低于 12V）。接着测量搭铁线路，测量 T38/13 与蓄电池正极供电之间的电压为 12.6V，测量 T38/38 与蓄电池正极供电之间的电压为 12.6V。用万用表测量 T38/13 与发动机室内右侧搭铁点之间的电阻为 0.3Ω（标准值为小于 1.5Ω），测量 T38/38 与发动机室内右侧搭铁点之间的电阻为 0.3Ω（标准值为小于 1.5Ω），说明搭铁线路良好。为了防止搭铁不良现象，再次拆下发动机室内右侧搭铁点接线柱螺栓，确认搭铁良好后重新装复。

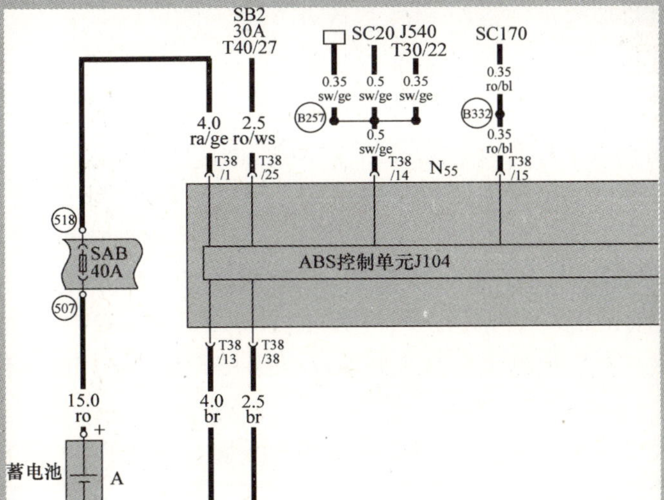

图 7-8 ABS 控制单元控制电路 1

J104—ABS 控制单元 A—蓄电池 J540—电控机械式驻车制动器控制单元

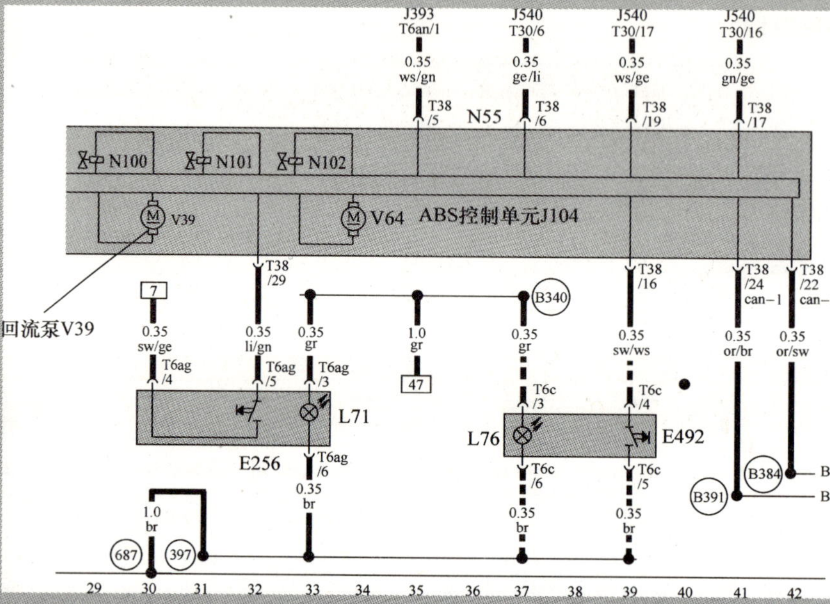

图 7-9 ABS 控制单元控制电路 2

J104—ABS 控制单元 V39—ABS 回流泵 V64—ABS 液压泵 N55—ABS 液压单元 N100—右前 ABS 排油阀 N101—左前 ABS 进油阀 N102—左前 ABS 排油阀 E256—ASR 和 ESP 按键 E492—轮胎监控显示按键 L71—驱动防滑控制系统开关照明灯泡 L76—按键照明灯泡 J393—舒适/便捷功能系统中央控制单元 J540—电控机械式驻车制动器控制单元

通过以上检查可将故障点锁定在 ABS 泵总成内部。更换 ABS 泵，并对 ABS 控制单元进行编码，对转向角度传感器 G85 等功能进行了基本设定，但故障依然存在。

通过以上供电搭铁线路检查，说明供电搭铁线路正常，而 ABS 泵是新更换的原厂配件，出现问题的可能性也非常小，使用诊断仪 VAS5052A 的“引导性故障查询”功能进行检查，引导结果依然是先检查供电搭铁线路，当确认检查供电搭铁线路正常时，更换 ABS 泵。当退出诊断仪时发现仪表上的 ABS、ESP 故障灯熄灭，于是再次对该车进行路试，发现当急踩制动踏板且 ABS 工作的同时，仪表上的 ABS、ESP 故障灯就会点亮，用诊断仪检查故障码依旧是 00301。关闭点火开关后再次打开，用诊断仪 VAS5052A 检查，故障码变为偶发，并且可以清除。当再次试车后依然是当急踩制动踏板且 ABS 工作的同时，仪表上的 ABS、ESP 故障灯就会点亮。

分析认为，如果是回流泵 V39 本身短路或断路故障，在点火开关打开时，ABS 控制单元的自检功能能够检测出来。在 ABS 工作的同时，回流泵 V39 工作，而此时需要的工作电流增大，故障码出现，说明故障出现在回流泵 V39 的供电搭铁线路上。根据电路图分析，ABS 泵外部供电搭铁线路或内部供电搭铁线路有接触不良现象。决定加负载检查供电，先检查供电熔丝，当检查到 SA8 熔丝的连接时，发现固定螺母 A 未紧固（图 7-10）。拆下 SA8 熔丝检查，熔丝背面有因接触不实造成的烧蚀现象。处理此烧蚀点，重新安装紧固 SA8 熔丝，试车，故障排除。

此车故障是由于没有正确了解故障发生的状态，在“诊”的环节不够仔细，因而导致

故障分析不彻底，在“断”的环节出现错误。在检查供电及搭铁时一定要加负载测量，以免出现上述检查失误。

图 7-10　SA8 熔丝连接螺栓

○ 7-185　桑塔纳 3000 为何 ABS 警告灯常亮？

一辆桑塔纳 3000 轿车，仪表中 ABS 警告灯常亮，手制动和制动液位警告灯常闪。

接车后接通点火开关，看到的情况确实如此，但诊断仪无法进入 ABS 防抱死系统，无法查询该系统内存在哪些故障。**诊断仪与 ABS 控制单元 J104 之间无法通信的原因很多，其中最常见的原因是控制单元电源电压和通信 K 线故障。**先检查 ABS 控制单元上两根火线 T25/9 和 T25/25（图 7-11）的电压都是 12.5V，其地线也正常。又检查了 T25/7 和诊断仪接头上 T16/7 K 线，点火开关接通前为 0，接通后为 11V（起动后为 13.3V），该线导通性能和工作电压也完全符合要求。踩制动踏板时，J104 上 T25/18 的工作电压也能到位。诊断仪能进入 01 发动机控制系统。最后更换了 ABS 控制单元，故障依旧。

在摆弄中央电器线束时突然发现仪表中的 ABS 故障灯灭了一下，很快又亮了起来，是否是线路中有接触不良的地方？发动机能顺利起动，说明在常火线 30 和工作火线 15 电源到位的情况下，对加码钥匙和具有随机码的发动机控制单元进行对答的 K 线工作完全正常。ABS 控制单元上 K 线电压正常，其性能应不用怀疑。接下来应该检查电源线了。为了查找节点，又仔细看了一下电路图，发现**ABS 控制单元除了两根 30 常火线外，还有一根用来激发 ABS 控制单元工作，不是原来认为的 15 火线而是 X 火线。**在 ABS 控制单元 T25/4 节点上测量该线电压，时有时无。直接用一根导线的一端接在蓄电池正极，而另一端接在 T25/4 上，仪表中 ABS 和手制动警告灯都正常了，诊断仪也能进入对话界面。

经查，X 继电器不工作，原因是 X 继电器线圈输入端无电源供应。更换了有问题的点火开关后，故障排除。

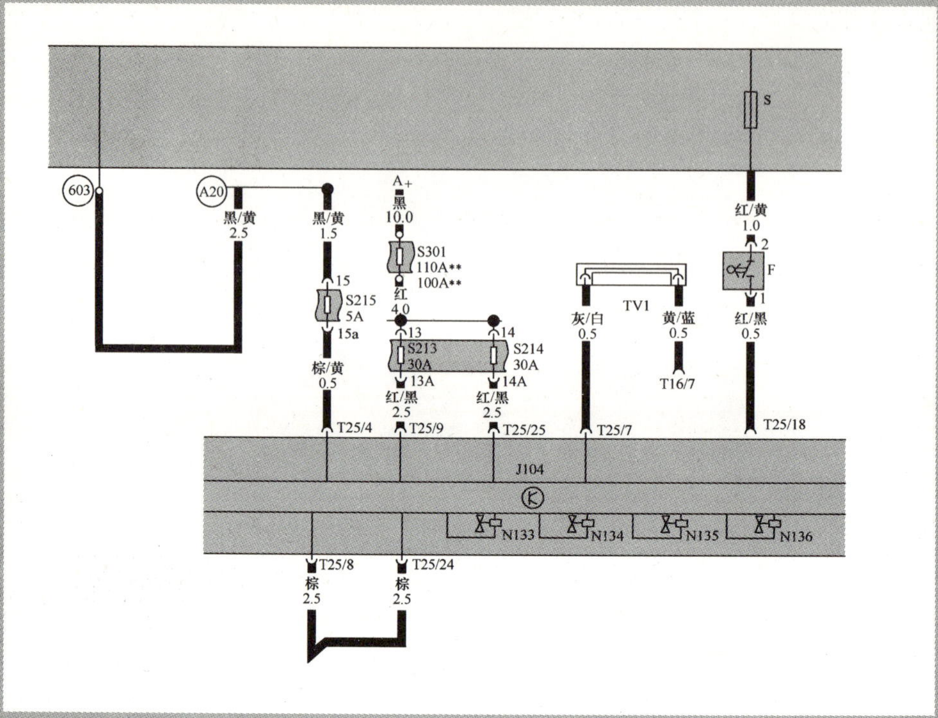

图 7-11 ABS 防抱死制动系统电路

A—蓄电池，在发动机室左侧 F—制动灯开关，在仪表板左侧下方制动踏板上 J104—ABS 控制单元，在发动机室左侧 N133—ABS 右后进油电磁阀，在 ABS 控制单元内 N134—ABS 右后出油电磁阀，在 ABS 控制单元内 N135—ABS 左后进油电磁阀，在 ABS 控制单元内 N136—ABS 左后出油电磁阀，在 ABS 控制单元内 S213—熔丝 213，30A，在发动机室继电器－熔丝盒内 S214—熔丝 214，30A，在发动机室继电器－熔丝盒内 T16—故障诊断仪插座，黑色，16 针，在组合仪表下方 T25—25 针插头，黑色，在 ABS 控制单元上 TV1—诊断线插座，在继电器－熔丝支架上（a－h 号位）

◎7-186 丰田普拉多 ABS 指示灯为何常亮？

一辆 2005 款丰田普拉多 3400 SUV，行驶里程 25 万 km，该车在行车过程中 ABS 指示灯点亮。

接车路试发现，在制动过程中，对于制动踏板的感觉正常，但却没有 ABS 系统起作用时制动踏板顶脚掌的那种感觉，且制动距离符合正常制动情况。由此说明，常规制动系统正常，ABS 系统失效。

用解码器读取 ABS 系统故障码，能够进入，但系统显示与 ABS ECU 无法进行通信。是 ABS 系统无故障码还是解码器没有丰田普拉多的数据？于是又取出另一款解码器，但同样无法读取该车 ABS 的相关数据。丰田普拉多电子控制制动系统除了 ABS（防抱死制动）系统外，同时还包括 TRC（牵引力控制）系统、VSC（车辆稳定控制）系统，并且其他系统的控制单元均与 ABS 控制单元集成在一起，作为一个共用的 ABS&TRC&VSC ECU。

因没有故障码输出，只好对 ABS 系统采用常规检查：检查各个外部连接线路、相关零部件，各相关插接器拔开检查是否有氧化、锈蚀或接触不良等情况。经过全面检查，最终没有发现异常。各个相关插接器装复后，闭合点火开关，ABS 指示灯仍旧常亮不灭。

使用丰田专用解码器 IT－Ⅱ，连接好相关线路开机后进入到 ABS 系统，读取系统故障码，系统显示：左后轮速传感器的输出电压过低。故障码提示相关的故障部位为左后轮速传感器，或传感器的安装等方面存在问题。

进行左后轮速传感器的相关检查，将车在举升机上举起后，拔掉左后轮速传感器和 ABS ECU 的插接器，数字万用表打到 Ω 挡的 200 量程，在万用表笔上加一根延长线，将其中一只万用表笔接在左后轮速传感器插头的一根线上（因车速传感器线为屏蔽线，无法看到导线的颜色），另一只万用表笔分别检测 ABS ECU 的各个端子与左后轮速传感器间的电阻情况，检测发现 ABS ECU 的各个端子与车速传感器线路均显示 1.（溢出）。换用左后轮速传感器的另一个端子进行检测，ABS ECU 端子上的某一个端子（此端子序号为 18）与左后轮速传感器间的电阻显示值为 22.4Ω，其导线间的正常电阻值为 1.5Ω 以内，说明此导线存在接触不良或接触电阻过大故障。

根据上述检测结果，重点检查左后轮速传感器及其导线，拆掉左后翼子板挡板后，发现该线束被挤在了电控悬架系统的储气筒上，导线已严重变形，如图 7-12 所示。将导线连接、包扎，其他部件安装完毕后试车，ABS 指示灯熄灭，ABS 系统工作正常，故障排除。

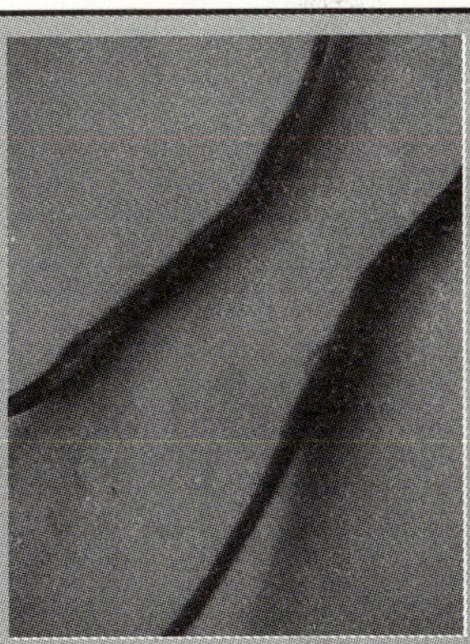

图 7-12　被挤扁的轮速传感器导线

在用万用表测量同一导线间的通断时，不建议采用数字万用表的通断挡或二极管挡。通过多种情况检测发现，采用数字万用表的通断挡或二极管挡进行测量时，当被测电阻在 40Ω 以下时，蜂鸣器便会鸣响，这就给人一种假象，认为此导线是导通良好的。一般情况下，对于电控系统的导线间的电阻应小于 1.0Ω，有的甚至要求小于 0.5Ω，一般传感器的信号较弱，如导线间的电阻过大会带来很大的偏差。因此，**在测量导线是否通断时，建议使用数字万用表的 200Ω 量程，这些会得到一个真实的测量数据，给我们的维修工作带来很大的帮助。**

◎7-187　丰田锐志 ABS、VSC 以及打滑指示灯为何点亮？

一辆一汽丰田锐志 GRX122L 轿车，发动机型号为 5GR－FE 2.5L，行驶里程 2.7 万 km。该车早上起动车辆时仪表盘上 ABS、VSC、打滑指示灯点亮，行驶一段里程后，再重新起动车辆，警告灯熄灭了。

接车后用诊断仪 IT－Ⅱ读取故障码，发现在底盘 ABS/VSC/TRC 系统有很多故障码，如图 7-13 所示。读取当时停帧的数据流，如图 7-14 所示。根据数据流判断，故障发生在车辆起动时。车辆来厂检查时，仪表上的警告灯已经熄灭，且故障码也能清除。反复起动车辆，试车，故障也没法再现。根据故障码，结合维修手册，判断可能是多路通信系统 CAN 出现了问题，即 CAN－H 或 CAN－L 线路和电源线或搭铁线出现了短路、断路现象。诊断端口 DLC3 装有 CAN－H 和 CAN－L 端子供 CAN 诊断之用。通过 DLC3 端口进行检查，测量 CAN－H 和 CAN－L 端口的电阻值为 60Ω 左右，正常；对 CAN－H 和 CAN－L 与电源线或搭铁线进行检查，也正常。可见此故障是偶发性故障。

Choice	System	DTC	DTCName	Current/History
☑	ABS/VSC/TRC	C1223	ABS 控制系统故障	Current
☑	ABS/VSC/TRC	U0073	控制模块通信总线关断	Current
☑	ABS/VSC/TRC	U0123	与横摆率传感器模块失去通信	Current
☑	ABS/VSC/TRC	U0124	与横向加速传感器模块失去通信	Current
☑	ABS/VSC/TRC	U0126	与转向角度传感器模块失去通信	Current

图 7-13　故障信息

FreezeFrameData

Item	Data	Unit	Item	Data	Unit
Stop Light SW	OFF		VSC/TRC OFF SW	OFF	
Shift Lever Position	P,N		Operated System	no Sys	
Number of IG ON	0		Vehicle Speed	0	km/h
Steering Angle Sensor	1143	deg	Yaw Rate Sensor	0	deg/s
Master Cylinder Sensor1	0.49	V	Master Cylinder Grade	0	MPa/s
Right And Left G	-0.01	G	Back And Forth G	-0.01	G
FR Wheel Direction	Forward		FL Wheel Direction	Forward	
RR Wheel Direction	Forward		RL Wheel Direction	Forward	
Accelerator %	0	%			

图 7-14　数据流

查看如图 7-15 所示 CAN 通信系统相关电路，CAN 通信系统中通过两个插接器与相关的 ECU 和传感器连接。莫非两个插接器出现了问题（进水或接触不良）？断开两个插接器，未发现有不良情况，晃动两个插接器及相关线束，故障也无法再现。但在晃动 J/C No. 1 插接器时，发现两根线有点破损，如图 7-16a 所示。对照线路图，其中一根粉红色线为 CAN－H，另外一根灰色线为 CAN－L。为什么会破损呢？仔细观察两根线周围的情况，发现线束的位置原本应在饰板内，现在却在饰板外，且离制动踏板距离很近，如图 7-16b 所示。由此推测，可能是驾驶人在踩和松制动踏板时与旁边的线束有点接触，时间久了导致这两根线破损了。再次询问驾驶人，驾驶人反映刚开始没有放开制动踏板时，气囊灯、P/S 点亮，放开后，气囊灯、P/S 熄灭，ABS、VSC、打滑指示灯一直点亮。试着把粉红色 CAN－H 破损部分（露出铜线部分）与制动踏板接触（即 CAN－H 对地短路），果然跟驾驶人描述的一样，显示的故障码也一样。至此真象大白，**由于在 CAN 通信系统中，CAN 通信线对地短路，导致整个系统线通信不能进行，从而产生相应的故障码，点亮相关的警告灯。最后，对破损的线进行修复处理，并把线束放入饰板内与制动踏板完全隔离，故障排除。**

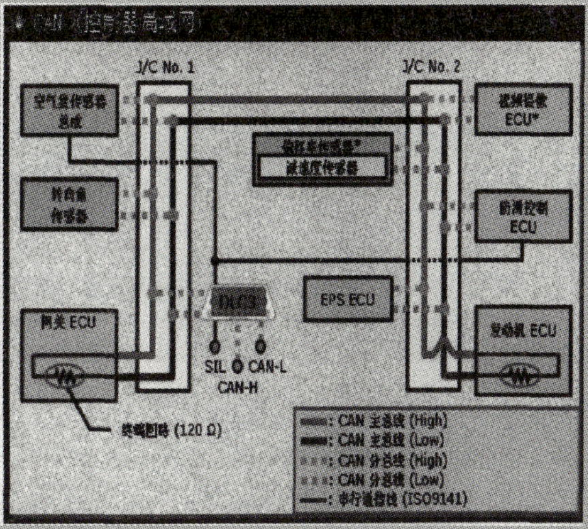

图 7-15　CAN 通信系统相关电路

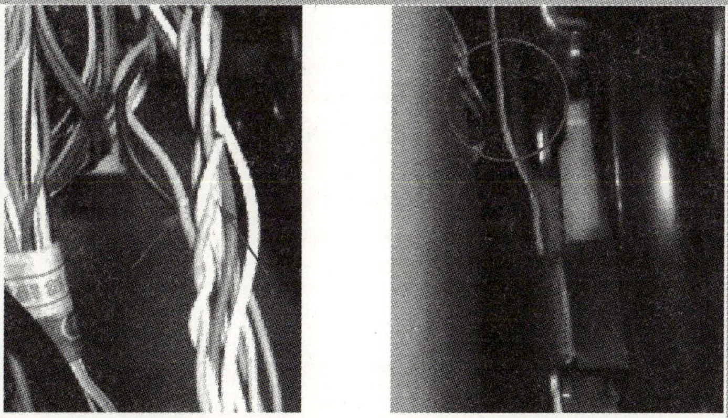

a) 线束破损的实际位置　　b) 线束的安装位置

图 7-16　破损的线束

◎7-188　北京现代朗动为何 ABS、EPS 灯异常点亮？

一辆北京现代朗动轿车，该车采用了电子转向助力系统，因转向助力失效而进厂检修。该故障已出现过多次，但有时熄火后重新起动就能恢复正常。

接车后试车发现确实无转向助力，且仪表板上 ABS 灯和 EPS 灯异常点亮。连接故障检测仪 GIT，尝试读取各个系统的故障码，发现无法进入 ECM，而其他系统内则存储了 C1611、C1692、U0155、U0164 和 U0101 等故障码（图 7-17），这些故障码都与 CAN 通信系统有关。

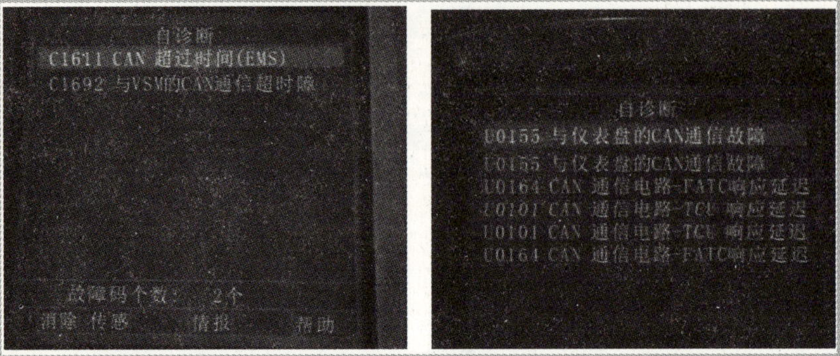

图 7-17　故障码

故障检测仪无法进入 ECM 且同时出现 CAN 通信故障的主要原因：①ECM 供电异常；②ECM 搭铁不良；③ECM 内部故障；④ECM 与其他系统的 CAN 通信线路异常。

该车在出现上述故障时仍然可以正常起动发动机，说明 ECM 的电源和搭铁应该是正常的，因此故障原因应该是 ECM 与其他系统之间的 CAN 通信线路故障或 ECM 内部故障。

查阅如图 7-18 所示相关电路图发现，ECM 输出的两根 CAN 线经过导线插接器 EC11，而该导线插接器位于发动机室熔丝盒上。于是便以此导线插接器为切入点进行排查。当断开该导线插接器检查与 ECM 相关的端子 89 和端子 90 时，发现端子 89 没有卡紧，已经从插座上脱落下来（图 7-19a），导致线路断路。对端子 89 进行处理（图 7-19b），并清除故障码后试车，故障排除。

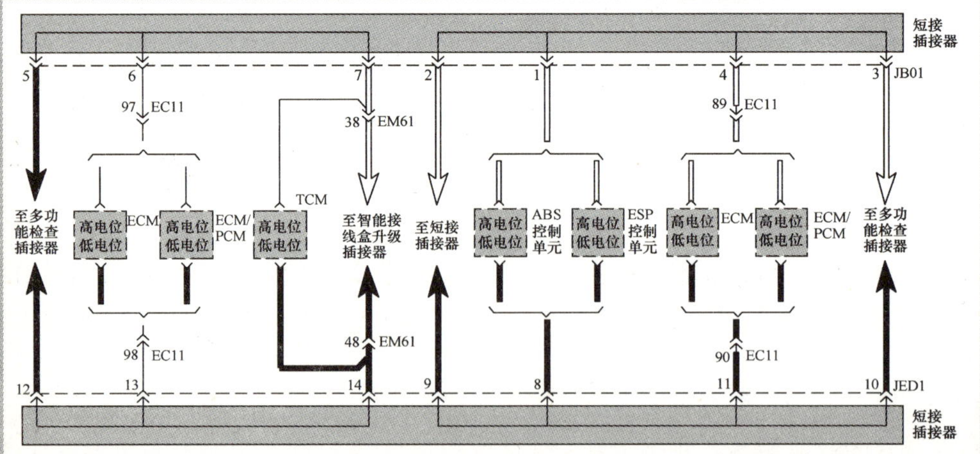

图 7-18　朗动 CAN 系统电路（部分）

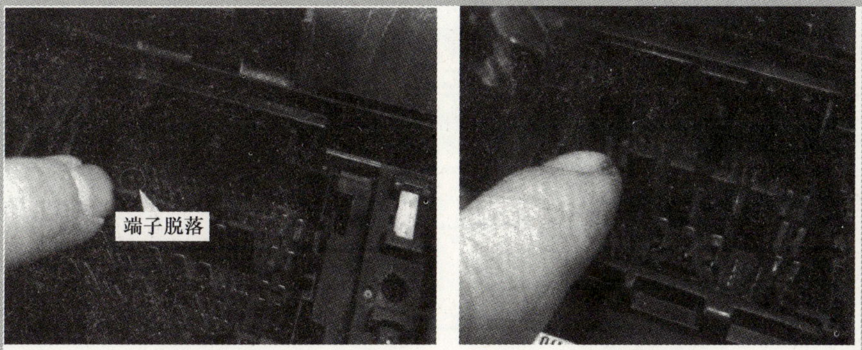

a) 没有卡紧　　　　b) 修复正常

图 7-19　导线插接器 EC11 的端子 89

○7-189　蒙迪欧致胜为何 ABS 故障灯间断性点亮？

一辆 2009 款长安福特蒙迪欧致胜轿车，该车行驶过坎或走颠簸路面时 ABS 故障灯间断性点亮。

接车后得知，该车 ABS 故障警告灯间断点亮后就再没有熄灭。根据故障现象，初步断定为连接部件虚接。连接故障诊断仪 IDS 对车辆进行检测，得到如图 7-20 所示故障码。路试，用 IDS 读取数据流，设备显示右前轮速传感器异常（图 7-21）。

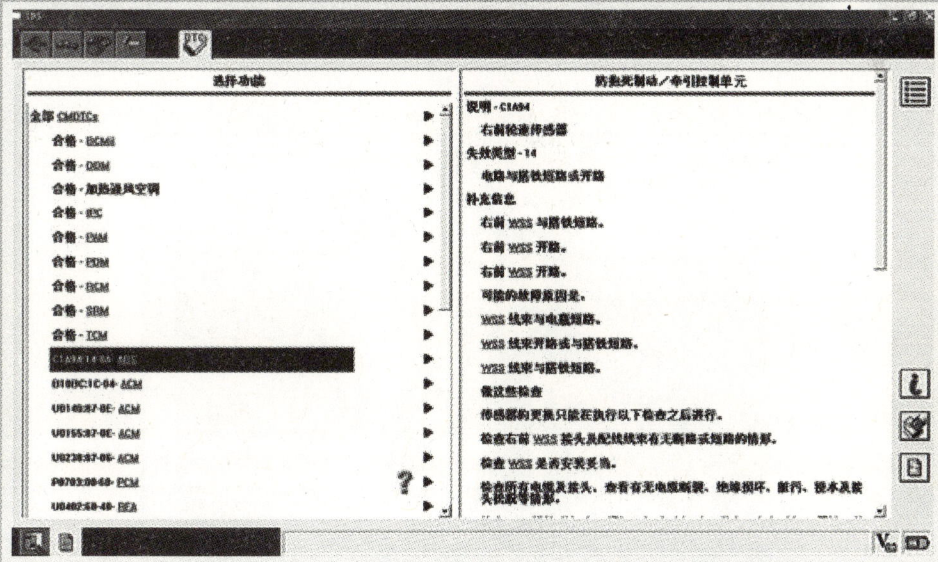

图 7-20　故障码

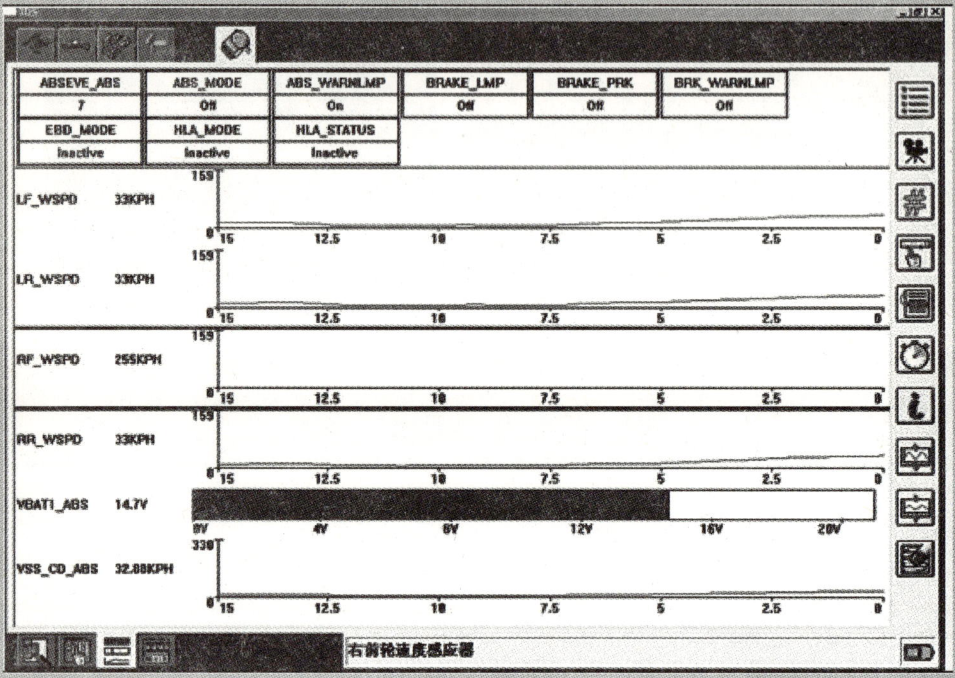

图 7-21 数据流

根据故障码和数据流显示，决定先检查右前轮 ABS 传感器线束，将车辆升起发现右前轮速传感器线束与右前轮毂贴在一起，线束外皮磨破（图 7-22），并且其中一根线与轮毂连接，造成短路。看来是**因为装配不当，将线束从皮套扯出过长使线束与轮毂摩擦，导致线路搭铁，干扰信号而点亮 ABS 故障灯。**将 ABS 轮速传感器线束磨破部位包扎处理后，试车，故障排除。

图 7-22 右前轮速传感器线束外皮磨破

◎7-190 速腾为何出现喇叭不响及多功能显示器无显示故障？

一辆2008款一汽大众速腾1.6L轿车，行驶里程3.6万km。该车突然出现喇叭不响，按压多功能转向盘按钮，仪表上的多功能显示器无反应的故障。

接车后连接故障诊断仪VAS5051对车辆进行检查，读取故障信息为多功能转向盘E221无法通信，并且故障码不能被清除。多功能转向盘E221的信号传输原理如下：喇叭信号首先进入多功能转向盘控制单元J453，J453收到此信号后再通过LIN线传送到转向柱控制单元J527，然后通过CAN-BUS数据总线传输到中央电器控制单元J519，最后通过J519上的449号喇叭继电器控制喇叭发出声响。

控制单元编码错误也会导致一些奇特的故障产生，例如带多功能转向盘的车型若编码为非多功能转向盘，会导致转向柱控制单元J527不能识别，进而出现喇叭不响、多功能显示器无显示等故障。检查该车的控制单元编码，发现编码没有错误。

如果J527没有在网关J533中注册也会导致多功能转向盘控制单元J453与网关无法通信，从而出现上述故障现象。于是进入网关地址19的08-132组查看舒适系统CAN总线数据，发现转向柱控制单元J527显示为“1”，此数值说明J527与网关能够进行通信。

接下来判断是执行器还是传感器部分有故障，通过运用VAS5051进行执行元件自诊断可以达到该目的。首先使用VAS5051进入09-03执行喇叭促动器自诊断，此时喇叭发出了“叭”的声响，由此说明终端执行控制器及执行线路部分没有故障，那么问题肯定出在终端执行部分之前。

检查喇叭按钮信号是否进入了转向柱控制单元J527，进入VAS5051的引导性功能查询喇叭信号数据流，此时按压转向盘上的喇叭按钮，观察到屏幕上的数据流显示“未操作”；正常情况下，应显示“已操作”，由此说明喇叭信号没有进入J527。**喇叭信号没有进入J527的原因通常有以下几种：转向柱控制单元J527故障；多功能转向盘控制单元J453及其相关线路故障。**首先可以排除J527存在故障的可能，因为J527有故障时会伴随更多其他故障出现。根据上述检查结果及当前的故障现象，判断是多功能转向盘控制单元J453不工作导致上述故障。

检查多功能转向盘控制单元J453的供电情况。分析如图7-23所示电路图可知，J453是由J527提供15号电源的，中间经过了安全气囊时钟弹簧F138，用万用表测量T5k/2端子（J453电源端）有12V电压。接着检查J453的搭铁情况，使用万用表测量发现T5k/1端子（J453搭铁端）与搭铁之间断路，由此说明故障的真正原因是J453没有搭铁信号。根据电路图可知，J453的搭铁线是由转向柱控制单元J527控制的，中间经过了安全气囊时钟弹簧插接件F138，转向柱控制单元J527上的10孔插头的7号端子（T10x/7）为J453及喇叭提供搭铁信号，使用万用表电阻挡测量J527的T10x/7端子搭铁正常。

J527中的T10x/7端子能够提供搭铁信号，而J453却无法搭铁，由此说明此部分的中间连接线路有故障，由电路图可知，搭铁线通过了安全气囊时钟弹簧插接件F138，故障点应该就在F138上。拆下安全气囊时钟弹簧F138，使用万用表对其进行测量，发现F138中的T10x/7端子与T12k/7端子之间断路，由此说明时钟弹簧插接件F138断路导致J453没有搭铁，进而导致了该车的一系列故障。更换安全气囊时钟弹簧连接件F138，故障彻底排除。

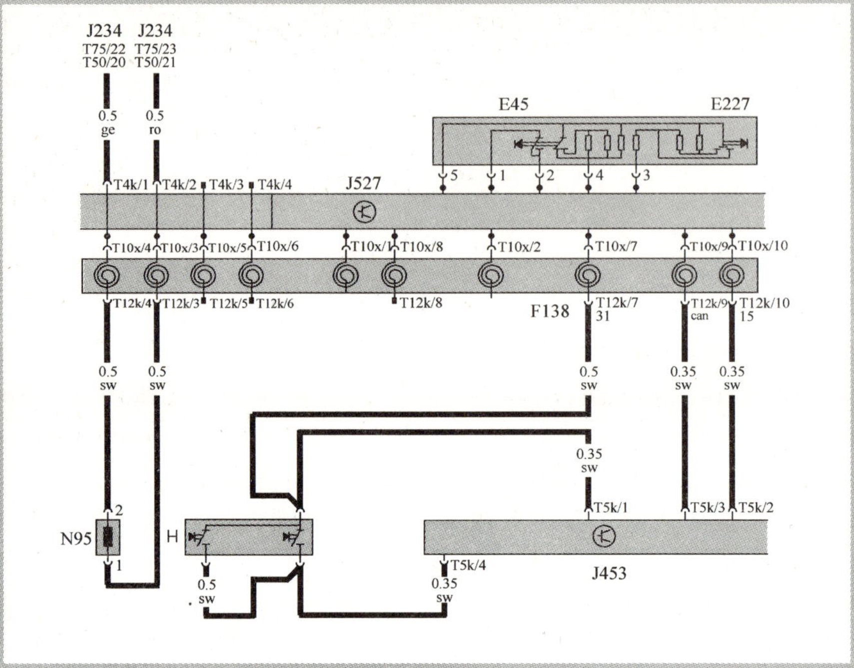

图 7-23　多功能转向盘控制单元相关电路

E45—定速巡航装置开关　E227—定速巡航装置按钮　F138—安全气囊卷簧和带滑环的复位环　H—信号喇叭控制　J234—安全气囊控制单元　J453—多功能转向盘控制单元，在转向盘上　J527—转向柱电子装置控制单元　N95—驾驶人侧安全气囊触发装置　T4k—4 芯插头连接　T5k—5 芯插头连接　T10x—10 芯插头连接　T12k—12 芯插头连接　T50—50 芯插头连接　T75—75 芯插头连接

◎7-191　福克斯为什么驻车制动警告灯常亮？

一辆 2008 款长安福特福克斯轿车，搭载 2.0L 发动机和自动变速器，行驶里程 8 万 km。该车驻车制动警告灯常亮。

接车后试车验证故障，发现不论驻车制动器拉起还是释放，驻车制动警告灯始终点亮。驻车制动警告灯点亮的原因包括驻车制动器没有释放及制动液液面不在正常范围。检查制动液储液罐内的制动液，液面高度正常（在 MIN 刻度之上靠近 MAX 刻度），因此可以排除制动液不足导致驻车制动警告灯常亮的可能性。

连接福特专用检测仪 IDS 对车辆进行检查。读取到故障码：C1327——制动液液位偏低（图 7-24）。而之前检查制动液的液面高度正常。接着用 IDS 读取车身控制单元（GEM）的数据流，发现制动液液位的数据流显示为 Low（图 7-25），由此可知，造成驻车制动警告灯常亮的原因应该是 GEM 监测到制动液液位偏低。

根据上述检查结果，**初步判断故障原因有以下 3 点：①制动液储液罐内的制动液液位传感器故障；②制动液液位传感器与 GEM 之间的线路故障；③GEM 故障。**

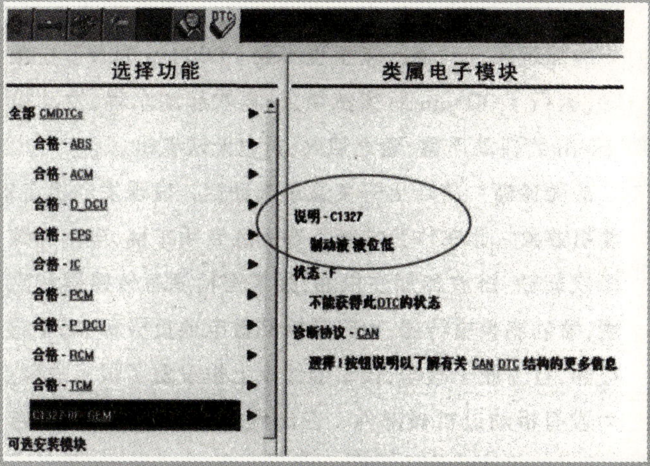

图 7-24 故障码

图 7-25 制动液液位的数据流显示为 Low

根据如图 7-26 所示相关电路图，用万用表电阻挡对制动液液位传感器的插接器进行导通性检测，测得的电阻为 0.40Ω，正常；接着用万用表电阻挡测量制动液液位传感器与 GEM 之间线路的导通状况，测量的电阻为 0.51Ω，说明线路导通正常；再检查线路是否存在短路的情况，经检查也正常。

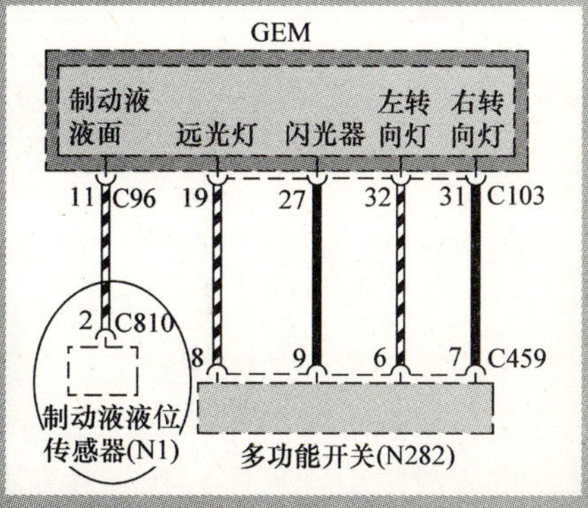

图 7-26 制动液液位传感器电路

GEM 出故障的可能性非常小。

该车的空调系统不制冷，仔细检查发现空调压缩机电磁离合器不能吸合。询问驾驶人得知，该车在外地事故维修后就出现驻车制动警告灯常亮的现象，且由于气温较低，并没有注意空调系统是否工作正常。

连接空调歧管压力表测量空调系统高、低压管路内的压力，均在正常范围内。用 IDS 读取空调系统的数据流，发现空调开关的状态显示为 OFF（图 7-27），而实际上空调开关已经接通，怀疑线路有问题。在根据电路图检查制动液液位传感器时只检查了制动液液位传感器至 GEM 的供电及信号线，并没有检查其搭铁线路。查阅如图 7-28 所示电路发现，制动液液位传感器与空调系统低压管路压力传感器（N246）共用搭铁点 G31。

查阅相关资料，搭铁点 G31 位于左前翼子板内侧与左前照灯后方的夹层内。找到该搭铁点，发现靠近搭铁点的导线已经折断，如图 7-29 所示。将折断的导线按照标准处理后试车，在接通点火开关后，释放驻车制动器，驻车制动警告灯熄灭。起动发动机，接通空调开关，空调压缩机电磁离合器吸合。至此，车辆工作正常，故障彻底排除。

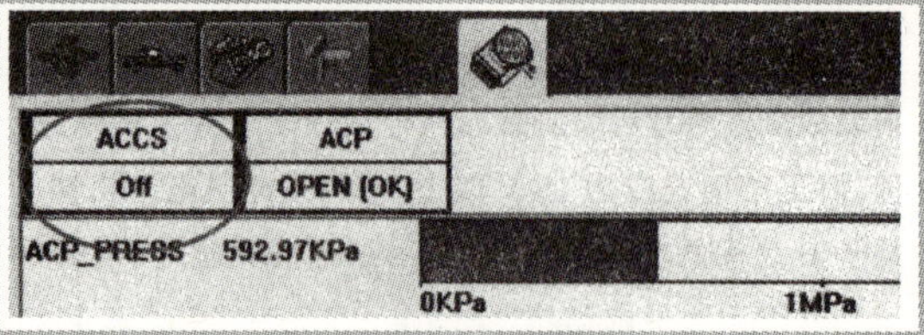

图 7-27　空调开关显示为 OFF

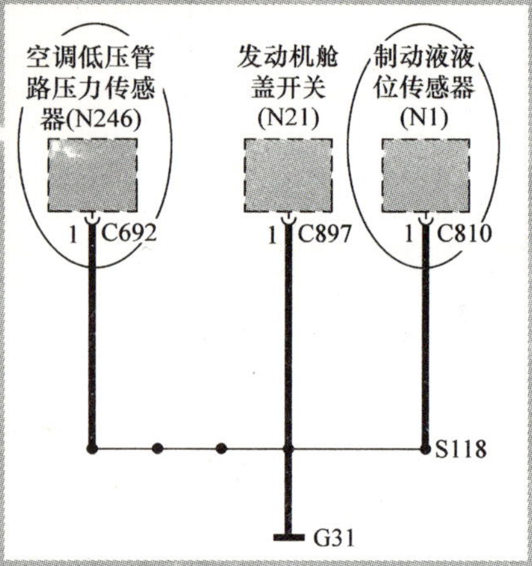

图 7-28　搭铁点 G31

图 7-29　搭铁点 G31 的导线已经折断

○ 7-192　斯巴鲁驰鹏为何驻车制动/制动液位警告灯常亮？

一辆 2007 款斯巴鲁驰鹏（Tribeca）SUV，行驶里程 4350km，搭载 6 缸水平对置 3.0L 发动机。该车起动发动机后，仪表上的驻车制动/制动液位警告灯常亮。

接车后首先验证故障现象。松开脚踩式驻车制动并拔下制动总泵储液罐上制动液液位开关的插头，仪表上的驻车制动灯仍然常亮。连接专用故障诊断仪进行全车扫描，没有故障码存储，进入故障引导程序，找到驻车制动系统相关电路图（图 7-30），按照电路图检查相关线路是否存在搭铁现象。

拆下仪表，拔下仪表的线束插头，用万用表测量驻车制动开关线路，没有搭铁现象。测量制动液液位开关的两线插头，也没有搭铁情况存在。用跨接线短接制动液液位开关和驻车制动开关，测量仪表线束中 B 插头的 B7 脚与搭铁导通，拔下短接线则 B7 脚与搭铁之间电阻为无穷大，这说明线路中无短路和断路情况存在。接上仪表线束中 A 插头，不连接 B 插头，起动发动机后驻车制动警告灯仍然常亮。既然驻车制动警告灯的相关线路没有问题，仪表有问题的可能性就很大了。

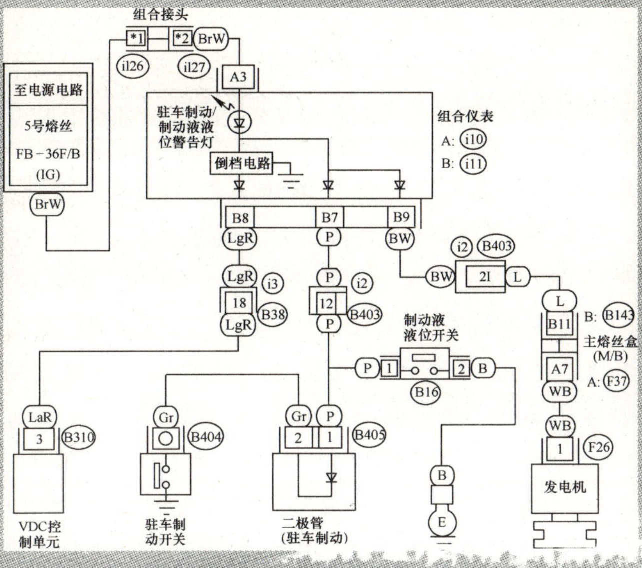

图 7-30　驻车制动系统电路

查阅维修手册，看到仪表可以进行自诊断，执行自诊断的方法如下。

1）打开点火开关后立即打开小灯，在 3s 内按动里程表归零按钮 3 次。

2）关闭小灯，按里程表归零按钮 3 次，然后打开小灯，再按动里程表归零按钮 3 次，仪表即进入自诊断状态。之后每按动一次归零按钮，就进入下一个检查模式。

经过自诊断，仪表正常。重新查看电路图，发现**仪表上的驻车制动警告灯控制线路除了受到驻车制动开关和制动液液位开关控制外，还接入了一个仪表中的倒挡电路，然后从倒挡电路引出一根线到达 VDC（车辆动态稳定控制系统）控制单元的 3 号脚**。用万用表测量此线路，发现此线断路。

检查后发现，此车因为碰撞事故撞坏了 VDC 控制单元，之前的维修人员更换了 VDC 控制单元并修复了破损的线路，但是怀疑从倒挡电路到达 VDC 控制单元的线路在线束中有断路的部位。顺线查找，在 VDC 控制单元插头处发现如图 7-31 所示断路部位。将线路中断路

图 7-31　VDC 控制单元插头处断路

部位处理妥当，起动发动机后驻车制动灯可以正常熄灭，踩下驻车制动踏板后驻车制动灯可以正常点亮，确认故障排除。

◎7-193　克莱斯勒300C ESP故障警告灯为何点亮？

一辆国产克莱斯勒300C 2.7L轿车，搭载42RLE型4速自动变速器，该车仪表板上的ESP故障警告灯点亮，当车辆在湿滑路面上转弯时，偶尔会有轻微甩尾现象出现。

接车后进行简单的检测和路试，发现牵引力控制、ESP及BAS故障警告灯点亮，ESP开关不起作用，路试急转弯时的确有轻微甩尾现象，表明该车ESP系统功能已经丧失。

ESP（电子稳定控制）系统的主要作用是防止车辆在转弯时出现侧滑，避免车辆失控。动态传感器将横向传感器和偏移率传感器的信号通过总线CAN－C传递给ABM（制动防抱死控制单元），同时SAS（转向角度传感器）将转向角度信号传给SCM（转向柱电子控制单元），再通过总线CAN－C传给ABM、PCM及FCM，以此控制4个车轮的制动和发动机的动力输出，FCM再将这些信息通过总线CAN－B传送给CCN（组合仪表）。该车相关网络系统拓扑图如图7-32所示。

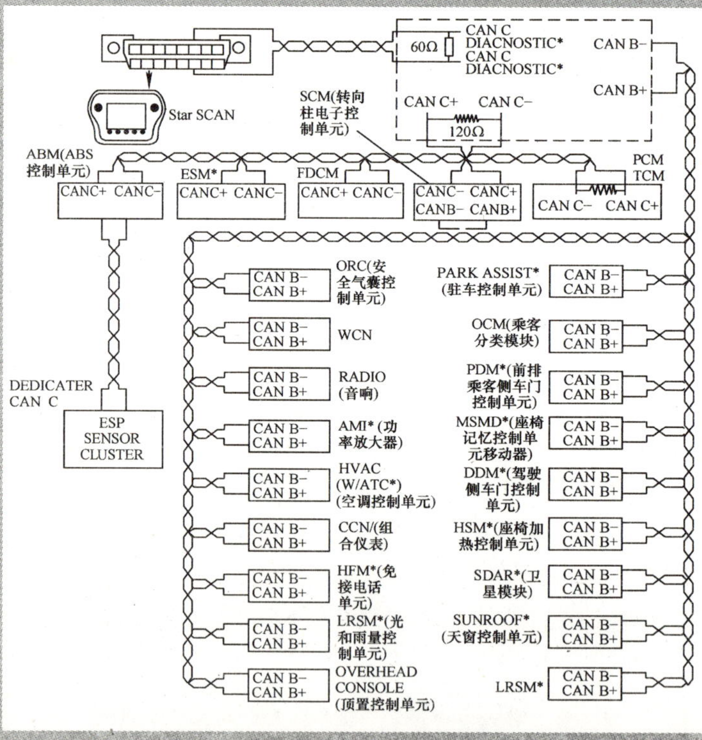

图7-32　相关网络系统拓扑图

首先测量动态传感器的电源和搭铁是否正常，将ABS控制单元和动态传感器的插接器断开。查阅如图7-33所示电路图可知，ABS控制单元6号脚至动态传感器3号脚为其供电线路，ABS 控制单元 24 号脚至动态传感器 5 号脚为搭铁线路，利用万用表对 ABS 控制单元的供电、搭铁及相关线路进行检测，连接均正常。那么动态传感器的数据通信线是否正常呢？测量动态传感器 CAN－C 低数据线路，没有发现有对地或对电源短路的情况；当测量 CAN－C＋高数据线路时，发现该线路对地短路。检查动态传感器至 ABS 控制单元间的 CAN－C＋线发现，在动态传感器固定螺栓旁的线已经被磨破。

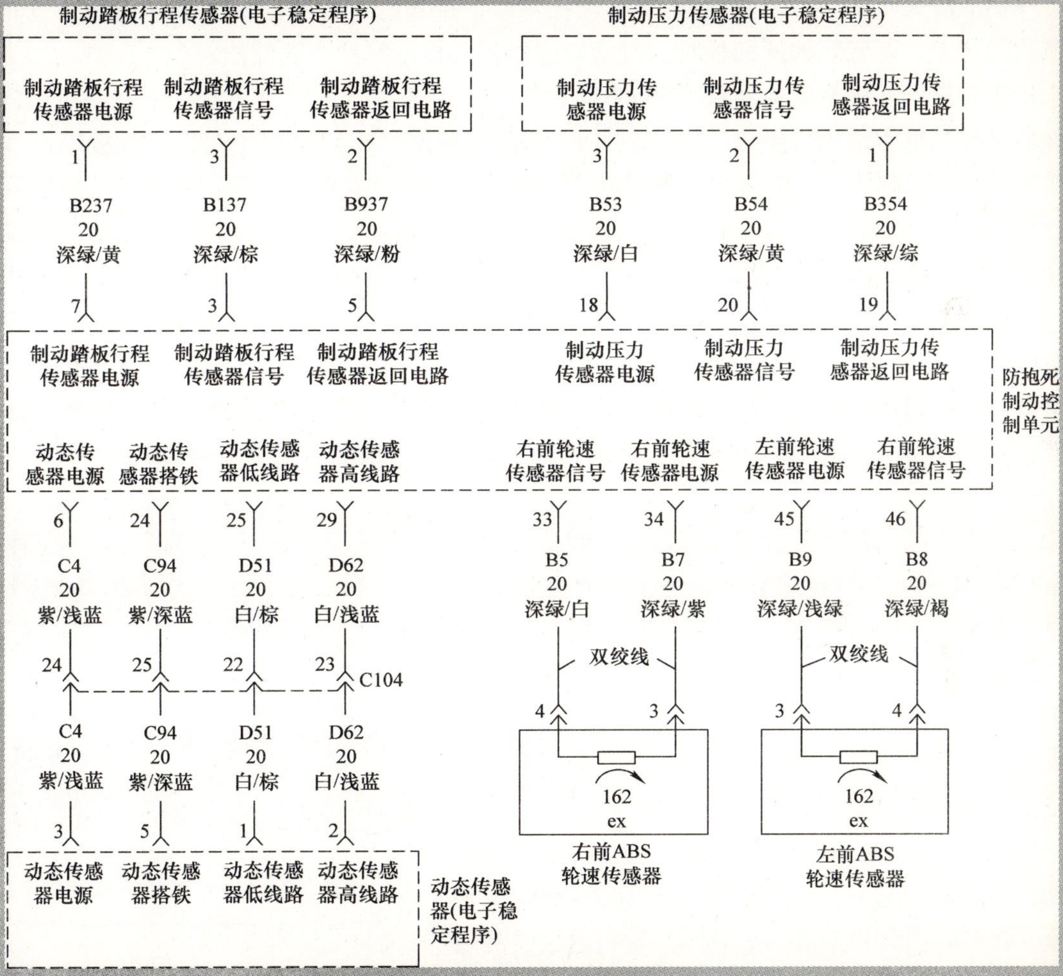

图 7-33 制动控制系统相关电路

将被磨损的线路修复后，连接所有断开的插接器，用诊断仪读取故障码，此时故障码已成为历史性故障码，可以被清除。利用故障诊断仪清除故障码后，起动车辆发现，ESP 故障警告灯熄灭，路试读取 ESP 系统相关数据，完全正常。至此故障排除。

由于动态传感器 CAN－C＋对地短路，导致动态传感器的信号无法传入 ABS 控制单元，ESP 系统功能失效，故障警告灯点亮。**对于 ESP 系统警告灯点亮的故障，应该先弄清楚 ESP 系统的控制原理，找出哪些系统与其相关联，尤其对于带有总线的故障，一定要知道**

总线故障的排除方法及总线通信的原理。然后再利用故障诊断仪读取故障码，查看出现故障的系统中的数据流是否在正常范围内。最后根据故障码的含义，参照维修手册及相关电路图进行检修，查出故障点。

◎7-194　帕萨特新领驭为何强制降挡功能异常？

一辆上海大众帕萨特新领驭1.8T自动挡轿车，在加速过程中出现强制降挡功能被非正常激活的现象，即轻踩加速踏板时，自动变速器就会自行降到相邻低挡。

接车后首先连接故障检测仪VAS5051B，接通点火开关，进行引导性故障查询，在自动变速器电控系统中读到故障码：18112——强制降挡开关（F8）电路中存在电气故障（非偶发故障）。强制降挡开关（F8）一般集成在机械式节气门拉索内，车辆行驶中，若急踩加速踏板到底，其触点就会闭合，自动变速器强制降挡（KICK－DOWN）功能被激活。**新领驭轿车采用的是电子节气门控制系统（EPC），没有加速踏板和节气门之间的机械式节气门拉索，也没有F8，它是靠加速踏板位置传感器来控制强制降挡功能的。加速踏板内装有两个位置传感器（G79和G185）。加速踏板位置信号由发动机电控单元（J220）直接接收，然后通过CAN驱动总线传送至自动变速器电控单元（J217）。车辆行驶中，若急踩加速踏板到底，J217会根据瞬间增大到极限值的加速踏板位置信号来激活强制降挡功能。**

起动发动机，怠速工况下查看01－012－62组数据流，发现节气门角度信号和加速踏板位置信号均正常；查看02－012－008组数据流，发现有强制降挡信号闪烁显示，这说明J217一直在发出强制降挡信号。经分析，推测是J217故障或其相关线路故障。对J217的相关线路进行检查，拆下右A柱的饰板，发现一个棕色导线插接器的外壳已破损，脱开该导线插接器发现有两个端子已弯曲（图7-34）。

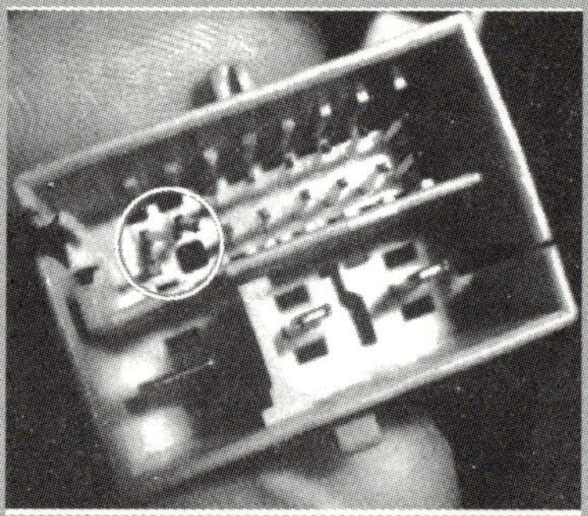

图7-34　故障位置

将这两个端子处理后，安装好导线插接器并起动发动机，怠速工况下，再次读取02－012－008组数据流，强制降挡信号不再闪烁显示。进行路试，故障现象消失，车辆加速正常，故障彻底排除。

查看图7-35所示相关电路图，发现导线插接器弯曲的两个端子与J217的端子25和端子18相对应，但在电路图上找不到和端子25和端子18对应的电器元件，也就是说该车未用J217的这两个端子。查找相关资料发现J217的端子18和端子25的含义分别为“强制降挡开关F8（电子节气门和V6－TDI发动机无）”和“变速杆位置显示（High－Line组合仪表上无）”。至此故障原因明确了，由于端子18和端子25的线路出现短接，模拟了一个F8触点闭合的信号给J217，从而使强制降挡功能被非正常地激活了。

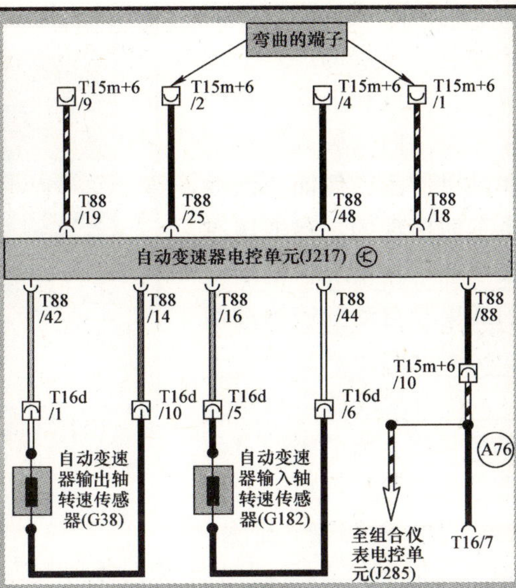

图 7-35 J217 的部分电路

◎ 7-195 斯柯达明锐为何挂挡冲击大？

一辆 2007 款上海大众斯柯达明锐轿车，采用 1.8T 发动机和 6 速自动变速器，该车出现挂挡冲击大的故障现象。

接车后检查，发现仪表盘上的挡位显示区全显示。连接故障检测仪 VAS5051B 读得故障码（图 7-36）：17104——输出转速传感器电路故障（偶发）；17100——输入涡轮/转速传感器电路故障（偶发）。故障码可以清除，而且清除故障码后故障现象消失。读取数据流，一切正常。对该车进行路试，行驶了 20km 也未出现任何异常情况。返厂后用举升机将该车升起检查，发现自动变速器转速传感器的导线插接器有渗油现象，同时发现自动变速器油较脏，测量自动变速器控制单元到自动变速器转速传感器的线束，正常。考虑到自动变速器转速传感器的导线插接器渗油会影响到自动变速器转速传感器的信号传输，于是更换了渗油的自动变速器转速传感器线束（图 7-37）。

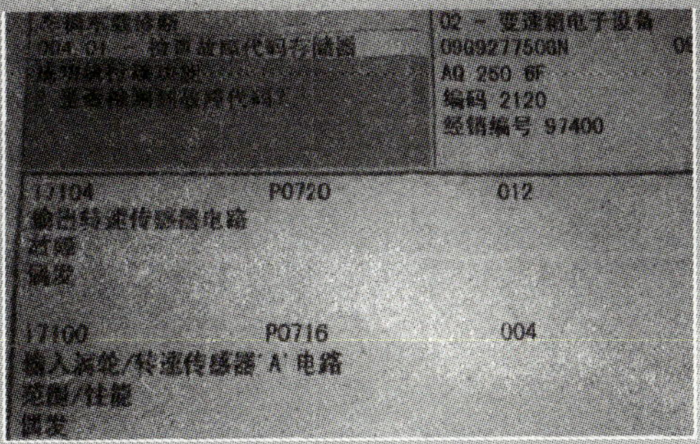

图 7-36 故障码

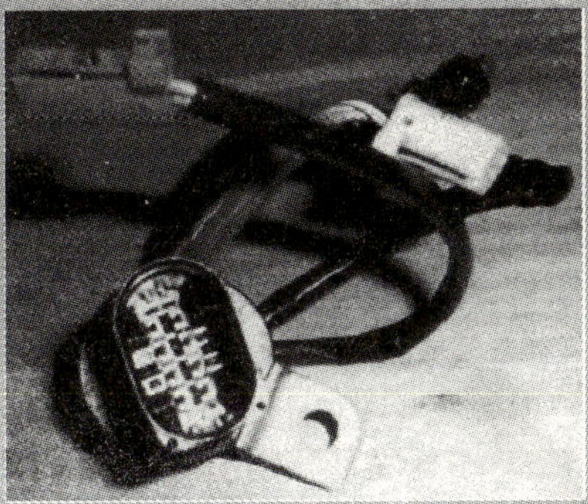

图 7-37 更换新的自动变速器转速传感器线束

半个月后该车再次进厂，反映上述故障现象再次出现了。连接故障检测仪检测，调得的还是上述两个故障码。再次分析该故障，应该和上次更换的自动变速器转速传感器线束无关。向驾驶人了解了一些用车情况，该车平常在城里使用，偶而会回乡下一趟，**这次故障就是回乡下时出现的。难道该车行驶在颠簸的路面时有线束接触不良情况？彻底检查自动变速器转速传感器的线束及自动变速器控制单元的搭铁线，当拆到起动机附近时果然发现有一根线被支架磨破（图 7-38），经查此线就是自动变速器输入涡轮/转速传感器的信号线。**将磨破的自动变速器输入涡轮/转速传感器信号线包裹好后经过长时间试车，上述故障现象未再出现，故障彻底排除。

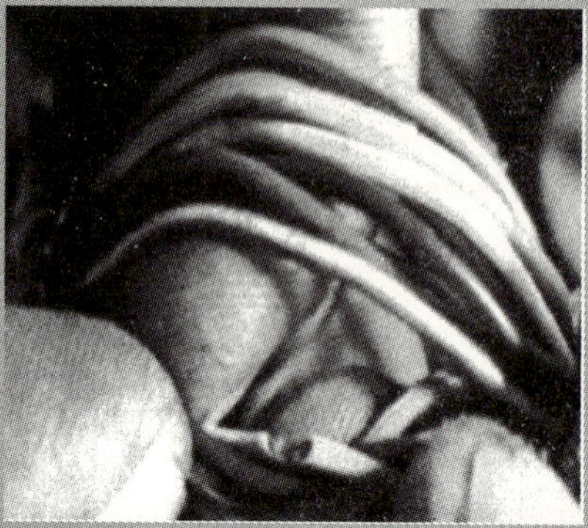

图 7-38　磨破的自动变速器输入涡轮/转速传感器信号线

○7-196　雪佛兰景程为何无倒挡？

一辆 2008 款上海通用雪佛兰景程轿车，装备 4 速 AF20 自动变速器，该车发生事故后更换变速器壳、仪表线束和发动机室熔丝盒，之后出现无倒挡，但 D 挡位的 1 ~4 挡都有且正常。

接车后首先用故障检测仪 TECH2 查看故障记录，经查无故障码。于是断开变速器线束（或 TCM）插头试车，这时有倒挡且正常，前进挡也有一个。由此说明变速器装配基本正常，否则不会有倒挡。

为进一步确认故障，进行变速器油压测试（见表 7-1），经测试并与手册正常数据对比，各挡油压均正常。当怠速着车时发现车速里程表时速为 30km/h（图 7-39），踩加速踏板时，里程表随节气门加大而升高，但转速表上升较慢。

表 7-1　变速器油压测试

测试挡位	测试范围	压力值（MPa）
D 位	怠速	0.35 ~0.39
	失速	1.12 ~1.27
倒挡	怠速	0.61 ~0.71
	失速	1.67 ~1.91

根据如图 7-40 所示电路图，车速信号是由输出传感器提供的，输出传感器检测是驻车棘轮的，如果 P 位锁止正常，那么停车时不应该有车速显示，除非棘轮打齿后打滑旋转。挂入 P 位进行推车试验，P 位驻车功能正常，说明怠速时驻车棘轮是不会转动的，也就是说，变速器内并没有输出转速的可能。

图 7-39　怠速时车速为 30km/h

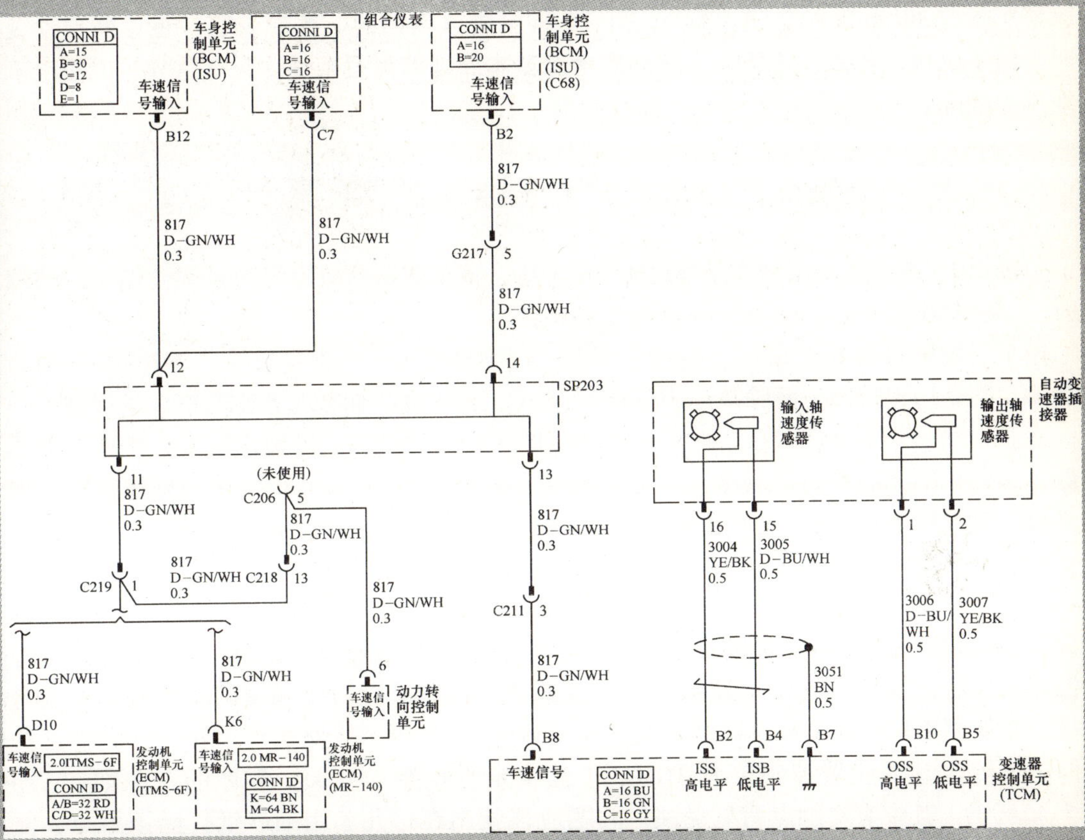

图 7-40 AF20 自动变速器控制系统电路

变速器输入/输出传感器虽然颜色不同，但外形和针脚完全一样（图 7-41），怀疑输入/输出传感器插头插错。为了进一步验证怠速时踩加速踏板出现图 7-42 所示的情况（随着节气门开度加大，车速也跟着升高），这就更加说明输入/输出传感器线束插头有插反的可能。重新对调输入/输出插头着车，里程表显示为 0，试车各挡位均正常，无倒挡故障彻底排除。

图 7-41 变速器输入/输出传感器

图 7-42 原地加速 1900r/min 时车速为 60km/h

查阅维修手册发现，在倒挡禁止控制中有这样的描述：**“当变速器在前进挡位工作时，很有可能因误挂倒挡而损坏变速器，为了避免这种误操作而引发变速器损坏，当车辆速度在**

7km/h以上时，TCM禁止进入倒挡”。也就是说，尽管此车变速器机械和液压没故障，但怠速着车就有30km/h的车速，TCM是不会控制进入倒挡的。这就说明，在诊断自动变速器时，除了机械、电器、液压外，还必须考虑基本原理的满足条件，只有这样才能更准确快速地排除故障。

◎7-197 新赛欧为什么EMT变速器故障灯亮？

一辆2010款上海通用别克新赛欧1.2L轿车，该车变速器故障灯有时候会点亮，故障出现时，车辆加不起车速，而且伴随有制动的感觉。

接车后用解码器RDS解码，有两个故障码：P0290——变速器故障；P0703——制动开关故障，都是历史故障。清除故障码后进行路试，刚开始没有出现上述现象，又行驶了一会儿，无意中踩了一下制动踏板，然后再踩加速踏板提速，这时候故障出现了，变速器故障灯闪烁，感觉车辆突然被制动减速，发动机转速也从2000r/min以上直接降到怠速状态，但是这时根本就没踩制动踏板。怎么回事呢？这时连续轻踩几下加速踏板，车辆马上恢复正常加速。回站再次解码发现只有一个P0703故障码。读取数据流发现踩下制动踏板，系统显示的制动状态是“不”，而正常应该显示“是”；松开制动踏板，应该显示“不”，但是系统显示为“是”。看来故障跟制动开关有关系。踩制动踏板检查制动灯都是亮的，制动开关好像也没坏。这是一款EMT（电子控制手动）变速器，控制单元需要采集制动信号，那么这个信号究竟从哪里来？就是来自制动开关。参照如图7-43所示线路图可以知道，制动开关信号同时也传送到变速器控制单元TCM。于是决定拆检制动开关，解体的开关如图7-44、图7-45所示。其中有对触点明显烧蚀，问题应该就出在这儿。用细砂纸打磨该触点，复原让驾驶人试用一段时间，后经电话回访确认故障排除。

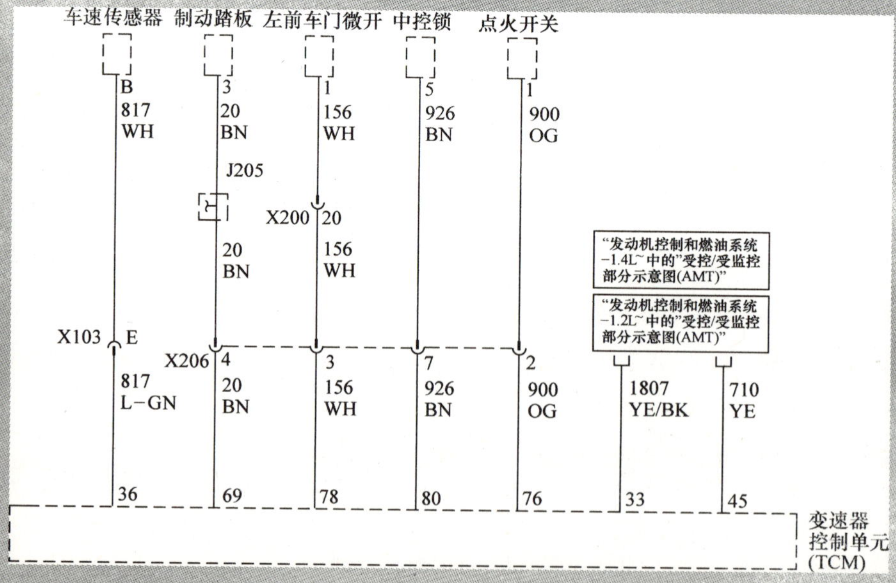

图7-43 TCM相关电路

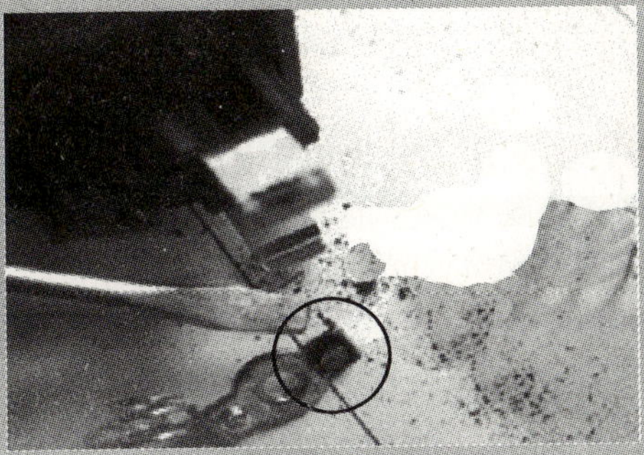

图 7-44 制动开关触点烧蚀

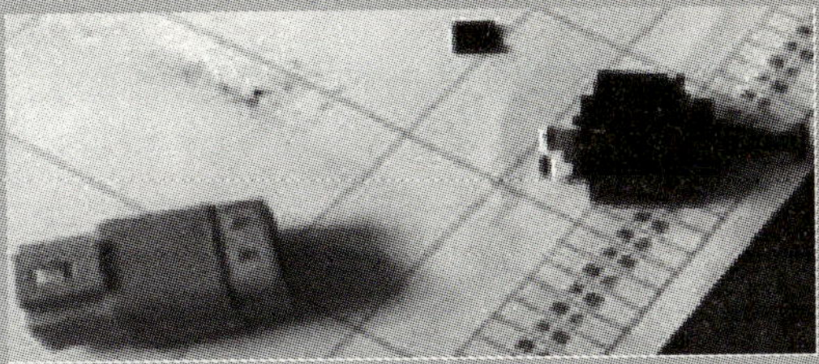

图 7-45 分解开的制动开关

间歇性的故障不太好诊断，好在该车来维修站时故障正好出现而且有故障码，这样问题解决起来就容易多了。**由于触点接触不良，行驶中的振动或者踩制动踏板都有可能产生错误的制动信号（即使驾驶人没有踩制动踏板），TCM 得到制动信号后误以为驾驶人在踩制动踏板，于是强制降挡，因此这时就有制动感，ECM 通过通信线路得知车辆正在制动，自然就会降低发动机转速，根据制动优先的原则，这个时候踩加速踏板车辆不予响应。**轻踩几下加速踏板车辆就正常，可能是由于轻踩几下加速踏板引起的振动使触点恢复正常状态从而使车辆恢复正常。

○7-198 起亚福瑞迪自动变速器为何会锁挡？

一辆起亚福瑞迪轿车配置 1.6L 发动机、自动变速器，行驶里程 1 万 km。该车在行驶过程中，有时会出现发动机故障灯点亮、发动机转速高而车速低的现象。关闭点火开关重新起动后故障消失。

经过长时间试车，故障终于出现，发动机故障灯点亮，变速器锁止在 3 挡。查询发动机控制单元，无故障码存储。查询变速器控制单元，读取故障码为 P0717——输入轴速度电路异常，如图 7-46 所示。

图 7-46 故障码

输入轴速度传感器 PGA 的工作原理如下所述。输入轴（涡轮）速度传感器根据变速器输入轴的转速输出脉冲信号，通过计算脉冲频率，PCM/TCM 决定输入轴速度。这个值主要用于在换挡过程中控制最佳油压。当车速高于 30km/h 时，如果 PCM 不能从输入轴速度传感器检测到输出脉冲信号，PCM 记录故障码 P0717。如果检测到此故障码，PCM 将设置失效保护功能，变速器在 D 位时锁止在 3 挡。产生此故障的原因如下：①信号电路断路或短路；②传感器电源电路断路；③传感器搭铁电路断路；④输入轴速度传感器故障；⑤PCM/TCM 故障。

进行电路检查。将点火开关置于 ON，发动机熄火，分离输入轴速度传感器插接器。测量输入轴速度传感器线束插接器的电源端子和搭铁端子之间的电压为 12V，说明电源和搭铁均正常。将点火开关置于 OFF，分离发动机控制单元线束，测量输入轴速度传感器线束插接器的 2 端子和发动机控制单元线束插接器 61 端子之间的电阻为 1Ω，与搭铁之间的电阻为无穷大。以上测量说明线路没有问题。

更换输入轴速度传感器试车，大约行驶 30km 后，自动变速器数据流中输入轴 PGA 信号瞬间为 0，发动机故障灯点亮，变速器锁止在 3 挡。怀疑线路接触不良，重新处理插头，将传感器的电源线、搭铁线与蓄电池的正负极直接相连，继续试车，故障依旧。

怀疑发动机控制单元有故障，因为无新发动机控制单元，所以无法替代试验。只有用示波器检查，看看出现故障时，输入轴速度 PGA 信号是否进入了发动机控制单元，如果波形没问题，故障原因在发动机控制单元内部；如果波形有问题，故障在发动机控制单元外部。连接 GDS，把示波器表笔接到输入轴速度传感器信号线（发动机控制单元线束 61 端子）上，把 GDS 和笔记本电脑放在车内，开始试车。试车途中，突然发现传感器的波形在一次踩制动踏板时有异常。马上将此波形保存，回放中发现一段波形中的几个波峰消失，如图 7-47 所示，大约只有十几毫秒，此时发动机故障灯未点亮，变速器也未锁挡。继续**试车，渐渐发现了一些规律：该车若在平坦的路面上行驶，波形正常；若在颠簸路面上行驶或踩制动踏板，波形有时有异常现象；如果波形消失的时间较长，发动机故障灯就会点亮，变速器就会锁挡。**

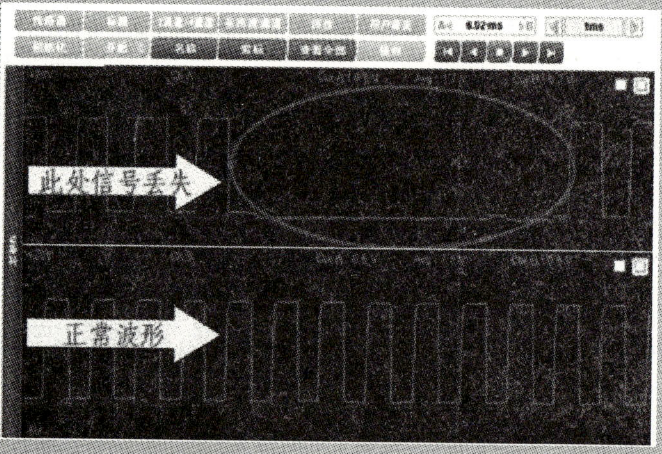

图 7-47　轴入轴速度传感器信号波形

因为在颠簸路面或踩制动踏板时容易出现故障，所以故障可能在线路上，有可能输入轴速度传感器信号线间歇性搭铁。发动机运行，晃动发动机控制单元到传感器的线束，发现了波形有丢失的现象，这就更加肯定了输入轴速度传感器信号线搭铁造成了此故障。拆下蓄电池，检查发动机控制单元线束，发现线束在蓄电池后面被磨破，输入轴速度传感器信号线搭铁，如图 7-48、图 7-49 所示。把损坏的线束包扎好，试车，故障完全排除。

福瑞迪自动变速器出现故障时，发动机故障灯点亮，但在发动机系统中无故障码存储。**此故障排除的难点在于故障偶发，不易捕捉。在此故障没有出现时测量线路是正常的，只有使用示波器才能捕捉到只有几毫秒的故障。**

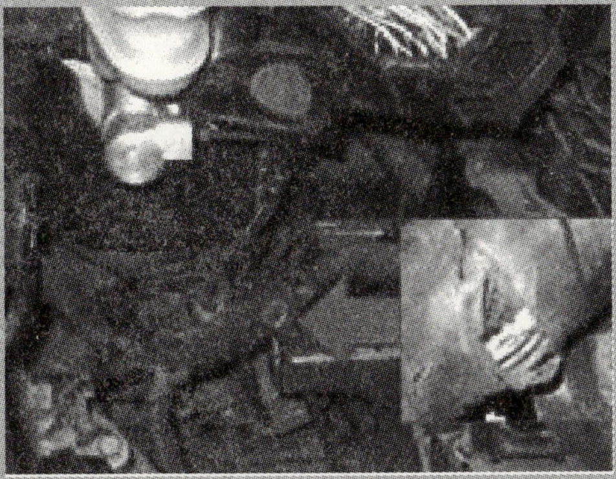

图 7-48　搭铁位置

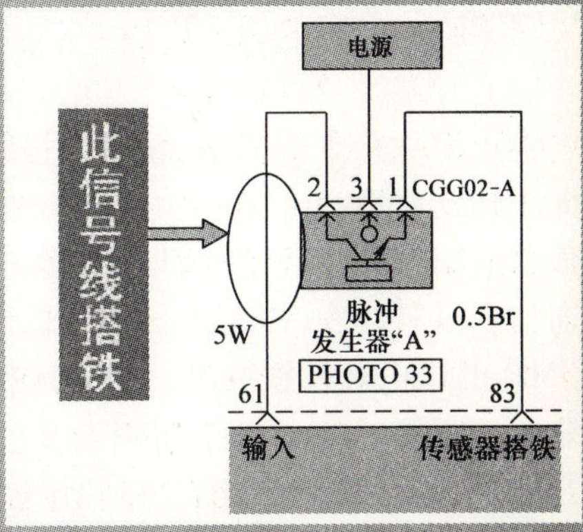

图 7-49　输入轴速度传感器电路

○7-199　北京现代 ix35 为什么安全气囊故障灯常亮？

一辆 2010 款北京现代 ix35 2.0 精英版 SUV，该车安全气囊故障灯常亮。

进行检测得到故障码：B1328——驾驶座椅前碰撞传感器故障。经检查，左前碰撞传感器表面良好，插接正常。更换传感器后清除故障码，试车正常。

两天后驾驶人再次来厂反映故障重现。检查有关左前碰撞传感器及安全气囊线束，气囊电控单元 8 号端子与驾驶座椅 1 号端子导通正常；气囊电控单元 17 号端子与传感器 2 号端子导通正常；检测 MC31 插接器处也未见插接不良现象，证明线束连接良好。更换气囊电控单元后，故障依旧。

拆掉前保险杠检查左前碰撞传感器与龙门架相连处，未发现异常。检查中无意发现，在左前碰撞传感器外面有两个加装的蜗牛喇叭（图 7-50）。清除故障码，按住喇叭几秒钟后，气囊灯点亮。**由于喇叭安装在龙门架上离左前碰撞传感器太近，按喇叭时振动过大，引发碰撞传感器误以为车辆有碰撞发生，所以将此信号反馈给气囊电控单元，气囊电控单元内安全传感器未检测到碰撞信息，所以正面气囊不会打开，只是点亮气囊警告灯。**将喇叭位置调换后，故障排除。

图 7-50　加装的喇叭位置

7-200 大众途安为什么转向盘警告灯常亮红灯，同时转向沉重？

一辆上海大众途安2.0L轿车，搭载手动变速器，该车仪表板上的转向盘警告灯常亮红灯，同时转向沉重。

连接故障诊断仪VAS5051对车辆进行检测，发现故障码：001309——电动转向控制单元无通信；01312——传动系统数据总线有故障。根据故障码的提示，先检查转向辅助控制单元J500的供电及搭铁情况，如果该控制单元供电、搭铁出现问题，就会导致其无法与其他控制单元正常通信。经仔细检查发现，控制单元供电线路正常。检查转向辅助控制单元J500搭铁端，经查阅电路图，得知该控制单元的搭铁点（图7-51）位于发动机室左侧纵梁上，检查后发现该搭铁线松动。

在将该搭铁点螺母紧固后，清除故障码，然后利用故障诊断仪VAS5051进行匹配设定后，故障排除。

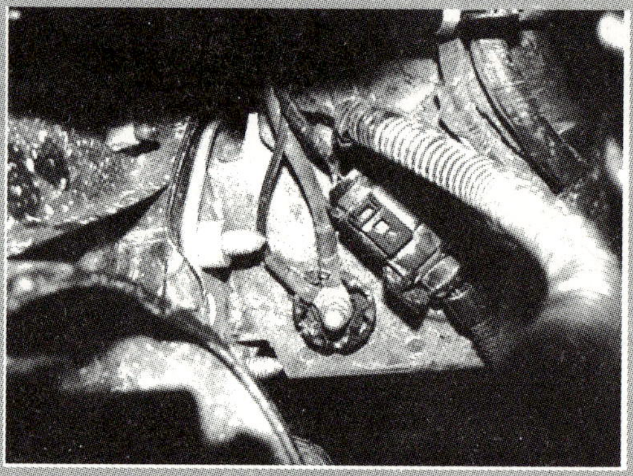

图7-51 J500搭铁点松动

参考文献

[1] 谷朝峰. 一点即通的汽车故障检修1008例［M］. 北京：机械工业出版社. 2013.

[2] 谷朝峰，李玉茂. 一汽大众车系维修案例精选（电器篇）［M］. 北京：机械工业出版社. 2012.

[3] 谷朝峰. 一汽大众车系维修案例精选（发动机和自动变速器篇）［M］. 北京：机械工业出版社. 2012.

[4] 谷朝峰，李玉茂. 一汽大众车系维修案例精选（底盘与空调篇）［M］. 北京：机械工业出版社. 2012.

[5] 焦建刚. 丰田汽车维修案例与点评［M］. 北京：机械工业出版社. 2012.

[6] 刘勤中. 雪佛兰景程 HOLD 灯亮［J］. 汽车维修与保养. 2011（08）77-78.

[7] 徐进浩. 2011 款科鲁兹电控助力转向故障灯亮［J］. 汽车维修技师. 2012（05）65-67.

[8] 徐国佳. 上海通用别克君越电子控制悬架为何异常［J］. 汽车与驾驶维修. 2010（05）74-75.

[9] 舟杨. 2005 款宝马 525Li 安全气囊故障灯常亮［J］. 汽车维修技师. 2011（07）75-76.

[10] 张彦青. 迈腾 ABS、ESP 故障灯亮［J］. 汽车维修技师. 2012（02）56-57.

[11] 陈中泽. 2011 款上海大众朗逸 ESP 灯报警［J］. 汽车维修技师. 2013（03）58-59.

[12] 木子. 2012 款雷诺风朗 ESP 故障灯亮［J］. 汽车维修技师. 2012（08）79-80.

[13] 舟杨. 2003 款宝马 745Li DSC 故障［J］. 汽车维修技师. 2012（01）76-77.

[14] 赵志林. 福克斯车驻车制动报警灯常亮［J］. 汽车维护与修理. 2012（04）34-35.

[15] 徐军. 雪铁龙 C5 轮速传感器休眠故障［J］. 汽车维修与保养. 2011（12）71-72.

[16] 裴云建. 雷克萨斯 ES350 车身稳定控制灯报警［J］. 汽车维修与保养. 2011（02）62-63.

[17] 周贵明. 奇怪的伊兰特安全气囊警告灯点亮故障［J］. 汽车与驾驶维修. 2008（11）70.

[18] 曹守军. 上海大众朗逸气囊灯为何报警［J］. 汽车与驾驶维修. 2010（07）70-72.

[19] 李俊. 大众速腾安全气囊故障警告灯常亮［J］. 汽车维修与保养. 2013（02）49.

[20] 葛香宝. 2004 款长安羚羊行驶中 SRS 报警灯有时点亮［J］. 汽车维修技师. 2012（06）96-97.

[21] 吴修义. 丰田皇冠空气悬架不工作［J］. 汽车维修与保养. 2010（12）66-67.

[22] 冀彦军. 现代/起亚故障四例［J］. 汽车维修技师. 2012（08）46-50.

[23] 李连俊，王福争. 2011 款北京现代第八代索纳塔轮胎报警灯点亮［J］. 汽车维修技师. 2012（08）94-95.

[24] 魏志航. 广汽丰田车系故障四例［J］. 汽车维修技师. 2013（03）70-72.

[25] 曹守军. 帕萨特 B5 变速器不升挡故障的排除［J］. 汽车与驾驶维修. 2010（11）72-73.

[26] 薛庆文. 奇怪的帕萨特自动变速器故障［J］. 汽车与驾驶维修. 2007（08）48-49.

[27] 李连俊，王福争. 2010 款北京现代悦动自动变速器锁挡［J］. 汽车维修技师. 2012（09）96-97.